# Lehr- und Handbücher zu Tourismus, Verkehr und Freizeit

Herausgegeben von
Universitätsprofessor Dr. Walter Freyer

Bisher erschienene Werke:

*Agricola*, Freizeit – Grundlagen für Planer und Manager
*Althof*, Incoming-Tourismus, 2. Auflage
*Bastian · Born · Dreyer*, Kundenorientierung
im Touristikmanagement, 2. Auflage
*Bieger*, Management von Destinationen, 5. Auflage
*Bochert*, Tourismus in der Marktwirtschaft
*Dreyer*, Kulturtourismus, 2. Auflage
*Dreyer · Krüger*, Sporttourismus
*Dreyer · Dehner*, Kundenzufriedenheit im Tourismus
*Dreyer u. a.*, Krisenmanagement im Tourismus
*Finger · Gayler*, Animation im Urlaub, 3. Auflage
*Freyer*, Tourismus, 7. Auflage
*Freyer*, Tourismus-Marketing, 3. Auflage
*Freyer · Pompl*, Reisebüro-Management
*Henselek*, Hotelmanagement – Planung und Kontrolle
*Kaspar*, Management der Verkehrsunternehmungen
*Landgrebe*, Internationaler Tourismus
*Pompl · Lieb*, Qualitätsmanagement
im Tourismus
*Schreiber*, Kongress- und Tagungsmanagement, 2. Auflage
*Steinbach*, Tourismus – Einführung in das
räumlich-zeitliche System
*Sterzenbach*, Luftverkehr, 2. Auflage

# Animation im Urlaub

Handbuch für Planer und Praktiker

Von
Claus Finger
und
Brigitte Gayler

3., vollständig überarbeitete und
aktualisierte Auflage

R. Oldenbourg Verlag München Wien

für Ingrid

Bibliografische Information Der Deutschen Bibliothek

Die Deutsche Bibliothek verzeichnet diese Publikation in der Deutschen Nationalbibliografie; detaillierte bibliografische Daten sind im Internet über <http://dnb.ddb.de> abrufbar.

© 2003 Oldenbourg Wissenschaftsverlag GmbH
Rosenheimer Straße 145, D-81671 München
Telefon: (089) 45051-0
www.oldenbourg-verlag.de

Das Werk einschließlich aller Abbildungen ist urheberrechtlich geschützt. Jede Verwertung außerhalb der Grenzen des Urheberrechtsgesetzes ist ohne Zustimmung des Verlages unzulässig und strafbar. Das gilt insbesondere für Vervielfältigungen, Übersetzungen, Mikroverfilmungen und die Einspeicherung und Bearbeitung in elektronischen Systemen.

Gedruckt auf säure- und chlorfreiem Papier
Gesamtherstellung: Druckhaus „Thomas Müntzer" GmbH, Bad Langensalza

ISBN 3-486-27363-9

## Vorwort des Herausgebers

„Animation" hat sich binnen weniger Jahrzehnte zu einem festen Bestandteil des modernen Tourismus entwickelt. Noch in den 70er Jahren war sie ein weitgehend unbekanntes Phänomen und wurde anfangs mit großem Interesse, später aber mehr und mehr kritisch beobachtet.

Bereits 1975 erschien die erste Auflage der Studie „Animation im Urlaub" im Auftrag des damaligen Studienkreises für Tourismus Starnberg. In den folgenden Jahren hat sie sich schnell zum Standardwerk im deutschen Sprachraum für Planer und Praktiker der Urlaubsanimation entwickelt. Nach nunmehr fast drei Jahrzehnten haben die beiden Autoren Klaus Finger und Brigitte Gayler das Werk vollständig überarbeitet und die neueren Entwicklungen mit aufgenommen. Dabei wurde an der bewährten und erfolgreichen Grundstruktur der beiden vorherigen Auflagen festgehalten.

Gerne habe ich als Herausgeber die Möglichkeit aufgegriffen und unterstützt, diese fundierte und umfassende Darstellung der Urlaubs-Animation in die Reihe „Lehr- und Handbücher Tourismus, Freizeit, Verkehr" des Oldenbourg Verlages aufzunehmen.

Animation im Urlaub ist eng mit der Entwicklung des modernen Tourismus, insbesondere des Pauschaltourismus, verbunden.

Anfangs war Animation das Privileg einiger weniger Urlauber, insbesondere in den neu entstandenen exklusiven Ferienclubs der 70er Jahre. Doch parallel zur Sozialisierung des Reisens, v. a. durch die Pauschalreise, kam es zur „Sozialisierung der Animation". Heute gibt es fast kein größeres Ferienhotel, das nicht auch Kids-Clubs, Abendprogramme, Sportmöglichkeiten usw. für die Gäste anbietet. Vom anfangs exklusiven Zusatzangebot wurde die Gästeanimation immer mehr zum „Leistungsüblichen" der Reisekonzerne.

Heute scheiden sich am Phänomen der Animation die – touristischen – Geister:

- Für die einen gilt Animation als Schimpfwort und Synonym für unselbständigen und fremd bestimmten Urlaub, dessen bekannteste Form der Pauschaltourismus ist. Sie kritisieren den passiven Konsum der Urlauber, das „Entertainment" mit Pool-Spielen, Abendveranstaltung im Amphitheater und die künstliche Spaßgesellschaft im Urlaub. Kritisch weisen sie auf die Erscheinungen der „Billig"-Animation vom Typ „Ballermann" hin. „Wenn schon Animation, dann bitte mit Niveau" (wer immer das festlegt).

Als Folge wird der Begriff der Animation und des Animateurs immer häufiger – fast schamhaft – vermieden. Oder bei der Begrüßung im Club wird die „Soft-Animation" betont.

- Für die anderen steht Animation für eine besondere Kunst- und Kommunikationsform. Neue Grenzen werden erfahren, die Zeit für Geselligkeit, Kommunikation und Gefühle wird – aktiv - genossen. Sie betonen die pädagogische Funktion und Lerneffekte der Animation (das „Edutainment") und die zumeist qualitativ hoch stehende Unterhaltung. Doch auch weniger exklusive Formen der Animation sind grundsätzlich nichts Negatives: Gut ist und geboten wird, was der Urlaubs-Kunde wünscht. Auch das ist eine Kunst für sich.

- Noch eine dritte Gruppe interessiert sich für Animation: die Marketing-Akteure. Im modernen Tourismus-Marketing wird Animation zunehmend instrumentalisiert: Sie ist als Bestandteil des touristischen Zusatzangebotes ein Instrument der emotionalen Kundenbindung für die verschiedenen touristischen Akteure.

Animative Gästebetreuung ist heute die Sache aller innerhalb der touristischen Dienstleistungskette: auch der Hoteldirektor, die Destinations-Manager, die Einwohner sowie die gesamte Tourismuswirtschaft haben die Aufgabe, den Gästen einen bestmöglichen Urlaub zu bieten. So verstanden ist Animation moderne Marketing-Kunst.

Die Autoren zeigen auch den Glanz und die Wirklichkeit des Berufes der Animateure auf:

- Zum Teil werden sie bewundert: Sie arbeiten dort, wo andere Urlaub machen. Animateure sind Künstler, Pädagogen zugleich, gelten als Glücksbringer, Spaßmacher, Kumpel und Seelenbetreuer für die Gäste während ihrer kostbarsten Tage im Jahr. Die Autoren sprechen vom „quasi psychotherapeutischen Dienstleister, der Ausgleich zum Alltag schafft."

- Zum Teil wird der Beruf des Animateurs geschmäht als schlecht bezahlter Ferienjob für Ungelernte, ohne Qualifizierungs- und Aufstiegsmöglichkeiten, ohne Anerkennung als Lehrberuf. Ihre touristischen Kollegen haben oft nur ein Lächeln für die Animateure übrig.

All diese Entwicklungen werden in dem hier vorliegenden Handbuch der Animation eingehend und lesenswert dargestellt. Es ist ebenso ein Zeitdokument des modernen Tourismus, wie eine Handlungsanweisung zum animativen Urlaub für Tourismusunternehmen, Gästebetreuer und Urlauber:

Es animiert zur Animation!

Der Herausgeber

Prof. Dr. Walter Freyer

# INHALTSVERZEICHNIS

**Thematische Gliederung**

Vorwort des Herausgebers ................................................................. V
Inhaltsverzeichnis ............................................................................ VII

I. EINLEITUNG Animation im Urlaub
   Eine Szene für die Phantasie unserer Leser ........................................ 1
   Der Begriff Animation hat Karriere gemacht. .................................... 3
   Die „Handlungskompetenz" der sozio-kulturellen Animation .............. 4
   Zur Geschichte der Animation ......................................................... 6

II. GRUNDLAGEN DER ANIMATION
   1. Was bedeutet Animation? ........................................................... 14
   2. Der Begriff „Animation" ............................................................ 15
      a) Der Begriff ........................................................................... 15
      b) Die Semantik ....................................................................... 17
      c) Die Grammatik ..................................................................... 20
      d) Die Etymologie der Wortfamilie ........................................... 20
   3. Veränderungen im Tourismus als Grundlagen der Animation ....... 22
   4. Animation ist ein Service, eine Dienstleistung ............................. 25
   5. Die inhaltliche Definition der Animation .................................... 26
   6. Animation ist differenzierte Anregung auf vielen Ebenen ............ 30
   7. Animation ist das Arbeitsfeld des Animateurs ............................ 33
   8. Ziele und Wirkungen der Animation .......................................... 34
   9. Ausblick ................................................................................... 37

III. URLAUBSERWARTUNGEN UND URLAUBSAKTIVITÄTEN
   1. Vorbemerkung .......................................................................... 43
   2. Grundsätzliches zur menschlichen Motivation ............................ 45
   3. Das Aktivationsniveau als Ausgangsbasis .................................. 46
   4. Die Prägung von Bedürfnissen im sozialen Rahmen .................... 47
   5. Die Entwicklung der Bedürfnisse im sozialen Feld ..................... 48
   6. Bedürfnisstruktur und Reisemotivation ...................................... 50
      a) Das Urlaubsstereotyp ............................................................ 50
      b) Grundrichtungen der Urlaubsmotivation ............................... 54
      c) Exkurs über Lebensstile ........................................................ 59
   7. Aktivitäten im Urlaub ................................................................ 62
      a) Urlaubserwartungen ............................................................. 62
      b) Aktivitäten im Urlaub ........................................................... 73
      c) Sportaktivitäten .................................................................... 80
      d) Zusammenhänge zwischen Reisemotiven und Urlaubsaktivitäten ... 85
      e) Information, Infrastruktur und Ausflüge ................................ 90
   8. Urlaubszufriedenheit ................................................................. 95

## IV. INHALTLICHE BEREICHE DER ANIMATION IM URLAUB

Vorbemerkung ... 100
1. Animationsbereich „Bewegung" ... 103
2. Animationsbereich „Geselligkeit" ... 118
3. Animationsbereich „Kreatives Tun" ... 127
4. Animationsbereich „Eindrücke, Entdecken und Erleben" ... 138
   a) Allgemeine Überlegungen ... 138
   b) Bildung im Urlaub ... 140
   c) Programmbeispiele ... 142
      Erstes Beispiel: Die 12 Gebote für den Länderkunde-Animateur ... 142
      Zweites Beispiel: Entdeckungen ... 143
      Drittes Beispiel: Spurensuche ... 145
      Viertes Beispiel: Stattreisen ... 147
      Fünftes Beispiel: Ortserkundungsspiele ... 149
      Sechstes Beispiel: Rallye ... 151
      Siebtes Beispiel: Sprachspiele für Erwachsene ... 155
      Achtes Beispiel: Spaziergänge und Wanderungen ... 157
5. Animationsbereich „Abenteuer" ... 162
6. Animationsbereich „Ruhe; zu sich selbst finden" ... 166
   a) Allgemeine Überlegungen ... 166
   b) Ruhe im Urlaub ... 168
7. Exkurs: Kinder- und Jugendanimation ... 170
   a) Ziele der Kinderanimation ... 171
   b) Der Kinderanimateur ... 172
   c) Grundbedingungen der Arbeit der Kinderanimation ... 174
   d) Bedeutung und Inhalt des Spiels ... 177
   e) Jugendprogramm ... 178

## V. DIE PERSON – DER ANIMATEUR, DIE ANIMATEURIN

1. Vorbemerkung ... 180
   DieEinführung der Animation in der Ferienhotellerie ... 181
2. Die notwendigen Qualifikationen ... 182
3. Ausbildungsschritte ... 187
4. Berufsbild und berufliche Professionalität ... 191
5. Berufliche Probleme ... 195
6. Konsequenzen für die Zukunft ... 203

## VI. GRUNDLAGEN UND PRINZIPIEN DER ANIMATION

1. Spiel – Das Kernelement der Animation ... 209
2. Prinzipien der Animation ... 225
   a) Information ... 225
   b) Architektur ... 235
   c) Planerische Prinzipien der Animation ... 243
   d) OrganisatorischePrinzipien der Animation ... 252
   e) Ökonomische Prinzipien der Animation ... 261
   f) Didaktik der Animation ... 264

## VII. SYSTEMBESCHREIBUNGEN – BEISPIELE REALISIERTER ANIMATION
1. Vorbemerkung ................................................................................................. 275
2. Fremdenverkehrsorte
   a) Kurort Lage-Hörste ................................................................................... 275
   b) Familienurlaub in Schönwald, Esens-Bensersiel und Butjadingen ........... 279
   c) Fremdenverkehrsort Kaprun – Das Kapruner Modell .............................. 283
3. Fremdenverkehrsbetriebe
   a) Animationsangebote in kleinen Beherbergungsbetrieben ........................ 285
   b) Animation in einem First-Class-Hotel ..................................................... 288
   c) Animation im mittelständischen Ferienhotel ........................................... 289
4. Jugendreisen
   a) Die Modellprojekte „GUT DRAUF auf Jugendreisen" ........................... 294
   b) Auf den Spuren der Wikinger ................................................................... 296
   c) Eurocamp für Kids .................................................................................... 297
   d) Qualitätssicherung der Animation ............................................................ 299
5. Club-Urlaub .................................................................................................... 300
   a) Die großen Club-Organisationen und ihre Eigenarten ............................. 304
   b) Die deutschen Alternativ-Entwicklungen ................................................ 310
6. Einführung der Animation durch Reiseveranstalter ....................................... 316

## ANHANG
Programm-Praxis ................................................................................................ 318
Planungs- und Bewertungs-Checkliste für Animationsprogramme ................... 318
Kopiervorlage: Checkliste ................................................................................... 319
Beispiel: Programm-Checkliste .......................................................................... 319
Beispiel Wettspiele .............................................................................................. 321
Planungshilfe: Tabelle „B" .................................................................................. 322
Aus- und Fortbildung von Animateuren ............................................................. 323
Lebensqualität ..................................................................................................... 324
Artikel der Fachpresse ........................................................................................ 327

## LITERATURLISTE ....................................................................................... 330

# I. EINLEITUNG    Animation im Urlaub

*„Animation ist die liebenswürdige Form der Aufforderung an Menschen, um sie zu Aktivitäten zu veranlassen, und zwar im geselligen, sportlichen und kulturellen Bereich."* [1]

## Eine Szene für die Phantasie unserer Leser

Ein herrlicher Strand im Sonnenschein einer der kanarischen Inseln. Es ist angenehm warm, eine leichte Brise weht vom Meer. Die Urlaubsgäste auf ihren Strandliegen dösen schläfrig oder räkeln sich wohlig in der Sonne, genießen die Wärme, den leisen Wind und lauschen dem sanften Plätschern der kleinen Wellen, die das Meer an den Strand spült.

Ein junger Mann kommt, in einem altmodischen, blau-weiß gestreiften Turnanzug, ein Ballnetz über der Schulter und eine grüne Gießkanne in der Hand. Er lächelt, schaut sich um, sagt nichts.

Langsam geht er von Liege zu Liege und gießt ab und zu, ganz behutsam, dem einen oder anderen Gast einen kleinen Schwapp Wasser aus seiner grünen Gießkanne auf die Füße; nur wenig, fast liebevoll, lächelnd, ohne etwas zu sagen.

Jemand juchzt lachend, andere werden neugierig, viele schauen auf, überrascht, verwirrt, amüsiert, lächelnd, lachend.

Der junge Mann mit seiner grünen Gießkanne lächelt, sagt nichts, geht langsam weiter zu den nächsten Liegen.

Einige richten sich auf, gucken, verfolgen mit Blicken das Geschehen, amüsieren sich, lachen über die verblüfften Reaktionen weiterer Gäste wie über ihre eigenen.

Die Szene wird lebhafter, Bemerkungen werden gemacht, Gespräche beginnen. Die meisten Gäste sind neugierig, überrascht von der unerwarteten Abwechslung.

Als seine grüne Gießkanne leer ist, bleibt der lächelnde junge Mann stehen, schaut seine Gäste an und sagt „Guten Morgen, liebe Gäste", greift nach seinem Ballnetz, ruft fröhlich: „Volli, Volli!" und lädt seine Gäste ein, mit ihm Volleyball zu spielen. Menschen erheben sich, eine Gruppe von Gästen geht zu ihm und mit ihm mit.

Das gemeinsame Spiel beginnt.

**Animation ?   Animation !   Animation im Urlaub !**

---

[1]   Karl O. Hermanns, damals TOUROPA München, in einem Interview aus dem Jahre 1973

**Feststellung 1:**

Die Urlaubswirklichkeit, als plötzlicher Wechsel vom Alltag in die „totale Freiheit" erlebt, macht viele Menschen – trotz wachsender Reiseerfahrung – noch immer unsicher. „An den Urlaub werden so hohe Wunschvorstellungen von Glück und Entspannung gestellt, daß die Realität notwendig dahinter zurückbleiben muß."[2] Zwischen ihren Urlaubswünschen und ihrem tatsächlichen Verhalten klafft eine erhebliche Lücke; das zeigen die Ergebnisse langjähriger Untersuchungen der Reiseanalyse[3] und der „Materialien für Tourismusforschung" aus dem früheren Archiv des Studienkreises für Tourismus, das sich jetzt beim Lehrstuhl für Tourismuswirtschaft im Institut für Wirtschaft und Verkehr der Technischen Universität Dresden befindet.

Zwei Beispiele:

| Sie wollen ein fremdes Land sehen – und lernen nur einen Strandabschnitt kennen. | Sie wollen gern mit Einheimischen sprechen – und reden nicht einmal mit ihren Tischnachbarn. |
|---|---|

Das Unbehagen am Urlaub kann gemildert werden. Dazu bedarf es der Beratung und Anregung. Die Situation macht auf seiten der Dienstleistungsanbieter eine stark ausgeprägte Gastorientierung und einen besonderen Typus von Mitarbeitern nötig, damit das Angebot am Ferienort genutzt werden kann und Menschen leichter miteinander ins Gespräch kommen können.

**Feststellung 2:**

Dienstleistungsunternehmen im Fremdenverkehr müssen gegenwärtig und erst recht in Zukunft gegenüber dem Gast ihre Angebotsstruktur noch mehr erweitern. Speziell für den Urlaubsaufenthalt gilt: Die Grundleistungen von Transport, Unterkunft und Verpflegung mit den dazugehörigen Serviceleistungen und der notwendigen Infrastruktur sind nicht mehr ausreichend, insbesondere nicht im Hinblick auf eine Angebotsdifferenzierung gegenüber dem Gast am Ferienort selbst. Die Angebote für den Urlaubsaufenthalt sind in weiten Bereichen noch immer beliebig austauschbar.

Dennoch: in den vergangenen fast 30 Jahren (seit der Arbeit an der 1. Auflage von „Animation im Urlaub") hat sich schon manches geändert. Die Einführung einer zusätzlichen Dienstleistung schreitet überall und unübersehbar voran, ist vielfach eine Selbstverständlichkeit: Das Angebot der Urlaubsgestaltung, das Animationsangebot ist selbstverständlich – gleichgültig, wie es dem Gast gegenüber formuliert wird – ob als Animation, Gästeprogramm, Ferienprogramm, Betreuung o.ä.

---

[2] Horst W. Opaschowski in „FOCUS" 28/99, S. 137

[3] Früher Studienkreis für Tourismus (Starnberg), jetzt bei der F.U.R „Forschungsgemeinschaft Urlaub und Reisen e.V."

## Der Begriff Animation hat Karriere gemacht.

Der Begriff[4] „Animation" gehört heute zur selbstverständlichen Fachterminologie in den Bereichen Freizeit, Urlaub und Tourismus. Noch im Jahre 1973 – während der Erstellung der ersten Manuskripte für die erste Ausgabe der4 Studie „Animation im Urlaub" – wurde das Stichwort „Animation" oder gar „Animateur" weder in einem der deutschen Lexika noch in einer der Enzyklopädien oder in einem der anderen Nachschlagewerke dokumentiert. Heute dagegen ist das Stichwort[5] „Animation" praktisch überall[6] vertreten.

Den z.Zt. ausführlichsten Beitrag zu den Stichworten „Animation" und „Animateur" fanden wir in der neuen Brockhaus Enzyklopädie:[7]

*„Animateur*
*1. Freizeit-Berater, moderner Beruf im Fremdenverkehrsgewerbe. Ursprünglich arbeiteten Animateure nur in Ferienclubs, heute auch in großen Hotels. Ausbildung und Berufsabschluß sind [noch] nicht erforderlich. Animateure unterhalten und beschäftigen die Gäste, organisieren Sport- und Freizeitaktivitäten und fördern Kontakte zwischen den Urlaubern.*
*2. Staatlich diplomierte, den Sozialarbeitern in der Bundesrepublik Deutschland vergleichbare Angestellte in Frankreich, die in der sozialen Erziehung und Erwachsenenbildung arbeiten.*
*Animation*
*1. Film: Beim Trickfilm (Animations-Film) das Beleben unbelebter Objekte.*
*2. Tourismus: Beschäftigung und Unterhaltung von Reiseteilnehmern am Ferienort.*
*Animator (englisch)*
*Zeichner der einzelnen Phasen von Bewegungsabläufen beim Trickfilm."*

Ein Begriff hat „Karriere" gemacht; nicht nur in der Fachterminologie, sondern er hat als vielfach genutzte Vokabel auch Eingang in den Alltagssprachschatz des deutschen Sprachraumes gefunden.

---

[4] „Ein Wort geht durch die Ferienwelt"; Friedrich A. Wagner, Frankfurter Allgemeine Zeitung, 16. Mai 1974; nachgedruckt in: „Animation im Urlaub", Tagungsbericht, Studienkreis für Tourismus, Starnberg 1975, Seite 149

[5] Duden, Rechtschreibung der dtsch. Sprache, 22. Aufl. 2001 bzw. Duden, Fremdwörterbuch, 7. Aufl. 2001

[6] Weitere Beispiele:
- Duden, Das große Wörterbuch der Deutschen Sprache in 10 Bänden, 3. Aufl., Dudenverlag Mannheim - Leipzig - Wien - Zürich 2001/2002
- Der Brockhaus in 15 Bänden, Leipzig - Mannheim 2001/2002
- Goldmann Lexikon in 24 Bänden, W. Goldmann Verlag, München/Bertelsmann Lexikon-Verlag, Gütersloh 1998
- Freizeit-Lexikon, Deutsche Gesellschaft für Freizeit, Fink-Kümmerly + Frey, Ostfildern 1986

[7] Brockhaus Enzyklopädie in 24 Bänden, 20. Auflage, Verlag Brockhaus, Leipzig - Mannheim 1996, Seite 613

Darüber hinaus finden sich der Begriff Animation und die davon abgeleiteten Formen inzwischen auch im gesamten europäischen Sprachraum[8] und in fast allen Ländern rund um das Mittelmeer und z.T. in der Karibik; in allen jenen Regionen also, in denen der europäische Tourismus zum Wirtschaftsfaktor geworden ist.

## Die „Handlungskompetenz" der sozio-kulturellen Animation

Animation steht innerhalb eines größeren gesellschaftlichen Zusammenhanges, der mit dem vom Europarat geprägten Begriff der „soziokulturellen Animation"[9] bezeichnet wird:

*„Animation – ein Schlüsselbegriff im Freizeitkultur- und Bildungsbereich – bezeichnet eine neue Handlungskompetenz der nichtdirektiven Motivierung, Anregung und Förderung in offenen Situationsfeldern.*

*Animation ermöglicht Kommunikation, setzt Kreativität frei, fördert die Gruppenbildung und erleichtert die Teilnahme am kulturellen Leben.*

*Wesentlich an der neuen Handlungskompetenz ist, daß sie sich anderer als nur verbaler Mittel bedient, daß sie außer den intellektuellen auch den emotionalen und sozial-kommunikativen Bereich anspricht und selbst [...] dort noch wirksam ist, wo menschliche Sprache versagt (z.B. im Freizeit-, Beschäftigungs- und sozialtherapeutischen Bereich)".*[10]

Über den Begriff der Handlungskompetenz geht Hermann Giesecke[11] allerdings weit hinaus, indem er die Frage stellt, was denn pädagogisches Handeln eigentlich sei.

Ausgehend von der Vorstellung der Pädagogik als Intervention beschreibt er sie als „Lernhilfe" und unterscheidet fünf Grundformen des Handelns:

---

[8] Siehe Kapitel II.

[9] Siehe dazu: Nahrstedt, Wolfgang: „Emanzipation oder Manipulation der Ferienmacher?" in: „Animation im Urlaub", Tagungsbericht des Studienkreises für Tourismus, Starnberg 1975, Seite 105 - 119

Ders.: „Handlungskompetenz der Freizeitpädagogik" in: „Freizeit und Pädagogik", Aufsätze 1971 - 1982, Institut für Freizeitwissenschaft und Kulturarbeit, Bielefeld 1984.

[10] Opaschowski, Horst W. (Hrsg.): „Einführung in die freizeitkulturelle Breitenarbeit", Methoden und Modelle der Animation; Klinkhardt-Verlag, Bad Heilbrunn 1979, S. 47

[11] Giesecke, Hermann: „Animation als pädagogische Handlungsform", in: „Begegnungen", 1. Göttinger Symposion „Neues Lernen für Spiel und Freizeit", Otto-Maier-Verlag, Ravensburg 1989, Seite 48 - 49

1. *Unterrichten*
   *Es ist die einzige pädagogische Handlungsform, die in Distanz zur aktuellen Lebenssituation Lernen ermöglicht, also ein Lernen auf „Vorrat", für noch unbekannte, aktuelle Verwendung.*
2. *Informieren*
   *Informationen werden gebraucht, um sich in einer Situation richtig, angemessen oder wunschgemäß verhalten zu können. [...] Informationen werden umso notwendiger, je offener das pädagogische Feld strukturiert ist. Je weniger also vorweg geregelt ist (z.B. im Tourismus in vielfältigen Situationen).*
3. *Beraten*
   *Beraten geht von einem Problem aus, das der Ratsuchende hat. Ihm steht frei, den Rat anzunehmen oder nicht.*
4. *Arrangieren*
   *Arrangieren ist die Herstellung einer Lern-Situation bzw. entsprechend geeigneter Bedingungen. Besonders diese Handlungsform wird in der Freizeitpädagogik ständig angewandt.*
5. *Animieren*
   *Animieren heißt, die in einer gegebenen Situation vorhandenen Lernmöglichkeiten auch zu initiieren und Lernprozesse wieder in Gang bringen zu können. Der Begriff schließt also auch das ein, was gemeinhin „Motivieren" genannt wird.*

Giesecke fordert, die Freizeitpädagogik solle sich in diesem Sinn als Teil der allgemeinen Pädagogik verstehen.

Der Begriff der Animation wird freilich nicht nur im pädagogischen Sinne einer bestimmten Lernhilfe, sondern z.B. im Tourismus auch im Sinne der Unterhaltung benutzt. Was ist der Unterschied?

Nach seiner Überzeugung bedeutet Unterhaltung gerade, daß man nichts lernen will, sondern der lustvollen Erfüllung des Augenblicks verhaftet sein möchte. Das schließt nicht aus, daß man trotzdem etwas lernt, wenn man sich unterhalten läßt, aber dieses Lernen ist nicht planmäßig kalkulierbar.

*„Unterhaltung ist, was Spaß macht und sie ist nicht pädagogisierbar. Es gibt keine 'bessere' oder 'schlechtere' Unterhaltung, sie ist entweder unterhaltsam oder sie ist es nicht."* [12]

Der moderne Begriff der Unterhaltung hat durch die Fernsehunterhaltung eine zusätzliche Dimension bekommen. Möglich geworden ist eine Unterhaltung ohne

---

[12] Gieseke, a.a.O., Seite 50

Geselligkeit. Der Begriff „Geselligkeit" dagegen kann sinnvoll nur für eine Situation des sozialen Miteinanders angewandt werden.

Möglichkeiten der Geselligkeit kann man arrangieren. Gieseckes Forderung: In der Freizeit jedenfalls muß der Pädagoge immer auch gesellig handeln können; Geselligkeit bzw. Unterhaltung haben ihre eigenen Gesetze.

Mit einer (wie bei Giesecke) erweiterten Vorstellung animativer Handlungskompetenz sind inzwischen in kaum überschaubarer Vielfalt die unterschiedlichsten Gesellschaftsbereiche angesprochen:

- Für Touristikfachleute ist Animation schon seit Jahren eine wirksame Methode, die Einsamkeit, Lethargie und Passivität von Urlaubern zu durchbrechen, gesellige und kommunikative Bedürfnisse zu erfüllen.
- Pädagogen in Jugendarbeit und Erwachsenenbildung haben seit langem Animation zu einem methodischen Gestaltungsprinzip der Gruppenarbeit entwickelt.
- Filmregisseure und -Produzenten wie George Lucas („Star Wars") nutzen virtuelle, computer-generierte Animationen als innovative Form spektakulärer Special-Effects.
- Bildungsplaner entdecken die „animative Didaktik" als alternative Schuldidaktik.
- Architekten und Städteplaner besinnen sich der animativen Funktion der postmodernen Architektur (kontaktierende Strukturen auf der Grundlage des Animationsprinzips).
- Werbepsychologen und Raumgestalter konzipieren Atmosphäre-Designs und animative Kommunikationsräume.
- Theaterleute betrachten Animation als neues Kommunikationsmedium.
- Multimedia-Designer der Computerbranche betrachten Animation als dominierendes Wirkungsmittel ihrer graphischen Darstellungsmöglichkeiten. (Keine CD-ROM oder Internet-Site ohne animierte GIF's)

Und schließlich:

- Kulturpolitiker der UNESCO und des Europa-Rates stellen eine „animation socio-culturelle" als Synonym für Alltagskultur auf dem Wege zur kulturellen Demokratie dar.

## Zur Geschichte der Animation

Die Geschichte der Animation[13] ist besonders geprägt durch die Entwicklung der sozialen Gruppenarbeit in Frankreich in den 30er Jahren: In Jugendverbänden und

---

[13] Eine ausführliche Beschreibung der zusammenhängenden Entwicklungen in Europa und auch den USA findet sich bei Opaschowski (1979), Seite 66 - 86, siehe Anm. 10

Jugendorganisationen entstand damals eine Vorstellung von der Bedeutung der Partizipation der Jugendlichen im sozialen und Freizeit-Bereich. Eng damit verbunden ist die Entstehung der Häuser der Jugend und Kultur („Maisons des Jeunes et de la Culture", MJC) in den 40er Jahren. Daraus entwickelte sich auch bereits sehr früh nach dem zweiten Weltkrieg eine staatlich geförderte und staatlich anerkannte, qualifizierte Ausbildung zum „Animateur".

Es war durchaus naheliegend, dieses Gedankengut der partizipativen, sozio-kulturellen Animation frühzeitig auf den Freizeit- und Urlaubsbereich zu übertragen: Das geschah bereits in den 50er Jahren in den französischen Familien-Feriendörfern, die von Beginn an Animationsprogramme der vielfältigsten Art in ihre Angebote zu integrieren begonnen hatten.

Als Pionier begann Club Méditerranée seit Juni 1950 die Kette der Clubs in Europa und der Welt aufzubauen: Animation als spezifischer Teil des unverwechselbaren Produktes.[14] Für über 20 Jahre war damit ein unerreichtes Vorbild – und ein Prototyp – geschaffen, der unangefochten eine Alleinposition einnahm.

Völlig eigenständig und parallel dazu hatte sich in Großbrittanien bereits seit 1936 – besonders aber nach dem II. Weltkrieg – die nach ihrem Gründer Sir William Edmund Butlin genannte Kette von Familiendörfern, die „Butlins Resorts", entwickelt.

CLUB ALDIANA und ROBINSON CLUBS traten erst Anfang der 70er Jahre als deutsche Alternative an; das Konzept war konsequent auf Bedürfnisse und Mentalität deutscher Urlauber übertragen worden.[15]

Seit Anfang der 80er Jahre tauchten die ersten Club-Ableger auf: Diese „Club-Derivate", also von der ursprünglichen Form der Ferienclubs abgeleitete Urlaubsangebote, kopierten in ihrer Erscheinungsform die „klassischen" Club-Anlagen in fast allen Bereichen: „Club Calimera"[16] von ITS-Reisen (1983) gehörte zu den ersten Anbietern; es folgten dann in den 90er Jahren die auch heute noch bekannten Marken wie „Magic Life", „Club Papillon", „Club Alltoura" – um nur einige zu nennen.

Erst zu Beginn der 80er Jahre begannen animationsorientierte Ferienprogramme außerhalb von Clubs, in Ferienanlagen (Bungalowdörfer, Hotels, Ferienzentren) in großer Zahl auf dem Markt zu erscheinen: IBEROTEL, GRECOTEL, die „Kärntner Bauerndörfer" der damaligen Rogner-Gruppe in Österreich und in den großen Ferienzentren z.B. an der deutschen Ostsee in DAMP. Deren Animationsprogramme waren eine mehr oder minder gute und geschickte Kopie der „Original-Clubs". Das führte zu kuriosen Symptomen: die gleichen virtuosen Playback-Nummern wie „Musiker-Sketch" oder „Figaro" des Club Méditerranée waren in

---

[14] siehe Kap. VII, Seite 304 ff
[15] siehe Kap. VII, Seite 310 ff
[16] Heute „Calimera Aktiv Hotels"

einer Saison sowohl bei ROBINSON, bei ALDIANA, bei IBEROTEL und im Ostseebad DAMP zu sehen.

Die brillante Idee des „All Inclusive"-Urlaubs, von John Issa mit der Gründung der „SuperClubs" 1976 bzw. „Couples" 1978 und von „Sandals"-Gründer Gordon „Butch" Steward im Jahre 1981 auf den Markt gebracht, erzeugte Anfang der 90er Jahre dann eine vierte Welle der animations-betonten Urlaubsformen: in Zielgebieten mit niedrigen Personal- und Warenkosten (bes. Kuba, Dominikanische Republik, aber auch Türkei oder Tunesien; vereinzelt wird auch in traditionellen Zielgebieten wie Mallorca, Österreich oder sogar an den deutschen Küsten mit dem Begriff „All inclusive" versuchsweise am Markt die Gäste-Reaktion ausprobiert) entstand eine große Zahl von clubähnlichen Hotel-Anlagen[17], deren Inclusive-Angebot eine breite Palette von Sport-, Spiel- und Entertainment-Angeboten enthält.

Ein weiterer entscheidender Schritt zur Verbreitung der Idee der Urlaubsanimation setzte Mitte der 80er Jahre ein, als die Verantwortlichen vieler mittelständischer Hotels und kleinerer Betriebe (z.B. im Rahmen von „Urlaub auf dem Bauernhof") zu begreifen begannen, daß in einer guten Gäste-Animation eine betriebswirtschaftliche Chance liegt: bessere Qualität, höhere Gästezufriedenheit, klare Marktchancen, bessere Zukunftssicherung. (Siehe Kap. VII, Seite 285 ff)

Die aktuelle Situation zur Jahrhundertwende läßt sich durch fünf parallel verlaufende Strömungen (siehe Grafik Seite 9) der Animation charakterisieren:

I. Die „reinen" Clubs, nämlich Club Méditerranée, ROBINSON und ALDIANA, zusätzlich noch VALTUR, der italienische Ableger von Club Méditerranée sowie die türkisch-österreichische MAGIC LIFE-Gruppe, die seit 2001 von der TUI vermarktet wird: Animation wird als Angebotsvielfalt verstanden, in höchstmöglicher Qualität; im Marketing wird – zumindest bei ROBINSON und ALDIANA – seit neuestem vom Begriff „Club" deutlich abgerückt, der Produktname trägt sich von selbst. Neue, eher abstrakte Formeln wie „Zeit für Gefühle" (Robinson) oder „re-naissance der sinne" (Club Méditerranée) sprechen emotionale Bereiche an und die Produkte können auf diese Weise besser von den Club-Derivaten (auch qualitativ deutlicher) abgehoben werden: Betonung der Wellness unter Einbeziehung der Ernährung und ganzheitlicher Gesundheitsaspekte „für Körper und Seele", der Trend zur Animation mit EQ, mit emotionaler Intelligenz.

---

[17] Führend sind bezeichnenderweise in Kuba und in der Dominikanischen Republik spanische und deutsche Hotelgruppen, wie z.B. RIU, IBEROTEL, Barcelo, LTI u.a., die ihr Animations-Derivat in einer weiteren Kopie in die All-Inclusive-Resorts „exportieren", zum größten Teil mit einheimischen, im Schnellverfahren eher oberflächlich angelernten Animateuren.

## Zur Geschichte der Animation

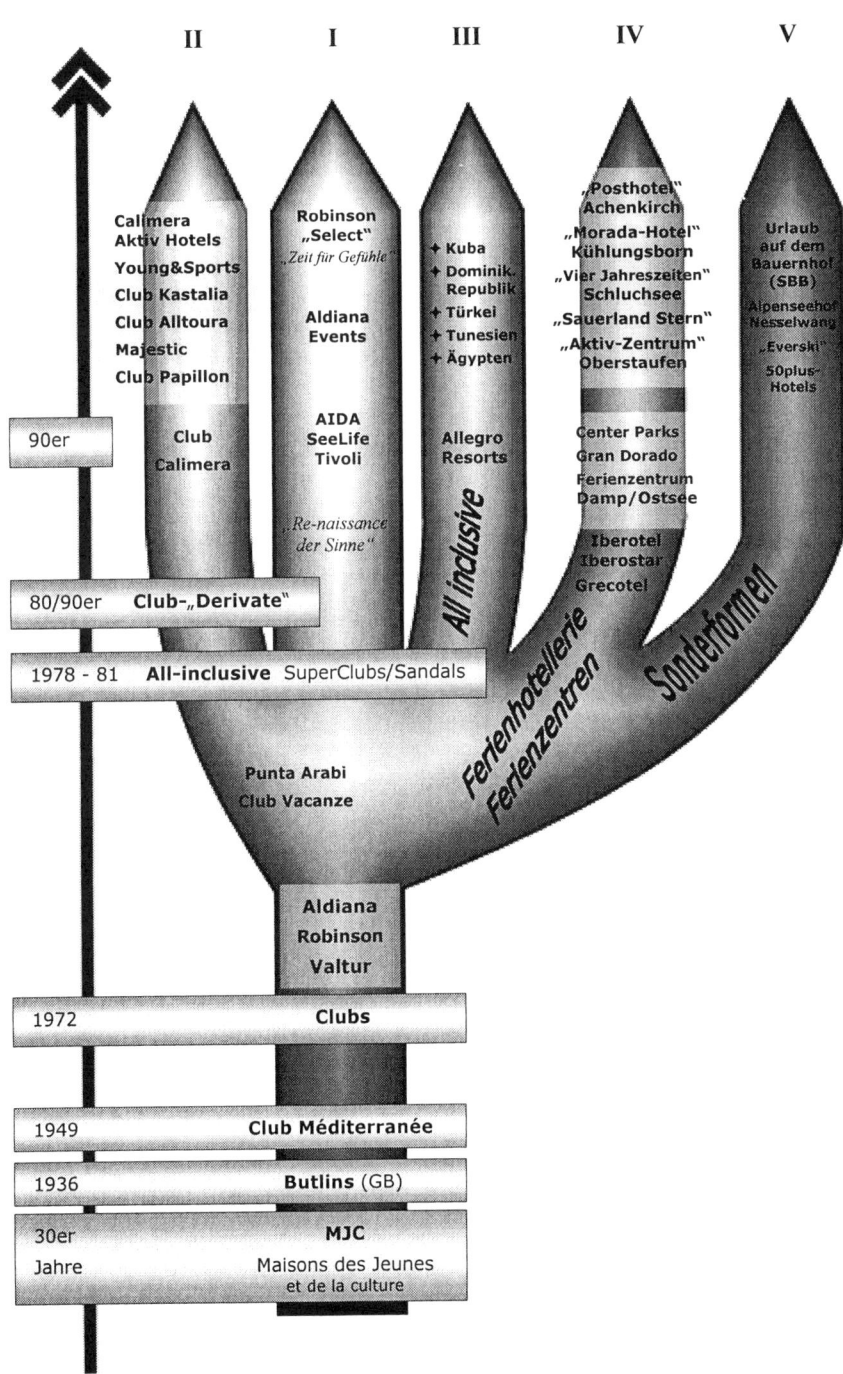

Abbildung I - 1 Entwicklung der Angebotsformen von Urlaubsanimation

Neue Angebotsformen wurden hinzugefügt, die eine weitere Profilierung ermöglichten:

- ○ Club Méditerranée bringt den Club an Bord seiner eigenen Schiffe auf die Weltmeere („Club Med I" und „Club Med II").
- ○ ROBINSON bietet mit „Select" eine völlig neue Service-Kategorie mit neuen Standards an.
- ○ ALDIANA veranstaltet Events
- ○ Das Clubschiff „AIDA" und die Nachfolger des Jahres 2002 wie „Aida-Vita" oder „Arosa Blu" werden als *„Revolution auf dem Kreuzfahrtmarkt"* empfunden.[18]

II. Die große Zahl der Club-Derivate – lebendig, aktiv, ideologiefrei und unbeschwert, manchmal auch laut, mit Ausrutschern auf „Ballermann"-Niveau.[19] Daraus hat sich seit der Jahrhundertwende eine eigener, sehr erfolgreicher Angebotsbereich bei den grossen Veranstaltern entwickelt, charakterisiert durch Marken wie „1-2-Fly" der TUI oder „Young & Sports" von Neckermann/Thomas Cook; bis hin zu Einzel-Anlagen wie dem „Club Kastalia" in Alanya/Türkei oder dem Falkensteiner Club „Funnymation" (ex-Robinson) auf dem Katschberg in Österreich.

III. Die inzwischen unzähligen mehr oder minder umfangreichen „All-Inclusive"-Angebote mit den „Erfindern" wie „SuperClubs", „Sandals", „Couples", „Breezes" oder „Allegro"; aber auch in fast allen Ferienanlagen in Ländern wie Cuba, der Dominikanische Republik, der Türkei u.a., deren wirtschaftliche Rahmenbedingungen diese Angebotsform möglich machen.

IV. Die mittelständische Ferienhotellerie, insbesondere im Alpenraum und in den Mittelgebirgen, für die ein mehr oder minder ausgeprägtes Gästeprogramm zum selbstverständlichen Serviceangebot gehört und in Zukunft nicht mehr wegzudenken sein wird. In vielen Fällen sind diese Hotels die wirtschaftlich erfolgreichsten ihrer Region (als seit Jahren vorbildliches Beispiel das „Posthotel" in Achenkirch/Tirol).

V. Schließlich Sonderformen des Tourismus, wie z.B. Urlaub auf dem Bauernhof[20] (ein gutes Beispiel bietet der SBB, der Südtiroler Bauernbund in Bozen

---

[18] „Die Popstars der See erobern Europa" in FAZ Reiseblatt, Frankfurter Allgemeine Zeitung vom 22.11.2001; „Die Revolution entläßt ihr zweites Kind" in FVW, Fremdenverkehrswirtschaft International, Heft 12 vom 17.05.2002

[19] „Ballermann 6" (deutsch verballhornt für *„Balneario 6"*) an der Playa de Palma in Mallorca, das inzwischen durch Medien und Film zu zweifelhafter Bekanntheit gelangt ist und als Synonym für lautstarkes Amusement auf fragwürdig niedrigem Niveau gilt.

[20] Ein besonders liebenswertes Beispiel ist die Familie Martin mit ihrem „Alpenseehof" bei Nesselwang im Allgäu. (Siehe Kapitel VII.)

mit seinem Gästeprogramm) oder spezielle Angebotsgruppen wie die „50plus Hotels", die in Zukunft verstärkt aktive Gästeprogramme und Urlaubsanimation für ältere Urlauber anbieten werden: Angebote für Geselligkeit, Kontakt und anspruchsvoller Service sprechen die Bedürfnisse diese Gästegruppe ganz besonders an. Es gibt eine übergreifende lebenstilistische Orientierung, die Menschen über 50 gemeinsam auszeichnet:

* Gemütlichkeit         * Gesundheit
* Geselligkeit          * Genussvoll
* Gepflegtheit          * „Anders"

Die Prognose in diesem Handbuch: Animation wird auch in absehbarer Zeit ein grundlegender, selbstverständlicher, unverzichtbarer Teil der Urlaubsangebote sein. In vielen Bereichen ist allerdings eine stärkere Qualitätsorientierung dringend nötig, um das negative Image der „Ballermann"-Animation zu vermeiden und den Begriff (und damit die Idee) nicht zu kannibalisieren.

Trotz unterschiedlicher Ziele ist allen Animationsversuchen gemeinsam, daß sie als Ansatz und Ausgangspunkt offene Situationsfelder (insbesondere im Freizeit- und Urlaubsbereich) wählen, daß sie den Menschen die Anonymität der Umwelt nehmen, ihnen Mut machen, Kommunikationsbarrieren, Kontaktschwellen und Hemmungen zu überwinden und ihnen – im Idealfall – ein Gefühl emotionaler Geborgenheit und sozialer Sicherheit geben.

*„Freizeitkulturelle Breitenarbeit geht davon aus, daß sich bei immer mehr Menschen das Bedürfnis nach neuen Formen der Kommunikation in der Freizeit verstärkt. Die Ursachen hierfür sind hauptsächlich in der kommunikationsarmen Arbeitswelt und in den kontaktfeindlichen Wohnstrukturen einer „verdichteten Gesellschaft" zu suchen, in der die Menschen die meisten ihrer natürlichen Begegnungsstätten verloren haben.*

*Bisherige Stätten sozialer Kontakte, also z.B.*
⇒ *in der Drei-Generationen-Familie*
⇒ *im und vor dem Haus in der städtischen Umwelt*
⇒ *im Hof auf dem Lande*
⇒ *auf dem Dorfplatz, am Ausgang der Kirche*
⇒ *auf dem Markt*
⇒ *in der Kneipe, im Café und im Tante-Emma-Laden*
*gibt es in den Neubaugebieten und Satellitenstädten gar nicht mehr."* [21]

---

[21] Opaschowski (1979), a.a.O., Seite 15

Die Auseinandersetzung mit der touristischen Urlaubsanimation wird von seiten der Verfechter der sozio-kulturellen Animation vehement, aber oft auch mißverständlich geführt.

Wir verstehen – gerade wegen dieser gesellschaftlichen Entwicklungen – die Freizeit- und Urlaubs-Animation ganz bewußt eingebettet in den Gesamtrahmen der sozio-kulturellen Animation, im Gegensatz zu Opaschowski, der behauptet, sie (die Urlaubsanimation) werde aus „*dem* [...] *freizeit-kulturellen Methodenverbund herausgelöst und verselbständigt*".[22]

In erster Linie aus methodischen und systematischen Gründen wird Urlaubsanimation hier jedoch weiterhin als eigenständiger Bereich geschildert. Die ihr eigenen Begrenzungen (zeitgebundene Aktionen, zeitlich limitiert, auf die Urlaubszeit beschränkt etc.) ändern nichts an ihrer Zugehörigkeit zur sozio-kulturellen Animation, die in ihrem Gesamtzusammenhang langfristig gesehen werden muß, da sie über Freizeit und Urlaub hinauswirkende gesellschaftliche Ziele beinhaltet.

Die Entwicklung seit den 70er Jahren hat diese Überzeugung eher verstärkt und wird in den jetzt vorliegenden Praxisbeschreibungen auch sichtbar: Animation ist kein Privileg exclusiver Ferienclubs mehr, sondern eine Form sozialkommunikativer Dienstleistung, eingebettet im Gesamtrahmen unserer Gesellschaft und der gesellschaftlich-ökonomischen Trends (Freizeitkultureller Lebensstil, Tourismus).

Nicht zuletzt deswegen wird die gemeinsame Grundlage, nämlich die in allen Fällen notwendige Handlungskompetenz, die in der sozio-kulturellen
Animation vorausgesetzt wird, auch für den Urlaubsbereich in diesem Handbuch so ausdrücklich betont und beschrieben.

Vor dem Hintergrund dieser Entwicklungen will diese Studie anregen:
- zur Diskussion,
- zur Planung,
- zur Realisation der Animation.

Es würde den Rahmen dieser Studie allerdings sprengen – bei der Fülle der Möglichkeiten und Erscheinungsformen des Tourismus der letzten 40 Jahre –, wenn alle Aspekte ausführlich erörtert würden.

So wird – wie bereits in den beiden früheren Auflagen der Studie in den Jahren 1973/75 und 1989/90 – in Deutschland der Versuch unternommen, zumindest die wesentlichen Formen, Elemente und Bereiche der Urlaubs-Animation zu erfassen, zu gliedern und im Überblick darzustellen.

Dazu werden allgemeine Prinzipien der Animation dargestellt sowie die Beschreibung einzelner Animationsmodelle (sog. Systembeschreibungen).

Schließlich werden für Praktiker Planungshilfen vorgestellt, die freilich nur allgemeine Ansätze vermitteln können und auf den jeweiligen speziellen Bestimmungszweck später zugeschnitten werden müssen.

---

[22] Opaschowski (1979), a.a.O., Seite 82

Auf der Basis der Manuskripte aus dem Jahre 1989 wurde die Aktualisierung im Herbst 2002 kritisch durchgesehen, gestrafft und um aktuelle Trends erweitert. Wesentliche Grundlagen der Darstellung sind die Archivunterlagen im Bestand des Lehrstuhles für Tourismuswirtschaft am Institut für Wirtschaft und Verkehr der Technischen Universität Dresden[23], langjährige Praxiserfahrung der Autoren und intensive Gespräche mit zahlreichen Fachkollegen/Innen im In- und Ausland. Die Grafiken in dieser Auflage wurden zum großen Teil von Hendrik Stier[24] entworfen und bearbeitet.

Diese Studie ist als Arbeits- und Orientierungshilfe gedacht. Sie richtet sich an Reiseveranstalter, Fremdenverkehrsgemeinden, an die gesamte Fremdenverkehrswirtschaft (Hotellerie, Gastronomie, Vermieter), also an alle, die im Tourismus Angebote an Gäste vorbereiten und die Voraussetzungen für gelungene Urlaubsaufenthalte schaffen wollen. Aber auch an alle diejenigen Mitarbeiter, die am Urlaubsort in direktem Kontakt mit den Gästen für die Realisierung der Animation verantwortlich sind. Sie richtet sich an die große Zahl von Studierenden der verschiedenen Tourismus-Studiengänge an unterschiedlichsten Hoch- und Fachschulen und auch weiteren Ausbildungsgängen im deutschsprachigen Raum. Nicht zuletzt gibt die Arbeit auch dem interessierten Urlaubsgast selbst Einblick in diese Form des Urlaubsangebotes und Hilfen für eine kritische Prüfung.

---

[23] Das gesamte Archivmaterial des Studienkreis für Tourismus (früher Starnberg) befindet sich in Dresden und ist dort für Interessierte, Studierende und Wissenschaftler nach wie vor zugänglich: in der Zweigbibliothek Verkehrswissenschaften. Diese wiederum ist Teil der SLUB, der Sächsischen Landesbibliothek - Staats- und Universitätsbibliothek in Dresden. Die Materialien der Studienkreis-Bücherei werden Zug um Zug in den nächsten Jahren in die Bestände der SLUB übernommen und sind dann auch online zugänglich: www.slub-dresden.de (WebOPAC)

[24] Zu erreichen über: www.werkstoffbit.de Mail: stier@werkstoffbit.de

## II. GRUNDLAGEN DER ANIMATION

### 1. Was bedeutet Animation?

Wir haben in Kapitel I. die Entwicklung und Verbreitung des Begriffes Animation skizziert. Hier folgen jetzt Aussagen über den Inhalt der Animation.
Zur Beschreibung und Abgrenzung des Begriffes benutzen wir neun Aussagen, die – aufeinander aufbauend – schließlich in unsere Definition einfließen als verbindliche sprachliche und inhaltliche Grundlage. (Siehe Seite 27)
Die Aussagen:

---

1. Animation ist Anregung

2. Animation bezieht sich auf Freizeit und Urlaub

3. Animation richtet sich vorrangig an Gruppen von Menschen

4. Animation erzeugt und verbessert Kontakt und Kommunikation

5. Animation baut allseitige Beziehungen auf.

6. Animation ist die Antwort auf die Bedürfnisse[1] der Menschen

7. Animation ist eine Dienstleistung, ein Service

8. Animation ist Beziehungs-Management in Freizeit und Urlaub

9. Animation ist das Arbeitsfeld des Animateurs/der Animateurin

---

Die Definition: **Animation ist Anregung und Aufforderung zu gemeinsamem Tun in Freizeit und Urlaub.**

---

[1] Hier sind in erster Linie die sozial-kommunikativen Bedürfnisse angesprochen, die in einer veränderten Alltags- und Freizeit-Umwelt entstehen.

## 2. Der Begriff „Animation"
Synonyme, Semantik, Grammatik, Etymologie

*a) Der Begriff*

Der Begriff „Animation" gehört inzwischen zum festen Bestandteil des deutschen Wortschatzes:

*Animation – Belebung [...]*

*Animateur – Spielleiter in einem Freizeitzentrum, Animateurin*[2)]

Animation wird im weitestgehenden Umfang als **„Anregung"** und **„Belebung"** verstanden, der Begriff in diesem Sinne auch in Publikumspresse[3)] und Alltagssprache benutzt.

Der Vorgang der Anregung lässt sich durch eine Reihe von Synonymen beschreiben:

*Initiieren, verursachen, vorschlagen, den Anstoß geben zu, den Stein ins Rollen bringen, Impuls geben [...]*[4)]

oder:

*veranlassen, vorschlagen, anempfehlen, beeinflussen, den Gedanken eingeben, ermuntern, anspornen, Antrieb geben, beleben, aktivieren, begeistern, beflügeln [...]*[4)]
*erheitern, zerstreuen, unterhalten, vergnügen, fröhlich stimmen [...]*

Für den Urlaubsbereich haben wir damit einen vorzüglich geeigneten, beinahe unübertrefflichen Fachausdruck, der durch nichts zu ersetzen und nicht zu verbessern ist.

---

[2)] Duden, Rechtschreibung der dtsch. Sprache, 22. Aufl. 2001 bzw. Duden, Band 5, Fremdwörterbuch, 7. Aufl. 2001

[3)] 
- „*Stunde der Animateure*", [Überschrift] über den Wachwechsel in der deutschen Wirtschaft: „Eine neue Führungsgarde, kreativ und kommunikativ, [...]" aus: „Manager Magazin" Heft 9/89, Seite 33, September 1989.
- „[...] - *Animation vom laufenden Band*". Ein Artikel über Telefon-Anrufbeantworter, aus: „Der Spiegel", Nr. 3 vom 16. Januar 1989, Seite 60
- „Moderne Bergführer verstehen sich als Alpenanimateure, Risikomanager oder Erlebnispädagogen";[...] aus: FAZ, 17.07.1999
- „[...] bevor rund 200 Zeichner und Animateure in Neuseeland und Shanghai die Comicfiguren zum Leben erwecken." aus „Schumi, unser Comicstar", FOCUS 28/1999

[4)] Der Große Duden, Band 8, Synonym-Wörterbuch, Mannheim 1997
Textor, A.M. „Sag es treffender", rororo-Sachbuch Nr. 61388, 43. Auflage, Rowohlt Verlag, Hamburg 2002

## II. GRUNDLAGEN DER ANIMATION

Wir haben bereits 1973 verlangt:[5]

*"... einen relativ unbelasteten Begriff, der [....] bestimmte Vorgänge im Urlaub treffender und knapper beschreiben kann als ein anderes Wort, als Fachbegriff in den Sprachgebrauch einzuführen und zu definieren."*

Zur Begriffsbeschreibung wollen wir hier noch die Abgrenzung zwischen Animation und Manipulation skizzieren:

Der Begriff „Manipulation", der laut Etymologie-Duden[6] den Bedeutungsinhalt von „Handgriff", „Kunstgriff", „geschickte Handhabung" besitzt, wird im allgemeinen Sprachgebrauch eher negativ genutzt im Sinne von „Betrug", „unredliche Machenschaft".

Wenn man die wesentlichen Kriterien, durch welche Manipulation in dieser negativen Bewertung charakterisiert ist, den entsprechenden Elementen der Animation gegenüberstellt, ergibt sich folgende Vergleichsliste:

| **Animation** | **Manipulation** |
|---|---|
| offen | unbemerkt, versteckt |
| zwanglos | unkontrollierbar |
| freiwillig | unfreiwillig, undurchschaubar |
| eigenbestimmt | fremdbestimmt |
| Eigenmotivation der Urlauber | Fremdzweck = Eigenzweck der Manipulatoren |

Aus dieser Gegenüberstellung der charakteristischen Elemente beider Begriffe wird bereits deutlich, dass die Trennung von Animation und Manipulation zweifellos möglich und exakt beschreibbar ist. Wir werden im Rahmen unserer „Prinzipien der Animation" nochmals auf diese Abgrenzung eingehen.

Unsere sprachliche Abgrenzung hat unverändert Gültigkeit: Sie bildet ein einheitliches, leicht benutzbares und in sich begrenztes Begriffssytem, das es ermöglicht, diese spezielle Dienstleistung im Tourismus mit einem Wort darzustellen und auch in ihren Methoden zu definieren.

Die Praxis der letzten 30 Jahre beweist, dass es einen besseren Fachbegriff nicht gibt. Es ist daher müßig, über den Begriff Animation zu hadern. Er muss lediglich ernsthaft benutzt und mit Inhalt erfüllt werden.

Alle am Tourismus Beteiligten müssen sich weiterhin darum bemühen, den Begriff als Fachausdruck adäquat zu nutzen und vor allen Dingen in seiner inhaltlichen Gestaltung verantwortungsbewusst zu handhaben. Das gelingt freilich nicht immer: auf Mallorca werden seit neuestem von Seiten der Tourismusbehörden

---

[5] In der ersten Auflage der Studie „Animation im Urlaub" (1973/75), Seite 11
[6] Der große Duden, Band 7, Etymologie-Duden, 3. Auflage, Mannheim 2001

große Anstrengungen unternommen, entstandene Imageschäden zu beseitigen, die durch falsch verstandene animative Programme und Aktionen von Lokalen des Typs „Ballermann 6" entstanden sind. Dieses Negativ-Image wurde durch häufige Darstellungen in vielen Medien sowohl im Bewusstsein der einheimischen Bevölkerung als auch im Meinungsbild der meisten Deutschen verankert.

Damit sollte auch in Zukunft sichergestellt sein, dass der Begriff Animation keine unverdiente Abwertung[7] erfährt.

### b) Die Semantik

Ein Begriff hat „Karriere" gemacht und dabei auch Eingang in den Alltagssprachschatz des deutschen Sprachraumes gefunden. Darüber hinaus finden sich der Begriff Animation und die davon abgeleiteten Formen inzwischen auch im gesamten europäischen Sprachraum und in fast allen Ländern rund um das Mittelmeer; in allen jenen Regionen also, in denen der europäische Tourismus zum Wirtschaftsfaktor geworden ist. Animation ist also ein „europäischer" Begriff im Urlaubs- und Freizeitbereich, und gleichfalls ein fester Servicebestandteil der Dienstleistungsangebote.

Hierzu noch ein kleiner semantischer Überblick: Der Begriff Animation und alle davon abgeleiteten Begriffe sind in fast allen europäischen Sprachen wiederzufinden:

- ❐ Natürlich im französischen, denn Animation ist im Grunde eine französische „Erfindung".

   **Animation**
   **Animateur**   (im Gegensatz dazu: Moniteur, als qualifizierter Sportlehrer)
   **Animatrice**

- ❐ Aber selbstverständlich auch in den verwandten, romanischen Sprachen, nämlich im Italienischen:
   **Animazione**
   **Animatore**
   **Animatrice**

---

[7] Der Fachbegriff Animation wird inzwischen in der Öffentlichkeit überwiegend nur noch mit Ferien-Clubs identifiziert oder mit billiger Anmache à la „Zwangsbeglückung" oder „Ballermann". Aus unserer Definition ergibt sich: Wir verstehen Animation heute als eine sehr differenzierte Dienstleistung. Außerhalb von Ferienclubs werden jetzt vielfach andere Begriffe benutzt: Gästeprogramm, Urlaubsprogramm, Aktiv-Programm, Ferienaktivitäten etc. <u>Inhaltlich</u> besteht aber **kein** grundsätzlicher Unterschied: Anregung der Gäste zu gemeinsamen Unternehmungen und Aktivitäten, um den Urlaub schöner und erlebnisreicher zu machen.

## II. GRUNDLAGEN DER ANIMATION

- Und im spanischen Raum (wobei der Begriff hier stärker den Bedeutungsinhalt von „Entertainment" bekommen hat):
  **Animación**
  **Animador** und
  **Animadora**

- Selbst auf kroatisch und slowenisch wird der Begriff bereits wie selbstverständlich benutzt:
  **Animacija**
  **Animátore**

- ...und in der Türkei:
  **Animasyon**
  **Animatör, Animatörler**

- und es finden sich auch in Sprachen wie Griechisch oder Tunesisch entsprechende Ableitungen.

- In Österreich und auch in der Schweiz wird eher der „lateinische" Begriff **Animator** benutzt.

- Lediglich im englischsprachigen Raum hat es eine andere Entwicklung gegeben, da der Begriff zwar auch die Bedeutung von „Anregung" enthält, aber sehr frühzeitig von anderen Wirtschaftsbereichen belegt worden ist, nämlich von der Film- und daraus abgeleitet von der Computer-Industrie: Animation ist im englischsprachigen Raum überwiegend die Bewegung der Figuren im Trickfilm, also die Umsetzung einer Abfolge von Einzelzeichnungen in bewegte Bilder. In der Encyclopædia Britanica, 15. Auflage 1986 (S. 421): *„animation – the process of giving the illusion of movement or life to drawings, models or inanimate objects [...]"*
Der Eintrag in Random House Webster's Unabridged Dictionary[8] gibt

---

[8] Quelle: Random House Webster's Unabridged Dictionary Copyright © 1991 by Random House, Inc. in digital format as contained in Random House's Dictionary Database Copyright © 1997. © 1999. http://www.infoplease.com
Andere Internet-Adressen: www.m-w.com (Merriam-Webster Online); www.dictionary.com

*animation*:
- animated quality; liveliness; vivacity; spirit: to talk with animation.
- an act or instance of animating or enlivening.
- the state or condition of being animated.
- the process of preparing animated cartoons.
- feisty — full of animation
- zing — vitality, animation, or zest.
- a quality or characteristic that excites the interest, enthusiasm, etc.: a tourist town with lots of zing.
- energetic activity; animation; liveliness.
- cheer – something that gives joy or gladness; encouragement; comfort: gladness, gaiety or animation: full of cheer and good spirits.
- pep — pepped, lively spirits or energy.

## 2. Der Begriff „Animation"

aber bereits ein viel differenzierteres Bild des anglo-amerikanischen Sprachgebrauchs.

Die Eingabe des Begriffes „Animation" in einer Internet-Suchmaschine wie „Google" listet über 6 Millionen (!) Einträge auf, die sich in der überwiegenden Mehrzahl mit Computer-Animation oder mathematischen Modellen befassen. Erst die Eingrenzung durch zusätzliche Suchbegriffe wie „Tourismus", „Urlaub" u.a. führt dann zu brauchbaren Ergebnissen.

Computeranimation ist im Grunde das gleiche Arbeitsverfahren wie im Trickfilm, wobei eine Bildschirmgraphik durch schnelle Abfolge aufeinanderfolgender Darstellungen zur Bewegung gebracht werden kann (früher hieß das „Daumenkino") – bestes Beispiel sind Videospiele und „animated GIF's" auf den Web-Sites des World Wide Web im Internet.

- Hier muss also ein alternativer Begriff benutzt werden, der den gleichen Sinn und den gleichen Inhalt hat:
  **Guest Relations (als Pendant der Public Relations)**
  oder sogar: **Active Guest Relations**
- Davon abgeleitet also:
  **Guest-Relations-Manager / Guest-Relations-Officer**
  **Active-Guest-Relations Programmes**
  aber auch: **Activity-Programmes**

Die langjährigen praktischen Erfahrungen der Autoren mit diesem Begriffssystem im englischsprachigen Raum, insbesondere in der Ferienhotellerie, sind absolut positiv und erfolgreich.

Die Bezeichnung für die Person[9] des Animateurs, der Animateurin ist allerdings in der touristischen Terminologie nicht so starr festgelegt: im deutschen Sprachraum ist der Begriff „Gästebetreuer" durchaus üblich und akzeptiert, und schließlich haben nicht alle Fremdenverkehrsbetriebe und -orte eigenständige oder zusätzliche Mitarbeiter, die als Animateure zu bezeichnen sind. Vielfach übernehmen talentierte Mitarbeiterinnen oder Mitarbeiter aus den unterschiedlichsten Arbeitsbereichen zusätzlich animative Programme und Tätigkeiten.

---

[9] Goldmann Lexikon in 24 Bänden, W. Goldmann Verlag, München/Bertelsmann Lexikon-Verlag, Gütersloh 1998, Seite 431: „Animateur – Berufsbezeichnung für eine Person, die anderen bei ihrer Freizeitgestaltung behilflich ist und sie zu vielfältigen Aktivitäten anregt. Animateure werden z.B. von Reiseunternehmen und Sportstätten oder Heimen zur Betreuung von deren Kunden angestellt."
Das Stichwort „Animation" fehlt !
dtv-Lexikon in 20 Bänden, Deutscher Taschenbuch Verlag, München 1999: „Freizeit-Pädagoge, Freizeitberater, hält im modernen Massentourismus Angebote für die Gestaltung der Freizeit (Animation) und des Urlaubs (Unterhaltung, Pflege von Hobbies, Wandern, Sport, kulturelle Darbietungen u.a.) bereit."

Die immer noch verwirrende Vielfalt von unterschiedlichen Wortprägungen[10] (Freizeithelfer, Freizeitberater, Freizeitlehrer, Freizeitpädagoge, Freizeitkontakter etc.) und ihre unterschiedlichen Inhalte und Definitionen sind eigentlich unnötig, solange im Freizeit- und Urlaubsbereich ernsthaft der Begriff Animation benutzt und seriös umgesetzt wird.

Außerhalb des Tourismus gewinnt der Begriff Animateur (und bewusst abwertend: „Animateuse") neue Bedeutungsvariationen: die vom Anbieter bezahlten „Animateure" in „Chat-Rooms" der elektronischen Medien[11] (T-Online etc.), die die „Besucher" mit wechselnden Pseudonymen in Aktivitäten verwickeln und auf diese Weise den Chat-Room attraktiver und lebendiger erscheinen lassen und damit lukrativer zu machen; oder nicht zuletzt die MitarbeiterInnen von Nachtclubs[12], Erotic-Discos und Telephonsex-Anbietern, die ebenfalls als „Animateure" bezeichnet werden.

### c) Die Grammatik

Das Wort „Animation" ist im Deutschen – wie alle Worte, die auf „-ion" enden – feminin zu benutzen, also die Animation.

Bei „Animateur" lautet der Genitiv Singular: des Animateurs und entsprechend der Nominativ Plural: die Animateure (analog auch zur deutschen Verwendung von Begriffen wie Redakteur, Monteur, Ingenieur etc.). Die weibliche Form wird üblicherweise als Animateurin, Plural: Animateurinnen benutzt (analog zur Redakteurin). Wenig gebräuchlich, aber durchaus akzeptabel ist die an das Französische angelehnte Form Animatrice.

In Österreich und der Schweiz findet man auch die Form Animator und Animatorin, Plural: Animatoren (sozusagen eine „lateinische" Wortbildung, die sich nicht direkt auf den französischen Ursprung der Animation rückbezieht).

### d) Die Etymologie der Wortfamilie

Voraus liegt das lateinische **animare** = „*Leben einhauchen*", „*beseelen*", das zu lat. **animus, anima** = „*Lebenshauch*", „*Seele*" gehört; es besteht Urverwandtschaft mit dem griechischen **anemos** = „*Wind (Hauch)*".

---

[10] „Moderne Bergführer verstehen sich als Alpenanimateure, Risikomanager oder Erlebnispädagogen";[...] aus: FAZ, 17.07.1999

[11] [...] Um den Damenmangel auszugleichen, stellen viele Anbieter Lockvögel an, die offen oder verdeckt die Kunden „aufreißen". Die Animateure, egal welchen Geschlechts, ziehen ein Gespräch schon mal in die Länge [...] und treiben damit die Gebührenrechnung noch ein bißchen mehr in die Höhe." aus „bildschirmtext magazin" Nr. 8/1992, Seite 20

[12] „[...] mal zucken nur mit Handschuhen und Lackstiefeln bekleidete Animateusen auf hohen, umgitterten Podesten zu [...]Dancefloor-Stakkato." aus: „Karneval bei Krupp" über einen Essener Musik-Club in ehemaligen Krupp-Fabrikhallen, FOCUS Nr. 30/1998 vom 20.07.1998

## 2. Der Begriff „Animation"

Als gemeinsame indogermanische Wurzel gilt (rekonstruiert): **an**(a) - = „*hauchen*", „*atmen*", eine Wurzel, die auch in anderen indogermanischen Sprachen vertreten ist.

**Anima** hieß in der scholastischen Philosophie das „erste Prinzip" des Lebens, dasjenige, durch das ein Körper zum Lebewesen wurde.[13]

Bevor wir jetzt eine operationalisierbare, d.h. in die praktische Arbeit umsetzbare Definition formulieren, soll hier als Grundlage der Definition – sozusagen axiomatisch – festgelegt werden, dass Animation sich auf den Lebensbereich „Freizeit" bezieht, also nicht etwa hauptsächlich auf Bereiche wie „Berufsarbeit" oder „Bildung".

**Animation ist Anregung in der Freizeit.**

Das schließt nicht aus, dass Begriffe wie „Animation" oder „animativ" auch in anderen Bereichen genutzt werden. Bestes Beispiel: Animative Didaktik für eine methodisch spielerisch aufgelockerte Form der Wissensvermittlung.[14] Bereits im Jahre 1973 wurden im Zusammenhang mit dem Begriff Animation folgende fünf inhaltliche Bereiche[15] genannt:

1. Anregung, Initiative, Vorschlag
2. Aktivität, Bewegung, Sport
3. Geselligkeit, Unterhaltung
4. Kontakt
5. Spaß, Genuss, Abwechslung

Daraus leiten wir drei qualitativ unterschiedliche „Stufen" der Animation ab, die den Ablauf genauer beschreiben:

a) **Der Vorgang der Animation (Anregung, Initiative, Aufforderung)**

b) **Der Inhalt der Animation (Geselligkeit, Bewegung, Aktivität)**

c) **Die Wirkung der Animation (Spaß, Genuss, Kontakt, Beziehung, Erlebnis)**

---

[13] In der analytischen Psychologie von C.G. Jung bezeichnet 'anima' das Seelenbild der Frau („die abgespaltenen weiblichen Eigenschaften") im Unbewußten des Mannes. Aus: Lexikon der Psychologie, Spektrum Akademischer Verlag, Heidelberg 2000/2002.

[14] Einen Überblick über die vielfältigen Bereiche und Konzepte gibt der Sammelband „Methoden der Animation, Praxisbeispiele"; Opaschowski, Horst W. (Hrsg), Klinkhardt Verlag, Bad Heilbrunn 1981

[15] Ein Artikel aus der „Fremdenverkehrswirtschaft": „Animation ist kein Fremdwort mehr." FVW Nr.7/88 vom 14.03.1988, Seite 37-38 (Nachdruck bei den Autoren erhältlich).

## 3. Veränderungen im Tourismus als Grundlagen der Animation

Das Erscheinen von neuen Begriffen wie „Animation" in den 70er Jahren ist immer ein Symptom für die damit in Verbindung stehenden gesellschaftlichen Veränderungen und Entwicklungen inhaltlicher Art. Heute ist Animation als Servicebegriff selbstverständlicher Bestandteil einer Vielzahl von Urlaubsangeboten, besonders in Bereichen wie Cluburlaub, Kinderbetreuung, Strandhotels, Ferienzentren und -Anlagen, mittelständische Hotels im europäischen Binnenland, Freizeit-Zentren, All-Inclusive-Anlagen in der Karibik, Türkei, Nordafrika. – um nur einige wichtige Typen und Destinationen zu nennen.

Grundlage war die Entwicklung der nachindustriellen, arbeitsteiligen, städtisch oder gar großstädtisch orientierten Gesellschaft, die durch Tendenzen der Anonymisierung, der Medienabhängigkeit und der generellen Kontaktarmut gekennzeichnet ist.

Jost Krippendorf hat diese Entwicklung als „Boom-Faktoren" bezeichnet und stichwortartig in folgendem Schema[16] dargestellt:

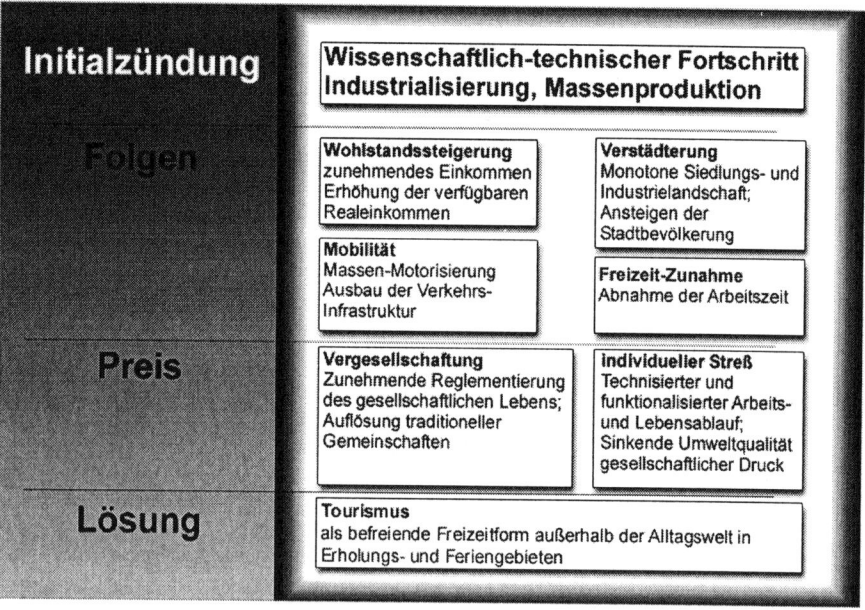

Abbildung II - 1   Die Boomfaktoren des Tourismus

Die Wandlungen innerhalb der Gesellschaft einerseits, die Veränderungen der touristischen Angebotsstruktur andererseits, haben auch zu einer Wandlung der Kontakt- und Informationsmöglichkeiten der Urlauber geführt. Die Erscheinungsfor-

---

[16] Krippendorf, Jost: „Die Ferienmenschen", Verlag Orell Füssli, Zürich 1984, Seite 41

## 3. Veränderungen im Tourismus als Grundlagen der Animation

men des zeitgenössischen Tourismus können die Formen der sozialen Interaktion nicht mehr anbieten, wie sie durch die Gastgeberrolle des Wirts in kleinen Unterkünften und überschaubaren Ferienorten der klassischen „Sommerfrische" geleistet wurde und in letzter Zeit wieder verstärkt in kleineren Betrieben geleistet wird.

Die spezifische Entwicklung des Fremdenverkehrs seit den 50er Jahren lässt sich auch durch den „Verlust des Gastgebers" charakterisieren:

Die Anregung im Urlaub, also die Animation, gehörte früher zum festen Bestandteil der Gastgeberrolle eines jeden Hoteliers oder Pensionsbesitzers. Gastgeber, das war eine erkennbare, identifizierbare Bezugsperson für den Gast und nicht nur ein Funktionsträger („Direktor"). Die Beziehung Gastgeber – Gast war persönlich geprägt und erfüllte einen großen Teil der Bedürfnisse des Urlaubers nach Information, Anregung und Kontakt.

Der Wirt unterhielt sich mit den Urlaubern und gab Ratschläge bezüglich Wanderungen, geeignetem Schuhwerk, beteiligte sich selbst an Unternehmungen am Urlaubsort etc. und am Abend wurden die Gäste gefragt, was sie am Tage unternommen, wie es ihnen gefallen habe. Pensionen und Hotels waren relativ klein und übersichtlich, Kontakte zwischen den Gästen bildeten sich leichter, da sie ihren Urlaub gemeinsam im gleichen Haus verbrachten. Diese kleinen Beherbergungsbetriebe sind heute nicht ausgestorben, sondern existieren weiterhin, besonders im Alpen- und Voralpenraum, in den Mittelgebirgen, aber auch in den europäischen Küstenregionen.

Dennoch hat der Tourismus insgesamt eine bedeutsame Entwicklung durchgemacht.

Die für unser Thema wesentlichen Veränderungen sind dabei:

- Erhöhung der Reiseintensität[17] (z.B. von 1954 = 24% auf 78% in 1994[18] und 76,1 % in 2001[19])
- Vermehrung der Gästezahl
- Vergrößerung der Unterkunftskapazitäten (Großhotels, Ferienzentren)
- Einführung neuer Unterkunftsarten (Feriendörfer, Clubs)
- Hohe Rationalisierung und weniger Personal
- Einführung neuer Organisationsformen des Tourismus (Ferienappartements, Time-Sharing, All-Inclusive etc.)

---

[17] Dundler, Franz: „Urlaubsreisen 1954 – 1989", 36 Jahre Erfassung des touristischen Verhaltens der Deutschen durch soziologische Stichprobenerhebungen, Studienkreis für Tourismus, Starnberg 1989

[18] Der bisherige Höchstwert in Deutschland. Quelle: Forschungsgemeinschaft Urlaub und Reisen „Urlaubsreisen 1994"

[19] F.U.R. Die 32. Reiseanalyse 2002

Diese Wandlung veränderte die Rolle des Gastgebers. Der Kontakt zwischen ihm und dem Gast wurde unpersönlicher oder teilweise unmöglich. Der Kontakt zwischen den Urlaubsgästen selbst wurde viel oberflächlicher oder kam überhaupt nicht zustande. Die rein zahlenmäßige Relation zwischen Urlaubern und Einheimischen verschob sich ebenfalls in einem Ausmaß, welches die Herstellung von Kontakten immer schwieriger werden ließ.

Einige Zahlen verdeutlichen das:

Allein in vier Ferienzentren an der deutschen Ostseeküste wurden in den 70er Jahren innerhalb kürzester Zeit 19.000 zusätzliche Gästebetten gebaut. Ferienzentren mit 3.000 bis 5.000 Betten liegen teilweise in der Nachbarschaft von Orten mit nur 1.000 bis 2.000 Einwohnern. In Spanien gibt es Ferienorte, in denen in verschiedenen Hotels bis zu 5.000 Gäste unterschiedlicher Nationen ihren Urlaub verbringen, die registrierten Einwohner dieser Orte (also Personen, die auch im Winter dort leben, nicht mitgerechnet das Hotelpersonal, das während der Saison dort arbeitet) erreichen oft nicht einmal die Zahl von 100.

Diese touristische Entwicklung vermindert das Angebot an persönlicher Beratung, persönlicher Anregung und persönlichem Kontakt.

Parallel zu dieser Angebotsverminderung verläuft aber die nach wie vor zahlenmäßige Vermehrung des Anteils von weniger reiseerfahrenen Urlaubern, deren Bedürfnisse nach Beratung und Anregung besonders groß sind.

Diese beiden Trends – hier nur in aller Einfachheit skizziert – machen verständlich, dass Urlauber eine zusätzliche, sozialkommunikative Dienstleistung in Anspruch nehmen wollen. Zu den traditionellen Dienstleistungen wie Transport, Unterkunft und Verpflegung tritt also die Urlaubsgestaltung, die Anregung hinzu.

Es ist diese Dienstleistung, die als „Animation" bezeichnet wird.

Alle Untersuchungen der Reiseanalyse des Studienkreises für Tourismus, der F.U.R Forschungsgemeinschaft Urlaub und Reisen und anderer ähnlich qualifizierter Markterhebungen zeigen, dass die Befriedigung von sozialen Bedürfnissen im Urlaub einen außerordentlich hohen Stellenwert hat und mit Sicherheit auch in Zukunft haben wird.

Daher unsere These:

---

ANIMATION

IST DIE ANTWORT

AUF DIE SOZIAL-KOMMUNIKATIVEN BEDÜRFNISSE DER URLAUBER.

---

## 4. Animation ist ein Service, eine Dienstleistung

Hans G. Sternik, bis 1987 Generaldirektor der „Intercontinental Hotels", hat den Begriff des HIGH-TOUCH geprägt:

*„Der Gast, der Freizeitmensch unserer Gesellschaft, erwartet in Zukunft den persönlichen Service in stärkerem Maße als bisher. Der HIGH-TOUCH wird ein wesentlicher Bestandteil der Ferienhotellerie der Zukunft sein müssen."* [20]

Man kann es auch anders ausdrücken: Wir müssen die Rolle des „verlorenen Gastgebers", auch mit seiner inneren Einstellung, wieder bewusst ausüben.

Den „guten Gastgeber" zeichnen folgende Funktionen und Verhaltensweisen aus:

- Empfangen, begrüßen
- Informieren
- Mit anderen bekanntmachen
- Präsent sein, ansprechbar, erreichbar sein
- Bewirten, bedienen
- Sich kümmern, fürsorglich sein
- Interesse haben und zeigen
- Etwas mit den Gästen gemeinsam unternehmen
- Etwas „Besonderes" organisieren
- Seine Gäste verabschieden

Diese Funktionen müssen nicht unbedingt nur von einer Person ausgeübt werden. Die Animation kann heute Teile dieser Funktion übernehmen, sei es direkt in den Beherbergungsbetrieben oder indirekt in Urlaubsorten.

Wir definieren die Animation als Service: Animation ist seit fast drei Jahrzehnten ein fixer Bestandteil des Servicesystems der Ferienhotellerie. Genauso, wie man in einem Ferienhotel einen Rezeptionisten erwartet, einen Barkellner – erwartet der Gast heute in einem guten Haus auch entweder einen Animateur oder aber einen animativ orientierten Mitarbeiter, der sich

- der entsprechenden Wünsche seiner Gäste annimmt,
- der mit seiner spezifischen Arbeitsweise den Gast auffordert, einlädt, ermutigt,
- der Impulse gibt, anstößt und
- der – das ist entscheidend – präsent ist, erreichbar ist, und nicht nur sein „Programmchen abspult" und dann verschwindet.

Wir benutzen hier der Einfachheit halber die männliche Form, schließen aber selbstverständlich alle weiblichen Mitarbeiterinnen ein.

Das kann in einem kleineren Hotel oder in einer Pension durchaus auch der Wirt, die Wirtin oder der Hotelier selbst sein oder einer seiner Mitarbeiter.

---

[20] Quelle: „touristik report", Nr. 9 vom 24. April 1987

Animations-Service heißt auch: Animation ist integrierter Service, sie muss im Betrieb eingebunden sein. Das verlangt auf der anderen Seite, dass auch alle Betriebsangehörigen in gleicher Weise, im gleichen Stil, mit gleicher Freundlichkeit, in gleicher animativer Weise auf den Gast zugehen.

„Das Fremdenverkehrsgewerbe muss seine Gastgeberrolle wieder entdecken und kultivieren. Die gewandelten Ansprüche des Gastes fordern den Gastgeber[21] auch in seiner inneren Einstellung."

Gleichzeitig können Animationsangebote, wenn ihnen die richtige Einstellung zugrunde liegt, nämlich die Fürsorge für den Gast und das Interesse am Gast, dazu beitragen, die Kommunikationsbedürfnisse der Urlauber zufriedenzustellen.

Hier ist noch immer beträchtliche Arbeit in den „Köpfen" der Beteiligten zu leisten, beginnend vom Direktor bis zum kleinsten Commis in der Küche, der mittags am Buffet steht. Diese innere Einstellung der gesamten Mannschaft eines Fremdenverkehrsbetriebes ist hier gefordert, denn oft genug bleibt deren Verhalten anonym, distanziert, nicht gastorientiert und schon gar nicht gastkommunikativ.

Vor allem ist das Verständnis aller Beteiligten notwendig. Das größte Defizit seitens der Fremdenverkehrsträger ist die mangelnde Einsicht, dass es mit dem bloßem Angebot einer Vielfalt von Infrastruktur nicht mehr getan ist. Die animativen Möglichkeiten und Notwendigkeiten werden oft nicht erkannt oder nicht in ausreichendem Maße genutzt.

## 5. Die inhaltliche Definition der Animation

Aufgrund unserer gesellschaftlichen Betrachtungsweise haben wir behauptet:

**Animation ist Anregung in der Freizeit**

und aufgrund der sozialpsychologischen Ableitung ausgesagt:

**Animation ist die Antwort auf die Bedürfnisse der Urlaubsgäste.**

Darauf lässt sich ein universelle, operationale Definition aufbauen; ‚operational' heißt in diesem Zusammenhang, dass diese Definition in allen Praxis-Situationen anwendbar und praktisch umsetzbar bleibt.

---

[21] zitiert nach „touristik-report" Nr. 4 vom 21.2.1986

## 5. Die inhaltliche Definition der Animation

**Animation**
ist die
**durch eine Person ausgesprochene**
freundliche
fröhliche
liebevolle
herzliche
attraktive
Aufforderung
Einladung
**Anregung**
Ermutigung
**zum gemeinsamen Tun**
zu jeder beliebigen Aktivität,
solange sie nur gemeinsam mit anderen Menschen
und mit Freude am Neuen, am Erlebnis,
an der gemeinsamen Aktivität, an Menschen,
Umgebung, Ort, Kultur und Land
geschieht.

Diese Definition umfasst den gesamten Bereich dessen, was in der Folge als Animation beschrieben wird: Den gesamten Bereich der Anregung, und zwar sowohl den **Vorgang** als auch die **Inhalte** und auch die **Wirkungen** der Animation.

Aus den Elementen obiger Definition ergeben sich klare Aussagen:

### ANREGUNG

Animation ist ein aktiver Vorgang der Anregung, Ermunterung, Ermutigung und freundlichen Aufforderung. Animation ist also mehr als Information, ist mehr als Angebot, ist mehr als die Zur-Verfügung-Stellung von Infrastruktur. Der erste Teil der Animation, die Anregung, kann sich allerdings genauso an Personen wenden, die bestimmte Aktivitäten anschließend allein oder im Familienverband durchführen.

Aus diesem Verständnis heraus kann die Animation allerdings im Kern nur durch **Personen** umgesetzt werden, d.h. der Vorgang der Anregung, der Initiative, der Aufforderung muss von Personen ausgehen, alle anderen Formen der Animation sind schwächer oder eher Vorformen.

### GEMEINSAM

Der Begriff „gemeinsam" besagt, dass Animation im Prinzip immer mit Gruppen von Menschen vorstellbar ist. Die Interaktion ist der Kern der Animation, die Partizipation, die aktive Teilnahme an der gemeinsamen Aktion ihre eigentliche Wesensart. Hier wird auch im Ansatz deutlich, inwieweit Animation von Entertainment entfernt ist.

### TUN

Animation fordert stets zu einer aktiven Handlung auf („Tun"). Passiver Konsum, Medien-Konsum oder das reine, ausschließlich nach innen gerichtete Erleben, sind nur sehr beschränkt das Ziel der Animation.

Dieser Bereich bezeichnet die inhaltlichen Gesichtspunkte und Wirkungen der Animation, wobei klar ist, dass nicht alle Urlauber gleich starke Bedürfnisse in allen Bereichen haben, manchmal durchaus Aversionen gegen „gemeinsames Tun" empfinden.

Wir beziehen die Inhalte der Animation ganz bewusst in unsere Definition mit ein: die Animationsinhalte haben sich unter allen Umständen an den Bedürfnissen der Urlaubsgäste zu orientieren. Auf diesen Annahmen aufbauend, werden im späteren Teil dieser Studie folgende Teilbereiche als Animationsinhalte beschrieben:

- Bewegung
- Eindrücke, Bildung, Entdecken und Erleben (nach innen und außen)
- Kreatives Tun
- Abenteuer
- Ruhe und Besinnung (zu sich selbst finden), Muße, Wellness

Dazu gehören noch die zentralen Elemente der Animation, die jedem Bereich eigen sind: „**Erlebnis**", „**Spiel**" und „**Geselligkeit**".

Die schematische Zeichnung soll die sich überlagernden Bereiche der Animation anschaulich machen:

## 5. Die inhaltliche Definition der Animation

Die hier angedeuteten Animationsbereiche stehen in enger, direkter Beziehung und sind vielfältig überlagert.

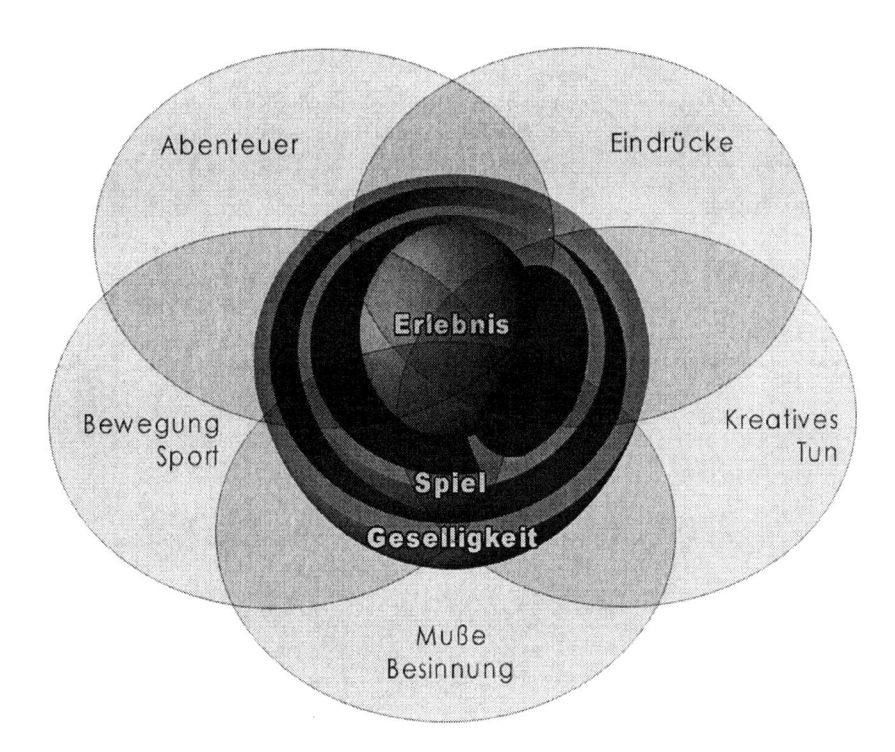

- Abenteuer
- Eindrücke
- Bewegung Sport
- Kreatives Tun
- Muße Besinnung
- Erlebnis
- Spiel
- Geselligkeit

**Abbildung II - 2  Die Bereiche der Animation**

Wir fassen für den deutschsprachigen Raum die Animationsinhalte bewusst wesentlich weiter als es beispielsweise beim Club Méditerranée geschieht, wo der Begriff unserer Meinung nach relativ eingeschränkt benutzt wird:

Der eigentliche „Animateur" im Club ist eine Art „Guter Geist", ohne feste Programmverpflichtung, immer unter den Gästen, ein Produkt der französisch-romanischen Phantasie, ein Träger des Witzes und der Abwechslung, ein „Maître de Plaisir" im besten Sinne des Wortes.

Neben ihm steht die große Gruppe der GO's (der „Gentils Organisateurs"), also der aktiv im Gastbereich tätigen Club-Mitarbeiter und der Moniteure, der Fachsportlehrer. Der gesellige Bereich der Animation wird deutlich getrennt gesehen vom sehr umfassenden fachsportlichen Bereich der Moniteure. (Siehe auch Kapitel VII.)

## 6. Animation ist differenzierte Anregung auf vielen Ebenen

Die bewusste Animation, die von Animateuren realisiert wird, bedient sich hauptsächlich optischer und akustischer Mittel. Die Anregung aber kann von den verschiedensten Dingen ausgehen, gesteuert oder unbewusst, und wird durch alle Sinnesorgane aufgenommen; Animation weckt alle Sinne:

| | |
|---|---|
| Durch die **Augen**: | Plakate, schriftliche Informationen; Personen, die man im Meer in der Brandung stehen sieht und welche durch ihr Vormachen dazu verlocken, es ihnen gleich zu tun. |
| Durch die **Ohren**: | Direktes Gespräch, Lautsprecheransagen; Musik, die aus einem Lokal ertönt. |
| Durch die **Nase**: | Durch den Geruch des Salzwassers bekommt man Lust, am Meer entlang zu spazieren; der Duft aus einheimischen Küchen veranlasst, in ein kleines Lokal zu gehen. |
| Durch den **Geschmack**: | Genussvoll zu kosten, wie die einheimischen Spezialitäten und Getränke schmecken. |
| Durch den **Tastsinn**: | Man genießt es, barfuss durch den Sand zu gehen; den warmen Sand durch die Hände rieseln zu lassen; sich von den Brandungswellen überspülen zu lassen; die Sonne auf der Haut zu spüren. |

Um den Vorgang der Animation – also die Anregung – zu beschreiben, kann man drei Fragen stellen:

- **Wie** (sozusagen auf welchem „Kanal") findet die Anregung statt?
- **Wodurch** wird die Anregung ausgelöst? (Träger der Anregung)
- **Wann** (das heißt zu welchem Zeitpunkt) wirkt die Anregung?

Aus diesen drei Fragen entsteht folgendes Bild des Vorgangs der Animation, wobei wir uns – dem Titel der Studie gemäß – auf die zusammenhängende Zeit im Urlaub beschränken wollen:

## 6. Animation ist differenzierte Anregung auf vielen Ebenen

| Vorgang der Anregung | | | | |
|---|---|---|---|---|
| | Vorformen der Animation und ihre animatorische Wirkung | | | Hauptform der Animation |
| Wie? „Kanal" | Situations- bezogen | Medien- bezogen | Material- bezogen | Personen- bezogen |
| Wodurch? „Träger" | Biosphäre Meer, Sonne, Sand, usw. | Information Werbung Berichte, usw. | Einrichtungen Spielgeräte, Räume, usw. | Animateur Animateurin |
| Wann? Wirkungs- zeitpunkt | während des Urlaubs | vor und während des Urlaubs | während (vor) des Urlaubs | während des Urlaubs |

**Abbildung II - 3**  Der Vorgang der Anregung

Animative Wirkungen werden also – als schwächere Vorformen der Animation – von Situationen, von entsprechenden Einrichtungen oder Kommunikationsmitteln ausgelöst, wie z.B. einer geschickt gestalteten Architektur, einem ansprechend aufgemachten Plakat, das Interesse weckt, ebenso (im weitesten Sinne) von den Elementen der natürlichen Umgebung. Die situationsbezogenen animatorischen Wirkungen sind hier nur der Vollständigkeit halber aufgeführt, da sie sich selten bewusst gestalten lassen (etwa durch die Erhaltung eines Baumbestandes in der direkten Nähe eines Hotels).

Die medien- und materialbezogenen animativen Wirkungen können jedoch bewusst gesteuert werden: Wie gestaltet man ein Plakat und wo stellt man es auf? Wo plaziert man einen Minigolfplatz oder die Tischtennisplatten, damit sie allein durch ihr Vorhandensein animatorische Wirkungen auslösen?

Sicherlich sind die vier unterschiedenen Stufen des Animationsvorganges (Situations-, Medien-, Material- und Personalbezug) auch in ihrer Wirkung unterschiedlich intensiv. Quantitative Aussagen dazu fehlen. Deshalb sollen später unter dem Thema „Prinzipien der Animation" bei dem Begriff „Information" einige weitere Aussagen zu diesen Bereichen gemacht werden.

Da wir auch die medien- und installationsbezogene Animation mit in die Definition einbeziehen, gewinnt unsere allgemeine Definition der Animation auch eine bestimmte Aussagekraft über den Zeitpunkt, in dem ein Urlaubsgast bereits die Einflüsse der Animation verspürt:

Ein Gast, der sich zu einem Urlaub im Süden entschließt und von vornherein weiß, dass er an seinem Urlaubsort ganz bestimmte Installationen (Minigolfplatz, Wasserski, Kinderspielplatz, Reit- und Segelmöglichkeit etc.) vorfindet, erlebt eine bereits zu einem sehr frühzeitigen Termin stark animierende Wirkung, die sich auf seine Urlaubsplanung, Urlaubsvorfreude und dann auch auf seine Urlaubsgestaltung in positiver Weise auswirkt – und dies lediglich durch das Medium der Information.

Der Kern der Idee von Animation allerdings geht immer von einer Person aus, die anregt, einlädt, ermutigt, auffordert.

Sowohl die Anregung durch Infrastruktur, durch Einrichtungen am Urlaubsort als auch die personelle Animation, das heißt die eigentliche Anregung durch die Person des Animateurs, findet im Regelfall erst während des Urlaubs statt und beschränkt sich auch auf die Zeit des Urlaubs.

Welche grundlegenden Gesichtspunkte bei der Animation im informativen, materiellen und personellen Bereich zu berücksichtigen sind, wird später im Kapitel „Prinzipien der Animation" weiter ausgeführt.

Es ist durchaus denkbar, Inhalte und Ziele der Animation nicht von individuellen, sondern von gesellschaftlichen Bedürfnissen abzuleiten. In den Veränderungen der Animationsangebote, der Programminhalte, wird seit den frühen 70er Jahren – dem Beginn der Auseinandersetzung der Autoren mit diesem Thema – ganz deutlich, dass Animation auch immer ein Spiegel der gesellschaftlichen Situation der Urlauber ist. Bedürfnisse und die diesen Bedürfnissen entsprechenden Animationsangebote sind Folgen gesellschaftlicher aber auch damit zusammenhängender individueller Veränderungen der Verhältnisse.

In seinem Buch „Die Wiederentdeckung der Muße" setzt sich Wolfgang Nahrstedt[22] mit dieser Thematik auseinander:

*„Wieviel Muße braucht der Mensch?*

*Die Umschichtung im Wirtschaftssektor von der Produktionsarbeit zur Konsumproblematik hat zu einem Wertwandel geführt. Arbeit wird durch Spiel ersetzt, Genuss tritt an die Stelle von Leistung, Freizeit wird oft wichtiger als Arbeitszeit, asketische Isolierung wird durch Geselligkeit und Kommunikationsbedürfnis abgelöst, Beziehungsentwicklung wird wichtiger als Warenproduktion, die Entwicklung alternativer Gruppierungen ergänzt die Stabilisierung von Gruppen. Freizeit wird zu einem Feld der Wertorientierung, Werterprobung und Wertveränderung. Der neue Freizeitbegriff, die Differenzierung des Arbeitsbegriffes, die Wiedergewinnung von Muße stellen Bildungs- wie auch Politikaufgaben neuer Art dar [...]*

*Sollen etwa die Menschen auch in der Freizeit nur oder zumindest viel arbeiten? Oder dürfen sie auch – mit „gutem Gewissen" – spielen, spazieren gehen, Feste feiern, sich über Blumen freuen? Muss der Freizeitpädagoge möglichst viele Angebote an Freizeitarbeit, Bildungsarbeit, Kulturarbeit, entwickeln? Muss er den Zeigefinger heben, wenn Jugendliche nur „Spaß an der Freud" haben? Muss der Animateur selbst unablässig „arbeiten", oder besteht seine „Arbeit" heute nicht gerade darin, neue Formen des Menschseins zusammen mit den „Freizeitern" zu entwickeln, die sich nicht mehr unbedingt nur auf Arbeit reimen müssen? Sind neue Erfahrungen in Gesprächskultur, Beziehungsentwicklung, Betrachtung, Meditation, im Anschauen von Pflanzen und Bildern, im Besuchen von Ausstellungen und im Reisen durch Landschaften und Länder heute vielleicht sogar be-*

---

[22] Nahrstedt, Wolfgang: „Die Wiederentdeckung der Muße", Freizeit und Bildung in der 35-Stunden-Gesellschaft, Pädagogischer Verlag Burgbücherei Schneider, Baltmannsweiler 1989, Seite 32/33 und Seite 95

reits wichtiger als „Arbeit nur der Arbeit wegen"? Muss der Pädagoge nicht bereits heute den Jungsenior etwa darin und dahingehend unterstützen, auch ein gutes Gewissen zu entwickeln, wenn er einmal nicht mehr arbeitet, wenn er beginnt, später morgens aufzustehen, länger Kaffee zu trinken, häufiger Besuche zu machen, öfter zu klönen?"

Diese Überlegung greift Manuel Freytag[23] auf: „[...] Der jüngst verstorbene Philosoph Josef Pieper hat einen entscheidenden Satz geprägt, der bis in die fünfziger Jahre dieses Jahrhunderts auch für die Urlaubsindustrie Gültigkeit hatte,[...] Pieper sagte nämlich, dass Muße „etwas in sich selbst Sinnvolles" sei. [...] Muße hieß nicht Langeweile und Nichtstun, sondern sie bedeutete: anderes in anderer Umgebung tun. Dazu gehörte auch das inzwischen zum Klischee geronnene Bild: ein lesender Mensch auf einer Bank am See. [...] sinnvolle Muße in Freizeit und Urlaub (ist) der Gesundheit mehr zuträglich als jede Fit-for-Fun-Reise. Sie, wie auch der Club-Urlaub, reproduzieren in höchstem Maße Ideale einer Gesellschaft, zu deren bevorzugten Wörtern Action, Event, Body, Beauty, Fun und Kick gehören und damit der schnelle Konsum zu jeder Zeit, damit nicht die gefürchtete Leere und Langeweile ins Herz kriecht.*

*Vielleicht ist es wieder an der Zeit, die Muße zu entdecken, einen Trend zu kreieren: Muße ist chic, billig, macht happy auch ohne Ecstasy und Koks. Die Muße – ein Wundermittel? Selbstverständlich. Aber auch wenig profitabel. Deswegen: Die Muße ist tot. Es lebe die Muße!"*

Unter diesen – hier lediglich skizzenhaften – Gesichtspunkten halten wir daher die Urlaubszeit für ganz besonders geeignet, in erster Linie individuelle Bedürfnisse zufriedenzustellen und sehen deshalb die Berechtigung der Animation hauptsächlich in der Hilfe, die sie dem einzelnen Menschen bieten kann, diese Bedürfnisse zu verwirklichen.

## 7. Animation ist das Arbeitsfeld des Animateurs

Ferienclubs, größere Ferienhotels, Fremdenverkehrsorte und andere Freizeitorganisationen beschäftigen längst hauptberufliche Animateure. Für sie ist Animation ihr eigenes, selbständiges Arbeits- und Berufsfeld. (Siehe Kapitel V.)

Der Animateur ist nicht länger Anhängsel irgendeines organisatorisch oder administrativ definierten Arbeitsbereiches, sondern seine Tätigkeit erstreckt sich auf ein eigenständiges, mehr oder minder fest umrissenes Arbeitsgebiet – etwa in der Weise, in der die Tätigkeit eines Pressereferenten als „Öffentlichkeitsarbeit" bzw. „Information" bezeichnet werden kann; oder die Tätigkeit eines Transfer-Beauftragten eines Reiseveranstalters mit „Organisation" oder „Transportsysteme".

Damit wird gleichzeitig betont, dass die Animation eine Dienstleistung des Tourismus bzw. seiner Leistungsträger ist und damit begründet sich auch die Chance für alle am Urlaubsgeschehen beteiligten Unternehmen (Kommunen, Fremdenver-

---

[23] „Ein Hoch auf die Muße" von Manuel Freytag, Frankfurter Rundschau vom 29.11.1997

kehrsorte, Reiseveranstalter, Ferienzentren, Hotels und Hotelgesellschaften etc.), ihr bisheriges Leistungsangebot zu erweitern.

Welche grundlegenden Gesichtspunkte der Animation im informativen, materiellen und personellen Bereich zu berücksichtigen sind, soll später im Kapitel „Prinzipien der Animation" weiter ausgeführt werden.

## 8. Ziele und Wirkungen der Animation

Die Zielsetzung, aber vor allen Dingen auch die Wirkungen der Animation sind Bestandteil ihrer Definition.

Animation ist auf die Bedürfnisse und Wünsche der Gäste und deren Befriedigung im Sinne einer Intensivierung des Urlaubserlebnisses hin ausgerichtet. Die Bereicherung der Zeit während des Urlaubs ist in erster Linie das erstrebenswerte Ziel der Urlaubsanimation; durch die Animation ausgelöste Lernprozesse, die unter Umständen auch das Freizeitverhalten im Alltagsbereich beeinflussen, werden hier als positive Ergänzung der Animation durchaus gesehen, und zwar aus dem Verständnis der umfassenden Vorstellung der sozio-kulturellen Funktion der Freizeit-Animation.

Allerdings kann es nicht die alleinige Aufgabe der Urlaubs-Animation (und nur diese interessiert hier) sein, eine vorrangig pädagogisch intendierte Zielsetzung im Sinne einer umfassenden Konzeption zu formulieren. Daher wird hier auch ganz bewusst auf den Begriff Pädagogik und alle davon abgeleiteten Begriffe verzichtet.

Im einzelnen hat die Animation folgende Wirkungen und Ziele:
- Realisierung von Bedürfnissen
- Steigerung der Eigenaktivität
- Vermehrung von Kontakten
- Intensivierung der Kommunikation
- Abwechslungsreichere Urlaubsgestaltung
- Intensiveres Urlaubserlebnis
- Erhöhung von Spaß, Freude, Vergnügen
- Chance der Weiterwirkung der gemachten Erfahrungen

Wir beziehen die Wirkungen der Animation sinngemäß in die Definition mit ein, weil wir der Überzeugung sind, dass die Animation nicht ihr eigener Selbstzweck ist.

Ganz allgemein ist Animation nicht nur eine Dienstleistung, sondern genauso gut ein sozial-kommunikativer Prozess. Sie aktiviert nicht nur sonst ungenutzte Energien, Erlebnis- und Fähigkeitsreserven im Urlaub, in der Freizeit, sondern ist darüber hinaus eine Möglichkeit, zur Steigerung der „Lebensqualität" im Freizeit- und Urlaubsbereich beizutragen.

## 8. Ziele und Wirkungen der Animation

Wie sehr die Atmosphäre in einem Urlaubszentrum durch Animation beeinflusst werden kann, welche sozialkommunikativen Effekte ausgelöst werden, ist in guten Ferienclubanlagen oder Hotels zu beobachten.

Animation ermöglicht eine qualitative Veränderung des Erlebniswertes und also eine lustvolle Gestaltung der Freizeitaktivität: Es macht einfach mehr Spaß! Das bezieht sich sowohl auf Einzelaktivitäten als auch auf den Gesamtrahmen des Urlaubs, der dann mit Begriffen wie „freundliche, tolerante Atmosphäre", „gute Stimmung", „Ambiente" umschrieben wird.

Dieser Effekt der Animation kann sich auf alle oben erwähnten inhaltlichen Bereiche beziehen; auf das Erlebnis der körperlichen Aktivität genauso gut wie auf die Selbstfindung; das Erlebnis der Ruhe oder die Überwindung von Kontaktschwierigkeiten; auf die Anknüpfung neuer Beziehungen ebenso wie auf die Entdeckung einer bislang unbeachteten Natur oder das Erleben einer fremden, abenteuerlichen Situation.

Animation ist also nicht nur die Beratung und die Anregung, bestimmte Dinge zu tun, auch nicht nur die Durchführung von Urlaubsaktivitäten, sondern darüber hinaus ein Medium, das zu neuen Lebenswerten führen kann, die man mit höherer „Lebensqualität"[24] im Urlaub" bezeichnen kann.

Außerdem besteht die Chance, dass über den Urlaub hinaus Auswirkungen durch Bewusstseinsbildung erzielt werden können, die in Gestaltung der Wochenendfreizeit und auch der Tagesfreizeit einwirken können. Es ist seit einigen Jahren von der „Nachhaltigkeit" der Urlaubsanimation die Rede, das heißt, von ihren Weiterwirkungen hinein in das alltägliche Freizeitverhalten.

Wir wollen hier nicht in die Diskussion der Vielzahl von divergierenden Urlaubsdefinitionen einsteigen. Der Begriff des Urlaubs, das Verständnis in der Gesellschaft, hat sich seit den 50er Jahren sichtlich gewandelt:

Die ursprünglich in erster Linie als „Kompensations-Effekt" beschriebene Theorie vom Urlaub, die vor allem anderen Ausgleich und Wiederherstellung der Arbeitskraft zum Ziel hatte, wird in der sogenannten post-industriellen Gesellschaft immer stärker zu einer Komplementär- Funktion: Urlaub also als Ergänzung und Bereicherung der Lebensqualität des sonstigen Arbeits- und Freizeitlebens.

---

[24] Lebensqualität beschreibt die Höhe persönlicher Zufriedenheit. Diese wächst mit der Erfüllung von Wünschen und Bedürfnissen im körperlichen, geistigen, seelischen und materiellen Bereich, ausgehend von der aktuellen Lebenssituation. Quelle: Brockhaus - Die Enzyklopädie in 24 Bänden. Verlag F.A. Brockhaus GmbH, Leipzig - Mannheim 1996; siehe auch im Anhang: Stichwort zur „Qualität des Lebens"

In jüngster Zeit wird die Vorstellung von Urlaub in ihrer weiteren Entwicklung neu diskutiert und so beschreibt Christoph Hennig[25] Urlaubserlebnisse als „*Fest*", „*Ritual*" und „*Spiel*", Horst Opaschowski[26] als „*Inszenierung*" und Felizitas Romeiß-Stracke[27] spricht von der Chance, „*andere Identitäten auszuprobieren und auszuleben*".

Opaschowski: „*Urlaub ist der Traum vom Paradies, aber er ist nicht das Paradies selbst. Nicht der Urlaubsort ist das Ziel des Urlaubs, sondern der Wunsch, das erhoffte Glücksgefühl zu erreichen.*" [...] „*Dazu gehört die „Möglichkeit, im Urlaub eine seinen Bedürfnissen entsprechende Rolle zu spielen. In dieser Theaterinszenierung 'Urlaub' spielt der Urlauber die Hauptrolle, benötigt jedoch Mitspieler für die Nebenrollen, um wirklich aus seiner gewohnten Haut zu schlüpfen und ein Urlaubsmensch zu werden. Ganz wichtig sind also die Mitspieler, aber auch die Art des Zusammenspiels. Er möchte eine neue, in jedem Falle aber glückliche Rolle spielen, vor allem aber eine, die ihm zu Hause versagt ist.*"

Gerhard Schulze, der 'Erfinder' der „Erlebnisgesellschaft"[28] sagt in einem Interview[29] über seine neue Essaysammlung „Kulissen des Glücks"[30]: „*Ich kann mir vorstellen, dass sich die Menschen von der Suche nach immer neuen Erlebnissen abwenden werden. [...] Wir sollten lernen, die Momente des nicht mehr Steigerbaren zu erkennen. Wenn Ziele erreicht sind, sollten wir uns zurücklehnen und nicht noch mehr wollen. Wer auf seiner tropischen Urlaubsinsel angekommen ist, sollte nicht gleich zum Geländewagenverleih laufen, um noch mehr Action und Erlebnisse zu bekommen.*"

Und Felizitas Romeiß-Stracke trägt zu diesen Überlegungen bei: „*Erfolgreiche Tourismusangebote bieten in Zukunft einen fein abgestimmten Mix von Möglichkeiten, in sinnvolles Tun mit einem Clan einzutauchen, sich aber auch ohne weiteres wieder daraus zurückziehen zu können*". [...] „*Urlaub bekommt in Zukunft möglicherweise eine andere Funktion: „Weniger Kompensation von im Alltag erfahrenen Defiziten, sondern aktive Suche nach neuen Erfahrungen, das Ausprobieren neuer Identitäten, vielleicht Erlernen neuer Fähigkeiten für die Tätigkeit als ‚Lebensunternehmer'.*"

Hier liegen die Chancen der Animation auch und gerade in der Zukunft. Wir sehen vielfältige Wechselbeziehungen zwischen der gesellschaftlichen Entwicklung einerseits und den Urlaubsformen und Urlaubsinhalten andererseits, damit also auch in den Bedürfnissen und Zielen der Urlauber.

---

[25] Hennig, Christoph: „Reiselust", Touristen, Tourismus und Urlaubskultur, Suhrkamp Taschenbuch Verlag, Frankfurt und Leipzig 1999

[26] Opaschowski, Horst W.: „Mythos Urlaub", Projektstudie, B.A.T Freizeitforschungsinstitut, Hamburg 1991

[27] „Lebensunternehmer suchen nach neuen Erfahrungen" in: FVW „Fremdenverkehrswirtschaft International", Heft 14/1997 vom 27. 06. 1997

[28] Schulze, Gerhard: „Die Erlebnisgesellschaft", Campus Verlag, Frankfurt/New York 1992/2000 (Studienausgabe)

[29] „Ein Supermarkt namens Leben", FOCUS-Magazin, Heft 37/1999, Seite 263 - 264

[30] Schulze, Gerhard: „Kulissen des Glücks – Streifzüge durch die Eventkultur", Campus Verlag, Frankfurt/New York 1999

9. Ausblick

Animation ist ein Element, welches den Komplementär-Charakter des Urlaubs, insbesondere der Urlaubs-Reise, bereichert und damit also auch direkt und indirekt eine gesellschaftliche Funktion erhält.

## 9. Ausblick

Der inhaltliche Grundgedanke der Animation ist in den letzen 30 Jahren im Kern unverändert, in seinen Erscheinungsformen sehr stark ausgeweitet worden.

Das hat dazu geführt, dass der Begriff Animation im wesentlichen heute das gesamte Aktivitäts- und Entertainmentprogramm vor allem im Ferienclub bezeichnet, während alle anderen Formen der Aktivierung der Gäste, außerhalb der Clubs, als „Gästeprogramm" oder „Urlaubsprogramm" im weitesten Sinne beschrieben werden. Der Animateur wird dadurch zum Betreuer mit Gastgeber-Verantwortung, inhaltlich und vom Verständnis her hat sich im Grunde aber nichts geändert.

Die Grundlagen der Animation, nämlich die Bedürfnisse der Gäste nach Kommunikation und Urlaubserlebnissen, haben sich im Laufe der letzten 30 Jahre eher verstärkt.

Seit den 90er Jahren befindet sich allerdings das Tourismusmarketing in einer außerordentlich kritischen Situation – die früher fest umrissenen und klar beschreibbaren Zielgruppen sind nicht mehr wiederzuerkennen. Die Branche spricht heute vom multi-optionalen Konsumenten, gleiches gilt im Prinzip auch für den Urlauber.

Der Trendforscher Gerd Gerken[31] prägte 1994 den Begriff der „fraktalen Märkte". In der Konsequenz für das Angebot an Urlaubsaktivitäten heißt das: Der Gast möchte alles zur Verfügung haben, aber völlig frei sein in seiner Entscheidung, ob er sich aktivieren lässt und was er in Anspruch nimmt. Das ist als Basis der Entwicklung von touristischen Qualitätsprodukten und -angeboten eine schwierige und unbefriedigende Ausgangssituation.

Unter diesen Umständen muss nach der Jahrtausendwende wesentlich differenzierter an die Beantwortung der Frage nach den Gästewünschen herangegangen werden:

Das eine ist die Wiederentdeckung des Gastgebers. In der meist mittelständischen Hotellerie außerhalb des Club-Urlaubs spielt die Person des Gastgebers, damit in Verbindung natürlich auch die Person jedes Mitarbeiters, der Gästekontakt hat, eine überproportional wichtige Rolle.

In Zukunft werden für den Hotelier – auch als Manager – andere Prioritäten zu setzen sein. Salopp ausgedrückt: *„Raus aus dem Manager-Büro, hin zum Gast".*

---

[31] Gerken, Gerd: „Die fraktale Marke", Eine neue Intelligenz in der Werbung, Econ-Verlag, Düsseldorf 1994

Die in Zukunft notwendigen, anspruchsvolleren Personal-Führungsaufgaben werden folglich mit Begriffen wie Integration und Partizipation umschrieben.

Animation erfordert zwingend die Funktion des Gastgebers, aber nicht nur vom Animateur allein, sondern eigentlich von allen Mitarbeitern eines Betriebes, die mit dem Gast in Kontakt kommen. Animation muss also in das Betriebsgeschehen integriert werden, sonst kann sie nicht als lebendiger, selbstverständlicher Service dem Gast gegenüber erbracht werden. Das bedeutet, dass Schulung nicht nur für die Führungscrew notwendig ist, sondern erst recht für alle anderen Mitarbeiter im Servicebereich, damit ein einheitlicher Stil, eine einheitliche Form des persönlichen Service gegenüber dem Gast realisiert werden kann.

Es ist manchmal erschreckend, wie wenig im Tourismus in die Personalschulung im Sinne der Animation investiert wird bzw. wie gering die Bereitschaft ist, in diesen Bereich zu investieren. Hier gilt es, noch eine Menge an Aufklärung und Verständnis zu wecken.

Über die Wiedergewinnung der Gastgeberfunktion, des Gastgeberverhaltens hinaus wird zwingend – auf der anderen Seite – eine <u>neue Form der Produkt-Entwicklung</u> und -Gestaltung entstehen müssen. Ein Blick zurück auf eine Anregung von Gerd Gerken aus dem Jahre 1994 in dem bereits erwähnten Buch „Die fraktale Marke" ist hilfreich:

*„Wenn der Markt nicht mehr von außen steuerbar ist, weil der multi-optionale Kunde praktisch nicht vorhersagbar ist, können wir den Markt nur durch Co-Evolution mit den sich permanent wandelnden Bedürfnissen der Verbraucher gemeinsam entwickeln. [...] Was die Konsumenten jetzt verlangen, sind gemeinsam hergestellte Orientierungen durch gemeinsam hergestellte Erlebnisse."*[32]

Das heißt zunächst ganz allgemein: Im Urlaub müssen professionelle Angebote die Rolle des Beziehungs- und Identitätsstifters übernehmen. Im Urlaub *„verändert sich das gewohnte Norm- und Verhaltensgefüge. Es entwickeln sich eigene Formen des sozialen Lebens, die sich in vielfacher Hinsicht grundlegend vom Alltag unterscheiden. Wünsche, Träume und Projektionen spielen eine zentrale Rolle. Die Beziehung zum Raum, zur Zeit und den Zwecken, zu den anderen Menschen, den materiellen Objekten und zum eigenen Körper werden neu definiert."*[33] Deutlich wird dies im Überschreiten der normativen Grenzen des Alltags. Der Urlaub ermöglicht uns Freiheit von den Zwängen des Alltags, er gibt Raum für Experimente, für Spiel und Kreativität. *„Bekanntes wird in neuen Kombinationen erlebt, damit entsteht Distanz zu den gewohnten Formen der Wahrnehmung, es öffnen sich unbekannte Wege des Denkens und Erlebens"*.[33]

Das bedeutet: die Beziehungen zwischen Gastgeber und Gast sollen die Chance bieten, neue Identitäten aufzubauen und auszuprobieren. Konkret und praktisch heißt das, der Gastgeber muss permanent im Gespräch sein mit seinen Gästen, um

---

[32] Gerken, a.a.O., Seite 84
[33] Hennig, a.a.O., Seite 43

immer wieder neu herauszufinden, was seine Gäste möchten, was er mit ihnen gemeinsam an Anregungen, Ideen, Wünschen und Vorschlägen umsetzen und realisieren kann. Gerken spricht dabei von „permanenter Bewegung in warmen Beziehungen."[34]

Daraus ergeben sich für die Urlaubsangebote und die Gästebetreuung erhebliche neue Chancen, nämlich im Umgang mit und in der Fürsorge für den Gast mehr emotionale Intelligenz walten zu lassen.

Aus diesen Überlegungen heraus ist in den 90er Jahren der Begriff des Micromarketing entstanden.

- Micromarketing ist Beziehungsmarketing
- Die wichtigste Marktnische ist der einzelne Gast
- „Gästepflege" vor Neu-Akquisition
- Alle Mitarbeiter sind Gastgeber – immer!
- Sonderwünsche sind nicht Belastung sondern Chance
- Emotion schlägt Preis

Aus dieser Beschreibung des Begriffs wird ersichtlich, dass es sich nach Auffassung der Autoren im Kern um nichts weiter handelt als um vorbildliches Gastgeberverhalten und um animative Aktivitäten und Angebote im Sinne der ursprünglichen Definition der Animation: Das Gespräch mit jedem Gast, die Entwicklung von Beziehungen mit und zu den Gästen.

Das permanente Gespräch mit dem Gast als Grundlage der Produktentwicklung ist eines der speziellen Potentiale der Ferienhotellerie, da die längere Aufenthaltsdauer wesentlich mehr Kontakt- und Gesprächs-Möglichkeiten bietet als zum Beispiel in Tourismus-Segmenten wie Kurzurlaub oder Freizeit-Gastronomie. Das führt dazu, dass gute Gastgeber, Animateure oder Hoteliers, aus dieser Erkenntnis heraus eigens dafür geschaffene Animationsprogramme entwickelt haben, die mit Titeln wie „Gäste-Parlament" oder „Gäste-Stammtisch" oder gar mit der kryptischen Fragestellung „Alles klar?" die Gäste zum Gespräch ermuntern, ihren Beitrag zu leisten, Anregungen zu geben, Wünsche zu äußern, Verbesserungsvorschläge zu machen, Perspektiven für die Zukunft zu entwickeln. Animation heißt hierbei auch Moderation. Christian Laesser[35] weist darauf hin, dass auch im Internet derartige Möglichkeiten bestehen: er spricht von ‚Holiday Prototyping' und schreibt „*Moderierte Chat Rooms scheinen ein geeignetes Mittel zu sein. Chancen sind im **Stammgästemarketing** erkennbar, wo spezielle Foren für eben diese Gäste geschaffen werden können. Sie erzeugen ein Gefühl der Heimat oder Verbundenheit mit einer Destination oder auch einem einzelnen Leistungsträger (z.B. Hotel).*"

---

[34] Gerken, a.a.O., Seite 362
[35] Laesser, Christian: Destinationsmarketing im Zeitalter des Internet, Haupt Verlag, Bern usw. 1998, Seite 36

## 40   II. GRUNDLAGEN DER ANIMATION

Die Jahrtausendwende und nicht zuletzt die tiefgreifende Verunsicherung nach der Terrorwelle im September 2001 haben zu neuen Überlegungen geführt:

Die tradierten Bedürfnisbeschreibungen sind nach wie vor gültig, werden nach wie vor genannt. Die Frage muss aber immer wieder lauten: Was steht eigentlich hinter diesen Bedürfnissen?

Animation erzeugt Kommunikation; durch gemeinsames Tun entstehen Beziehungen zwischen den Gästen. Das ist das grundsätzliche Anliegen der Animation. Aber das gilt freilich auch für alle Kontakte zu den Mitarbeitern, insbesondere zu den in Gästeprogrammen aktiv eingebundenen Mitarbeitern, aber natürlich auch zu weiteren Mitgliedern des Teams im Service und in vielen Funktionen der Dienstleistungskette. Darüber hinaus aber erzeugen alle Animationsprogramme durch ihre Aktivitätsbereiche weitere Kontakt- und Erlebnis-Chancen: zur Umwelt des Gastes, zur Kultur und den Menschen in der Urlaubsregion durch „Land & Leute"-Programme, zu Traditionen durch kulturelle Elemente wie Tanz, Musik, Bild und kreatives Tun.

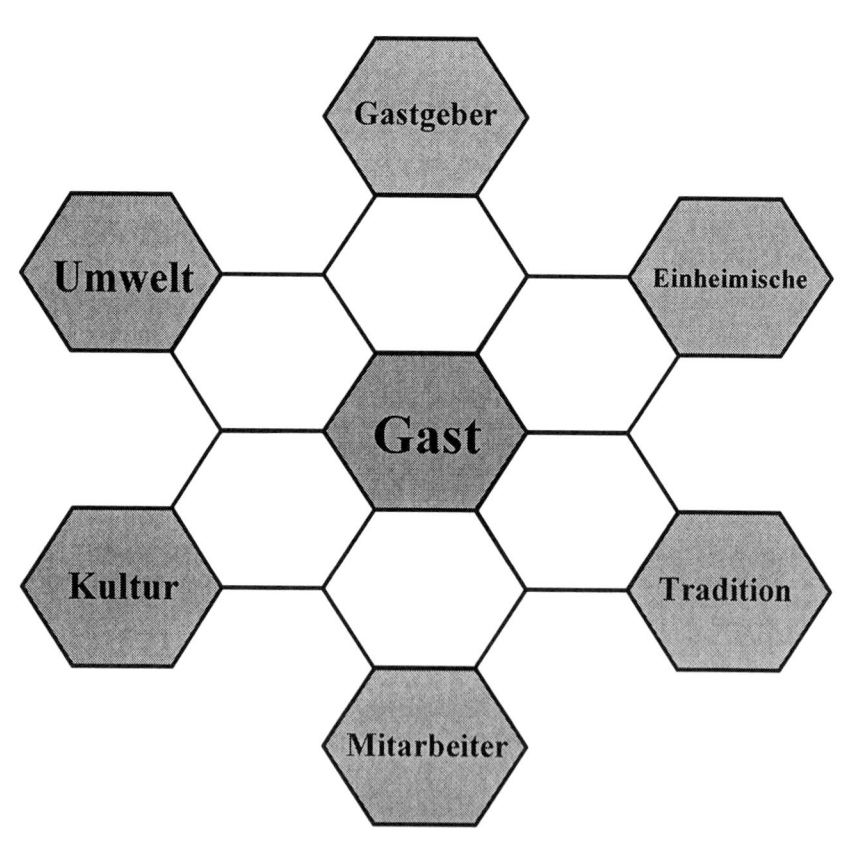

**Abbildung II - 4   Beziehungsnetzwerk des Urlaubsgastes**

## 9. Ausblick

Damit wird deutlich, dass Aufgaben und Verantwortung des Gastgebers in schwierigen Zeiten eher gewachsen sind, im Hinblick darauf, ein emotionales Beziehungsnetzwerk zwischen Gast und seinem Urlaub herzustellen. Service wird in Zukunft eine viel stärkere emotionale Komponente besitzen müssen, um erfolgreich zu sein und nachhaltig wahrgenommen zu werden vom Gast, durch Erlebnisse und Atmosphäre. Es gibt genügend Beispiele, dass Hotels und Regionen, die dieser Konzeption folgen, die Beziehungsarbeit durch Gästeprogramme realisieren, auch wirtschaftlich besonders erfolgreich sind. (Siehe Kapitel VII.)

Es wird hier nach wie vor von nichts anderem gesprochen, als vom Grundverständnis von Animation als persönlicher Form der Aufforderung, Einladung und Ermutigung zu gemeinsamem Tun, um intensives Erlebnis und informelle Geselligkeit zu ermöglichen, eine emotional geprägte Beziehung zum Urlaub herzustellen.

Damit erhält Animation in Zukunft eine ergänzende Funktion – als Emotional Branding[36], das heißt: mit Animation den Erfolg im Kopf und Herzen des Gastes suchen.

Bereits im 15. Jahrhundert hat der französische Philosoph Michel de Montaigne erkannt, dass die Menschen weniger von den Dingen selbst, als vielmehr von dem Bild, das sie sich von diesen Dingen machen, beeinflusst werden. In der Marktforschung des 21. Jahrhunderts ist dafür der Begriff des „emotional branding" entstanden.

Der wirtschaftliche Erfolg von Produkten und Dienstleistungen wird in den kommenden Jahren wesentlich davon abhängen, in wie weit es gelingt, subjektive Einstellungen und Bewertungen von Kunden zur Grundlage unternehmerischer Entscheidungen zu machen.

In der Wirtschaft wurde erkannt, wie wichtig es ist, um die persönliche Erlebniswelt von Menschen zu wissen; eine aktuelle Studie der Universität Essen zum Thema Markenmythos kommt zu dem Schluss: „*Nur durch das Wissen von Bedeutungen, die eine Marke in den Köpfen der Konsumenten besitzt, können die richtigen Entscheidungen auf taktischer und strategischer Ebene gefällt werden.*"[37]

---

[36] Branding ('to brand' = Rindern den Stempel des Eigentümers einbrennen) ist der Prozess, bei dem eine für beide Seiten förderliche und nützliche bzw. gewinnbringende Beziehung zwischen der gastronomischen bzw. Dienstleistungsmarke und dem Gast hergestellt, verstärkt und aufrecht erhalten wird. Emotional Branding = Eine erfolgreiche Marke bietet ein so hohes Maß an Qualität, ist so anziehend und vertrauenswürdig, dass sie Gefühle der Zuneigung und Loyalität hervorruft und Gäste bereit sind, einen höheren Preis dafür zu zahlen.

[37] Zitiert nach einem Presseartikel über „nextexpertizer" von Prof. Dr. Peter Kruse, Professor für Organisationspsychologie an der Universität Bremen, veröffentlicht im Bereich Pressemitteilungen bei www.nextpractice.de

Emotional Branding verfolgt also das Ziel, jede Dienstleistung und jedes Produkt

1. mit Personen zu assoziieren (nicht so sehr mit Gebäuden, mit Orten, mit technischen Vorkehrungen), und
2. zwischen der Person und dem Konsument, will heißen, dem Gastgeber und dem Gast, eine emotionale Beziehung herzustellen, die man sich wie ein Markenzeichen (Branding) vorstellen muss.

Das heißt, der Gast fährt nicht nur in einen bestimmten Ort, sondern er fährt zu einer bestimmten Person, weil er sich bei dieser und mit dieser Person besonders wohl gefühlt hat, weil er durch diese Person im letzten Urlaub Dinge erlebt hat, die er allein nicht hätte finden oder erreichen können. Der gute Gastgeber, der sich um seine Gäste bemüht, der Animateur wird zum „Markenzeichen" (Brand) seines touristischen Angebotes; er hat damit eine Chance, der Beliebigkeit, der Austauschbarkeit von Tourismus-Produkten zu entgehen.

Emotional Branding ist also im Grunde nichts weiter als der zeitgemäße Fachausdruck für Beziehungsarbeit, der ernst genommenen Animation als Teil des touristischen Service der Zukunft. Diese Form des Service ist nicht nur menschlich wichtig für unsere Gesellschaft, sondern sie ist auch wirtschaftlich erfolgreich. Das ist die für die Unternehmer wohl beste und stärkste Begründung und Motivation, diesem Weg zu folgen.

# III. URLAUBSERWARTUNGEN UND URLAUBSAKTIVITÄTEN

## 1. Vorbemerkung

Wenn in den 70er Jahren unter Tourismussoziologen von „Animation im Urlaub" die Rede war, so war damit in erster Linie der Ausgleich von Alltags-Defiziten gemeint, wie z.B. Mangel an Anerkennung, an Aktivität, an geselligem Kontakt, gleichgültig, aus welchem Interesse heraus dies geschah.

Vom kommerziellen Interesse her mochte es eher der Gesichtspunkt sein, das Urlaubsangebot für die potentiellen Kunden noch attraktiver zu gestalten, die Gäste noch besser zufriedenzustellen und damit letzten Endes den Verkauf zu fördern und den Umsatz zu erhöhen.

Aus dem sozialen Bereich heraus begründete man die Notwendigkeit der Animation eher damit, daß viele Menschen heute nicht in der Lage seien, ihren Urlaub allein und gegen andersartige Verlockungen so zu gestalten, daß sie ein Optimum an körperlicher, seelischer und geistiger Bereicherung erlangten.

Die Voraussetzung war in beiden Fällen die Annahme, daß es bei den Urlaubern unbefriedigte und bisher nicht ausreichend erfüllte Bedürfnisse gibt, die auf dem Wege über die Animation besser angesprochen werden können, damit der Urlaub als besonders gelungen empfunden wird.

Daran hat sich bis heute grundsätzlich nichts geändert. Zusätzlich allerdings haben sich als Folge der Veränderungen in unserer „postindustriellen" Gesellschaft auch die Bedürfnisse der Urlauber gewandelt, zumindest unterliegen sie seit den 80er Jahren einer stärkeren Differenzierung und Strukturierung. In diesem Zusammenhang ist auch vom „Wertewandel" in der Gesellschaft die Rede. Horst Opaschowski[1] formuliert diesen „Wandel der Wünsche" in aller Kürze:

*„Wenn Sonne, Natur und Ruhe wichtiger werden, wenn der Kontrast zum Alltag gesucht wird, aber auch die Urlaubsfreude nicht zu kurz kommen soll, dann hat dies Auswirkungen auf das gesamte Urlaubsangebot:*

*Wetterunabhängigkeit und Naturnähe müssen gesichert sein; mehr psychisch entspannende als sportlich anstrengende Programme sollen angeboten werden; der nicht alltägliche Ereignischarakter und der nachhaltige Erlebnischarakter des Urlaubs werden stärker gefordert sein."*

Unseres Wissens wurde die Vorstellung des „ganzheitlichen Urlaubs" – sinnbildlich veranschaulicht durch die vier Elemente Luft, Wasser, Feuer und Erde – als Antwort auf den Wertewandel in der Gesellschaft erstmals im Jahre 1986 in einem Clubkonzept des „ALBA-Club" in der Türkei konkret formuliert.

---

[1] „Wandel der Wünsche", Die neue Urlaubergeneration in der zweiten Hälfte der 80er Jahre, BAT Freizeit-Forschungs-Institut, Hrsg.: BAT Cigarettenfabriken GmbH, Presse und Information, Hamburg 1986

Urlaubsbedürfnisse sind auf verschiedene Lebensthemen bezogen. Sie scheinen dadurch gekennzeichnet zu sein, daß sie von vielen Urlaubern nicht spontan in Handlungen umgesetzt werden, sondern – wenigstens zum gegenwärtigen Zeitpunkt – erst spezifisch angeregt bzw. aktiviert werden müssen; sonst wäre Animation nicht erforderlich.

Diejenigen Urlauber, die sich heute schon bewußt für einen „aktiven Urlaub" entscheiden, also im Urlaub einem Hobby nachgehen oder eine bestimmte Sportart betreiben, brauchen in diesen Bereichen keine spezielle Animation mehr – möglicherweise jedoch in anderen Bereichen wie etwa der Kommunikation mit anderen Urlaubern, der Anregung zu kreativem Tun, der persönlichen Besinnung und Meditation. Wenn man Animation menschenorientiert betreiben will, muß man nicht nur Vorstellungen darüber haben, welche Bedürfnisse und Erwartungen die Urlauber haben und welche davon bei der selbst heute noch weitgehend üblichen „normalen" Art, den Urlaub zu verbringen, nicht optimal erfüllt werden, sondern auch darüber, warum Menschen in ihrem Urlaub die Bedürfnisse nicht in gleichem Maße von selbst verwirklichen, wie sie dies bei anderen Bedürfnissen tun.

Theoretisch gibt es eine ganze Reihe von Erklärungsmöglichkeiten dafür:

Beispielsweise könnte es sich um verhältnismäßig schwach ausgeprägte Bedürfnisse handeln, die sich nicht dringlich bemerkbar machen. Die Frage wäre dann, aus welchen biotischen, sozialen oder kulturellen Gründen diese Bedürfnisse im Durchschnitt so schwach entwickelt sind.

Eine andere Erklärung könnte sein, daß es sich um solche Bedürfnisse handelt, die in der „Pyramide der Bedürfnisse"[2] relativ hoch[3] stehen, also die Sättigung der elementaren Bedürfnisse voraussetzen, auf denen sie basieren, ehe sie sich manifestieren können. Dies würde bedeuten, daß die Bedürfnisse in bestimmten strukturellen Beziehungen zueinander stehen, die im einzelnen zu prüfen wären.

Es ist auch denkbar, daß diese Bedürfnisse deswegen nicht ausgelebt werden, weil ihnen innere Hemmungen und äußere Barrieren gegenüberstehen, die so stark sind, daß sie die Urlauber nicht ohne Unterstützung von außen überwinden können. Die Natur dieser Hemmungen, die z.B. aus den Normen des sozialen Alltagslebens heraus erwachsen können, müßte dann genauer geklärt werden.

Weiterhin ist es möglich, daß den Urlaubern einfach die notwendigen Kenntnisse fehlen, um solche Bedürfnisse in angemessene Handlungsweisen umzusetzen. Ein-

---

[2] Der amerikanische Psychologe Abraham H. Maslow veröffentlichte 1954 sein grundlegendes Werk „Motivation and Personality" („Motivation und Persönlichkeit", Rowohlt Taschenbuchverlag, Hamburg 1981, Seite 62 ff.); seine Theorie der menschlichen Motivation und der in verschiedenen Ebenen aufeinander aufbauenden Bedürfnisse (von den physiologischen Grundbedürfnissen bis hin zur Selbstverwirklichung als höchster Stufe) wird meist als „Maslow'sche Pyramide" in graphischer Form dargestellt und trotz aller gesellschaftlichen Veränderungen wegen ihrer Anschaulichkeit noch immer genutzt.
Zur Bedeutung dieses Modells im Tourismus und seiner Übertragung auf die touristische Nachfrage vgl. Freyer 1995/2001, Seite 54 ff.

[3] Siehe auch Maslow, a.a.O., Seite 48 ff.

facher ausgedrückt: Die Urlauber wissen nicht, wie sie es anfangen können, es fehlt ihnen an Übung in freizeit- und urlaubsgerechten Verhaltensweisen. Das „richtige" Verhalten im Urlaub muß also erst erlernt werden; Animation wird gewissermaßen die „Schule der Freizeit". Ihr Hauptzweck wäre dann – wie der jeder Pädagogik – möglichst rasch sich selbst überflüssig zu machen.

Bis heute liegen noch keine Untersuchungen vor, die die eine oder andere der Hypothesen beweisen bzw. widerlegen. Vielleicht kann man sich mit der Vorstellung behelfen, daß möglicherweise alle diese genannten Zusammenhänge bis zu einem gewissen Grad bedeutsam sind. Vorweg jedoch sind einige allgemeine Erörterungen über die Tragweite dieser Erklärungsansätze und ihre theoretisch-psychologischen Grundlagen angebracht.[4]

## 2. Grundsätzliches zur menschlichen Motivation

Die ältere Psychologie nahm an, daß der Mensch mit einer Reihe von gattungstypischen Grundbedürfnissen ausgestattet sei, die er mit auf die Welt bringt und die im Verlauf seiner individuellen Entwicklung unterschiedliche Äußerungsformen annehmen. Da es jedoch keine Methodik gibt, das Bestehen solcher genuiner Triebe oder „Instinkte" bei Menschen nachzuweisen (abgesehen von einigen wissenschaftlichen Lehrmeinungen, die glauben, „Rest-Instinkte" beim Menschen nachweisen zu können), werden heute derartige „polythematische Triebtheorien" kaum noch vertreten.

Diese Theorien hatten sich vor allem dadurch unglaubwürdig gemacht, daß die Zahl der angenommenen ursprünglichen „Triebe" oder „Grundbedürfnisse" ins Unübersehbare anstieg und dabei zwischen den Autoren der verschiedenen „Bedürfnis-Kataloge" nur wenig Übereinstimmung bestand. Es kam hinzu, daß bei manchen dieser Bedürfnisse, die dem Menschen angeboren sein sollten, durch die kulturanthropologische Forschung deren Abhängigkeit von soziokulturellen Bedingungen nachgewiesen wurde. Bei einigen außereuropäischen Völkern oder Stämmen konnte festgestellt werden, daß bestimmte Antriebsformen, die man als allgemein-menschliche angesehen hatte, infolge bestimmter Familienstrukturen und Erziehungspraktiken dort nicht ausgeprägt waren.

Abgesehen von einigen stark physiologisch verankerten Triebkräften, von denen in diesem Zusammenhang der Nahrungstrieb und der Sexualtrieb die bedeutsamsten sind, wird heute wohl allgemein nicht mehr bestritten werden, daß innerhalb des menschlichen Antriebslebens vor allem zwei Tendenzen wirksam sind:

Die eine ist auf **spontane Aktivität** gerichtet,

die andere auf **Ausgleich von Spannungen**.

Während die letztere immer wieder zu einem Gleichgewicht führt und der Störung eines vorhandenen Gleichgewichts Widerstand entgegensetzt, sorgt die „prospektive Tendenz" dafür, daß das Gleichgewicht nicht zur bleibenden Ruhe wird, son-

---

[4] Die nachfolgenden Ausführungen stammen von Klaus Dieter Hartmann † aus der ersten Auflage der Studie „Animation im Urlaub".

dern neue Eindrücke, neue Spannungen aktiv gesucht werden, neue Ziele angestrebt werden.[5] Dieser Spontanfaktor des menschlichen Lebens wird unter den verschiedensten theoretischen Voraussetzungen und auf unterschiedlichem Verhaltensniveau beschrieben; so z.B. schon von Karl Bühler[6] als „Funktionslust", von Pawlow[7] als „Orientierungsreflex", von behavioristischen Autoren als „Neugiertrieb", „Exploratives Verhalten", in der humanistischen Psychologie (Maslow u.a.) als „kreative Expansion" usw. Selbst ein so streng deterministisch denkender Theoretiker wie Skinner[8] setzt in seiner Lehre vom „operant conditioning" die Tatsache einer dauernden, wenn auch zunächst ungerichteten Aktivität des Organismus voraus.

## 3. Das Aktivationsniveau als Ausgangsbasis

Im Zusammenhang mit den Forschungen zur „Aktivation" und zum „Aktivationsniveau" war die Tendenz, ein bestimmtes Aktivationsniveau anzusprechen (vereinfacht vielleicht zu beschreiben als Wachheitsgrad, Aufmerksamkeitsgrad, Erregungsgrad), Gegenstand der Untersuchung. Psychophysiologische Experimente zeigten, daß das höchste Aktivationsniveau bei einer mittleren Stärke oder Dichte von äußeren Reizen eintritt, während schwächere, aber auch stärkere Reize (dies ist wohl als Schutzfunktion zu verstehen) zu einem geringeren Wachheitsgrad führen. Dieses „mittlere Niveau" ist auch individuell verschieden. Man glaubt, daß sich Persönlichkeitsunterschiede durch das habituelle Aktivationsniveau erklären lassen.

Der introvertierte Typ wäre demnach durch ein ständig erhöhtes Erregungsniveau gekennzeichnet, mit anderen Worten: Bei ihm führen schon schwächere Reize zu stärkeren Reaktionen, er ist „empfindlicher". Umgekehrt ist es beim extravertierten Typ: Ihm wird es rascher „langweilig" als dem introvertierten.

Ein angemessenes Verhältnis zwischen Spannung – Erregung – Gleichgewicht – Entspannung (Ruhe) scheint also ein tief im Physiologischen verankertes Erfordernis für das Wohlbefinden und Glücksgefühl des Menschen und damit auch die wichtigste Bedingung für eine optimale Urlaubsgestaltung zu sein. Die an späterer Stelle noch zu schildernden beiden Richtungen der Urlaubsmotivationen, die als „Kontrast" und „Komplementarität" bezeichnet werden können, dürften damit zusammenhängen.

---

[5] Koch, Manfred: „Das Gleichgewicht, eine Denkfigur bei der psychologischen Theorienbildung", Psychologische Rundschau, Hogrefe Verlag, Göttingen, Band 25, 1974

[6] Bühler, Karl: „Sprachtheorie", Fischer Verlag Frankfurt 1934, Nachdruck 1982

[7] Pawlow, Iwan: „Bedingte Reaktionen", Grundlagen; Beziehungen zur Psychosomatik und Verhaltensmodifikation; in: „Die Psychologie des 20. Jahrhunderts", 16 Bände, Bd. 4 „Pawlow und die Folgen", von der klassischen Konditionierung bis zur Verhaltenstherapie; Hrsg. Hans Zeier, Kindler Verlag, München o.J.

[8] Skinner, B. Frederic: „The Behavior of Organisms", 1936; „Science and Human Behavior", 1953; hier wurde der Begriff der „instrumentalen Konditionierung" eingeführt. Nach: Hofstätter, Peter R. (Hrsg.): Fischer Lexikon „Psychologie", Fischer Bücherei, Frankfurt 1957

Je nachdem, welches habituelle Aktivationsniveau bei einer Person eigentümlich ist, wird jedoch das gleiche Maß an äußeren Reizen unterschiedliche Wirkungen hervorrufen. Was für den einen noch gar nicht genug ist, wird bei dem anderen schon Symptome der Überreizung hervorrufen. Um die individuell richtige Dosis der Animation zu finden, wäre eigentlich bei jedem einzelnen Menschen eine Diagnose des habituellen Aktivationsniveaus erforderlich. Zwar kann man im großen und ganzen damit rechnen, daß eine Selbstregulation eintritt, die bewirkt, daß der einzelne nur solche und nur so viele Animationsangebote annimmt, wie ihm zuträglich sind. Doch muß man wohl auch damit rechnen, daß die natürlichen selbstregulatorischen Mechanismen bei vielen Menschen durch Überlagerung aus anderen Motivationsbereichen, z.B. durch sozial bedingte Hemmungen oder krankhaftem Beschäftigungsdrang gestört sind. Hier ist eine prinzipielle Grenze für die Animation gegeben: Sie muß die vorgegebenen Persönlichkeitsstrukturen als solche hinnehmen, sie kann keine psychotherapeutischen Wirkungen entfalten.

## 4. Die Prägung von Bedürfnissen im sozialen Rahmen

Sicher ist: Das zutage liegende, beobachtbare Urlaubsverhalten läßt keinen unmittelbaren Rückschluß auf die dahinterstehenden Motive und Bedürfnisse zu. Ein an sich starkes Bedürfnis kann aus verschiedenen Gründen gehemmt sein und daher nur schwach oder in entstellter Form zur Wirkung gelangen. Die Stärke oder Schwäche eines Bedürfnisses hängt daher letzten Endes vom jeweiligen sozialen System ab, dessen Normen und Werte von den in ihm lebenden aufwachsenden Personen übernommen werden.

Dieser Prozeß des „Erlernens" auf konkrete Objekte gerichteter Strebungen wird als „primäre Sozialisation" (im Kleinkindalter, im Familienverband und „sekundäre Sozialisation" in späteren Altersstufen durch verschiedene soziale Felder wie Schule, Beruf, Gruppen sozialer Zugehörigkeit, Informationsmedien etc.) bezeichnet.

Selbst wenn man bezweifelt, daß Bedürfnisse ausschließlich sozialer Natur seien, also nur erlernt würden, muß man davon ausgehen, daß menschliche Bedürfnisse tatsächlich nur in der Form angetroffen werden, wie sie von den sozialen Faktoren geprägt wurden.

William C. Schutz, einer der Initiatoren der amerikanischen „Encounter[9]"-Bewegung, sagt hierzu in seinem Buch[10] mit dem bezeichnenden Titel „Freude" folgendes:

*„Wenn eine Feststellung auf alle heute lebenden Menschen zutrifft, dann die, daß wir alle die in uns angelegten Möglichkeiten nicht voll ausgeschöpft haben [...] Daß unsere Freizeit*

---

[9] Siehe: Schutz, Wiliam; „Encounter", Deutsch von Klaus W. Vopel, Isko-Press 1977
Encounter-Groups = Kontaktgruppen: Es handelt sich nicht um Gruppentherapie im eigentlichen Sinne, sondern um Gruppen von mehr oder weniger „normalen" Menschen, die zusammenkommen, um sich in ihrer Persönlichkeitsentfaltung gegenseitig zu fördern oder um Probleme in sozialen Institutionen durch bessere Verständigung zu lösen.

[10] Schutz, William C.: „Freude", Rowohlt-Verlag, Reinbek 1971

*ständig zunimmt, unterstreicht noch die Bedeutung dieser ungenutzten Möglichkeiten. Am wichtigsten aber ist vielleicht: Die Tatsache, daß vieles ungenutzt und unausgedrückt bleibt, beraubt uns vieler Vergnügen und Freuden im Leben. [...] Freude ist die Empfindung, die sich einstellt, wenn die in einem Menschen angelegten Möglichkeiten Erfüllung finden [...] Die bei der Organisation von gesellschaftlichen Institutionen angewandten Methoden führen häufig dazu, daß das Schöpferische unterdrückt und die Mittelmäßigkeit zur Regel wird [...] Die Praktiken der Kindererziehung, die sexuellen Verhaltensweisen, ein Großteil der religiösen Dogmen, die Einstellung zum materiellen Erfolg – das alles macht es für den einzelnen schwer, sich selbst richtig kennenzulernen, sich selbst zu schätzen, mit den eigenen Empfindungen und Wunschregungen vertraut zu werden und zu lernen, wie man sich selbst verwirklichen und daraus Freude gewinnen kann."*

## 5. Die Entwicklung der Bedürfnisse im sozialen Feld

Aus der sozialen Abhängigkeit der Bedürfnis-Konkretisierungen folgt: Menschliche Bedürfnisse sind unbegrenzt. Der Mensch ist ein grundsätzlich unbefriedigtes Wesen; er ist niemals ganz „bedürfnislos".

Immer wieder entwickeln sich neue Bedürfnisse, wenn die alten erfüllt sind. Eine vor allen von A. Maslow vertretene Auffassung besagt, daß die Sättigung elementarer Bedürfnisse dahin führt, daß höhere, differenziertere Bedürfnisse an deren Stelle treten. Die Entwicklung in den Industrieländern im Laufe der Vergangenheit ist der beste Beweis dafür. In der frühindustriellen Zeit – und in Zeiten wirtschaftlicher Krisen, Kriegs- und Notzeiten – wurde das Leben der Menschen fast ausschließlich von den vitalen Bedürfnissen beherrscht: Den Hunger zu stillen, nicht frieren zu müssen, ein Dach über dem Kopf und Kleidung auf dem Leib zu haben und das Minimum an Zeit, um sich von körperlicher Erschöpfung und Ermüdung zu erholen.

Sind diese Bedürfnisse kurzfristig gestillt, so geht das Bestreben dahin, diesen Zustand langfristig zu stabilisieren: Das Sicherheitsstreben hat nun bei allen Handlungen das stärkere Gewicht.

Ist diese Sicherheit nach menschlichem Ermessen gewonnen, wie man im heutigen Sozialstand und bei anhaltendem Trend zur wirtschaftlichen Expansion annehmen kann, tritt das Genußstreben auf den Plan:

Man will nicht nur notdürftig gesichert sein, sondern man will sich vollkommen wohlfühlen: verfeinerte Speisen, wohltemperierte Aufenthaltsorte, geräumigere Wohnungen, in denen man mehr „Ellbogenfreiheit" hat, eine Auswahl an schöner und bequemer Kleidung für alle möglichen Zwecke und viel freie Zeit zum Nichtstun und zum Vergnügen („Neuer Hedonismus"). Hierzu gehören auch Urlaubsreisen in immer weiter entfernte Gebiete und mit immer mehr Komfort. Man will und kann das Leben nun auch genießen.

Ist der Lebensunterhalt auf die Dauer gesichert, wird dem Menschen auch die persönliche Anerkennung wichtiger als vorher: Die immateriellen Belohnungen gewinnen für ihn an Wert. Dies kann sich in einem etwas naiven Prestige-Streben ausdrücken, aber auch in der Forderung, als Mensch, unabhängig vom gesellschaftlichen Rang, respektiert zu werden, über die eigenen Angelegenheiten selbst entscheiden zu können. Man will selbst wählen können und nicht als eine „Nummer" behandelt werden oder unpersönlichen Programmzwängen mehr als unbedingt notwendig unterworfen sein.

Mit dieser Anerkennung als Person mit Entscheidungsfreiheit im unmittelbaren Handlungsbereich, sei es am Arbeitsplatz oder in der privaten Sphäre, dürften heute die meisten Menschen schon zufrieden sein.

Aber es gibt bereits zahlenmäßig beachtliche Kreise, die damit nicht mehr zufrieden sind. Wenn dieses Bedürfnis nach Selbständigkeit und personaler Integrität fraglos gesichert ist – wie dies bei Angehörigen der oberen Schichten schon immer der Fall war – kann das Streben nach Selbstverwirklichung und Selbstentfaltung den ersten Platz in den Motivationen der Persönlichkeit einnehmen.

Im Arbeitsbereich wird dann der wichtigste Maßstab, nach dem man eine Position beurteilt, die Möglichkeit zu schöpferischer Tätigkeit sein, etwas Neues, Eigenes gestalten zu können, in welchem Lebensbereich auch immer diese Tätigkeit liegen mag. Im privaten Bereich wird man sich ebenfalls nicht mehr mit rein rezeptivem Verhalten begnügen wollen; man sucht Gelegenheiten, sich in frei gewählten Tätigkeiten als kompetent zu erweisen. Das „Kompetenz-Motiv" wird entscheidend.

Freizeitbeschäftigungen erhalten auf dieser Stufe eine besonders hohe Wertigkeit, weil sie allein dem Menschen gestatten, das Feld seiner Gestaltungsversuche völlig frei von objektiven Beschränkungen (wenn man die Kostenfrage einmal ausklammert) zu wählen, und weil sie die Möglichkeiten bieten, Neigungen und Fähigkeiten vieler Art nebeneinander zu entwickeln, statt auf einen oder wenige Bereiche des Wissens und Könnens spezialisiert zu sein, wie es in der hoch arbeitsteiligen Berufswelt der Industriegesellschaft der Fall ist und auch sein muß.

Die Freizeit bietet dem Menschen so die Chance, sich aus der eindimensionalen Entwicklung zu befreien. Unter der Herrschaft des Kompetenzmotivs beginnen die Grenzen zwischen Arbeit und Spiel teilweise zu verschwimmen. Die Freizeitbeschäftigung kann mitunter körperlich und geistig anstrengender werden als die normale Berufsarbeit, und die Berufsarbeit mag so viel an Befriedigung schöpferischer Impulse bieten, daß man gar nicht das Gefühl hat, zu „arbeiten" und auf „Freizeit" weniger Wert legt als andere berufstätige Menschen. Selbstverständlich gilt dies nicht nur für die sogenannten geistigen Berufe, sondern für jede Art von beruflicher Tätigkeit.

Kulturkritische Darstellungen gingen oft davon aus, daß handwerklich tätige Menschen früher ihre kreativen Fähigkeiten innerhalb der Arbeit besser entfalten konnten als dies nach Einführung der Maschinen- und Fließbandarbeit noch möglich war, so daß eine zunehmende Entfremdung des Arbeiters gegenüber seiner Arbeitsleistung entstanden sei. So wurde auch die scharfe Trennung zwischen Arbeits- und Freizeitwelt, die sich gleichzeitig entwickelte, erklärt. Es ist hier nicht der Platz, diese sozialgeschichtlichen Tatsachen und ihre psychologischen Folgen zu diskutieren.

Der bedeutsamste Unterschied zu den oft romantisch verklärten Verhältnissen der „guten alten Zeit" besteht vor allem darin, daß damals überall der Mangel das Leben beherrschte und kreative Selbstentfaltung in einem sehr engen, traditionellen Rahmen stattfand. Es gab kein Bedürfnis, diesen Rahmen zu überschreiten.

Die Situation der Menschen in der damaligen Zeit ist also mit der heutigen Situation nicht vergleichbar. Die moderne Betriebsführung entwickelt Arbeitsabläufe und Arbeitsorganisationen, die der Selbständigkeit der Arbeit und ihrer Sinnerfüllung wieder größeren Spielraum läßt (Beispiel: selbständige Montagegruppen bei der Autoproduktion). Der technologische Fortschritt, der zur Vollautomatisierung aller gleichförmigen mechanischen Arbeiten tendiert, gibt der dispositiven Tätigkeit mehr Raum. Es gibt genügend Anzeichen, daß das Motiv der Selbstentfaltung im Tätigsein für breitere Kreise der Bevölkerung bedeutsam geworden ist; ebenso die Zunahme der Freizeit, die eine Voraussetzung für das Vortreten und die Ausbreitung dieses Bedürfnisses als epochal-typische Erscheinung darstellt.

Die skizzierte Stufenleiter der Bedürfnisentwicklung als Phänomen des „sozialen Klimas" einer Epoche beruht natürlich auf einer sehr globalen Betrachtungsweise. Tatsächlich sind diese Bedürfnisse wohl auf jeder Stufe der sozialen Entwicklung, in jedem sozial- kulturellen System in irgendeiner Form vorhanden. Überall wird man irgendwelche Manifestationen des menschlichen Strebens nach Sicherheit, nach Genuß, nach Anerkennung und nach Bereicherung des Selbst nachweisen können. Man wird auch immer und überall einzelne Menschen finden, bei denen eines dieser Motive dominiert, ohne daß die auf der Stufenleiter „niedriger" stehenden Bedürfnisse schon befriedigt wären, ja ohne daß sie für diese Person überhaupt von Bedeutung sind. Auch können im Einzelfall durchaus „niedrigere" Bedürfnisse im Dienste „höherer" stehen und umgekehrt.

Das „Stufenmodell" der sozialen Bedürfnisentwicklung (nach Maslow) besagt lediglich, daß innerhalb eines wesentlichen Teils der Bevölkerung allmählich solche Bedürfnisse an Gewicht zunehmen, die sich bisher deswegen weniger verhaltensbestimmend auswirken konnten, weil die Menschen noch voll damit beschäftigt waren, dringlicheren Bedürfnissen nachzukommen. Der große Teil ihrer individuellen und kollektiven Aktivität stand unter dem Ziel, eine Lage zu schaffen, in der das jeweils Dringlichste restlos abgesättigt war.

Eine solche (soweit überhaupt möglich) völlige Absättigung eines Bedürfnisses wird vor allem dann gegeben sein, wenn sie eine soziale Institutionalisierung gefunden hat.

## 6. Bedürfnisstruktur und Reisemotivation

### a) Das Urlaubsstereotyp

Seit den frühesten Untersuchungen zur Motivation des Urlaubsreisens[11] hat sich immer wieder bestätigt, daß die Urlaubsreisen eher durch ein „von – weg" als durch ein „hin – zu"[12] motiviert sind. Das Abschalten von Belastungen und Pflichten des Berufes, das Vergessen des Alltags, die Flucht vor Normen und Zwängen, das Zurückziehen aus einer Welt von Anordnungen, Regeln und Vor-

---

[11] „Erhebungen über Tourismus", DIVO, Frankfurt 1962
[12] Freyer, Walter: „Einführung in die Fremdenverkehrsökonomie", 7. Auflage Oldenbourg-Verlag, München, 2001, S.56 ff.

## 6. Bedürfnisstruktur und Reisemotivation

schriften ist vielfach die eigentlich treibende Kraft für das Unternehmen von Urlaubsreisen. Die Neugierde, Neues kennenlernen zu wollen, kommt jedoch hinzu und ist bei anderen Personen durchaus auch Hauptmotiv.

Urlaub ist in seiner kognitiven Struktur das Gegenbild der Arbeitswelt. Das Bestreben des Urlaubers ist es, eine möglichst große Distanz zum Bild der Arbeits- und Alltagswelt herzustellen. Dies ist im Sinne eines „psychologischen Feldes"[13] zu verstehen; tatsächlich wird es häufig ganz konkret im Sinne einer möglichst großen Entfernung zwischen Wohnort und Urlaubsort realisiert. Dasselbe gilt auch für das Zeiterlebnis: Die Urlaubszeit fällt aus dem Kontinuum des „Arbeitsjahres" heraus als eine qualitativ andere Periode, in der die Zeit gewissermaßen stillsteht. Man befindet sich zeitlich in einer anderen Welt, die Zeit wird hier durch das Erleben strukturiert, nicht durch den gleichförmig mechanischen Ablauf der gemessenen Zeiteinheiten in der Arbeitswelt.

*Das Reisen stellt seit jeher einen der großen kollektiven Träume der Menschheit dar.[...] Die Bewegung, die das Reisen grundlegend charakterisiert, ist universell verbreitet und in allen Kulturen nachweisbar: der Impuls, die Ordnungsstruktur des Alltags zu verlassen und in andere Wirklichkeiten einzutreten. In diesem Zusammenhang ist die Faszination des Reisens zu sehen: Es stellt eines der wirksamsten Mittel dar, der eingespielten sozialen Ordnung vorübergehend zu entkommen - nicht in blinder Flucht, sondern als produktive menschliche Leistung, die neue Erfahrungen ermöglicht.[14]* (Zitat Ende)

*„Urlaub ist (nicht nur) das Kontrastprogramm zum hektischen, grauen Alltag. Ferien sind aber noch viel mehr: Sie sind Identitätsstifter geworden, weil sie utopische, mythische und rituelle Defizite unseres Alltags ausgleichen. Rituale beispielsweise sind sehr wichtig in unserem Leben. Doch immer weniger Menschen gehen in die Kirche, wo Rituale noch stattfinden. Und aus dem Beruf, der Familie haben wir sie verdrängt und in die Freizeit und ganz besonders in den Urlaub hineingelegt. Insofern steht Urlaub den Ritualen und Festen, dem Spiel, dem Mythos und dem Theater nahe; er ist allen Formen menschlicher Symbolproduktion und Phantasietätigkeit verwandt, die aus der Gebundenheit ans jeweils Gegebene hinausführen. Auch Träume sind identitätsstiftend. Es scheint, dass Ferienträume die modernen Hochburgen der Utopie sind. Und Utopien sind etwas sehr Wichtiges – für den Einzelnen wie für eine ganze Gesellschaft –, denn sie sind der Nährboden von Aktivitäten. Man kann sich Ferien erträumen und sie wahr machen. Bei beruflichen Utopien ist das in unserer Zeit schon erheblich schwieriger."[15]*

---

[13] Lewin, Kurt: „Field Theory in Social Science", New York 1951; „Feldtheorie in den Sozialwissenschaften", Verlag Hans Huber, Bern 1963

[14] Hennig, Christoph: „Reiselust", Touristen, Tourismus und Urlaubskultur; Suhrkamp Taschenbuchverlag, Frankfurt/Leipzig 1999

[15] Müller, Hansruedi, Forschungsinstitut für Freizeit und Tourismus, Bern; zitiert in: „chrismon", Evangelisches Magazin, Beilage der „ZEIT", Süddeutscher Verlag München, Heft 6/2001, Seite 20

Es ist möglich, in einer Gegenüberstellung[16] alle Charakteristika eines „typisch urlaubsgemäßen" Verhaltens als polare Gegensätze des Alltagsverhaltens darzustellen, so wie es von den meisten Menschen aufgefaßt wird:

| Alltag | Urlaub |
|---:|:---|
| Zwänge, Normen | Tun, was man will |
| Hetze, Eile | Ruhe |
| Leben nach der Uhr | Freie Zeiteinteilung |
| Anstrengung | Faulenzen |
| Spannung, Streß | Entspannung, Abschlaffen |
| Pflicht, Ernst | Vergnügen, Frohsinn |
| Zivilisation, Technik, Künstlichkeit | Lebendigkeit, Spontaneität |
| Gewohnheit, ständig das Gleiche | Neue Eindrücke, etwas ganz anderes |
| Großstadt | Land, Dorf |
| Graue Steinwüste | Natur erleben |
| Luftverschmutzung | Frische Luft |

**Abbildung III - 1    Vorstellungsbilder von Alltag und Urlaub**

Dieses „Urlaubs-Image" (im Gegensatz zum „Alltags-Image") ist zunächst als eine kognitive, also rational gesteuerte Struktur aufzufassen, die der Orientierung dient. So gegensätzlich diese kognitive Orientierung erscheint, man kann sie dennoch keineswegs als die getreue Spiegelung eines tatsächlichen Verhaltens ansehen, das generell dem Verhalten im Alltag entgegengesetzt ist.

Viele Verhaltensweisen im Urlaub entsprechen weitgehend den von zu Hause gewohnten, oder es werden im Urlaub analoge Verhaltensnormen entwickelt, die zwar anders als im Alltag, jedoch ebenso einförmig stereotyp ablaufen, wie die Verhaltensnormen des Alltags. Verhaltensbeobachtungen in Urlaubsorten und Ferienzentren zeigen z.B., daß die Mehrheit der Urlaubsgäste bei gutem Wetter zu bestimmten Zeiten an den Strand geht, diesen zu bestimmten Zeiten wieder verläßt, um das Mittagessen einzunehmen, am Nachmittag sich dann wieder einstellt, zu bestimmten Zeiten die Strandpromenade bevölkert, dann wieder in den Lokalen zu finden ist und sich schließlich, mehr oder weniger frühzeitig, ins Quartier zurückzieht. In manchen Orten findet man sich zur festgesetzten Zeit beim Kurkonzert ein und ähnliches. Nach einer kurzen Anpassungsperiode fügen sich die meisten Urlauber ganz automatisch diesem „Zeremoniell" ein.

Zu den „Sollvorstellungen" des normalen Urlaubers gehört, daß man morgens ausschläft, soweit sich dies bei der Hausordnung der Unterkunft verwirklichen läßt,

---

[16] nach: Hartmann, Klaus-Dieter: „Psychologie des Reisens" in: Hinske, Norbert (Hrsg.): „Reisen und Tourismus", Trierer Beiträge Heft 3, Universität Trier 1979, Seite 19

## 6. Bedürfnisstruktur und Reisemotivation

vielleicht auch die Mittagsruhe. Als besonders typische Urlaubsbeschäftigung sind Spaziergänge und Wanderungen anzusehen, die fast alle Urlauber unternehmen, wenn auch mit unterschiedlicher Häufigkeit: Hier macht sich bereits eine Polarisierung nach „Bade-Urlaubern" und „Wander-Urlaubern" bemerkbar. Der typische Badeurlauber ist beschrieben durch Nichtstun, Ausruhen, Sonnenbaden und leichte Aktivitäten, die kaum noch als „sportlich" bezeichnet werden können, wie Schwimmen, Ballspielen und ähnliches.

Zum obligaten Urlaubsverhalten gehört schließlich das Besichtigen von „Sehenswürdigkeiten" – welcher Art auch immer; es gibt eben bestimmte Dinge, die man „gesehen haben muß", wenn man einen Urlaubsort bzw. eine Urlaubsgegend besucht. Obwohl Sehenswürdigkeiten für das Image eines Urlaubs sehr wichtig sind und daher bei der Wahl des Reisezieles mit von Bedeutung sein können, nehmen sie doch aus verständlichen Gründen im Gesamtverlauf des Urlaubs nur eine untergeordnete Stelle ein. Es gibt an jedem Urlaubsort bzw. in seiner Umgebung stets nur eine begrenzte Zahl solcher Sehenswürdigkeiten, die man absolvieren kann.

Zwar gehören auch Ausflüge zum „Soll" eines Urlaubs, doch ist die Zahl dieser Ausflüge im Urlaub schon wegen der Kosten begrenzt.

Schließlich gehören zu einem richtigen Urlaub Vergnügungen, vor allem das „gesellige Beisammensein", Besuch von netten Lokalen, Tanzveranstaltungen, bunten Abenden usw., wobei die „leichte Muse" im Vordergrund steht. Dazu gehört auch gutes Essen und Trinken. Man will sich „was leisten", mal „etwas springen lassen."

Dies sind die hauptsächlichen Züge der „Urlauber-Rolle", die zwar je nach Urlaubertyp und individuellen Neigungen etwas andere Schwerpunkte gewinnt und die im Hinblick auf weitere Urlaubsaktivitäten differenziert wird, jedoch einer weit verbreiteten generellen Norm entspricht. Solange solche Normen die „Urlauber-Rolle" bestimmen, d.h. als Modell für das Verhalten am Urlaubsort anerkannt werden, wird ein spontanes, abweichendes Verhalten einzelner Urlauber kaum zu erwarten sein.

Sozialpsychologische Untersuchungen (besonders über das Verhalten von Großstadtbewohnern) haben sehr eindringlich bewiesen, wie stark selbst sachlich recht belanglose Normen des sozialen Zusammenlebens (z.B. jemanden ohne Angabe von Gründen um einen Platz zu bitten oder lautes Singen in einem öffentlichen Verkehrsmittel) in einer bestimmten Umgebung wirksam sind, so daß es dem einzelnen meist nicht gelingt, sich über die bestehenden Normen hinwegzusetzen.

So wird der Urlauber, der vielleicht geneigt wäre, das Schema des üblichen Urlaubsverhaltens zu durchbrechen, Hemmungen haben, weil er „auffällt" und er möglicherweise Spott oder Mißbilligung erntet.

Animation ist daher immer dann notwendig, wenn es gilt, neue, bisher nicht übliche und anerkannte Urlaubsaktivitäten einzuführen – auch und gerade wenn sich die Urlauber prinzipiell gern daran beteiligen würden oder wenn Aktivitäten in einem größeren Kreis mehr Spaß machen als wenn man sie alleine durchführen würde. Die sachkundige Anleitung und die gemeinsame Aktivität einer Gruppe von Urlaubern bieten in diesem Fall dem einzelnen die notwendige „Rückendeckung", so daß er nicht das Gefühl zu haben braucht, sich mit dieser neuen Betätigung gegenüber allen anderen Urlaubern zu exponieren.

Ein Beispiel, das jeder aus eigener Erfahrung kennt:

Obwohl heute sehr viele Menschen – dank intensiver Aufklärungsaktion – geneigt sind, sportliche Aktivitäten zu entfalten, wird man doch nur selten eine Person finden, die für sich allein oder nur mit der eigenen Familie am Strand, im Schwimmbad oder auf der Wiese turnt oder Gymnastik betreibt. Man würde sich genieren, weil man – wahrscheinlich mit Recht – annimmt, daß alle Menschen in der Umgebung dies sehr kritisch beobachten würden. (Eine Ausnahme bilden die Jogger, die durchaus auch alleine durch Parks oder den Wald laufen).

Hingegen sind die offiziellen Gymnastikveranstaltungen, die von Kurverwaltungen oder Animateuren regelmäßig veranstaltet werden, im allgemeinen gut besucht. Auch hierbei muß allerdings eine Einschränkung gemacht werden: Es sind überwiegend Frauen, die daran teilnehmen; für Männer gilt diese Art der körperlichen Betätigung noch immer nicht als angemessen. Es bedarf einer besonderen Animationstechnik, um auch Männer bzw. gemischte Gruppen von Urlaubern zu leichter turnerischer oder gymnastischer Betätigung zu verführen.

In vielen Urlaubsgebieten machte man die Erfahrung, daß Angebote, die sich zunächst an erwachsene Urlauber richteten, in immer stärkerem Maße von Kindern und Jugendlichen wahrgenommen wurden. Darauf hielten sich die Erwachsenen nun erst recht fern. Ein Erwachsener empfindet es nun einmal als unangemessen, oder gar mit seiner „Würde" als erwachsener Mensch nicht verträglich, sich mit etwas zu beschäftigen, was „Kindersache" ist – auch wenn er es in der Tiefe seiner Seele eigentlich sehr gern tun möchte. Es ist ja durchaus eine Tatsache, daß viele Erwachsene einen starken Hang zum Spiel haben – man denke an die Väter, die mit der elektrischen Eisenbahn spielen oder an die Skatbrüder.

Erst dann, wenn schon eine gewisse Anzahl von Erwachsenen solche Spiele betreiben, verlieren immer mehr Zuschauer die Scheu vor dem Mitmachen und reihen sich – besonders gern, wenn sie von einem Animateur persönlich dazu ermuntert werden – in die Gruppe der Mitspieler ein. Aus diesem Gesichtspunkt ist es durchaus begreifbar, wenn ein Clubanimateur seinen Club als „Spielplatz für Erwachsene" bezeichnet.

### *b) Grundrichtungen der Urlaubsmotivation*

Wenn das Verhalten im Urlaub im allgemeinen dem Verhalten im Alltag entgegengesetzt wird, so kann dies jedoch in zweierlei Hinsicht geschehen:

Als **Kontrast** und als **Komplement**.

**Kontrast**

Mit „Kontrast" soll hier jene Art des Urlaubsverhaltens bezeichnet werden, die durch eine totale Entspannung im Sinne von „sich gehen lassen", herabgesetztem Tonus, eingeschränkter Aktivität gekennzeichnet ist. Der Nachdruck liegt dabei auf der Entlastung von den auferlegten Ordnungen und Regelungen, denen man sich außerhalb des Urlaubs im Alltag ständig fügen muß. Man will vor allem „un-

# 6. Bedürfnisstruktur und Reisemotivation

gezwungen" leben, frei und ungebunden sein, tun und lassen können was man will, nichts Vorgeschriebenes tun müssen, sondern ganz nach seinen Neigungen leben.

Dies bedeutet nun aber keineswegs, daß diese Personen sich im Urlaub völlig anders verhalten als zu Hause. Im Gegenteil, gerade bei ihnen findet man sehr oft eine geringe Neigung, sich neuen und ungewohnten Situationen auszusetzen. Es gelingt diesen Personen nicht, sich aus dem alltäglichen Verhaltensschema zu befreien und sich aktiv an die Freizeitsituation anzupassen, d.h. sie sinnvoll zu gestalten und z.B. Interessen nachzugehen, denen man im Alltag nicht nachgehen kann. Auf das Verhalten eines Teils dieser Urlauber ließe sich recht treffend der Begriff „gammeln" anwenden.

Der notwendigen ständigen Wachheit und Zielgerichtetheit des Alltagslebens, in dem man sich stets zusammennehmen muß, um nicht in Bequemlichkeit zu versinken und mit den Forderungen und Pflichten des bürgerlichen Lebens in Konflikt zu geraten, steht kontrastierend die Urlaubssituation gegenüber, in der man räumlich und zeitlich von seinem normalen Platz im Leben getrennt „alles laufen lassen" kann, die Dinge auf sich zukommen lassen kann. Das Empfinden des Kontrastes zum Alltagsleben entsteht also nicht, indem man etwas ganz anderes tut als im Alltag, sondern indem man den eingeschliffenen Antriebs- und Verhaltensmechanismen einfach freien Lauf läßt. Der überproportionale Erfog des Wellness-Tourismus beweist die Bedeutung dieser Bedürfnisstrukturen.

Soweit die Bewußtseinslage der Urlauber ganz oder teilweise in diesem Sinne als „Kontrast-Haltung" beschrieben werden kann, ist die Aufgabe der Animation in erster Linie die Anregung, die positive Erfüllung dieses „Zeit-Lochs", die Vermeidung des vollständigen „Versackens" in dieser Zeitspanne. Es geht darum, die Urlauber dazu zu bringen, die zur Verfügung stehende Zeit in irgendeiner Weise zur Bereicherung ihrer Persönlichkeit, zum Gewinn neuer Perspektiven und damit auch neuer Quellen der Lust und Freude zu nutzen, der drohenden Langeweile entgegenzuwirken und damit die Urlaubszufriedenheit zu steigern. Der Animateur wird hier zunächst eine führende und in unmerklicher Weise lehrende Position einnehmen, um diese Urlauber in ihrer passiven, „feldabhängigen" Haltung ein Stück weit mitzuziehen, ehe er ein selbständiges Mitwirken von ihnen erwarten darf.

Die allgemeine sozialpädagogische Regel lautet: Den Urlaubsmenschen dort „abholen", wo er sich befindet.

**Komplement**

Auch wenn das Urlaubsverhalten eher als „komplementär" zum Alltagsleben zu beschreiben ist, steht Erholung im Sinne des Abschaltens, des Ruhe-habens im Vordergrund der Erwartungen. Die Urlaubszeit soll weniger eine Aufhebung der zielgerichteten Tätigkeit des Alltagslebens als vielmehr eine ergänzende Beschäftigung, einen Ausgleich durch im Alltag unterentwickelte oder ungenutzte Bereiche der persönlichen Aktivität enthalten. In anthropologisch-psychologischem Sinne kann diese „Komplementär-Funktion" des Urlaubsverhaltens auch so gedeutet werden:

## III. URLAUBSERWARTUNGEN UND URLAUBSAKTIVITÄTEN

Jeder Mensch ist mit einer Vielfalt von Anlagen ausgestattet, die im Beruf und im Alltag nur zu einem geringen Teil ausgenutzt werden und damit der Gefahr der Verkümmerung ausgesetzt sind. Diejenigen Neigungen, denen der einzelne gern in sich Raum geben möchte, die er aber in seinem normalen Alltag nicht verwirklichen kann, werden nun in der Freizeit, vor allem in der Urlaubszeit, zur Entfaltung drängen.

Diese Zeit bietet die Gelegenheit, einen gewissen Ausgleich innerhalb der Persönlichkeit zu gewinnen. Der Mensch, der sonst immer von außen her und einseitig beansprucht wird, kann jetzt einmal „zu sich kommen".

Der Kernpunkt dabei ist, etwas Neues und ganz anderes zu tun, zu erleben, zu erfahren als das Übliche, Alltägliche. Man will „neue Anregungen empfangen", „neue Eindrücke gewinnen", „was kennenlernen", „mal was anderes sehen". Ein fließender Übergang besteht von diesem aktiveren Streben nach ausgleichender Betätigung zu dem Wunsch nach Abwechslung als bloße Veränderung gegenüber dem Gewohnten; aber auch als Abwechslung innerhalb des Urlaubs, um dem „Urlaubseinerlei" zu entgehen.

Diese Personen betreiben also in ihrem Urlaub eine ganze Menge gezielter Aktivitäten, z.B. das Kennenlernen fremder Menschen, Sitten, Sprachen (bei Auslandsurlaub), Besichtigungen, Bildung, Kunstgenuß, etwas dazulernen, wandern, Sport treiben, Hobbys pflegen und ähnliches.

Bei den Urlaubern, deren Urlaubsverhalten unter dem Prinzip des Komplements steht, ist die Aufgabe der Animation natürlich eine völlig andere als bei denen, deren Urlaubsverhalten unter dem Prinzip des Kontrastes steht.

Soweit bei den Urlaubern feste Vorstellungen über komplementäre Aktivitäten vorhanden sind, mag es leicht sein, diese aufzugreifen und den Interessenten zu erhöhter Kompetenz auf diesen Gebieten zu verhelfen.

Normalerweise finden sich bei jedem Urlauber allerdings sowohl solche Verhaltensweisen, die dem „Kontrast"-Verhalten zugeordnet werden können, als auch solche, die ein komplementäres Verhalten darstellen, wobei etwas häufiger das erstere überwiegt. Im Einzelfall ist lediglich das Schwergewicht nach der einen oder anderen Seite verschoben.

Reines „Komplementär"-Verhalten ist zumindest, wenn man mehrere aufeinanderfolgende Urlaubszeiten in die Betrachtung einbezieht – extrem selten. Der Mensch kann offenbar nicht auf die Dauer unter Spannung leben, auch wenn diese auf relativ niedrigem Niveau liegt. Permanenter „Thrill", ununterbrochene „Kicks" sind nicht auszuhalten.

Reines „Kontrast"-Verhalten mag schon eher zu finden sein – doch bestimmt seltener als Kulturkritiker dies annehmen. Nur in gewissen „Touristenghettos" am Mittelmeer sowie auf manchen Campingplätzen findet man überhaupt Gelegenheit zu einem solchen Verhalten und auch da sorgt schon die sich allmählich einstellende Langeweile, der schlimmste Feind des Urlaubers, dafür, daß man sich irgendwann einmal „komplementären" Betätigungen zuwendet.

## 6. Bedürfnisstruktur und Reisemotivation

Interessant ist in diesem Zusammenhang die von Wicklund[17] aufgestellte Theorie der „statischen versus dynamischen Orientierung"[18] zur Umwelt, die in mehreren Studien von Ottmar Braun[19] an jungen Urlaubern getestet und empirisch erhärtet wurde. Braun schreibt:

*„Der Kerngedanke der Theorie besagt, daß Personen im und mit dem Urlaub zweierlei Ziele verfolgen können:*

*1. Das Urlaubsziel des statisch orientierten Touristen besteht darin, die im Alltag beschädigte Identität zu reparieren. Dazu ist es zunächst notwendig, die bedrohenden Bedingungen zu meiden, man flieht aus dem Alltag. Die beschädigte Identität wird dann dadurch repariert, daß Prestigesymbole angeschafft werden, die anderen Leuten präsentiert werden. Im Urlaub kommt es darauf an, bei anderen Leuten einen guten Eindruck zu hinterlassen und Anerkennung zu bekommen.Dies könnten neu erworbene Fähigkeiten sein („inzwischen kann ich surfen, segeln", etc.) oder die Tatsache, daß man ein bekanntes, prestigehaltiges Ausflugsziel besucht hat. Es könnte auch sein, daß die Geselligkeit im Urlaub gerade dazu notwendig ist, um zu erzählen, welch tollen Job man zu Hause hat.*

*2. Ein zweites Urlaubsziel (dynamische Orientierung) besteht einfach darin, das Urlaubsland zu entdecken. Dazu zählt das Kennenlernen der Landschaft, der kulinarischen Spezialitäten, der Sprache und der Menschen mit ihren Lebensgewohnheiten, kurz der gesamten Geographie und Kultur des Gastlandes. Der Urlaub birgt damit die Chance, neue Perspektiven kennenzulernen und das eigene Leben zu bereichern.*

*In einer der Studien ging es um die Urlaubszufriedenheit. Aus der Theorie wurde abgeleitet, daß statisch orientierte Personen, die im Urlaub ihre Identität reparieren müssen, dann zufrieden und erholt sind, wenn ihnen die Reparatur der Identität gelingt. Sie ist dann gelungen, wenn sie einen guten Eindruck bei anderen Leuten hinterlassen haben. Die Mittel, um einen guten Eindruck zu hinter-*

---

[17] Wicklund, Robert A.: „Orientation to the environment versus preoccupation with human potential". In: Handbook of motivation and cognition. Guilford, New York 1986

[18] Die statische Orientierung ist die Konsequenz von Disharmonie und Handlungsdruck im Alltag. Unter Handlungsdruck versteht man dabei, daß die Person sich in einer Lage sieht, in der sie unbedingt handeln muß z.B. wenn sie unbedingt ein Ziel erreichen will, oder andere erwarten eine bestimmte Leistung, dann sieht sie sich unter dem Erwartungsdruck anderer. Wenn die Kompetenz der Person ausreicht und sie in der Lage ist, die Aufgaben zu bewältigen, dann besteht eine Harmonie zwischen Person und Umwelt und es kommt zur <u>dynamischen Orientierung</u>. Wenn die Kompetenz der Person allerdings nicht ausreicht und die Schwierigkeit der Aufgabe zu groß ist, dann besteht eine Disharmonie zwischen Kompetenz und Aufgabenschwierigkeit, es resultiert <u>statische Orientierung</u>; die Person sieht sich in einer bedrohlichen Lage.

[19] Braun, Otmar: „Reisezufriedenheit, Reiseverhalten, Reiseentscheidung, Reisebedürfnisse". Theoriegeleitete Untersuchungen zur Psychologie des Touristen. IFKA, Bielefeld 1989

*lassen, sind vielfältig: Styling, Präsentation von Prestigesymbolen, Darstellung eigener Fähigkeiten usw. Der dynamisch orientierte Tourist ist dann zufrieden, wenn er das Urlaubsland entdeckt hat und neue Perspektiven kennenlernte. [....]*
*Die Reisemotive, die in der Reiseanalyse am häufigsten genannt werden, lauten: Erholung, Geselligkeit und neue Eindrücke gewinnen. Unter der vorliegenden theoretischen Perspektive entsteht das Bedürfnis nach Erholung durch Bedrohungen im Alltag. Die Geselligkeit vermittelt dem Reisenden ein Gefühl der Sicherheit, er hat die Gelegenheit, sein Selbstwertgefühl zu steigern, indem er den Mitreisenden erworbene Symbole präsentiert.*

*Erholung funktioniert also, indem man Müßiggang betreibt und diesen Müßiggang demonstrativ darstellt. Deshalb kommt auch dem Dia- oder Video-Abend zu Hause eine hohe Bedeutung für die Nacherholung zu. Denn dort hat man ja auch wieder Leute, denen man zeigen kann: „Schau mal, ich konnte es mir leisten, nicht zu arbeiten."*

Allerdings wurde aus verschiedenen Untersuchungen Anfang der 70er Jahre deutlich, daß kaum jemand geneigt ist, seinen Urlaub ganz ohne die Komponente des Abschaltens und des „Abschlaffens" zu verbringen. Wer z.B. einen Teil des Urlaubs für Besichtigung und Bildung vorgesehen hat, will sich in einem weiteren Teil der Erholung, dem „am Strand liegen" und Baden widmen, vor allem während der ersten und der letzten Tage des Urlaubs. Urlauber, die in einem Jahr einen „anstrengenden" Urlaub, z.B. eine Rundreise mit Besichtigungs- und Bildungsprogramm verlebten, machen im nächsten Jahr oft einen reinen Erholungsurlaub, um den Nachholbedarf an Erholung zu befriedigen oder sie leisten sich in einem Jahr zwei Reisen, um den verschiedenen Bedürfnissen gerecht zu werden. Es zeigt sich also, daß sowohl die Kontrasthaltung als auch komplementäre Aktivitäten notwendige Komponenten des Urlaubsverhaltens sind, die je nach den situativen Gegebenheiten, der bisherigen „Urlaubsgeschichte" des einzelnen Urlaubers und seiner Alltagssituation in einem anderen Verhältnis stehen.

Interessant ist die aktuelle Tendenz, der Muße als positiver Form des Freizeit- und Urlaubsverhaltens wieder ihren früheren, hohen Stellenwert in der Gesellschaft zurückzugeben.[20] Der Urlaub, vor allem in südlichen Ländern, bietet eine Gelegenheit, die hier üblichen sozialen Anforderungen an Leistungswillen, Erfolgsstreben und Selbstdisziplin zeitweilig mit einem oft sehr attraktiven und sympathisch „anderen" Normensystem zu vertauschen, in dem das „In-den-Tag-hinein-Leben", das „Leben und Leben lassen", das „Savoir vivre" vorübergehend einen höheren Stellenwert im Wertesystem des einzelnen bekommt.

Animation sollte also auf keinen Fall in dem Sinne „pädagogisch" ausgerichtet sein, daß jedermann auch im Urlaub mit „sinnvollen" Tätigkeiten beschäftigt werden sollte oder sich gar mit politischen sozialen Problemen auseinandersetzen müßte. Dies würde nur bedeuten, daß man den Totalanspruch bildungsbürgerli-

---

[20] Beckmann, Reinhold, ARD-Fernsehmoderator, „Faul sein ist schön"; in: „DIE ZEIT", Nr. 28, 4. Juli 2002

## 6. Bedürfnisstruktur und Reisemotivation

cher Normen auch für die Urlaubszeit programmiert und bestimmte mitteleuropäische Vorurteile eher bestärkt als zu ihrer Auflösung beiträgt.

### c) Exkurs über Lebensstile

In der Diskussion über Formen des Freizeitverhaltens wurde eine alte Typologie wieder aktualisiert, die zuerst bei Friedrich W. Schelling[21] auftaucht, von Friedrich Nietzsche[22] entwickelt wurde und von Ruth Benedict[23] auf kulturell geprägte Verhaltensstile angewendet wurde: Der **apollinische** und der **dionysische** Stil.

**Der apollinische Stil**

Das Apollinische stellt „die Freiheit unter dem Gesetz" (Nietzsche) dar, die durch das Maßhalten, den „goldenen Mittelweg", das Gleichgewicht und die geordnete, deutliche Einfügung der Teile ins Ganze charakterisiert ist.

Harmonie und Schönheit im ästhetischen Sinne werden hier angestrebt; Klarheit, Einfachheit, Unzweideutigkeit, Rationalität sollen vorherrschen. Diesem Stil sind Aktivitäten eigen, die das Ungeordnete, Zufällige, Fragmentarische vervollständigen und an Ordnung und Regeln binden, die unklar Bewußtem Form und Anschauung geben, heftige Gemütsbewegungen dämpfen und Ausgeglichenheit herbeiführen.

Deutlich erkennbar wird dieser Stil wohl als Kultur der Sinne, vor allem im Visuellen und Auditiven; aber sicherlich auch z.B. im Gustatorischen, in der Kultur des Essens und Trinkens, die als Genuß in der Klarheit des Bewußtseins wahrgenommen wird.

Dieser Stil tendiert zur Objektivierung und zur Vergeistigung und damit wohl auch ein wenig zu Überhöhung der Realitäten; er bleibt stets in spielerischer Distanz zu den Regungen des profanen Lebens, er ist der Notwendigkeit entrückt.

Obwohl das „Apollinische" ein charakteristisches Element sehr vieler typischer Freizeitbeschäftigungen bildet – die meisten Spiele und künstlerischen Erlebnisse (ob man dabei aktiv oder zuschauend beteiligt sein mag), gewisse Sportarten (z.B. New Games), der Gesellschaftstanz, das ästhetische Naturerleben usw. können so ausgedeutet werden –, scheint es doch als ein Lebensstil in unserer Gesellschaft nicht mehr in vollendeter Form denkbar zu sein. Geschlossene, traditionalistische, konfliktarme Gesellschaftsformen scheinen einen besseren Nährboden für diesen Stil kollektiver Selbstverwirklichung zu bilden. In der „alternativen Szene" gibt es immer wieder Versuche dieser Art.

---

[21] Schelling, Friedrich Wilhelm, 1775 - 1854, Philosoph, entwickelte ein System des 'absoluten Idealismus'; darin besonders seine „Philosophie als lebendige Existenz"; nach: „Der Große Brockhaus", Brockhaus Verlag, Wiesbaden 1980

[22] Nietzsche, Friedrich, 1844 - 1900, Philosoph: „Die Geburt der Tragödie" in: Werke in sechs Bänden, Bd. I., Hrsg. Karl Schlechta, Carl Hanser Verlag, München 1980

[23] Benedict, Ruth: „Patterns of Culture", 1934; „Urformen der Kultur", Rowohlts deutsche Enzyklopädie, Bd. 7, Rowohlt Verlag, Reinbek bei Hamburg 1955

## Das Dionysische

In der europäischen Gesellschaft lange Zeit weitgehend verdrängt, scheint der dionysische Stil wieder mehr an Boden zu gewinnen.

Während das Apollinische für die „helle" Seite des menschlichen Antriebs, das Streben nach der Form, die lebhafte Bewegung nach vorn, auch für das aus vorhandenen Elementen neu Gestaltete steht, bezeichnet das „Dionysische" die „dunkle" Seite, die Wiederkehr des Gleichförmigen, aber auch das Auftauchen ungerichteter, ungebändigter Kräfte, die das Ich in einem Allgemeinen, Unbewußten verschwimmen lassen.

Das Dionysische strebt die „Aufhebung der herkömmlichen Schranken und Begrenzungen des Seins" (Nietzsche) an. Man will über die Schranken der Sinne hinaus zu einer inneren Erleuchtung gelangen, man will – mit einem modernen Wort – „Bewußtseinserweiterung" herbeiführen. Dionysisches Lebensgefühl ist mit ekstatischem, orgiastischem Erleben verbunden. Das Zeitgefühl ist in diesen Zuständen aufgehoben, zumindest findet eine Verlangsamung des Zeitempfindens statt; eine extreme Ruhe prägt diese Zustände, auch wenn sie durch extreme Bewegungsstürme, ein Übermaß an körperlicher Kraftverschwendung eingeleitet werden; charakteristisch, wenn auch extrem: LSD-Trips, Extacy-Tabletten, Rave-Nächte.

Um diesen Umschwung des Bewußtseinszustandes zu erreichen, bedarf es nämlich bestimmter Techniken und Hilfsmittel, von denen in unserer Kultur nur einige gebräuchlich und erlaubt sind. Hauptsächlich ist es – wie schon in den Dionysos-Mythen – der Wein bzw. der Alkohol, der hier eine Rolle spielt, daneben die durch technische Mittel zu betäubender, körpererschütternder Lautstärke intensivierte rhythmische Musik mit den zugehörigen Tanzformen und wohl auch gewisse Arten des Bewegungsrausches (die Pop-Kultur seit den 60er Jahren, mit ihrer Psychedelik oder den Rolling-Stones-Konzertfilmen ist ihrem Wesen nach dionysisch[24], weiterentwickelt im „AcidHouse" Ende der 80er Jahre und dem Techno-Rave seit den 90ern). Bedauerlicherweise muß man auch die um sich greifende Verbreitung von Rauschmitteln, – insbesondere Haschisch, Marihuana und Kokain und synthetische Drogen wie Extacy – diesem Trend der neuerlichen Aktivierung der dionysischen Welt hinzurechnen. Bei bestimmten meditativen Techniken gibt es auch stillere Verfahren, um entrückte Bewußtseinszustände herbeizuführen.

Es ist durchaus nützlich, sich diese beiden Pole des Lebens innerhalb der Freizeitaktivitäten zu vergegenwärtigen, wenn sie auch selten isoliert zu beobachten sein werden. Sie verdeutlichen zwei Ansatzpunkte für die Ausweitung der menschlichen Erlebnisfähigkeit, von denen Animation ausgehen kann.

Zwar wird es nicht leicht gelingen, beides zu integrieren, wie es Schelling als Ideal vorschwebte: „Zugleich trunken und nüchtern zu sein". Doch sollte versucht werden, beidem zu seinem Recht zu verhelfen.

---

[24] Die Website www.winterscapes.com pflegt mit gebührendem Respekt in einem virtuellen Tempel die Nähe zur dionysischen Gottheit.

## 6. Bedürfnisstruktur und Reisemotivation

Ausblick:
Diese beiden, deutlich beobachtbaren, antagonistischen Lebenstil-Trends werden in Zukunft möglicherweise durch die in vielen gesellschaftlichen Bereichen stärker um sich greifende Idee der „Voluntary simplicity" ergänzt werden. Die erkennbaren Inhalte von Lebensstilen[25] der nächsten Zeit sind mit Schlüsselbegriffen wie „Wellness", „Thrill" und „Flow" beschrieben.[26] Über die zukünftigen Veränderungen der Zeitgeist-Konzepte schreibt Felizitas Romeiß-Stracke[27]: *„Je differenzierter, komplexer und pluralistischer unsere Gesellschaft wird, desto weniger gelingt es, ihre Strukturen und Entwicklungslinien in einem Begriff unterzubringen. Das liegt unter anderem auch daran, daß wir uns gegenwärtig in einer Übergangsphase zwischen zwei Epochen der Werthaltungen und des Zeitgeistes befinden. Subjektive Stimmungen und Gefühle sind eingebunden in kollektive Befindlichkeiten und Werthaltungen. Die kann man als Zeitgeist bezeichnen. Er bringt die gesellschaftlichen Erfahrungen und Strukturen einer Epoche auf einen Nenner, auf den Begriff. Wenn die verwendeten Begriffe den Zeitgeist wirklich treffen, wenn sich in ihnen die Beobachtungen und Erfahrungen vieler Menschen spiegeln, werden sie auch in den Medien begierig aufgegriffen. So erging es der „Risikogesellschaft"[28] und im Tourismus besonders der „Erlebnisgesellschaft". Vieles aus den achtziger Jahren gilt noch, Neues zeigt sich aber schon und steht teilweise im Widerspruch dazu. Beispielsweise findet sich in weiten Kreisen unserer Bevölkerung noch eine sehr ausgeprägte hedonistische Orientierung − dazu gehört beispielsweise Lebensgenuß, Lust, Spaß, Freizeit und Reisen als Lebenssinn; eine Orientierung, die noch aus den achtziger Jahren stammt. [...] Gleichzeitig aber suchen die Menschen den Sinn des Lebens nicht mehr nur in Freizeit und Urlaub. [...] Individualismus und Egomanie scheinen an ihre Grenzen gekommen. Solidarität und Gemeinschaftssinn, Sehnsucht nach sozialen Bindungen, nach Nähe und Liebe sind absolute Zeitgeist-Themen der ausgehenden Neunziger."*

Schulze erläutert die „Erlebnisgesellschaft"[29] folgendermaßen: *„Die Unterscheidung von außenorientierten und innenorientierten Bedürnissen erleichtert das Verständnis der Rationalität der Erlebnisnachfrage. „Innen" ist das Subjekt. Redewendungen, die innenorientierten Konsum begründen, verweisen auf Prozesse, die sich im Subjekt ereignen: „Weil es mir Spaß macht", „weil es mir gefällt", „weil es gut zu mir passt". Beim außenorientiertem Konsum wird die Qualität des Produktes unabhängig vom*

---

[25] Elgin, Duane: „Voluntary Simplicity", Verlag William Morrow, Quill Paperbacks, New York 1981

[26] Opaschowski, Horst W.: „Freizeitökonomie: Marketing von Erlebniswelten", Freizeit- und Tourismusstudien Bd. 5, 2. Auflage, Verlag Leske + Budrich, Opladen 1995

[27] „Lebensunternehmer suchen nach neuen Erfahrungen", Die Zukunft der Kundenbedürfnisse im Tourismus: Werthaltungen; in: FVW „Fremdenverkehrswirtschaft International" Hamburg, Heft 14/97 vom 27.6.1997

[28] Beck, Ulrich: „Risikogesellschaft". Auf dem Weg in eine andere Moderne; Edition Suhrkamp, Frankfurt/Main 1986

[29] Schulze, Gerhard: „Die Erlebnisgesellschaft". Kultursoziologie der Gegenwart; Campus Verlag, Frankfurt 1992 (8. Auflage 2000), Seite 427 ff

*Konsumenten definiert, es geht um objektive Eigenschaften von Produkten. Ob ein Gebrauchtwagen „gut" ist, könnte ein Experte meist besser feststellen, als der außenorientierte Konsument selbst. Der innenorientierte Konsument, auf der Suche nach einem „schönen" Gebrauchtwagen, kann die Qualitätsprüfung an niemand anderen delegieren.*

*Innenorientierter Konsum ist ein Spezialfall erlebnisorientierten Handelns, der durch die Einbindung in Marktbeziehungen definiert ist.*

*Erlebnis als Handlungsziel: Wie handeln wir, wenn wir eine große Menge von Erlebnisangeboten gegenüberstehen, die wir uns nach Belieben aneignen können, zu keinem anderem Zweck, als uns selbst ein schönes Erlebnis zu bereiten?*

*Längst hat Erlebnisorientierung unseren Alltag durchtrennt, längst ist die Situation, in der wir unter Erlebnisangeboten auswählen, zu einer Standardsituation geworden. Erlebnisorientiertes Handeln ist nicht abwägend (wie am Kostennutzenvergleich orientiert) sondern betont spontan inszeniert, weil der Erlebnisnutzen für den Handelnden zu ungreifbar ist, um eine ähnlich brauchbare Kalkulationsgrundlage abzugeben, wie beispielsweise die Kriterien von durchschnittlichen Kosten pro Kilometer beim Autokauf."*

Man wird nach den Terroranschlägen vom 11. September 2001 besonders in den meinungs- und stilbildenden Mittel- und Oberschichten unserer postindustriellen Gesellschaft sehr genau verfolgen müssen, wie diese Entwicklungen sich weiter vollziehen und welchen Einfluß auf das Freizeit- und Urlaubsverhalten sie haben werden, insbesondere, welche Konsequenzen daraus für die Animation der Zukunft abzuleiten sein werden.

## 7. Aktivitäten im Urlaub

### a) Urlaubserwartungen

Animation soll dazu dienen, bisher nicht oder zu wenig befriedigten Bedürfnissen der Urlauber zur Erfüllung zu verhelfen. Ihr Erfolg ist also in erster Linie davon abhängig, daß sie auf Wünschen, Bedürfnissen und Erwartungen der Urlauber fußt. Animation kann immer nur innerhalb des Rahmens der das Urlaubsverhalten im ganzen bedingenden und steuernden Motivation Resonanz finden. Sie muß die bestehenden Motivationsstrukturen als Bedingungen und Ausgangspunkte berücksichtigen, die gleichzeitig Möglichkeiten eröffnen wie auch begrenzen.

Dabei stellt sich selbstverständlich die Frage, inwieweit solche Wünsche und Bedürfnisse den Urlaubern bewußt sind bzw. von ihnen offen zugegeben werden oder durch sozio-kulturelle Normen gehemmt und unterdrückt sind. Da über dieses Problem wenig empirisch gesicherte Aussagen gemacht werden können (nur in psychologischen Motivationsstudien ergeben sich gelegentlich Hinweise; spezielle tiefer greifende psychologische Untersuchungen zur Klärung dieser Zusammenhänge liegen nicht vor), soll hier zunächst von den Wünschen und Erwartungen hinsichtlich Urlaubsaktivitäten ausgegangen werden, die von den Urlaubern offen angegeben werden. Es ist das Verdienst der Reiseanalyse des Studienkreises für Tourismus, daß über Jahre hinweg mit fast immer gleichen Vorgaben gearbeitet

# 7. Aktivitäten im Urlaub

wurde, so daß heute ein miteinander vergleichbarer Entwicklungsverlauf dargestellt werden kann. Allerdings mußten einige Vorgaben geändert oder sogar neu aufgenommen werden, da sich in den Bedürfnisstrukturen der letzten 30 Jahre Schwerpunktverschiebungen ergeben haben,.

Bei manchen Aktivitäten, die sozial weniger anerkannt sind, kann man mit Sicherheit damit rechnen, daß sie seltener genannt werden, als sie tatsächlich ausgeübt werden; bei Aktivitäten, die ein hohes Prestige genießen, dürfte es umgekehrt sein. Bei manchen Aktivitäten wurde nur erfragt, inwieweit sie tatsächlich im letzten Urlaub eine Rolle spielten, bei manchen wiederum nur, ob man sie im Urlaub gerne ausüben würde.

Aus der Gesamtheit dieses Materials sind die folgenden Ergebnisse abgeleitet.

In der DIVO-Studie[30] von 1961/1962 machten die Befragten zur Frage der „Vorzüge des Urlaubs" Angaben (wobei Urlaub weitgehend mit „Urlaubsreise" identifiziert wurde), die sich sechs großen Kategorien zuordnen ließen:

| Vorzüge des Urlaubs 1961 | |
|---|---|
| Rekreation | 82 % |
| Gegenalltag | 68 % |
| Bildung, neue Eindrücke gewinnen | 61 % |
| Kontakt | 30 % |
| Gesundheit | 21 % |
| Körperliche Aktivitäten (Sport, Spazierengehen, Wandern) | 16 % |

**Tabelle 1  Vorzüge des Urlaubs**

Im Durchschnitt machten die Befragten damals Angaben zu jeweils drei dieser Kategorien. Weitere Ergebnisse über die Zusammenhänge dieser Kategorien liegen leider nicht vor. Man kann dennoch wohl sagen, daß sich die Rangfolge dieser „issues" inzwischen kaum verändert hat.

Die größten Anteile nehmen also die beiden negativ definierten Ziele ein: das Ausruhen, Abschalten, Nicht-tätig-Sein und das „Aus dem Alltag Herauskommen", der „Tapetenwechsel". Immerhin nimmt auch die Bildung – im weitesten Sinne des Wortes – einen sehr breiten Raum unter den Charakteristika des Urlaubs ein, wenngleich dies durch die bürgerliche Urlaubsideologie (z.B. die „Bildungsreisen" des vorigen Jahrhunderts) mit bedingt sein mag, also nicht immer eine echte persönliche Neigung, sondern einen sozialen Anspruch des „Sollens", dem sich der einzelne zumindest verbal unterwirft, z.T. widerspiegeln dürfte.

---

[30] DIVO: „Die Reise im Vorstellungsbild und in den Erwartungen der Touristen", Studienkreis für Tourismus, München 1962
DIVO: „Urlaub und Reise". Eine sozialpsychologische und motivationspsychologische Voruntersuchung, Studienkreis für Tourismus, München 1963

Etwas weniger als ein Drittel der Befragten (die zwar nicht im strengen Sinne repräsentativ ausgewählt waren, doch einem Bevölkerungsquerschnitt nahekamen) sieht die Kontaktmöglichkeiten als ein besonderes Positivum des Urlaubs an, wobei überwiegend das Kennenlernen anderer Menschen (also die „Urlaubsbekanntschaften"), aber auch der engere Kontakt in der Intimgruppe, mit der man verreist, gemeint ist.

Die Möglichkeit, im Urlaub Kontakte zu bekommen, ist recht vielfältig motiviert. Nach vielen sozialpsychologischen Untersuchungen wird das Motiv, Kontakt mit anderen Menschen aufzunehmen – abgesehen von den grundlegenden Persönlichkeitskonstanten, wie Extraversion und Introversion – seinerseits von anderen Motiven beeinflußt, z.B. Angst und Unsicherheit. In solchen Situationen schließt man sich gern Personen an, die sich in der gleichen Lage befinden; im Kreise der Leidensgenossen fühlt man sich der Situation besser gewachsen.

So ist sicher einer der Anlässe, am Urlaubsort Kontakt zu anderen Urlaubern aufzunehmen, daß man konkrete Orientierungsschwierigkeiten in der neuen Umgebung hat und nach Unterstützung sucht oder sich zumindest nicht so „dumm" fühlt, wenn andere genausowenig Bescheid wissen. In der Gruppe hat man bekanntlich mehr Mut, als wenn man allein vor einer peinlichen Aufgabe steht. Bei älteren, alleinstehenden Personen kommt sicherlich die tatsächliche Vereinsamung in der Alltagsumgebung hinzu, die z.B. bei vielen Wohnquartier-Studien festgestellt wurde.

Der Urlaubskontakt, also das, was man in der Umgangssprache als „Urlaubsbekanntschaft" bezeichnet, ist durch eine eigene, ganz besondere Qualität charakterisiert. Auch hier geht es vielen Urlaubern darum, „neue Gesichter zu sehen", einmal aus dem üblichen Kontaktkreis der Kollegen, Nachbarn und Bekannten herauszukommen, bei denen man zu mannigfachen Rücksichten gezwungen ist und deren Eigentümlichkeiten einem so geläufig sind, daß man ihrer gelegentlich überdrüssig wird. Die Urlaubsbekanntschaft bedeutet also einerseits „Abwechslung" auch im menschlichen Bereich, und andererseits mehr Selbstverwirklichung durch den Umgang mit Menschen, die etwas anders agieren und reagieren, als man es von seinem täglichen Lebenskreis her gewohnt ist. Außerdem ist sie in den meisten Fällen nicht auf Dauer angelegt, so daß sie größeren Belastungen nicht ausgesetzt wird.

Allerdings dürfen die Abweichungen von den gewohnten sozialen Verhaltensweisen nicht allzu groß sein, damit man das sichere Gefühl hat, es handle sich um „nette Menschen, die zu einem passen". Die Kontaktaufnahme ist also nicht ganz so unproblematisch, wie es auf den ersten Blick erscheint.

Die Kontakte können insofern in mancher Hinsicht spontaner und unbefangener erfolgen, als die räumliche und zeitliche Ausgliederung des „Urlaubsfeldes" eine Art von Schutzzone herstellt. Der Kontakt wird daher manchmal recht intensiv und man spricht offen über persönliche Dinge, die man zu Hause nicht ohne weiteres fremden Menschen offenbaren würde. Man weiß ja, daß der Kontakt normalerweise mit dem Ende des Urlaubs abbricht, daß man sich kaum jemals wiedersehen wird und keine Verbindung zu Leuten besteht, die man gemeinsam kennt, über die solche persönlichen Informationen verbreitet werden könnten.

# 7. Aktivitäten im Urlaub

Wenn eine Urlaubergruppe besonderen Wert auf Kontakt, Geselligkeit, „nette Menschen kennenlernen" legt, so können damit ganz unterschiedliche Formen menschlicher Beziehungen gemeint sein. Bei den einen – es sind solche, die an sich bescheidenere Ansprüche an den Urlaub stellen, wenig expansiv sind und ruhige Harmonie anstreben – ist der Wunsch nach Kontakt und Geselligkeit im Sinne der typischen deutschen „Gemütlichkeit", der menschlichen Wärme und der „Gemeinsamkeit" zu verstehen. Diese Art der Gemeinschaft dient wohl häufig der gegenseitigen Unterstützung in der neuen, unbekannten Umgebung. Es handelt sich oft nur um einzelne oder wenige Ehepaare bzw. Familien, mit denen man diese Kontakte anknüpft.

Demgegenüber findet sich bei einer anderen Gruppe von Urlaubern – die insgesamt eine aktivere Art des Urlaubs bevorzugen, mehr Vergnügen und Trubel wünschen – eine andere Art von Geselligkeit: Ihnen geht es darum, möglichst viele und möglichst interessante Menschen kennenzulernen. Ihre Beziehungen zu den anderen Menschen sind oberflächlicher als bei der zuerst erwähnten Urlaubergruppe. Sie suchen vor allem den „Betrieb" um sich herum und diesen finden sie in der fröhlichen Clique, die sich gegenseitig zu immer neuen (oder immer wieder den gleichen) Aktivitäten und Vergnügungen anspornt. Diese Menschen müssen „immer jemanden um sich haben"; wenn sie allein sind, können sie nichts mit sich anfangen und langweilen sich.

Das Verhalten dieser Urlauber ist stets auf die Reaktion anderer Personen ausgerichtet, sie wollen bei anderen Eindruck machen, zumindest als „guter Kumpel" angesehen sein. Sie brauchen Resonanz, um ihr eigenes Verhalten bestätigt zu finden. Während die ersterwähnte Urlaubergruppe viel Trubel und „Massentourismus" ablehnt, fühlen sich diese Urlauber in einer solchen Umgebung erst richtig wohl oder haben wenig dagegen einzuwenden.

Der Kontakt kann – insbesondere bei Angehörigen der unteren Schichten – auch dazu dienen, soziale Grenzen zu überspringen. Man „ist wer" im Urlaub. Die Urlaubsumgebung egalisiert: In der Badehose sind soziale Unterschiede nicht mehr erkennbar und andere Qualitäten zählen als im Berufs- und Alltagsleben. Allerdings ist es sicher nicht der Normalfall, daß sich im Urlaub Menschen verschiedener sozialer Schichten zusammentun. Im allgemeinen finden sich ganz unwillkürlich doch Menschen des gleichen sozialen Status zusammen, schon weil sie eher „die gleiche Sprache sprechen": Der Lehrer kommt mit dem Lehrer zusammen (auch wenn er im Urlaub mal keine Lehrer sehen und selbst nicht als Lehrer erkannt werden wollte), der Kaufmann mit dem Kaufmann usw.

Die Aussagen der Urlauber lassen deutlich erkennen, daß die Neigung zum Kontakt zwei verschiedene Formen annehmen kann. Bisher war von der ersten, nach außen gerichteten Form des Kontaktes die Rede.

Es gibt aber auch eine Gruppe von Urlaubern, die im Urlaub eine nach innen gerichtete Form des Kontaktes anstrebt. Die im Alltag oft vernachlässigten persönlichen Beziehungen innerhalb der Intimgruppe sollen im Urlaub in einer Umgebung, die mehr Entfaltungsmöglichkeiten und emotionale Anregungen bietet als die häusliche, intensiviert werden. Dies gilt für Eltern und Kinder, die Ehegatten, verlobte und befreundete Paare, die zu Hause nur in der knappen Freizeit zusammensein können, aber auch für Freundschafts- und Verwandtschaftsgruppen, die gemeinsam in Urlaub fahren. Gerade der Urlaub gibt Gelegenheit zu gemeinsamen, verbindenden Erlebnissen, von denen man später in der Erinnerung zehrt. Mit der Erhöhung der Kohärenz innerhalb der Intimgruppen geht naturgemäß meist eine stärkere Distanzierung von der Außenwelt einher.

Für jugendliche Urlauber haben die erweiterten Kontaktmöglichkeiten in der Urlaubsumwelt noch größere Bedeutung. Wie Untersuchungen über Jugendurlaub[31] festgestellt haben, bietet das Kennenlernen anderer Menschen dem Jugendlichen die für seine Selbstwerdung notwendige Erfahrung, wie man mit Menschen umgeht; er gewinnt damit „Lebenserfahrung" und „Menschenkenntnis" oder, wie manche Theoretiker heute sagen, „kommunikative Kompetenz". Seine naturgemäß anfangs vorhandene Unsicherheit, wie man sich in bestimmten sozialen Situationen verhält, wird durch das Ausprobieren, Experimentieren und die Bewährung in solchen Situationen beseitigt und in Selbstsicherheit, Selbstbewußtsein verwandelt. Dies gilt nicht zuletzt für den Umgang mit dem anderen Geschlecht. Sicherlich ist die Urlaubszeit für einen großen Teil der jungen Urlauber auch eine Zeit freier sexueller Kontakte. Inwieweit hier AIDS-Angst und AIDS-Aufklärung zu Verhaltensänderungen geführt haben, ist noch nicht abzusehen.

Kontakte im Urlaub stehen nicht selten in Verbindung mit dem Besuch von Tanzveranstaltungen und Discos, also mit Vergnügen und Amüsement. Dies wird jedoch nur von sehr wenigen Personen positiv genannt, obwohl aus psychologischen Untersuchungen hervorgeht, daß für einen großen Teil der Urlauber das Vergnügen ein entscheidendes Merkmal eines „richtigen", wohlgelungenen Urlaubs ist. Das gilt bis zu einem gewissen Grade auch für die älteren Urlauber, ist jedoch dadurch begrenzt, daß die Ehepartner bzw. Familien überwiegend gemeinsam in Urlaub fahren.

Diese beiden Kontaktrichtungen werden in den Reiseanalysen des Studienkreises für Tourismus erfaßt. In den 80er Jahren wurden die nach außen gerichteten Kontakte mit mehreren Vorgaben abgefragt: „*Urlaubsbekanntschaften machen*"; „*Verwandte, Bekannte, Freunde wiedertreffen*"; „*Mit anderen Leuten zusammensein, Geselligkeit haben*".

Durch die Jahre hindurch sind die Schwerpunkte der Kontaktwünsche ähnlich gelagert.[32] „*Zeit füreinander haben*" wollen vor allem die 30-49jährigen im Urlaub (über 50 %), also die Altersgruppe der Ehepaare mit Kindern. „*Urlaubsbekanntschaften machen*" oder „*Geselligkeit mit anderen Leuten*" wollen besonders häufig die unter 30jährigen (etwa rund 40 %).

---

[31] Kentler, Helmut u.a.: „Jugend im Urlaub", Bd. I und II, Verlag Julius Beltz, Weinheim-Berlin-Basel 1969. Institut für Jugendforschung: „Jugendtourismus", Motive, Meinungen, Verhaltensweisen; Studienkreis für Tourismus, Starnberg 1972.

[32] In den 80er Jahren wurden andere Fragevorgaben gewählt, so daß ein direkter Vergleich nicht möglich ist. Seit Mitte der 80er Jahre sind die Prozentzahlen jedoch fast unverändert. Seit der Reiseanalyse 1992 wurden die allgemeinen Urlaubsmotive – zusätzlich zu den speziellen Wünschen für eine Reise 1992 – mit einer 5er-Skala abgefragt, von 1 = *ist für mich im Urlaub sehr wichtig* bis 5 = *ist für mich völlig unwichtig*.

## 7. Aktivitäten im Urlaub

In der folgenden Tabelle sind die wichtigen Geselligkeitswünsche in verschiedenen Altersgruppen aufgeführt (in der Reiseanalyse 2002 ergaben sich für die Befragten insgesamt keine nennenswerten Veränderungen gegenüber 1999).

| Geselligkeitswünsche 1992 Fünferskala Antworten 1 + 2 | Befragte insgesamt | 14-29 Jahre | 30-59 Jahre | 60 Jahre u. älter |
|---|---|---|---|---|
| | % | % | % | % |
| Zeit füreinander haben (Partner, Bekannte, Familie) | 67,9 | 62,8 | 78,0 | 54,0 |
| Mit anderen Leuten zusammensein, Geselligkeit haben | 60,1 | 71,6 | 56,8 | 54,4 |
| Neue Leute kennenlernen | 49,5 | 64,9 | 44,9 | 42,4 |
| Kontakt zu Einheimischen | 44,3 | 44,9 | 43,1 | 46,0 |
| Verwandte, Bekannte, Freunde wieder treffen | 33,9 | 34,9 | 29,7 | 40,8 |

Tabelle 2 Geselligkeitswünsche (erfragt im Januar 1993)

Im Januar 1999 (bzw. 2002) sahen die Ergebnisse aus den Reiseanalysen '99 + '02 folgendermaßen aus, wobei die Vorgabe des „*Wiedertreffen mit Verwandten und Freunden*" entfiel und die Frage nach Geselligkeit umformuliert wurde in „*gemeinsam etwas erleben, mit netten Leuten etwas unternehmen*":

| Geselligkeitswünsche 1999 + 2002 | Befragte insgesamt | | 14 - 29 Jahre | 30 - 59 Jahre | 60 Jahre u. älter |
|---|---|---|---|---|---|
| Fünfer-Skala Antworten 1 + 2 | % | % | % | % | % |
| | 2002 | 1999 | 1999 | 1999 | 1999 |
| Zeit füreinander haben | 72,3 | 73,5 | 66,1 | 83,1 | 61,4 |
| Gemeinsam etwas erleben; mit netten Leuten etwas unternehmen | 68,0 | 67,9 | 79 | 66,2 | 62,2 |
| Neue Leute kennenlernen | 52,9 | 53,1 | 68,1 | 49,5 | 48,2 |
| Kontakt zu Einheimischen | 48,5 | 46,1 | 44,7 | 45,6 | 48,2 |

Tabelle 3 Geselligkeitswünsche 1999 + 2002

Die in allen Altersgruppen höheren Prozentzahlen lassen auf eine deutliche Steigerung der Kontaktbedürfnisse seit den 90er Jahren schließen. An der Rangreihe hat sich jedoch auch 2002 nichts geändert.

Die Grundmotive des Reisens waren schon sehr früh Gegenstand der Tourismusforschung. Durch umfangreiche Forschungsarbeiten wurde eine Form der Abfrage gefunden, die das Spektrum möglicher Erwartungen, Wünsche und Bedürfnisse in bezug auf die Urlaubsreise genau erfaßt, d.h. zumindest so genau, wie es im Rahmen einer Repräsentativerhebung mit hoher Fallzahl möglich ist. In verschiedenen psychologischen Leitstudien zur Reiseanalyse wurden Batterien von Statements entwickelt, analysiert und den neuen Bedürfnissen und Entwicklungen wieder angepaßt.[33]

Im Durchschnitt wurden in den 70er Jahren rund acht Motive aus den unterschiedlichen Bereichen auch außerhalb der Kontaktwünsche genannt, die für die Durchführung dieser Urlaubsreise eine Rolle spielten; die Anzahl nahm Ende der 80er Jahre auf rund 12 Nennungen zu. Die Urlaubsreise wird also nicht nur aus einem Grund unternommen, vielmehr erwartet der einzelne im Urlaub ein ganzes Spektrum von Möglichkeiten, wie z.B. Entspannung, Abwechslung, Bildung, Besinnung auf sich selbst und auf die Natur sowie andere Dinge, die man sonst im Alltag eher vernachlässigt. Die Zunahme der Nennungen deutet darauf hin, daß die Ansprüche größer wurden. Man erwartet fast alles im Urlaub und die Befriedigung der Wünsche wird dadurch immer schwerer.

Das folgende Schema soll verdeutlichen, wie die Motiv-„Bündel", die jeder Mensch in bezug auf die Urlaubsreise hat, sich überschneiden und gemeinsam zur Urlaubserholung, zur Urlaubszufriedenheit, beitragen können:

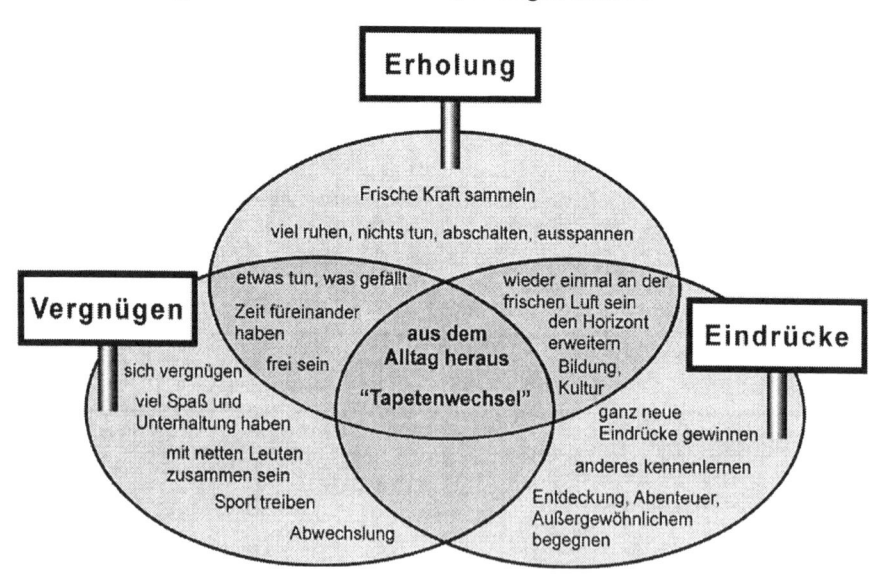

**Abbildung III - 2  Motiv-Bündel im Urlaub**

---

[33] Im Jahre 1998 wurde die zur Zeit aktuellste Psychologische Leitstudie „Urlaubsmotive" erstellt. Eine wichtige Erkenntnis daraus ist, daß das Bedürfnis nach Erholung und Entspannung als Grundbedürfnis die Basis bildet, neben der drei Hauptbedürfnisse auftreten: a) Das Bedürfnis nach Steigerung des physischen und psychischen Wohlbefindens; b) Das Bedürfnis nach emotionaler Bereicherung und nach Erlebnissen; c) Das Bedürfnis nach geistiger Bereicherung. Quelle: „Psychologische Leitstudie Urlaubs-Motive", Institut Dr. Engelmann & Tanzer, Hamburg; F.U.R Forschungsgemeinschaft Urlaub und Reisen e.V., Hamburg 1998

## 7. Aktivitäten im Urlaub

Seit Jahren erhalten die häufigsten Nennungen die allgemeinen Erholungsaussagen „**abschalten, ausspannen**", „**Tapetenwechsel, aus dem Alltag herauskommen**" und „**frische Kraft sammeln**". Dies zeigt, daß Erholung eine der wichtigsten Komponenten im Urlaub ist – es sagt allerdings noch nichts darüber aus, wie sich die einzelnen Menschen erholen. Einige erholen sich durch Nichtstun, andere durch den Kontrast zum Alltag – evtl. sogar durch besondere körperliche Anstrengung wie z.B. beim Bergsteigen.

In den nachfolgenden Darstellungen wurden die 30 Reisemotive in sieben Motivgruppen zusammengefaßt. Deutlich ist dabei zu erkennen, daß drei Motivgruppen für die Urlaubsreise eine ganz entscheidende Rolle spielen:

Die größte Bedeutung hat die Motivgruppe „**Entspannung/ Erholung/ Besinnung/ Gesundheit**". Danach folgen in der Reihenfolge der Bedeutung „**Abwechslung/ Erlebnis/ Geselligkeit**" und die Gruppe „**Eindrücke/ Entdeckung/ Bildung**".

Diese drei Motivgruppen sind schon seit Jahren die wichtigsten. Sie spielen bei allen Urlaubsreisen für jeden einzelnen eine mehr oder weniger große Rolle. Selbstverständlich sind die Motive und die Erwartungen nicht für alle Gruppen von Reisenden die gleichen – selbst innerhalb einzelner soziographischer Gruppen können große Unterschiede bestehen.

So legen z.B. die 30-49jährigen, die mitten im Beruf stehen und meist noch eine Familie zu versorgen haben, großen Wert auf das **Ausspannen und Abschalten im Urlaub** (84 %) und auf die Möglichkeit, wieder **frische Kraft zu schöpfen** (60 %). Fast genauso wichtig ist es aber auch für sie, **Zeit füreinander zu haben** (72 %).

Für die Jungen hingegen spielen das Erleben und die **Abwechslung** (76 %), **viel Spaß und Unterhaltung** (78 %) oder **mit anderen Leuten zusammensein, Geselligkeit haben** (62 %) die wichtigste Rolle. Aber auch für sie sind das Abschalten und Ausspannen sowie die Möglichkeit, aus dem Alltag herauszukommen, wichtige Motive für ihre Urlaubsreise.

Für Familien mit Kindern ist dagegen das Argument „**Zeit füreinander haben**" ein wesentliches Motiv und damit eine Anforderung an die Urlaubsreise, daß diese Möglichkeit gegeben ist (80 %).

Von älteren Reisenden ab 60 Jahren wird überdurchschnittlich häufig genannt **Natur erleben** (72%), **aus der verschmutzten Natur herauskommen** (58%), aber auch **mit anderen Leuten zusammen sein, Geselligkeit haben** (54%) spielt bei der Mehrzahl eine wichtige Rolle.

Die wachsende Anzahl älterer Personen und der Anstieg der Reiseintensität bei den Personen ab 60 Jahren (besonders in Westdeutschland, die älteren Bürger aus den neuen Bundesländern wiesen schon früher eine deutlich höhere Reiseintensität auf) verdient eine besondere Erwähnung. Von den westdeutschen 60-69jährigen verreisten 1990 55,4% und 1992 66%. Insgesamt machten 1992 über neun Millionen älterer Bundesbürger eine Urlaubsreise. Diese Zahl hat sich nach den Ergebnissen der RA 99[34)] auf 72,2% erhöht, das bedeutet mit 18,8 Millionen eine Verdoppelung der Zahl der Urlaubs-Reisenden der älteren Generation.

Zuletzt im Jahre 1992 wurden in einem Schwerpunktthema auch Aspekte in Bezug auf die <u>Unterkunft</u> erhoben. Die Tabelle zeigt Bereiche, die von den Verantwortlichen (also dem „Gastgeber") direkt beeinflusst werden können:

| 1992 Frage: *Wie wichtig sind Ihnen persönlich im Urlaub diese Dinge hier auf der Liste? (1=ist für mich sehr wichtig, 5 =ist für mich völlig unwichtig)* Antworten der Prioritäten 1+2 | Befragte insgesamt % | 14-29 Jahre % | 30-59 Jahre % | 60 Jahre u. älter % |
|---|---|---|---|---|
| Komfort | 53,8 | 47,9 | 55,2 | 57,3 |
| Service | 63,1 | 55,4 | 63,7 | 70,0 |
| Betreuung | 54,0 | 44,4 | 53,0 | 66,2 |
| Information | 68,7 | 66,9 | 70,7 | 66,6 |
| Kosten/Preis | 80,2 | 83,9 | 79,9 | 76,6 |
| Beratung | 62,5 | 61,5 | 62,8 | 63,1 |
| Atmosphäre | 84,0 | 85,7 | 84,5 | 81,3 |

Tabelle 4  Grundlegende Urlaubserwartungen

Komfort, Service, Betreuung sind Aspekte, die besonders häufig von den älteren Reisenden genannt werden. Der deutsche Fremdenverkehr ist daher besonders herausgefordert und die Urlaubsanimation ist gut beraten, sich auf diese Zielgruppe der älteren Reisenden einzustellen. Die Atmosphäre am Urlaubsort spielt bei über 80% aller Reisenden eine wichtige Rolle.

Die folgende Tabelle soll alle Aspekte der Urlaubsmotive darstellen. Um einen Zeitvergleich über zehn Jahre machen zu können, nehmen wir dabei die Frage, die sich konkret auf eine Reise des jeweiligen Jahres bezieht (und jeweils ohne 5er-Skala erhoben wurde). Für die Zahlen für 1992 nutzen wir der Vergeichbarkeit halber nur die Antworten der westdeutschen Reisenden.

Aus Gründen der methodisch einwandfreien Darstellung können wir die aktuellen Zahlen seit der RA 99 (vom Januar 1999) für alle Deutschen nicht direkt vergleichen: sie wurden ausschließlich durch eine 5er-Skala erhoben und durch die Addition von „*sehr wichtig*" und „*wichtig*" entstehen andere Werte (das gilt auch für die RA 2002). Zudem wurden auch einige Vorgaben der möglichen Antworten geändert. In der Rangfolge jedoch hat sich nichts grundlegendes geändert. Wir haben daher die entsprechenden Ergebnisse in jeweils separaten Tabellenspalten darge-

---

[34)] Quelle: RA 99 der F.U.R; Sonderauszählung Reiseintensität der Altersgruppen 50-59 Jahre, 60-69 Jahre und 70 Jahre und mehr (Datenblätter bei den Autoren).

# 7. Aktivitäten im Urlaub

stellt. Die Veränderungen der Motive und Aktivitäten im Laufe der 90er Jahre sind dennoch gut erkennbar.

Schwierigkeiten gibt es allerdings bei der Erfassung der Bedeutung der verschiedenen Motive. Verstehen die Personen heute noch das gleiche wie vor 30 Jahren unter verschiedenen Begriffen wie „*Tapetenwechsel*", „*Ausspannen*" oder „*Neue Erlebnisse haben*"? Felicitas Romeiss-Stracke sprach auf dem Wissenschaftsforum der ITB 1996[35]) vom „*Wandel des Urlaubs-Traums zum Traum-Urlaub*" von der „*Traum-Fabrik Tourismus*". Sie unterschied dabei drei Traumbereiche: den „Traum vom lebendigen Ich", den „Traum von der heilen Welt" und den „Traum vom besseren Leben".

Der Urlaub ermöglicht uns Freiheit von den Zwängen des Alltags, er gibt Raum für Experimente, für Spiel und Kreativität. "*Bekanntes wird in neuen Kombinationen erlebt, damit entsteht Distanz zu den gewohnten Formen der Wahrnehmung, es öffnen sich unbekannte Wege des Denkens und Erlebens.*"[36]) Genau hierin liegen die Chancen des Urlaubs. Diese gilt es für den Urlauber durch geeignete Maßnahmen zu erschließen, um seinem Ziel – dem Glück, dem Sinn, der Selbstverwirklichung –, wenn auch nur gering und kurzfristig, näher zu kommen. Des weiteren besteht im Urlaub die Möglichkeit sich ganzheitlich wahrzunehmen, da die Komplexität des Alltags mit unterschiedlichen Rollenansprüchen, Arbeitsteilung usw. wegfällt. Der touristische Raum bildet eine Kontinuum ohne Brüche. Im Urlaub ist man nur Urlauber. "*Der touristische Erfahrungsraum besteht nicht aus unterschiedlichen sozialen Feldern, sondern stellt für eine begrenzte Zeit die einzige Lebenswelt dar. So entkommen die Urlauber vorübergehend der verwirrenden und anstrengenden gesellschaftlichen Komplexität und gelangen in neue übersichtlichere Umgebungen Ein wesentlicher Reiz der Ferien liegt in der Entlastung vom Druck und den Spannungen sozialer Komplexität*"[37])

Der Beruf des Gastgebers geht mit Gefühlen von Menschen um – der Traum von Schönheit und Glück für ein paar Wochen ist ja ein großes, hoffendes Gefühl. Und der falsche, unverantwortliche Umgang mit Gefühlen von Millionen kann schlimme Folgen haben. Das wissen wir aus der Geschichte. Die Tourismusbranche hat also erhebliche Verantwortung für das Gemeinwesen „moderne Gesellschaft".

Der Sinn des Reisens, so schreiben Marketingfachleute, sei das Glück zu finden. Und die eigentliche Dienstleistung der Tourismusindustrie sei ein Kalkül des Glücks. Wer das „Kalkül des Glücks", wer die Urlaubs-Träume also nicht wirklich in Traum-Urlaub umgießen kann, kann und darf auf Dauer nicht überleben.

Die Aufgabe der Tourismus-Anbieter sollte darin bestehen, bei der Realisierung dieser Träume behilflich zu sein.

---

[35]) In: „Der Tourismusmarkt von Morgen – zwischen Preispolitik und Kultkonsum", 5. Europäisches Wisssenschaftsforum auf der ITB Berlin 1996, Europäisches Tourismusinstitut GmbH, Trier 1996; ETI-Texte Heft 10, Seite 43 - 56

[36]) Hennig (siehe Anm. 14 auf Seite 51), a.a.O., Seite 43

[37]) Hennig, a.a.O., Seite 51f

# III. URLAUBSERWARTUNGEN UND URLAUBSAKTIVITÄTEN

| Reisemotive und Urlaubserwartungen <br> Frage: „Worauf kam es Ihnen bei Ihrer (Haupt-)Urlaubsreise 1981, 1991 eigentlich besonders an? Hierzu habe ich einige Vorgaben, bitte kreuzen Sie alle zutreffenden Nennungen an." | | | Neue Frage 1999 + 2002: (1=ist für mich sehr wichtig, 5=ist für mich völlig unwichtig) Antworten der Prioritäten 1+2 | |
|---|---|---|---|---|
| RA 82 bis RA 92 | 1982 | 1992 | 1999 | 2002 |
| Basis: Reisende | West | West | 63,51 Mio | 64,1 Mio |
| Vorgabeliste, Mehrfachnennungen | % | % | % | % |
| **Entspannung/Erholung/Besinnung/Gesundheit.** | | | | |
| Abschalten, ausspannen | 63 | 77 | 86,6 | 86,7 |
| Frische Kraft sammeln | 48 | 56 | 86,1 | 86,5 |
| Zeit füreinander haben | 37 | 57 | 73,5 | 72,3 |
| Viel ruhen, nichts tun, nicht anstrengen | 36 | 44 | 68,7 | 67,8 |
| Sich verwöhnen lassen, sich etwas gönnen, genießen | 22 | 50 | 72,8 | 74,0 |
| Etwas für die Schönheit tun, braun werden | 20 | 13 | 43,6 | 44,8 |
| Tun und lassen können, was man will, frei sein | 34 | 50 | 84,5 | 83,3 |
| **Abwechslung/Erlebnis/Geselligkeit.** | | | | |
| Aus dem Alltag herauskommen, Tapetenwechsel | 58 | 77 | 82,7 | 83,5 |
| Viel Spaß und Unterhaltung haben, sich vergnügen, amüsieren | 33 | 51 | 78,9 | 77,7 |
| Mit anderen Leuten zusammensein, Geselligkeit haben | 28 | 53 | 67,9 | 68,0 |
| Viel erleben, Abwechslung haben | 29 | 47 | 57,2 | 57,5 |
| Verwandte, Bekannte, Freunde wiedertreffen | 23 | 29 | -- | -- |
| **Eindrücke/Entdeckung/Bildung** | | | | |
| Ganz neue Eindrücke gewinnen, etwas anderes kennenlernen | 27 | 47 | 71,4 | 69,2 |
| Andere Länder erleben, viel von der Welt sehen | 24 | 35 | 56,4 | 55,0 |
| Den Horizont erweitern, etwas für Kultur und Bildung tun | 13 | 28 | 44,2 | 41,3 |
| Viel herumfahren, unterwegs sein | 16 | 34 | 60,7 | 60,2 |
| Erinnerungen auffrischen | 12 | 30 | 41,8 | 45,6 |
| Auf Entdeckungsreise gehen, ein Risiko auf sich nehmen, etwas Außergewöhnlichem begegnen | 8 | 15 | 25,5 | 25,5 |

Tabelle 5  Reisemotive und Urlaubserwartungen 1982, 1992, 1999 und 2002

## 7. Aktivitäten im Urlaub

| Reisemotive und Urlaubserwartungen Forts. | | | Neue Frage 1999 + 2002: (1=ist für mich sehr wichtig, 5=ist für mich völlig unwichtig) Antworten der Prioritäten 1+2 | |
|---|---|---|---|---|
| Frage: „Worauf kam es Ihnen bei Ihrer (Haupt-)Urlaubsreise 1981, 1991 eigentlich besonders an? Hierzu habe ich einige Vorgaben, bitte kreuzen Sie alle zutreffenden Nennungen an." | | | | |
| RA 82 bis RA 92 | 1982 | 1992 | 1999 | 2002 |
| Basis: Reisende 35,1 Mio. | West | West | 63,51 Mio | 64,1 Mio |
| Vorgabeliste, Mehrfachnennungen | % | % | % | % |
| **Natur erleben/Umweltbewußtsein/Wetter** | | | | |
| Natur erleben | 39 | 59 | 79,0 | 77,8 |
| In die Sonne kommen, dem schlechten Wetter entfliehen | 31 | 45 | 82,6 | 80,3 |
| Reinere Luft, sauberes Wasser, aus der verschmutzten Umwelt herauskommen | 32 | 54 | 63,7 | 611,5 |
| **Bewegung/Sport.** | | | | |
| Sich Bewegung verschaffen, leichte sportliche und spielerische Aktivitäten | 24 | 44 | 36,9 | 38,8 |
| Aktiv Sport treiben, sich trimmen | 11 | 15 | 21,4 | 22,9 |
| Durchschnittliche Anzahl der Nennungen[38] | 6,2 | 11,8 | -- | -- |

Tabelle 5   Reisemotive und Urlaubserwartungen 1982, 1992, 1999 und 2002 (Forts.)

Innerhalb der letzten drei Jahre haben sich die Urlaubsmotive in ihrer Wichtigkeit kaum verändert. Erstaunlicherweise sind aber auch 12 Jahre nach der deutschen Vereinigung noch Unterschiede zwischen den Wünschen der Ost- und Westdeutschen bemerkbar.

Fast die Hälfte der Befragten aus den neuen Bundesländern findet „besonders wichtig" und „wichtig", im Urlaub *etwas für Kultur und Bildung zu tun* (49,2%) gegenüber nur 39,2% bei den Bürgern aus Westdeutschland. Auch *viel Abwechslung haben, viel unternehmen* ist für mehr Ostdeutsche (62,9%) als Westdeutsche (56,1%) wichtig, ebenso der Wunsch, *neue Eindrücke gewinnen* (75,9% zu 67,6%) oder *unterwegs sein, herumkommen* (65,6% zu 58,8%).

### b) Aktivitäten im Urlaub

Urlaubsaktivitäten und Urlaubserwartungen oder -bedürfnisse stehen in engem Zusammenhang. Es ist jedoch nicht möglich, einzelne Aktivitäten direkt einem bestimmten Bedürfnisaspekt zuzuordnen, da sie subjektiv für jeden einzelnen etwas anderes bedeuten können. Der eine macht einen Spaziergang, um sich Bewegung

---

[38] Die in 10 Jahren fast verdoppelte Anzahl der Nennungen zeigt die stetig steigenden Erwartungen an den Urlaub: jeder will möglichst alles.

zu verschaffen, der andere, um die Natur zu genießen, der dritte, um sich mit Freunden dabei zu unterhalten, um mit seinen Kindern zu spielen, andere, um die fremde Umgebung kennenzulernen oder eine Sehenswürdigkeit zu besuchen oder evtl. all diese Aspekte gleichzeitig zu genießen.

Nachstehend führen wir – trotz der zeitlichen Distanz – einige Ergebnisse aus der Reiseanalyse 1987 auf, in der das Thema „Urlaubsaktivitäten" besonders intensiv behandelt wurde, was bis heute nicht mehr geschehen ist.

Mit dem Schwerpunktthema wurde damals versucht, das Aktivitätsspektrum der Reisenden im Urlaub zu ermitteln. Welche Erfahrung haben die Reisenden mit den einzelnen Aktivitäten, welche Beschäftigung hätten sie gerne ausgeübt, wenn dazu Gelegenheit bestanden hätte? Wie intensiv werden die Urlaubsaktivitäten ausgeübt? Welche Einrichtungen werden von den Feriengästen am Urlaubsort genutzt oder auch vermißt? Besonderes Augenmerk wurde hierbei auf die Sportaktivitäten gerichtet.

### Ausgeübte Aktivitäten 1987[39]

Regenerativ-passive Beschäftigungen stehen bei den Urlaubern aus Deutschland nach wie vor im Vordergrund. Jeweils weit mehr als die Hälfte der Reisenden zog es vor, *viel zu schlafen und auszuruhen* (72,8 %), *sich zu sonnen* (67,8 %) oder einfach *am Strand oder auf der Liegewiese zu liegen* (54,6 %). Neben diesem passiven Verhalten sind unter Umständen sogar die gleichen Gäste auch recht geschäftig und aktiv. Im regenerativ-aktiven Bereich gaben 80,6 % der Reisenden an, *Spaziergänge gemacht* zu haben, ein Fünftel besuchte *Tier-, Freizeit- oder Naturparks*.

Vor allem die unter dem Begriff gesellig-kommunikative Beschäftigungen zusammengefaßten Aktivitäten und die Eigeninteressen haben im Vergleich zu den letzten Jahren deutlich zugenommen. Mehr als zwei Drittel suchten den Kontakt mit anderen Menschen im Gespräch, etwa die Hälfte der Urlauber machte Urlaubsbekanntschaften und knapp ein Fünftel flirtete im Urlaub.

Auch bildungsorientierte Beschäftigungen haben im Vergleich zu den Vorjahren an Bedeutung gewonnen, wenngleich sie nicht ganz den Stellenwert der regenerativen oder der geselligen Betätigungen einnehmen.

Ähnlich wie bei den Bedürfnissen zeigen sich große Unterschiede bei den Urlaubsaktivitäten in einzelnen Zielgruppen. Bildungsorientierte Beschäftigungen werden z.B. sehr viel häufiger von Menschen mit hoher Schulbildung unternommen als vom Durchschnitt der Bevölkerung (Ausflüge, Sehenswürdigkeiten besichtigen, kulturelle Veranstaltungen besuchen). Bei den sportlichen Betätigungen werden Wanderungen häufiger von Personen mit Hauptschulabschluß genannt, die

---

[39] Trotz der zeitlichen Distanz werden einige Ergebnisse aus der Reiseanalyse 1987 präsentiert, weil das Thema „Urlaubsaktivitäten" bis heute nicht mehr besonders intensiv behandelt wurde.

Höhergebildeten treiben dafür mehr Sport und bevorzugen eher landestypische Küchen-Spezialitäten.

Die Aktivitäten von Männern und Frauen weisen keine allzu großen Unterschiede auf, obwohl das Fotografieren eher eine Domäne der Männer zu sein scheint, wohingegen die Frauen lieber Geschäfte ansehen und einen Einkaufsbummel machen. Die größten Unterschiede bei den Beschäftigungen sind in den verschiedenen Altersgruppen zu finden. Dabei sind die regenerativ-passiven Beschäftigungen (sich sonnen, schlafen, auf der Liegewiese liegen) in den jüngeren und mittleren Altersstufen weiter verbreitet als bei den Senioren. Diese bevorzugen die etwas aktivere Erholung beim Spazierengehen. Bildungsorientierte Aktivitäten sind in allen Altersgruppen ähnlich oft zu finden. Bei den sportlichen Tätigkeiten werden zwar Schwimmen und Bewegungsspiele häufiger von den jungen Urlaubern genannt, dafür machen mehr Personen unter den über 40jährigen Wanderungen als bei den jüngeren Leuten.

Insgesamt gesehen sind die deutschen Urlauber recht aktiv. Im Durchschnitt hat jeder einzelne Urlauber fast 15 verschiedene Beschäftigungen in der Ferienzeit ausgeübt, viele davon mehrmals.

**Gewünschte Aktivitäten 1987**[40]

Trotz der Vielzahl der Aktivitäten, die die deutschen Urlauber ausgeführt haben, gibt es noch eine Reihe von Beschäftigungen, die die Urlauber gerne gemacht hätten, die sie aber aus Mangel an Zeit, aus Kostengründen, aus Mangel an Möglichkeit oder aus Informationsmangel über die entsprechenden Gelegenheiten nicht unternehmen konnten.

Besonders gerne hätten die Urlaubsgäste am Ferienort noch **kulturelle Veranstaltungen oder Vorträge** besucht (10,3 % = 3,2 Mio), wären ins **Kino** gegangen (10,0 % = 3,1 Mio), hätten **Tier-, Freizeit- oder Naturparks** besucht (9,8 % = 3,1 Mio) oder hätten sich **Sehenswürdigkeiten** angeschaut (6,4 % = 2,0 Mio).

Nicht auszuschließen ist allerdings bei den bildungsorientierten Nennungen, daß es sich dabei um sozial wünschenswertes Verhalten handelt, das in der eigenen Bedürfnisskala aber eher eine kleine Rolle spielt.

Auch bei den geselligen Aktivitäten gab es einen gewissen Nachholbedarf. Das Bedürfnis nach der Teilnahme an **Festen, Parties oder Grillfeten** (9,2 % = 2,9 Mio) ist ebenso deutlich wie der Wunsch nach dem Besuch von **Volksfesten oder Rummelplätzen** (9,1 % = 2,8 Mio).

Die Gründe, warum diese Aktivitäten nicht ausgeführt wurden, lassen sich auf zwei Faktoren begrenzen. Meist fehlte den Urlaubsgästen schlicht die Möglichkeit zu diesen Beschäftigungen oder es mangelte an einem entsprechenden Angebot am Urlaubsort. An zweiter Stelle steht gleich der Zeitfaktor. Viele Gäste fanden in ihrem Urlaub einfach nicht ausreichend Zeit, um alle Urlaubswünsche zu befriedigen. Der Kostenfaktor und auch die mangelhafte Information über Beschäfti-

---

[40] Siehe Anmerkung 39

gungsmöglichkeiten spielen lediglich bei noch gewünschten kulturellen Ereignissen und Sehenswürdigkeiten eine gewisse Rolle, treten sonst jedoch nicht wesentlich in Erscheinung.

| Aktivitäten während des Urlaubs 1992, 1999 und 2002[41] | | | |
|---|---|---|---|
| Basis: Reisende | | | |
| Vorgabeliste*), Mehrfachnennungen | 1992 | 1999 | 2002[42] |
| Seit 1999 skalierte Erhebung („sehr häufig.... nie") | % | % | % |
| **Urlaubsaktivitäten** | | | |
| Spaziergänge/Wanderungen | 80,5 | -*) | -*) |
| Wanderungen | -*) | 41,2 | 32,6 |
| Ausflüge/Fahrten in die Umgebung | 71,8 | 55,6 | 60,6 |
| Schwimmen/Baden — Im Pool | 69,6 | 29,5 | 35,6 |
| Schwimmen/Baden — See/Meer | | 48,3 | 51,7 |
| Gespräche mit anderen Menschen | 66,2 | -*) | -*) |
| Geschäfte ansehen/Einkaufsbummel machen | 63,0 | 50,0 | -*) |
| Fotografieren/Filmen/Video | 61,3 | -*) | -*) |
| Gaststätten besuchen/etwas trinken gehen | 59,7 | 59,8 | -*) |
| Landestypische Spezialitäten essen | 52,9 | 61,7 | 63,5 |
| Besichtigung von Sehenswürdigkeiten/Museen | 51,1 | 31,1 | 34,7 |
| Viel schlafen/ausruhen | 51,1 | 46,6 | 56,6 |
| Sich sonnen, am Strand/auf der Liegewiese liegen | 50,7 | 47,4 | -*) |
| Neue Leute kennenlernen | 48,3 | 33,3 | -*) |
| Urlaubsbekanntschaften gemacht | -*) | 33,3 | 35,0 |
| Mit den Kindern spielen | 29,4 | 23,2 | 23,9 |
| Besuch von Tier-, Naturparks/ | 26,8 | 31,9 | -*) |
| Naturattraktionen besucht | -*) | -*) | 41,4 |
| Tanzen/Diskobesuch | 25,4 | 15,2 | 13,0 |
| Besuch von Freizeit- und Vergnügungsparks | 24,6 | 10,0 | 17,5 |
| Radfahren | 18,9 | 17,6 | 15,2 |
| Kurmittel anwenden, medizinische Bäder/Trinkkuren/Massagen | 4,3 | 4,6 | 11,6 |

Tabelle 6  Urlaubsaktivitäten

---

[41] Die Anzahl der Urlaubsaktivitäten ging seit 1992 (im Schnitt fast 15 verschiedene Aktivitäten) etwas zurück (rund 12 verschiedene Aktivitäten), wobei eine genaue Zahl im Vergleich nicht zur Verfügung steht, da die Antwortvorgaben leicht variieren.

[42] Die Vorgabenreihe wurde 2002 wiederum geändert, so dass die Werte nur sehr bedingt vergleichbar sind.

*) Vorgaben geändert bzw. entfallen

# 7. Aktivitäten im Urlaub

Die Aktivitäten und Beschäftigungen, die der Reisende während seiner Haupturlaubsreise ausgeübt hat, bilden einen wichtigen Baustein in der Angebotsgestaltung eines Ferienortes bzw. einer Ferienregion. Aus der Kenntnis dieser Aktivitäten und der Betrachtung der Entwicklung der Aufenthaltsgestaltung im Vergleich zu den Vorjahren können wertvolle Rückschlüsse auf die Nutzung von Freizeitangeboten gezogen werden. Gleichzeitig können damit eventuelle Schwachpunkte im zur Verfügung gestellten Freizeitangebot aufgedeckt und eine zielgruppenspezifischere Ausrichtung und Ausweitung der Freizeitmöglichkeiten geplant werden. Denn Angebote für Urlaubsaktivitäten, die den Bedürfnissen und Präferenzen des Reisenden entgegenkommen, spielen im Rahmen der Entscheidung für ein Reiseziel ebenso wie bei der längerfristigen Kundenbindung eine wichtige Rolle.

Allerdings sind die Zahlen, die jeweils im Januar der Jahre 1999 und 2002 erhoben wurden, mit früheren Jahren nicht vergleichbar, da sie ausschließlich skaliert erhoben wurden („*sehr häufig ... nie*"), wobei hier in den grau unterlegten Spalten die Nennungen für „sehr häufig" und „häufig" addiert wurden, während früher nur erfasst wurde, ob etwas durchgeführt wurde.

Aus diesem Grund wird zusätzlich eine Tabelle aus der „F.U.R-Trendstudie 2000-2010"[43] aufgenommen, die einen Vergleich der Aktivitäten in den 90er Jahren zulässt.

In dieser Trendstudie wurden ausgewählte Urlaubsaktivitäten, die in den jeweils zurückliegenden drei Jahren „*sehr häufig*" oder „*häufig*" durchgeführt wurden, aus den Jahren 1993 bis 1998 verglichen.

Wie diese Tabelle zeigt, ergaben sich kontinuierliche Steigerungen nur bei den Aktivitäten (grau unterlegt)

- Landestypische Spezialitäten essen
- Gaststätten/Restaurants besuchen
- Im See oder im Meer baden
- Sonnenbaden und
- Ausruhen.

Steigerungen sind – wenn auch nicht kontinuierlich – auch zu beobachten bei

- Ausflüge/Fahrten in die Umgebung
- Naturattraktionen besuchen
- Fahrradfahren
- Diskotheken/Nachtclubs besuchen
- Skifahren/Snowboard

---

[43] Aderhold, Peter u. Lohmann, Martin: „Die RA-Trendstudie 2000-2010". Langfristige Entwicklungen in der touristischen Nachfrage auf der Basis von 30 Jahren Reiseanalyse, F.U.R Hamburg 2000, Seite 63

## III. URLAUBSERWARTUNGEN UND URLAUBSAKTIVITÄTEN

Bei den übrigen Vorgaben zeigten sich kaum Veränderungen, teilweise stieg die Zahl der Nennungen bei der RA 97, um dann wieder zu sinken.

**Urlaubsaktivitäten in den 90er Jahren**

**Fragentext**: *„Auf dieser Liste stehen eine Reihe von Aktivitäten, die man während seines Urlaubs ausüben kann. Wie häufig würden Sie sagen, haben Sie während Ihres Urlaubs in den letzten 3 Jahren die einzelnen Aktivitäten ausgeübt?"*

Angaben in % der Bevölkerung für die Antworten *„sehr häufig"* und *„häufig"*.

| Urlaubsaktivitäten während der letzten drei Jahre *häufig* oder *sehr häufig* ausgeübt. (Auswahl) | 1993 bis 1995 | 1994 bis 1996 | 1995 bis 1997 | 1996 bis 1998 |
|---|---|---|---|---|
| | % | % | % | % |
| Landestypische Spezialitäten essen | 51 | 55 | 59 | 62 |
| Gaststätten/Restaurants besuchen | 53 | 57 | 58 | 60 |
| Ausflüge, Fahrten in die Umgebung | 50 | 58 | 55 | 56 |
| Geschäfte ansehen | 48 | 48 | 47 | 50 |
| im See oder im Meer baden | 45 | 45 | 46 | 48 |
| Sonnenbaden | 42 | 43 | 48 | 48 |
| Vor allem ausruhen | 36 | 39 | 45 | 47 |
| Wanderungen | 41 | 46 | 31 | 41 |
| Naturattraktionen besuchen | 30 | 36 | 35 | 36 |
| Kulturelle/historische Sehenswürdigkeiten | 24 | 33 | 31 | 31 |
| Im Swimming-Pool baden | 29 | 29 | 28 | 30 |
| Mit den Kindern spielen | 22 | 23 | 22 | 23 |
| Fahrradfahren | 15 | 15 | 18 | 18 |
| Diskotheken/Nachtclubs | 13 | 14 | 16 | 15 |
| Tier-/Naturparks | 12 | 16 | 15 | 14 |
| Freizeit-/Vergnügungsparks | 10 | 11 | 10 | 10 |
| Skifahren/Snowboard | 4 | 5 | 5 | 6 |
| Fitness-Center besuchen | 3 | 4 | 4 | 4 |
| Tennis | 3 | 3 | 4 | 4 |
| Tauchen | 3 | 3 | 3 | 3 |
| Segeln | 2 | 2 | 2 | 3 |
| Klettern/Bergsteigen | 3 | 3 | 2 | 2 |

Tabelle Nr. 7   Urlaubsaktivitäten in den 90er Jahren

# 7. Aktivitäten im Urlaub

**Aktivitätsmuster bei Gruppen von Personen**

Die verschiedenen Urlaubs-Beschäftigungen sind inhaltlich häufig verknüpft, so daß sich spezifische Aktivitätsmuster bei Gruppen von Personen identifizieren lassen. Es entsteht eine praxisnahe Typologie. Gerade die zielgruppenorientierte Bündelung von Aktivitätsangeboten scheint für die Angebotspolitik einer touristischen Region von Bedeutung zu sein, aber genausogut für die Planung von Animationsprogrammen in einem Ort, in einem Hotel. Grundlage der Aktivitätstypen sind die 26 Statements zu den während der Haupturlaubsreise ausgeübten Beschäftigungen und Tätigkeiten.

Wir wollen hier keine weitere Typologie des Urlaubsverhaltens einführen, aber für unsere Überlegungen zu Urlaubsinhalten als Zielen der Animation hat sich als aussagekräftigste Lösung die Zusammenfassung der Reisenden 1992 zu sieben Gruppen erwiesen, die in sich relativ homogen sind und sich untereinander in einzelnen Dimensionen möglichst stark unterscheiden:

| | | |
|---|---|---|
| | Typ I | Der unterhaltungsorientierte Strandurlauber |
| | Typ II | Der Kulturinteressierte |
| | Typ III | Der Passive |
| | Typ IV | Der inaktive Strandurlauber |
| | Typ V | Der Introvertierte |
| | Typ VI | Der Geruhsame |
| | Typ VII | Der Allrounder |

Typ I, der **unterhaltungsorientierte Strandurlauber**, ist zum einen durch eine besonders hohe Nennung der Aktivität „*sich sonnen/am Strand/auf der Liegewiese liegen*" gekennzeichnet. Zum anderen finden sich in dieser Gruppe auch besonders häufige Nennungen unterhaltungsorientierter Aktivitäten, wie „*neue Leute kennenlernen*", „*Tanzen bzw. Discobesuch*", „*Feste, Parties und Grillen im Freien*" oder auch die „*Teilnahme an Animationsveranstaltungen*". Unterdurchschnittlich häufig werden von Typ 1 Fernsehen, die „*Anwendung von Kurmitteln*" oder der „*Besuch eines Gottesdienstes*" angegeben.

Typ II wurde der **Kulturinteressierte** genannt, da er besonders häufig angegeben hat, auf seiner Haupturlaubsreise „*Sehenswürdigkeiten bzw. Museen besichtigt*" oder „*kulturelle Veranstaltungen besucht*" zu haben. Aber auch ein „*Einkaufsbummel*" oder „*Gottesdienstbesuch*" wurde von einem relativ hohen Prozentsatz dieser Gruppe genannt. Entsprechend wurden u.a. relativ häufig „*Ausflüge und Fahrten in die Umgebung*" oder auch „*Spaziergänge und Wanderungen*" unternommen. Vergleichsweise selten hat sich dieser Aktivitätstyp auf seiner Haupturlaubsreise gesonnt oder an den Strand gelegt, war zum Tanzen bzw. in der Disco, ist Rad gefahren oder hat mit den Kindern gespielt.

Typ III, der **Passive**, hat bei keiner einzigen Aktivität eine überdurchschnittlich häufige Nennung. Im Gegenteil, er zeichnet sich durch vergleichsweise seltene Nennung praktisch aller Aktivitäten aus. Besonders selten war dieser Typ beim Sonnen am Strand bzw. auf der Liegewiese, beim Schwimmen, in Freizeitparks, beim Tanzen, auf Festen, Parties oder beim Grillen anzutreffen.

Typ IV, der **inaktive Strandurlauber**, nennt lediglich „*Schwimmen/Baden*", „*sich sonnen, am Strand oder auf der Liegewiese liegen*" und „*Tanzen bzw. Discobesuch*" vergleichsweise häufig. Ganz selten wurden von diesem inaktiven Strandurlauber hingegen Spaziergänge oder Wanderungen unternommen, Sehenswürdigkeiten oder Museen besichtigt, landestypische Spezialitäten gegessen oder Gespräche mit Einheimischen geführt.

Auch Typ V, der **Introvertierte**, gehört wie Typ III zu den passiven Urlaubern. Allerdings finden sich in dieser Gruppe besonders wenige Nennungen anderer Beschäftigungsmöglichkeiten: Gespräche mit anderen, neue Leute kennenlernen, Tanzen/Discobesuch. Aber auch andere kommunikative Tätigkeiten, bei welchen Kontakt zu anderen Menschen aufgenommen wird, wie Feste, Parties und Grillen, Teilnahme an Animationsprogrammen oder Gespräche mit Einheimischen, werden von Typ V, dem Introvertierten, selten genannt.

Typ VI, der **Geruhsame**, ist während seiner Haupturlaubsreise überwiegend geruhsamen Beschäftigungen nachgegangen. Dazu gehören „*Spaziergänge und Wanderungen*", „*Gespräche mit anderen*", „*fernsehen*", „*lesen*", „*viel schlafen und sich ausruhen*", „*sich sonnen bzw. am Strand liegen*" oder auch „*schwimmen und baden*". Er nutzt seinen Urlaub auch, um „*mit den Kindern zu spielen*". Vergleichsweise häufig nimmt diese Gruppe allerdings auch an Animationsprogrammen teil.

Schließlich hat Typ VII, der **Allrounder**, fast bei allen Beschäftigungsarten besonders häufig angegeben, daß er diesen während seiner Haupturlaubsreise nachgegangen ist. Der Allrounder stellt allerdings die kleinste Gruppe dar, während sein Gegenstück, der Passive, ein Drittel der Reisenden ausmacht.

### c) Sportaktivitäten

**Ausgeübte Sportarten**

Ein weiterer Fragenkomplex im Rahmen des **Schwerpunktprogrammes**[44] „Urlaubsaktivitäten" der Reiseanalyse 1987 war den Sportaktivitäten gewidmet. Sporturlaub und die sportlichen Tätigkeiten im Urlaub nehmen in der Darstellung der Reisen in Katalogen und Werbung einen breiten Raum ein, aber nur relativ wenige haben einen regelrechten Sporturlaub mit intensiver täglicher sportlicher Betätigung ausgeübt. Fragt man aber generell nach sportlichen Beschäftigungen, ohne Intensitäten zu berücksichtigen, ergibt sich ein völlig anderes Bild. Mindestens einmal eine Sportart ausgeführt haben fast alle Urlauber, wobei die Palette der Sportarten von Wandern, Angeln und Kegeln über Schwimmen und Tennis bis Tauchen, Joggen und Surfen reicht.

---

[44] Diese Form eines Schwerpunktes der Befragung ist seitdem in der Reiseanalyse der F.U.R nicht mehr unternommen worden. Deshalb muss immer wieder auf den Datenbestand von 1987 zurückgegriffen werden, da keine neuen Zahlen vorhanden sind. Deren Aussagewert ist dennoch unstrittig und die daraus resultierenden Schlussfolgerungen und Einsichten unverändert wertvoll.

# 7. Aktivitäten im Urlaub

Gerade bei den verschiedenen Sportarten müssen die örtlichen Gegebenheiten des Reisezieles besonders berücksichtigt werden. So werden alle Wassersportarten wie Schwimmen, Tauchen, Segeln, Surfen usw. bevorzugt von jenen ausgeübt, die sogenannte „Warmwasserziele" angesteuert haben (dazu gehören auch Binnenseen in milden Klimabereichen wie z.B. Kärnten, Südtirol etc.) und dort die entsprechenden Gegebenheiten vorgefunden haben. Ähnlich ist es mit Sportarten wie Wandern oder Klettern, die natürlich bevorzugt in den Alpenländern und Mittelgebirgen ausgeübt werden.

Nur 6,5 % oder 2,0 Mio der Reisenden haben 1987 keine Sportart im Urlaub ausgeübt. Damit hat sich die Zahl der „Sportverweigerer" im Vergleich zum Vorjahr deutlich verringert. Im Durchschnitt haben die sportlich orientierten Gäste 2,8 verschiedene Sportaktivitäten ausgeführt, wobei allerdings die Intensität nicht ermittelt wurde.

Besonders beliebt waren **Schwimmen** (74,7 %), **Wandern** (55,2 %), **Ball- und Bewegungsspiele** (29,3 %), **Radfahren** (14,2 %), **Jogging** (13,9 %) und **Gymnastik** (12,2 %). Alle übrigen Sportarten wurden nur mehr von rund einem Zehntel der Urlauber oder noch weniger ausgeübt (z.B. das oft überschätzte Tennis sogar von weniger als 8 %!).

**Gewünschte Sportarten**

Die deutschen Urlauber äußern im Hinblick auf Sportarten vielfältige Wünsche. Meist konzentriert sich das Interesse an zusätzlichen Sportaktivitäten jedoch auf die aktuellen Mode-Sportarten oder auf solche, die einen Hauch von Exklusivität genießen. So wäre rund ein Zehntel der Urlauber gerne mit dem Motorboot gefahren (12,9 % = 4,0 Mio) oder wäre gesegelt (12,6 % = 3,9 Mio). Auch Radfahren, vielleicht sogar Mountain Biking (9,3 % = 2,9 Mio), Tennis (7,6 % = 2,4 Mio), Reiten (7,6 % = 2,4 Mio) und Tauchen (7,2 % = 2,2 Mio) spielen in der Wunschliste eine Rolle.

Die Gründe, weshalb sich die Urlauber diese Wünsche nicht erfüllt haben, sind etwas anders gelagert als bei den allgemeinen Aktivitäten. Die Kostenfrage spielt auch hier keine große Rolle. Das nötige Finanzpolster, um sich die entsprechenden Ausrüstungen zu leihen, ist im Urlaub offenbar vorhanden. Meist liegt es an der mangelnden Möglichkeit zur Ausübung der jeweiligen Sportart, die die Urlauber von der Durchsetzung ihrer Wünsche abhalten. Die Möglichkeit, bestimmte Sportarten auszuüben, ist natürlich auch vom Zielgebiet abhängig. Die Möglichkeit zum Wassersport ist an Meeresküsten fast überall gegeben, in alpenländischen Zielgebieten jedoch stark eingeschränkt.

Am zweithäufigsten wird die schlechte oder zu späte Information über die Möglichkeit zur Ausübung bestimmter Sportarten beklagt. Der Zeitfaktor, die Kürze der Urlaubszeit, ist erst drittrangig für die Reisenden des Jahres 1987.

1992 wurde **Radfahren** in der allgemeinen Aktivitätenliste mit aufgeführt. 20,4% der westdeutschen Urlaubsreisenden gaben an, im Urlaub geradelt zu haben. Dies ist eine deutliche Steigerung zu den 14,2 %, die 1987 Radfahren unter den ausgeübten Sportarten nennen.

Dabei ist das Fahrrad nicht nur bei den jüngeren Urlaubern beliebt, die allerdings zu einem besonders hohen Anteil diese Tätigkeit nennen: fast ein Drittel der 14-19jährigen fahren Rad, aber auch fast ein Viertel der 30-49jährigen und noch 9 % der 60jährigen und älteren.

| Frage: | „Wir haben hier einige Sportarten, die man im Urlaub ausüben kann, aufgelistet. Geben Sie mir bitte an, welche Sportarten Sie während Ihrer Haupturlaubsreise 1987 ausgeübt haben." | | | |
|---|---|---|---|---|
| | „Bitte, sagen Sie mir, welche dieser Sportarten Sie gerne ausgeführt hätten." | | | |
| RA 87 | Ausgeübte Sportarten | | Gewünschte Sportarten | |
| Reisende | im Urlaub | | | |
| n = 3.961 | 1987 | | 1987 | |
| (Mehrfachnennungen) | % | Mio | % | Mio |
| Schwimmen | 74,7 | 23,3 | 4,1 | 1,3 |
| Wandern | 55,2 | 17,2 | 2,4 | 0,7 |
| Ball- und Bewegungsspiele | 29,3 | 9,1 | 3,0 | 0,9 |
| Radfahren | 14,2 | 4,4 | 9,3 | 2,9 |
| Jogging | 13,9 | 4,3 | 4,0 | 1,2 |
| Gymnastik | 12,2 | 3,8 | 3,7 | 1,2 |
| Tischtennis | 11,5 | 3,6 | 4,4 | 1,4 |
| Rudern/Paddeln | 9,8 | 3,1 | 5,5 | 1,7 |
| Motorboot fahren | 7,7 | 2,4 | 12,9 | 4,0 |
| Tennis | 7,3 | 2,3 | 7,6 | 2,4 |
| Kegeln/Bowling | 6,7 | 2,1 | 9,4 | 2,9 |
| Tauchen | 6,4 | 2,0 | 7,2 | 2,2 |
| Klettern/Bergsteigen | 6,4 | 2,0 | 4,8 | 1,5 |
| Windsurfen | 5,9 | 1,8 | 8,0 | 2,5 |
| Segeln | 4,5 | 1,4 | 12,6 | 3,9 |
| Angeln | 3,0 | 1,0 | 4,8 | 1,5 |
| Reiten | 2,0 | 0,6 | 7,6 | 2,4 |
| Ski-Alpin | 1,0 | 0,6 | 3,5 | 1,1 |
| Ski-Langlauf | 1,1 | 0,3 | 3,6 | 1,1 |
| Sonstiges | 2,0 | 0,6 | 1,0 | 0,3 |
| Keine Sportart ausgeübt/ Keine Angaben | 6,5 | 2,0 | 53,1 | 16,5 |
| Durchschnittliche Anzahl der Sportarten im Urlaub | 2,8 | | 1,2 | |

Tabelle 8  Ausgeübte und gewünschte Sportarten im Urlaub 1987

## 7. Aktivitäten im Urlaub

Zum ersten Mal wurde 1992 auch die **Teilnahme an Animationsprogrammen** in die Aktivitätsliste aufgenommen. 8,3% insgesamt geben an, an entsprechenden Angeboten teilgenommen zu haben, 9,5% der Westdeutschen und 3,7% der Ostdeutschen – die unter 50jährigen etwas häufiger als die über 50jährigen. Von den Inlandsreisenden sagen nur 3,1 %, daß sie Animationsprogramme mitmachten, bei den Auslandsreisenden liegt der Anteil bei 11%.

Dies muß nicht nur mit der Altersstruktur der Deutschlandreisenden zusammenhängen, möglicherweise wird z.b. eine geführte Wanderung von den Urlaubern nicht als Animationsprogramm definiert.

Daß die verschiedenen Sportarten im Urlaub von den meisten Urlaubern eher spielerisch betrieben werden, zeigt der starke Rückgang in den Nennungen, als 1992 nach aktivem Sport gefragt wurde. In den früheren Jahren wurde gefragt, welche Sportart man im Urlaub durchgeführt hätte. In der Reiseanalyse 1992 lautete die Frage: „*Haben Sie persönlich bei dieser Urlaubsreise 1992 aktiv Sport betrieben?*" Der prozentuale Anteil ist bei den jeweiligen Sportarten deutlich geringer als in den Vojahren. Für Anbieter von Sporturlauben können vermutlich nur die Potentiale als Grundlage dienen, die von sich sagen, „aktiv Sport" betrieben zu haben, oder die bei den Urlaubswünschen „aktiv Sport treiben" angekreuzt haben.

Die nächste Tabelle verdeutlicht, wie die Urlaubswünsche auch das Urlaubsverhalten beeinflussen: Alle Sportarten werden wesentlich häufiger von jenen ausgeführt, die als Bedürfnis Sport treiben geäußert haben. Besonders deutliche Unterschiede betreffen die Sportarten Windsurfen, Tauchen, Segeln, Jogging, Tennis und Golf.

*„Für Millionen Urlaubssportler sind Freizeit- und Leistungssport keine Gegensätze mehr. Nach der subjektiven Einschätzung der Bevölkerung gibt es eigentlich nur zwei Formen des Sports:*

*Sport als Freizeit- und Urlaubsspaß = Freizeitsport*

*Sport als Gelderwerb = Berufssport*

*Leistung ist das Mittel und Spaß das Ziel des modernen Freizeitsports. Erst die Kombination aus Lust und Leistung macht im subjektiven Erleben das persönliche Wohlbefinden der Urlaubssportler aus. [...] Der Freizeitmensch gleicht einer modernen Chimäre, einem Fisch-Vogel-Känguruh-Wesen, das sich im Wasser, in der Luft und auf der Erde Sprünge erlauben kann, die eigentlich die menschlichen Fähigkeiten überfordern: Schnorcheln und Tiefseetauchen, Drachenfliegen und Paragliding, Free-Climbing und Fallschirmspringen. Die menschliche Phantasie wagt sich immer mehr an kühne Träume heran, begnügt sich jedoch mit den Träumen nicht, sondern macht sie wirklich wahr.[...] Und je leistungsintensiver sie ihren Freizeitsport ausüben, desto mehr Spaß haben sie mitunter dabei."*[45]

Daneben sucht diese Urlaubergruppe, die „aktiv Sport treiben" als Wunsch äußert, überdurchschnittlich häufig Unterhaltung, Geselligkeit, aber auch kulturelle Impulse, weil auch außerhalb des Sports Vorstellungen von „Kick" oder „Action" und sogar „Thrill" auf alle Erlebnis-Angebote geselliger Art übertragen werden.

---

[45] Opaschowski (1995), a.a.O., Seite 228

| Sportaktivitäten der Urlauber mit dem Reisemotiv „Aktiver Sport" 1992 Frage: „Haben Sie persönlich bei der Urlaubsreise 1992 aktiv Sport getrieben?" Basis: Reisende 1992 | Gesamt 44,7 Mio | Befragte mit Motiv „Aktiver Sport" 6,3 Mio |
|---|---|---|
| Angaben in Prozent | % | % |
| Nein, keinen aktiven Sport | 63,8 | 20,0 |
| Ja, aktiv Sport getrieben **und zwar**: | 36,2 | 80,0 |
| **WASSERSPORT** | | |
| Schwimmen | 26,5 | 58,4 |
| Windsurfen | 2,3 | 10,7 |
| Tauchen | 2,5 | 10,0 |
| Motorboot fahren | 2,0 | 5,6 |
| Segeln | 1,3 | 5,0 |
| Kanu fahren | 1,3 | 4,0 |
| Angeln | 0,9 | 3,8 |
| **BEWEGUNGSSPORT** | | |
| Wandern | 17,7 | 37,4 |
| Klettern/Bergsteigen | 2,4 | 7,3 |
| Ball- u. Bewegungsspiele | 7,3 | 21,4 |
| Jogging | 3,7 | 15,4 |
| Gymnastik | 2,1 | 6,6 |
| Radfahren | 8,9 | 26,2 |
| **SPORT AUF ANLAGEN** | | |
| Tennis | 4,4 | 17,2 |
| Golf | 0,5 | 2,5 |
| Reiten | 1,0 | 2,7 |

Tabelle 9  Sportaktivitäten der sportlich orientierten Urlauber

## 7. Aktivitäten im Urlaub

*d) Zusammenhänge zwischen Reisemotiven und Urlaubsaktivitäten*

Inwieweit prädestinieren nun die Reisemotive, mit denen man konkret an die Haupturlaubsreise 1992[46] herangegangen ist, das Aktivitätsspektrum während dieser Reise? Kann man von bestimmten Reisemotiven auch auf bestimmte Aktivitätsschwerpunkte schließen, oder sind die Reisemotive eher unverbindliche „Absichtserklärungen" der Urlauber? Welche konkreten Aktivitätsmuster ziehen bestimmte Reisemotive nach sich?

Bei der Behandlung dieser Fragen macht es wenig Sinn, exakte quantitative Vergleiche anstellen zu wollen. Im folgenden sollen daher in qualitativer Weise auffällige Zusammenhänge zwischen Motiven und Aktivitäten dargestellt werden.[47] Konkreter Ausgangspunkt der Überlegungen ist die Aktivitätsstruktur des Durchschnitts aller Urlauber. Mit ihr werden die Aktivitätsmuster der Urlauber mit bestimmten Reisemotiven verglichen und gravierendere Über- oder Unterrepräsentanzen festgestellt.

Zunächst ist bemerkenswert, daß nicht alle Reisemotive die konkreten Urlaubsaktivitäten in der selben Intensität beeinflussen: Inhaltlich diffuse und häufig genannte Motive wie *„Tapetenwechsel"*, *„Abschalten"*, *„Zeit füreinander haben"*, *„frische Kraft sammeln"* oder auch *„Natur erleben"* und *„aus der verschmutzten Umwelt herauskommen"* bedingen erwartungsgemäß bei den Personen, die sie nannten, praktisch keine Abweichungen von der Aktivitätsstruktur des Durchschnitts aller Urlauber.

Nur leichte Abweichungen (bei lediglich 4-6 unterschiedlichen Aktivitäten) sind den folgenden elf Motiven zuzuschreiben:

- sich leichte Bewegung verschaffen,
- den Horizont erweitern,
- neue Eindrücke gewinnen,
- viel ruhen und nichts tun,
- Kontakt zu Einheimischen gewinnen,
- viel Spaß und Unterhaltung haben,
- tun können was man will,
- Verwandte und Freunde wiedertreffen,
- Erinnerungen an eine Gegend auffrischen,
- mit den Kindern etwas unternehmen,
- genießen und sich im Urlaub etwas gönnen.

Diese Motive sind offensichtlich immer noch so relativ allgemein, daß sie im Rahmen der gemeinhin üblichen Urlaubsgestaltung der deutschen Urlauber problemlos Raum haben. Sie erfordern sozusagen keine größere Umakzentuierung des konkreten Urlaubsgeschehens.

---

[46] Reiseanalyse 1992 des Studienkreises für Tourismus, durchgeführt von BASISRESEARCH in Verbindung mit GFM GETAS.

[47] Die Basis dieser Analyse sind – aus methodischen und rechentechnischen Gründen – die einzelnen Motive der Haupturlaubsreise und nicht etwa komplexere Verknüpfungen bestimmter Motive.

Die folgenden sechs Reisemotive prägen die Palette der Urlaubsaktivitäten schon deutlicher. Urlauber, die diese Motive angeben, zeigen immerhin in sieben bis neun Aktivitäten nennenswerte Differenzen zum Durchschnittsreisenden. Inhaltlich bestehen dabei folgende Verknüpfungen, die erwartungsgemäß in enger inhaltlicher Verbindung zu den betreffenden Reisemotiven stehen

❏ Urlauber mit dem Motiv, **im Urlaub neue Leute kennenzulernen** legen überdurchschnittlichen Wert auf die Aktivitäten
- Gespräche mit Urlaubern und Einheimischen führen,
- neue Leute kennenlernen,
- Tanzen gehen,
- Gaststätten besuchen,
- Feste/Parties feiern,
- an Animationsprogrammen teilnehmen.

Generelle Ausrichtung dieser Urlauber ist also ein besonders extrovertiertes, unterhaltungsorientiertes Urlaubsverhalten.

❏ Wem im Urlaub an **geselligem Beisammensein** gelegen ist, der setzt in folgenden Bereichen besondere Aktivitätsakzente:
- Gespräche mit Urlaubern und Einheimischen,
- neue Leute kennenlernen,
- Tanzen gehen,
- Gaststätten besuchen,
- landestypisch essen,
- Feste und Parties feiern.

Auch hier sind, ähnlich wie bei dem Motiv neue Leute kennenzulernen, Tätigkeiten mit extrovertiertem, kommunikativem und unterhaltungszentriertem Charakter überrepräsentiert.

❏ Für Urlauber, denen es wichtig ist, **im Urlaub viel zu erleben** und **Abwechslung zu haben**, sind folgende Aktivitäten überdurchschnittlich interessant:
- Besuch von Freizeit-/Vergnügungsparks,
- Besuch von Volksfesten u.ä.,
- sich sonnen,
- neue Leute kennenlernen,
- Tanzen gehen,
- Gaststätten besuchen,
- Feste und Parties feiern,
- an Animationsprogrammen teilnehmen.

Diese Urlaubergruppe betont also den Besuch diverser Unterhaltungseinrichtungen und pflegt den geselligen Kontakt zu anderen.

## 7. Aktivitäten im Urlaub

❏ Wer vorhat, im Urlaub **andere Länder zu erleben** und **viel von der Welt zu sehen**, der wird überdurchschnittlich häufig in folgenden Dimensionen aktiv:
- Ausflüge und Fahrten in die Umgebung machen,
- Sehenswürdigkeiten und Museen besuchen,
- sich Sonnen,
- neue Leute kennenlernen,
- Tanzen gehen,
- Fotografieren und Filmen,
- landestypische Spezialitäten essen,
- an Animationsprogrammen teilnehmen.

Hier treten neben Unterhaltung und Kommunikation deutlich bildungsorientierte Inhalte in den Vordergrund. Personen mit dem Motiv andere Länder kennenzulernen haben ihre Urlaubsreise zudem überdurchschnittlich häufig als Rundreise konzipiert.

❏ Für Urlauber, die auf Reisen **viel unterwegs sein** möchten und **viel herumfahren**, ergaben sich folgende Aktivitätsschwerpunkte:
- Ausflüge und Fahrten in die Umgebung machen,
- Sehenswürdigkeiten und Museen besuchen,
- Freizeit- und Vergnügungsparks besuchen,
- Tier- und Naturparks besuchen,
- Volksfeste besuchen,
- neue Leute kennenlernen,
- Feste feiern,
- landestypisch essen,
- Fotografieren und Filmen.

Auch diese Urlauber möchten neben Unterhaltung und Kommunikation auch Interessantes und Bildendes am Wege mitnehmen. Überdurchschnittlich beliebt ist auch hier die Urlaubsgestaltung in Form einer Rundreise.

❏ Wem es ein Anliegen ist, **in die Sonne zu kommen** und **braun zu werden**, der zeigt überdurchschnittliches Interesse an folgenden Beschäftigungen:
- Schwimmen und Baden,
- viel Schlafen und Ruhen,
- sich Sonnen,
- neue Leute kennenlernen,
- Tanzen gehen,
- Gaststätten besuchen,
- Feste feiern und
- an Animationsprogrammen teilnehmen.

„Sonnenanbeter" legen ihre Aktivitätsakzente also eindeutig in Richtung ruheorientierter Regeneration einerseits und Geselligkeit andererseits.

❐ Schließlich gibt es noch eine kleine Gruppe von drei Motiven, die durch ihre inhaltliche Bedeutung die konkrete Urlaubsgestaltung bereits in starkem Maß prägen:
Wer als Reisemotiv

- **aktiven Sport**,
- **Entdeckung** oder
- **Schönheitspflege** oder **Wellness**

nennt, der weicht immerhin in 11 bis 13 der insgesamt 27 erhobenen Aktivitäten nach oben hin (in Richtung eines überdurchschnittlichen Aktivitätspotentials) von der Verhaltens-Struktur des Durchschnitts der deutschen Urlauber ab. Diese Motive fördern offensichtlich eine deutliche „Spezialisierung" des Urlaubers, d.h. eine selektive Zuwendung zu Tätigkeiten, die diesen Motiven entgegenkommen. Hier wird für die Planung der Animation und ihr Angebot plötzlich ein interessanter neuer Gesichtspunkt erkennbar!
Inhaltlich setzen diese drei Gruppierungen folgende Aktivitätsakzente:
Wem es ein Anliegen ist, im Urlaub **aktiv Sport** zu treiben, der beschäftigt sich überdurchschnittlich häufig in folgenden Tätigkeitsfeldern:

- aktiv Sport treiben,
- Schwimmen und Baden,
- ich Sonnen,
- Fahrradfahren,
- Besuch kultureller Veranstaltungen,
- Besuch von Freizeit- und Vergnügungsparks,
- Besuch von Volksfesten,
- neue Leute kennenlernen,
- anzen gehen,
- Feste feiern,
- an Animationsprogrammen teilnehmen.

Wem **Entdeckung**, **Risiko** und die **außergewöhnlichen Erlebnisse** wesentlich sind, der widmet sich überdurchschnittlich häufig den folgenden Aktivitäten:

- Besuch von Sehenswürdigkeiten und Museen,
- kulturellen Veranstaltungen,
- Besuch von Freizeit- und Vergnügungsparks,
- von Tier-/Naturparks und von
- Volksfesten,
- Sonnenbaden,
- neue Leute kennenlernen,
- Tanzen gehen,

## 7. Aktivitäten im Urlaub

- Feste feiern,
- mit Einheimischen ins Gespräch kommen,
- an Animationsprogrammen teilnehmen und
- Fotografieren.

Diese Urlaubergruppe zeigt also überdurchschnittliches Interesse an allen möglichen Freizeit-/Unterhaltungsparks und Attraktionen, pflegt aber auch kulturelle Ambitionen und geselliges Urlaubsleben. Sie entscheidet sich im übrigen überdurchschnittlich häufig für den Urlaubstypus einer Rundreise.

Urlauber, die im Urlaub das Ziel haben, **etwas für die Schönheit zu tun**, zeigen folgende Aktivitätsschwerpunkte:

- Einkaufsbummel machen,
- Besuch von
  - kulturellen Veranstaltungen,
  - Freizeit/Vergnügungsparks,
  - Tier- und Naturparks,
  - Volksfesten.
- Schwimmen und Baden,
- sich Sonnen,
- Lesen,
- viel Ruhen,
- Kurmittel anwenden,
- neue Leute kennenlernen,
- Kontakt zu Einheimischen aufnehmen,
- Tanzen gehen,
- Gaststätten besuchen und
- landestypisch essen,
- Feste feiern,
- an Animationsprogrammen teilnehmen,
- Fahrradfahren,
- Fotografieren und Filmen.

Diese Gruppierung zeigt ein besonders breites Aktivitätsspektrum, welches von Schönheits- und Gesundheitspflege, über passive Regeneration bis zu Amusement und Geselligkeit reicht. Urlauber, die etwas für ihre Schönheit tun möchten, sind folglich überaus aktiv und vielseitig.

Man sieht also, daß Reisemotive durchaus Einfluß auf die konkrete Urlaubsgestaltung haben. Je weniger diffus ein Motiv ist, umso eher prägt es Vielfalt und Inhalt der Urlaubsbeschäftigungen. Ähnlich gerichtete Motive (die ja bei einem Urlauber häufig auch gemeinsam auftreten) bedingen naheliegenderweise auch ähnliche Aktivitätspräferenzen.

Reisemotive und Urlaubserwartungen haben jedoch nicht nur Einfluß auf die Urlaubsgestaltung, sondern darüber hinaus auch auf die Urlaubszufriedenheit. Je präziser die Urlaubsvorstellungen sich auf Inhalte beziehen und nicht nur auf die atmosphärischen Gegebenheiten wie *„schönes Weter"*, *„nette Leute"* oder *„Abwechslung"*, desto eher wird die höchste Bewertung erreicht, die ausdrückt, dass man voll und ganz mit der Urlaubsreise zufrieden war. Dieser Zusammenhang wird ausführlicher ab Seite 95 anhand der Ergebnisse von jugendtouristischen Studien dargestellt.

*e) Information, Infrastruktur und Ausflüge*

Dem Informationsangebot am Urlaubsort über die möglichen Urlaubsaktivitäten kommt eine große Bedeutung zu. Gerade bei den Sportbeschäftigungen und Ausflügen, die die Reisenden noch gerne zusätzlich ausgeübt hätten, war es ein Grund, *„keine oder zu späte Information bekommen zu haben"*, der eine solche Aktivität verhindert hat.

| Informationsquellen über Aktivitäten | | |
|---|---|---|
| **Frage:** *„Bei welchen Informationsquellen am Urlaubsort haben Sie sich über Urlaubsaktivitäten informiert, die man am Ort oder in der näheren Umgebung ausüben kann?"* | | |
| **RA 87** Basis: Reisende 31,1 Mio    n = 3.961 | | |
| (Mehrfachnennungen) | % | Mio |
| Bei Einheimischen | 23,2 | 7,2 |
| Im Hotel/In der Unterkunft | 21,4 | 6,7 |
| Im Verkehrsamt, Touristeninformation | 20,2 | 6,3 |
| Bei anderen Urlaubern | 18,2 | 5,7 |
| Beim Reiseleiter | 10,0 | 3,1 |
| Im Reisebüro | 6,4 | 2,0 |
| Sonstiges | 3,0 | 0,9 |
| Informiere mich nicht (weiter) am Urlaubsort | 16,2 | 5,0 |
| Habe keine Information bekommen | 14,7 | 4,6 |
| Keine Angaben | 1,3 | 0,4 |
| Durchschnittliche Anzahl der genutzten Infoquellen pro Reisendem | 1,0 | |

Tabelle 10   Informationsquellen über Aktivitäten 1987

## 7. Aktivitäten im Urlaub

Da in der Reiseanalyse 1987 dieser Fragenkomplex besonders intensiv behandelt wurde, legen wir hier die – trotz der zeitlichen Distanz – noch immer aktuellen Ergebnisse dieser Befragung zugrunde.

Direkt nach der Informationsquelle am Urlaubsort befragt, gaben etwa 14% an, keine Informationen bekommen zu haben. Rund 16 % suchen am Urlaubsort keine Informationen über Urlaubsbeschäftigungen. Die verbleibenden gut zwei Drittel der Urlauber erkundigen sich vorwiegend direkt (23 %) bei Einheimischen oder auch bei anderen Urlaubern (18 %).

Die eigentlichen Auskunftsstellen wie das Verkehrsamt oder die Tourist-Information (20 %), das Hotel bzw. die Unterkunft (21 %) oder der Reiseleiter (10 %) sind ebenfalls häufig kontaktierte Informationsquellen.

Insgesamt scheint es aber, als ob die Nachfrage nach entsprechenden Informationen bei einem leicht erreichbaren und übersichtlichen Informationsangebot durchaus zunehmen kann. Hier erhält das Internet in Zukunft eine außerordentlich starke Bedeutung. Die bessere und stärker genutzte Information kann dann auch zu einer besseren Nutzung einzelner Aktivitätsangebote beitragen.

**Besondere Einrichtungen am Urlaubsort zur Freizeit- und Urlaubsgestaltung**

Dem Urlauber stehen an seinem Reiseziel eine Vielzahl von Infrastruktureinrichtungen zur Freizeitgestaltung zur Verfügung. Nicht immer werden diese oft kostspieligen Einrichtungen von den Urlaubern intensiv genutzt; sind sie jedoch nicht am Ort vorhanden, werden sie beim Feriengast als Mangel registriert.

Anhand einer Listenvorgabe wurden die Urlauber gefragt, ob sie die entsprechenden Einrichtungen am Urlaubsort genutzt haben bzw. nicht genutzt haben oder nicht nutzen konnten und sie dann evtl. vermißt haben.

Zu den beliebtesten Einrichtungen gehören Restaurants, Gaststätten und Cafés (78 %). An zweiter Stelle in der Rangreihe der genutzten Einrichtungen stehen die markierten Wanderwege, die ein Drittel der Gäste in Anspruch nehmen. Für eine Diskothek, eine Tanzbar oder einen Nachtclub begeisterten sich fast ebensoviele. Freibäder und Museen werden von je einem Viertel besucht und an organisierten Fahrten in die Umgebung nahm gut ein Fünftel teil.

Alle übrigen Einrichtungen für den Urlaubs- und Feriengast werden jeweils von weniger als einem Fünftel der Gäste genutzt.

Offenbar sind die Urlauber mit der Ausstattung der Ferienorte mit Einrichtungen zur Urlaubs- und Freizeitgestaltung recht zufrieden. Drei Viertel aller Feriengäste haben keine Anlagen und Einrichtungen dieser Art vermißt.

| Besondere Einrichtungen am Urlaubsort 1987 | | | | |
|---|---|---|---|---|
| Frage: „Welche der Einrichtungen auf dieser Vorlage haben Sie an Ihrem Urlaubsort genutzt?" „Und welche Einrichtungen haben Sie an Ihrem Urlaubsort vermißt?" | | | | |
| RA 87 | Genutzte | | Vermißte | |
| Basis: Reisende 31,1 Mio | Einrichtungen | | Einrichtungen | |
| n = 3.961 | 1987 | | 1987 | |
| (Mehrfachnennungen) | % | Mio | % | Mio |
| Restaurant/Gaststätte/Café | 78,7 | 24,5 | 0,2 | 0,1 |
| Markierte Wanderwege | 32,9 | 10,3 | 1,6 | 0,5 |
| Diskothek/Tanzbar/Nachtclub | 32,4 | 10,1 | 2,3 | 0,7 |
| Öffentliches Freibad | 27,5 | 8,6 | 2,2 | 0,7 |
| Museum | 25,2 | 7,8 | 2,0 | 0,6 |
| Organisierte Fahrten in die Umgebung | 21,9 | 6,8 | 1,1 | 0,3 |
| *Natur-/Tierpark* | 17,4 | 5,4 | *3,9* | *1,2* |
| *Theater/Volkstheater/Konzert* | 16,9 | 5,2 | *3,2* | *1,0* |
| *Minigolf-Platz* | 16,1 | 5,0 | *3,6* | *1,1* |
| *Freizeit-/Vergnügungspark* | 14,6 | 4,6 | *4,0* | *1,2* |
| Öffentliches Hallenbad | 14,0 | 4,4 | 2,6 | 0,8 |
| Spielwiese | 12,9 | 4,0 | 0,8 | 0,3 |
| *Hallenbad im Hotel* | 10,9 | 3,4 | *3,5* | *1,1* |
| Kuranlage | 10,4 | 3,2 | 2,2 | 0,7 |
| Trimm-Dich-Pfad | 10,2 | 3,2 | 1,6 | 0,5 |
| Bergbahn/Seilbahn | 10,2 | 3,2 | 1,3 | 0,4 |
| Spielhalle/Vergnügungszentrum | 10,1 | 3,1 | 1,2 | 0,4 |
| *Freizeit-/Spaßbad* | 9,7 | 3,0 | *3,3* | *1,0* |
| Öffentliche Sportanlage | 8,1 | 2,5 | 1,7 | 0,5 |
| *Kino* | 7,7 | 2,4 | *3,2* | *1,0* |
| Gesundheits-/Fitnesseinrichtungen | 7,7 | 2,4 | 2,3 | 0,7 |
| *Sauna* | 6,8 | 2,1 | *3,9* | *1,2* |
| Lesesaal | 7,3 | 2,3 | 1,5 | 0,5 |
| Skilift | 2,4 | 0,7 | 1,0 | 0,3 |
| Skiloipen | 1,4 | 0,4 | 1,1 | 0,3 |
| Kindergarten | 0,9 | 0,3 | 0,7 | 0,2 |
| Sonstiges | 1,8 | 0,6 | 0,4 | 0,1 |
| Keine genutzt/vermißt, Keine Angaben | 0,6 | 0,2 | 73,5 | 22,9 |
| Durchschnittliche Anzahl der genutzten/vermißten Einrichtungen | 4,2 | | 0,6 | |
| Anm.: Die besonders vermißten Einrichtungen sind in *fett-kursiver* Schrift markiert und farblich unterlegt. | | | | |

Tabelle 11  Besondere Einrichtungen am Urlaubsort 1987

## 7. Aktivitäten im Urlaub

Das übrige Viertel beanstandete (grau unterlegt) das Fehlen eines Freizeit-/Vergnügungsparks, eines Natur- oder Tierparks, einer Sauna (je etwa 4 %); die Einrichtung von Minigolf, eines „Spaßbades" und eines Kinos sowie das Fehlen von Theater- und Konzertveranstaltungen zu jeweils etwas über 3 %. Alle übrigen möglichen Einrichtungen werden nur jeweils von weniger als 3 % der deutschen Urlauber vermißt.

**Ausflüge und Fahrten in die Umgebung des Urlaubsortes**

Die meisten Urlauber unternehmen von ihrem Urlaubsort aus Fahrten und Ausflüge in die nähere und weitere Umgebung. Nur ein knappes Drittel macht keine Ausflugsfahrten und bleibt die ganze Zeit über am Ort. Über 5 % der Urlauber haben sogar mindestens einen mehrtägigen Ausflug gemacht. Fast die Hälfte aller Ferienreisenden unternimmt Tagesfahrten (fast 48 %), viele davon sogar drei oder mehr solcher Tagesausflüge, Halbtagesausflüge sind fast ebenso beliebt (44 %). Im Durchschnitt hat jeder Urlauber, der überhaupt irgendwelche Ausflüge gemacht hat, 1,37 Fahrten unternommen.

| Ausflüge und Fahrten in die Umgebung des Urlaubsortes | | |
|---|---|---|
| **Frage:** „Sie haben unter anderem auch Ausflüge bzw. Fahrten in die Umgebung gemacht." | | |
| „Wieviele Mehrtages-, Eintages- bzw. Halbtagesfahrten haben Sie in diesem Urlaub gemacht?" | | |
| **RA 87** | | |
| Basis: Reisende 31,1 Mio n = 3.961 | Reisende 1987 | |
| (Mehrfachnennungen) | % | Mio |
| Ausflugsfahrten gemacht | 70,9 | 22,1 |
| **Mehrtagesfahrten** | 5,5 | 1,7 |
| davon: ein bis zwei Fahrten | 4,0 | 1,2 |
| drei oder mehr Fahrten | 1,5 | 0,5 |
| **Eintagesfahrten** | 47,8 | 14,9 |
| davon: ein bis zwei Fahrten | 26,2 | 8,1 |
| drei oder mehr Fahrten | 21,6 | 6,8 |
| **Halbtagesfahrten** | 44,0 | 13,7 |
| davon: ein bis zwei Fahrten | 20,6 | 6,4 |
| drei oder mehr Fahrten | 23,4 | 7,3 |
| Keine Ausflugsfahrten gemacht | 29,1 | 9,1 |

**Tabelle 12 Ausflüge und Fahrten in die Umgebung 1987**

Die Gegend besser kennenzulernen und Sehenswürdigkeiten zu besichtigen, waren für die Ausflügler die wichtigsten Gründe für ihre Fahrten. Darüber hinaus wollten sie mehr Abwechslung in ihren Urlaub bringen, andere Städte und Orte kennenlernen oder auch nur einkaufen.

Ausflüge und Fahrten in die Umgebung gehören auch in den neunziger Jahren zu den beliebtesten Urlaubsbeschäftigungen. Insgesamt machten 72% der Bundesbürger Ausflüge vom Urlaubsort aus, wobei die Westdeutschen mit 69% deutlich unter dem Anteil von 81,5% bei den Ostdeutschen liegen – ein Ergebnis, das sich seit 1990 kaum änderte. (Siehe Tabelle 14)

| Gründe für Ausflugsfahrten | | |
|---|---|---|
| Frage: „Was waren für Sie die wichtigsten Gründe, weshalb Sie diese Ausflüge bzw. Fahrten unternommen haben?" | | |
| RA 87   n = 2.809 | | |
| Ausflüge gemacht: 22,1 Mio | 1987 | |
| (Mehrfachnennungen) | % | Mio |
| Um die Gegend kennenzulernen | 78,1 | 17,3 |
| Um Sehenswürdigkeiten zu besichtigen | 56,1 | 12,4 |
| Um mehr Abwechslung in den Urlaub zu bringen | 50,1 | 11,1 |
| Um andere Städte/Orte kennenzulernen | 48,3 | 10,7 |
| Um einzukaufen | 23,4 | 5,2 |
| Um Leute/Einheimische kennenzulernen | 19,0 | 4,2 |
| Wegen der Geselligkeit | 13,2 | 2,9 |
| Wegen der Kinder/der Familie | 10,4 | 2,3 |
| Um Veranstaltungen/Feste zu besuchen | 10,1 | 2,2 |
| Andere Gründe | 2,6 | 0,6 |
| Anzahl der Nennungen | 3,1 | |
| Keine Angaben | 4,4 | 1,0 |

Tabelle 13   Gründe für Ausflugsfahrten

| Ausflüge, Fahrten in die Umgebung des Urlaubsortes machten... | 1992 | 1991 | 1990 |
|---|---|---|---|
| | % | % | % |
| Ostdeutsche Reisende | 81,5 | 80,8 | 80,2 |
| Westdeutsche Reisende | 69,2 | 72,9 | 70,4 |

Tabelle 14   Ausflüge 1990 bis 1992

Seit den Erhebungen für die RA 1999 wurde skaliert abgefragt. Daher sind die neueren Zahlen nicht vergleichbar. Zwischen 50% und 60% – je nach Altersgruppe – geben an, 1998 *„sehr häufig"* oder *„häufig" „Ausflüge, Fahrten in die Umgebung"* gemacht zu haben. Sie dürften zusammen mit jenen, die nur ein bis zwei Ausflüge gemacht haben – wie zu Beginn der 90er Jahre – um die 70% liegen. Auch bei der Reiseanalyse 2002 zeigen sich keine gravierenden Änderungen.

## 8. Urlaubszufriedenheit

Im Jahre 1987 gelang es dem Studienkreis für Tourismus mit Unterstützung der Willy Scharnow-Stiftung, des Bundesministeriums für Jugend und verschiedener touristischer Organisationen, eine mehrstufig angelegte Untersuchung zum Thema Jugendreisen[48] zu organisieren. Diese seit 1972 erste große Untersuchung, die wieder qualitativ und repräsentativ das Thema Jugendreisen erfaßte, hatte verschiedene Fragen zu Urlaubswünschen und zur Urlaubszufriedenheit. Im folgenden sollen nun einige Ergebnisse dieser, von EMNID durchgeführten Untersuchung, vorgestellt werden.

Da sind zunächst die Überlegungen über die Vorzüge des Urlaubsgebietes, die bestimmte Erwartungen widerspiegeln. Am häufigsten werden dabei *„das Meer, die schönen Strände"* und *„viel Sonne"* genannt. Jeweils 57% der Befragten bezogen diese Aspekte in die Überlegungen bei der Zielgebietswahl mit ein.

Mit Abstand folgen dann *„preisgünstig"* (48%), *„freundliche und aufgeschlossene Einheimische", „viel Abwechslung vom Alltagstrott", „Landschaft"*, die *„prima Urlaubsatmosphäre"* und die *„Möglichkeit, neue Leute kennenzulernen"* (noch 40%) sowie die Möglichkeit, im Urlaubsgebiet gut abschalten und relaxen zu können (37%). Von 30% werden *„interessante Sehenswürdigkeiten"* genannt, alle weiteren Nennungen über verschiedene Vorzüge des Urlaubsgebietes werden von weniger als 30% in die Überlegungen bei der Wahl des Reisezieles mit einbezogen.

In den einzelnen Altersstufen ergeben sich dabei einige Verschiebungen. So ist der Wunsch nach Meer und schönen Stränden bei den 20-22jährigen besonders groß (68%), auch das Bedürfnis nach Abschalten vom Alltagstrott; die 26-28jährigen nennen häufiger als die übrigen (39%), daß die Sehenswürdigkeiten bei den Überlegungen für das Urlaubsziel eine Rolle spielten.

Setzt man diese genannten Vorzüge, die man beim Urlaubsziel vermutete, in Korrelation mit der Urlaubszufriedenheit, so fällt auf, daß die zufriedensten Urlauber, die am häufigsten die Note „Eins" (nach dem Schulnoten-System) vergeben, jene sind, die schon bei der Zielwahl neben Meer und Sonne noch andere Vorzüge im Urlaubsgebiet suchten:

---

[48] Quellenhinweis: Jugendtourismus 1987: „Meinungen und Verhaltensweisen junger Leute." Repräsentativ-Befragung durchgeführt vom EMNID-Institut. Studienkreis für Tourismus e. V., Starnberg 1988 (Kurzfassung)

Insgesamt wird der Urlaub von 37,5% mit sehr gut bezeichnet, aber von 51% derer, die auch Interesse an der „*Kultur*" haben, und 45% jener, die „*interessante Sehenswürdigkeiten*" im Zielgebiet suchen wird die Note „Eins" vergeben; 47% derer, die „*unberührte Natur*" oder ob „*die Leute dort zu mir passen*" bei der Zielwahl mitberücksichtigen und 46% von jenen, die eine „*prima Urlaubsatmosphäre*" oder „*freundliche, aufgeschlossene Einheimische*" für wichtig halten, sind mit ihrem Urlaub voll und ganz zufrieden.

Neben den Vorzügen, die bei den Überlegungen zur Wahl des Urlaubsgebietes eine Rolle spielten, wurde auch nach den bisherigen Erfahrungen gefragt, was im Urlaub am meisten Spaß mache und dazu beitrage, den Urlaub als gelungen bezeichnen zu können.

Auch bei diesen Ergebnissen steht an erster Stelle der Wunsch nach „viel Sonne, braun werden". Fast zwei Drittel nennen dies, und zwar in allen Altersstufen zwischen 14 und 28 Jahren. Mit Abstand – von der Hälfte genannt – folgt der Wunsch, „*ohne Zeiteinteilung zu leben, essen und schlafen, wann es einem passt*". Dieses Bedürfnis nimmt mit dem Alter der jungen Leute zu. Es folgt „*viel lachen, Blödsinn machen*", ein Bedürfnis, das bei den 17-19jährigen sogar von 57% genannt wird.

Ebenso ist in dieser Altersgruppe das „*Zusammensein mit Gleichaltrigen, die man im Urlaub kennenlernt*", besonders wichtig (59%), ein Bedürfnis, das bei den 23jährigen und älteren immer mehr zurückgeht zugunsten des Wunsches, „*Zeit für den Partner oder Freund/in zu haben*".

Bei den Älteren gehört außerdem mehr als für die Jüngeren zu einem gelungenen Urlaub: „*Mit den Einheimischen am Urlaubsort zusammenkommen*"; „*den Horizont erweitern*" und „*Etwas für Kultur und Bildung tun, Kunst genießen*"; „*Gut essen*"; „*Zeit für sich selbst haben*".

Rund ein Drittel aller Teenager und Twens gibt zudem an, daß zu einem gelungenen Urlaub auch gehört, „*Außergewöhnliches zu erleben*", „*tanzen zu gehen*" und „*Dinge zu erleben, über die man zu Hause berichten kann*".

Ein Urlaub, der Spaß macht und den man als gelungen bezeichnen kann, setzt sich bei allen jungen Leuten aus mehreren verschiedenen Aspekten zusammen. In den verschiedensten Altersstufen wurden jeweils zwischen sieben und acht Angaben gemacht.

Die Teenager und Twens waren mit ihrer Urlaubsreise 1987 insgesamt zufrieden. 82% geben die Noten „Sehr gut" und „Gut". Allerdings wird die Note „Eins" insgesamt nur von 38% vergeben und bei den 14-16jährigen sogar nur von 28%, dafür von 43% der 20-25jährigen.

Wie schon oben angedeutet, bezeichnen besonders häufig jene ihre Reise als sehr gut gelungen, die schon bei der Auswahl des Urlaubsgebietes neben Sonne und Strand inhaltliche Gesichtspunkte berücksichtigen.

Dies läßt vermuten, daß eine Urlaubsanimation auch für junge Reisende durchaus erfolgreich sein kann, selbst wenn diese zunächst vor allem Meer und Sonne wünschen, in den Ferien hauptsächlich abschalten und faul sein wollen und mit neuen Bekannten Spaß und Unterhaltung suchen.

# 8. Urlaubszufriedenheit

Noch ein Beispiel soll verdeutlichen, wie sehr das Interesse an bestimmten Urlaubsinhalten die Zufriedenheit steigern kann. In der oben erwähnten Untersuchung „Jugendtourismus 1987" wurde mit einer Fünfer-Skala abgefragt, wie wichtig Kontakte zu Einheimischen auf der Urlaubsreise für den Befragten sind.

Korreliert man die Antworten auf diese Frage mit der Bewertung der Urlaubsreise, so zeigt sich klar: je wichtiger Kontakte zu Einheimischen erscheinen, desto häufiger wird der Urlaub als sehr gelungen bezeichnet. (Wobei nur 5% der 14-28jährigen insgesamt Kontakte zu Einheimischen während der Urlaubsreise als völlig unwichtig ansahen).

| Bewertung der Urlaubsreise 1987 in Verbindung mit der Bedeutung des Kontaktes zu Einheimischen: | | | | |
|---|---|---|---|---|
| **Kontakt zu Einheimischen ist** | | | | |
| | ganz besonders wichtig | wichtig | irgendwie schon wichtig | nicht so wichtig |
| | %. | %. | %. | % |
| Bewertung der Urlaubsreise 1987 | | | | |
| sehr gut | 54 | 41 | 33 | 30 |
| gut | 36 | 39 | 49 | 53 |
| Noten 3-6 | 9 | 20 | 18 | 15 |

Tabelle 15 Urlaubsbewertung in Relation zum Kontakt mit Einheimischen

Fazit: Eine gute Animation im Urlaub kann nicht nur helfen, neue Bekanntschaften zu knüpfen, Unterhaltung zu haben und überraschende Dinge zu erleben, über die man auch zu Hause berichten kann, sie kann auch Interesse an der Urlaubsumgebung wecken, Zugang zu „Land und Leuten" vermitteln und dadurch zu einer Erlebnisbereicherung beitragen und die Urlaubszufriedenheit steigern.

Diese Erkenntnisse treffen nicht nur für junge Reisende zu. Das bestätigen die Ergebnisse der Reiseanalysen des Studienkreises für Tourismus, in denen repräsentativ alle Altersstufen (ab 14 Jahre bis über 80 Jahre) befragt werden.

**Wir beziehen uns im folgenden auf die Reiseanalyse 1988.**
Ermittelt wurde die Reisezufriedenheit[49] mit symbolisch lachenden oder griesgrämigen Gesichtern, von Stufe 1 = „*sehr unzufrieden*" bis Stufe 7 = „*höchst zufrieden*", also mit einer gegenüber der Tabelle 15 genau umgekehrten Skala!

| Urlaubsart und Reisezufriedenheit 1988 | | | | | | | |
|---|---|---|---|---|---|---|---|
| Stufen | 1 | 2 | 3 | 4 | 5 | 6 | 7 |
| | ☹ | | | ☺ | | | ☺ |
| | sehr unzufrieden | | | | | | sehr zufrieden |
| Urlaubsart[50] | % | | % | % | % | % | % |
| Reisende insgesamt | 2,3 | | 4,6 | 15,4 | 31,2 | | 46,5 |
| Vergnügungsreise | 2,3 | | 4,2 | 14,2 | 31,5 | | 47,4 |
| Verwandten/ Bekanntenbesuch | 1,1 | | 6,1 | 18,7 | 25,1 | | 48,9 |
| Ausruh-Urlaub | 1,9 | | 4,3 | 14,0 | 34,1 | | 45,8 |
| Strand-/Badeurlaub | 3,0 | | 5,5 | 17,6 | 34,0 | | 40,1 |
| Studien-/ Bildungsreise | 2,4 | | 2,4 | 16,5 | 26,4 | | 52,3 |
| Gesundheitsurlaub | 1,7 | | 4,5 | 13,5 | 28,4 | | 51,9 |
| Sporturlaub | 2,2 | | 5,1 | 10,9 | 31,1 | | 50,7 |
| Abenteuerurlaub | 1,5 | | 4,6 | 16,7 | 22,7 | | 54,5 |

**Tabelle 16 Reisezufriedenheit und Urlaubsart 1988**

Insgesamt waren 78% mit ihrem Urlaub zufrieden (Stufen 6 und 7) und 46,5% beurteilten die Reise sogar außerordentlich positiv. 20% waren weniger zufrieden (Stufen 5 und 4) und 2% waren wohl ganz unzufrieden (Stufen 3, 2 und 1).

Die Korrelation der Reiseart mit der Reisezufriedenheit ergibt, daß das lachendste Gesicht (Stufe 7) jeweils von der Mehrheit (über 50%) jener angekreuzt wurde, die bestimmte **Inhalte** mit ihrem Urlaub verbanden: Sport, Gesundheit, Bildung, Abenteuer. Von den Strand- /Badeurlaubern sind zwar auch fast drei Viertel zufrieden (Stufen 6 und 7), doch wird das fröhlichste Gesicht nur von 40% gewählt.

Tabelle 15 und Tabelle 16 zeigen sehr klar, daß diese Ergebnisse die Bedeutung einer guten Animation unterstützen; einer Animation, die helfen kann, daß neben den Bedürfnissen nach Abschalten und Ausruhen, nach Sonne und Natur auch andere Bedürfnisse befriedigt werden; die Animation kann dazu beitragen, daß der

---

[49] Quelle: Reiseanalyse 1988 des Studienkreises für Tourismus, Starnberg

[50] Die Befragten sollten unter anderem ihre Urlaubsreise einer Reiseart zuordnen. Zwischen 22% und 24% jeweils nannten ihre Reise „Vergnügungsurlaub", „Strand-/Badeurlaub" oder „Ausruh-Urlaub". 10% machten „Verwandten- oder Bekanntenbesuche", 8% eine „Studien-/Besichtigungs- oder Bildungsreise". 3% gaben an, einen „Sporturlaub" und 2% einen „Abenteuerurlaub" gemacht zu haben.

## 8. Urlaubszufriedenheit

Ferienreise mehr Inhalte gegeben werden. Zwar sind fast 80% der deutschen Reisenden mit dem Urlaub zufrieden, doch ließe sich die höchste Zufriedenheitsstufe auf der Skala, die sich nach einem geglückten Urlaub einstellt, noch steigern.

In einer Studie des Studienkreises für Tourismus und Entwicklung[51] wurde 1999 der Themenbereich „Interesse an Bewohnern des Urlaubszieles" behandelt:

Das Interesse an Informationen über Land und Leute ist hoch: 60% möchten schon vor Reiseantritt gut über Land und Leute informiert sein, 56% möchten auf Ausflügen vom Reiseleiter etwas über Land und Leute erfahren, wobei das Interesse bei Gästen über 40 Jahren noch höher ist. Mehr als 40% wünschen sich direkte Kontakte mit der Bevölkerung des Urlaubslandes.

Diese hohe Ansprechbarkeit auf interkulturelle Aspekte im Urlaub sollte von der Urlaubsanimation nicht ungenutzt gelassen werden. In einer globalisierten Welt könnten durch animative Methoden die Urlaubsbetreuer zum einen ihren wichtigen gesellschaftspolitischen Beitrag leisten, zum anderen darüber hinaus zur Zufriedenheit der Reisenden beitragen.

Alain de Botton[52], der Autor des Buches „Kunst des Reisens", soll zum Abschluss zum Thema Urlaubszufriedenheit zu Wort kommen:

*[...]Ein weiteres gravierendes Problem von Urlaubsreisen besteht darin, dass sie uns einer wichtigen Alltagserleichterung berauben: der Erwartung, dass die Dinge nie perfekt sind. Im Alltag ist es normal, nicht glücklich zu sein, wir werden sogar ermuntert, generell unzufrieden und missmutig zu sein. Aber im Urlaub dürfen wir diese Gnade nicht genießen, sondern fühlen uns wie Versager, wenn wir es nicht schaffen, glücklich zu sein.[...]*

*Wie also lernen wir, unsere Urlaube etwas klüger anzugehen? Ich kenne keinen hilfreicheren Reiseführer als die Philosophie Arthur Schopenhauers. Er vertrat die These, dass wir viel zufriedener wären, wenn wir uns damit abfänden, nie völlig zufrieden zu sein. Er wollte uns nicht deprimieren, sondern von zu hohen Erwartungen (an den Urlaub und vieles mehr) befreien, die zwangsläufig frustrieren. Wenn die Ferien ein Reinfall waren, tröstet die Einsicht, dass kein Garant für Glück existiert. „Der größte angeborene Irrglaube ist", so Schopenhauer, „die Annahme, dass wir leben, um glücklich zu sein."*

---

[51] Kösterke, Astrid: „Urlaubsreisen und interkulturelle Begegnung", Studienkreis für Tourismus und Entwicklung, Ammerland 1999

[52] Botton, Alain de: „Schopenhauer auf Barbados", Essay in „Focus" Heft 14/2002

# IV. INHALTLICHE BEREICHE DER ANIMATION IM URLAUB

## Vorbemerkung

Animation im Urlaub erstreckt sich auf verschiedenste Aktivtätsbereiche. Erstellt man eine Liste aller nur denkbaren Urlaubsaktivitäten, dann lassen sich – der besseren Überschaubarkeit halber – folgende grobe Bereiche unterscheiden, denen die einzelnen Aktivitäten zugeordnet werden können:

| Bereich | Typisches Beispiel |
|---|---|
| • Bewegung, Sport | sportliche Spiele |
| • Geselligkeit | Tanzabend |
| • Kreatives Tun | Zeichnen, Seidenmalerei |
| • Eindrücke, Entdecken, Erleben | Ausflüge, Führungen, Land & Leute |
| • Abenteuer | Lagerfeuer, Übernachtung in einer Höhle |
| • Muße und Besinnung | Yoga, Gespräche im kleinen Kreis |

Eine eindeutige Zuordnung zu einem bestimmten Bereich ist jedoch meistens nicht möglich, weil einzelne Aktivitäten aus Elementen verschiedener Bereiche zusammengesetzt sind: Eine Nachtwanderung ist zunächst dem Bereich „Bewegung" zuzuordnen, besitzt aber ebenso Elemente der Bereiche „Entdeckung", „Abenteuer" und „Geselligkeit". Auf der anderen Seite ermöglicht eine Zuordnung zu einem Bereich eine verbesserte Übersicht. Daher soll das Kriterium der **primären Tendenz** einer Aktivität der Übersichtlichkeit dienen – also die Frage: Welches Element überwiegt rein äußerlich bei der Durchführung einer Aktivität?

Die Nachtwanderung ist zunächst einmal eine Wanderung; also eine Veranstaltung aus dem Bereich der „Bewegung". Erst Details der Durchführung (nachts, in unbekanntem Gelände, mit anderen Personen gemeinsam, mit Erklärungen des Sternenhimmels und astronomischer Vorgänge) greifen auf die Bereiche „Abenteuer", „Geselligkeit" und sogar „Bildung" über. Für den Urlauber entsteht daraus dann ein **Gesamt-Erlebnis**.

Aktivitäten verlaufen, für sich betrachtet, auch noch auf zwei verschiedenen Ebenen, die hier als „direkt" und „indirekt" bezeichnet werden sollen:

**direkte** Aktivität = direkte, aktive Beteiligung des Gastes
**indirekte** Aktivität = indirekte Beteiligung auf der Basis des Zuschauens, aber auch der Identifikation und Projektion.

## Vorbemerkung

Ein Beispiel soll diesen Zusammenhang verdeutlichen:
Am Strand wird ein Sackhüpfen für Kinder veranstaltet, in der Nähe der Liegestühle der Mehrzahl der Hotelgäste. Die teilnehmenden Kinder sind durch die Animateure zu direkter Aktivität (Sackhüpfen) ermuntert worden.
Die zuschauenden Eltern und andere Gäste nehmen Anteil am Geschehen in Form von indirekter Aktivität: Sie feuern an, freuen sich über den Erfolg ihrer Kinder, trösten Verlierer oder sie haben einfach Spaß am Schauspiel.
Das Beispiel des Sackhüpfens zeigt darüber hinaus deutlich die Überlappung verschiedener Aktivitätsbereiche der Animation: Die Aktivität Sackhüpfen, die primär dem Bereich „Bewegung" zuzuordnen ist, erzeugt sekundär sowohl unter den Kindern als auch unter den Eltern neue gesellige Kontakte:
Man kommt ins Gespräch, lernt sich mit Vornamen kennen, hat zu einem späteren Zeitpunkt noch Gelegenheit, anhand der Erzählungen der Kinder mit anderen Elternpaaren unter den Gästen Gespräche zu führen, neue Verabredungen zu treffen, Kontakte zu vertiefen.
Die Auswirkungen der Animationsaktivitäten zielen also meist auf mehrere Bereiche. Gerade die geselligen Nebeneffekte und das Element „Erlebnis" sind praktisch allen Aktivitätsbereichen eigen. Wir nennen sie deshalb die <u>Kern-Elemente</u> der Animation. Diese Überlappung läßt sich graphisch[1] darstellen; die zentralen Elemente der Animation sind:

**Abbildung IV - 1  Die zentralen Elemente der Animation**

---

[1] Siehe auch Kapitel II., Seite 29

Unter diesen Umständen erhält der Bereich „Geselligkeit" und darüber hinaus erst recht der Bereich „Erlebnis" einen zentralen Stellenwert, ungeachtet der Tatsache, welcher spezielle Aktivitätsbereich durch die Animation zunächst angeregt wird. Geselligkeit und Erlebnis sind also in irgendeiner Form immer mit im Spiel.

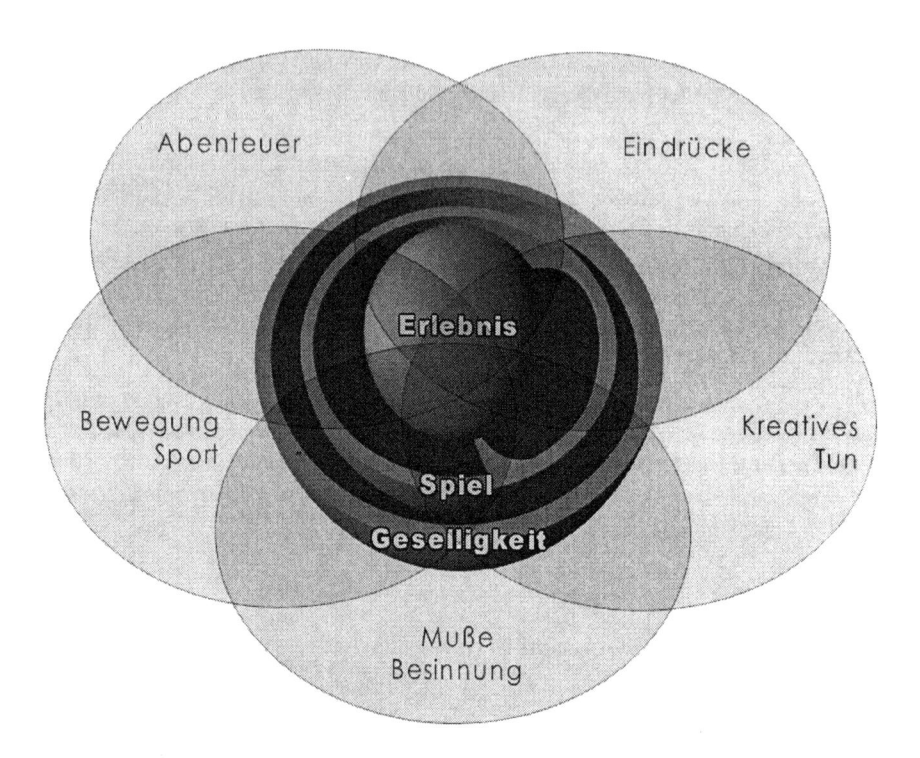

**Abbildung IV - 2  Bereiche der Animation**

In den folgenden Kapiteln werden zunächst die einzelnen Aktivitäts<u>bereiche</u> der Animation ihrer Eigenart nach beschrieben. Die jeweilige Beschreibung stellt möglichst viele wesentliche Aktivitäten vor, um als Anregung für die Erweiterung und Neuplanung von Animationsprogrammen zu dienen.

Die spätere Aufgliederung nach bestimmten Planungskriterien (Personal, Material, Attraktion etc.) soll als konkrete Entscheidungshilfe fungieren. Praktische Arbeitsbeispiele finden sich im Anhang, der in erster Linie für Hoteliers, Animateure und alle Praktiker als direkte Arbeitsunterlage dienen soll.

Die folgenden Beschreibungen in Beispielen verfolgen zwei Ziele:
1. Beschreibung einzelner Animationsprogramme mit den Gesichtspunkten der Planung und Durchführung, als Anregung zur eigenen Realisierung.
2. Die Anwendung einer Art Checkliste, die an Beispielen einzelner Animations-Aktivitäten im Anhang zeigt, in welcher Weise dieses Schema als konkrete

# 1. Animationsbereich „Bewegung"

Arbeitshilfe zur vollständigen Neuplanung oder Erweiterung **eigener** Programme nützlich und sinnvoll sein kann: als Kopiervorlage bei den Arbeitsmaterialien im Anhang.

## 1. Animationsbereich „Bewegung"

*a) Allgemeine Überlegungen*

Es kann nicht Sinn dieser Studie sein, in ausführlicher Weise die gesundheitlichen Auswirkungen der Bewegung und des Sportes in allen Lebensbereichen des Menschen darzustellen. Daher seien hier nur in knapper Form folgende Gesichtspunkte zusammengefaßt:

Der menschliche Körper ist auf Belastung, auf Bewegung hin angelegt. Anthropologisch gesehen wuchsen seine Kräfte im Kampf mit den Widrigkeiten der Natur, mit Kälte und Hitze, mit Sturm, Regen und den Herausforderungen des Überlebens in einem bestimmten Klima.

Verweichlichung ist der Preis für die Segnungen der Zivilisation. Die Muskulatur kann nur wachsen, wenn sie mehr leisten muß als sie mühelos bewältigt. Der Organismus des Menschen ist den Gesetzen nach einem „ökonomischen Haushalt" all seiner Kräfte verpflichtet. Der Abnahme der körperlichen Belastung steht aber die psychische Beanspruchung entgegen. Es wächst aus dem Überschuß an äußeren Einflüssen auf die Sinne und dem Mangel an körperlicher Arbeit die nervliche Überlastung, die Verkrampfung und schließlich die Fehlregulation.

Unter diesem Gesichtspunkt gewinnt Sport in der Freizeit, besonders im Urlaub seine Bedeutung. Aktiv gestalteter Urlaub und völlig passiv verbrachte Ferien stellen keine Alternative dar. Wichtig ist das Sowohl-als-auch. Im vernünftigen Wechsel zwischen Anspannung und Ruhe liegt die beste Chance, ein Höchstmaß an Kräftigung, physischer Erholung und intensiven Urlaubserlebens zu erzielen. Sportliche Betätigung im Urlaub hat vielfach den Charakter des unbekümmerten Lebens in der Gemeinschaft, des scheinbar sinnlosen Handelns – des Spiels. Da das Spiel aber die Menschen zueinanderführt, hilft es, die übliche Egozentrierung zu überwinden und damit zu entkrampfen. Aus dem spielerischen Element des Sportes erwachsen so auch die Motivationen zur Verbesserung der eigenen Leistungsfähigkeit.

Der Sport ist einer der bedeutendsten Freizeitinhalte; dabei müssen folgende Aspekte unterschieden werden:[2]

---

[2] Lüdtke Hartmut: „Freizeit in der Industriegesellschaft"; Veröffentlichung der Hochschule für Wirtschaft und Politik, Hamburg; Leske Verlag, Opladen 1972, Seite 41- 42

1. Der Spitzen- oder Leistungssport als Beruf oder Arbeit von professionellen oder halbprofessionellen Sportlern in industrie-ähnlich organisierten Unternehmen (z.B. Fußballbundesliga);

2. Sport als eine Mischung aus Show, Sponsoren und Spektakel[3], als Zuschauerattraktion, Unterhaltung und Sensationskonsum eines Massenpublikums, in Stadien, auf Rennbahnen oder durch digitales Sport-Fernsehen und die Sportseiten der Zeitungen, aber nicht mehr als aktive Freizeitbeschäftigung. *"Der Zuschauersport entwickelt sich zum Sportkonsum, der den Fan zum Konsumenten macht. Dieser Konsument konsumiert kommerzialisierte Unterhaltung, er gebraucht und verbraucht sie – wie der Zapper im Fernsehen und der Shopper im Einkaufszentrum. [...] Persönlich wichtiger ist es für viele Zuschauer, einfach unter Menschen zu sein. Die Zuschauer könnten (aber) ihre Bedürfnisse genausogut im Kino, auf dem Volksfest, im Shopping-Center oder beim Open-Air-Konzert befriedigen. [...] Sport wird – subjektiv gesehen – weniger wichtig im Leben. Andere Freizeitbereiche wie Medien, Konsum, Kultur und Tourismus rücken in der persönlichen Wertehierarchie nach oben. Ein Trend „weg von Kneipe, Sport und Garten" und „hin zu Shopping, Freizeitpark und Essengehen" ist nachweisbar.*

3. Abnahme der sportlichen Aktivitäten – diesen Trend zu eher geruhsamen als umtriebigen Urlaubsbeschäftigungen bestätigt die aktuelle Trendstudie[4] auf der Basis von 30 Jahren Reiseanalyse:

   *"Auch sportliche Aktivitäten sind nur für eine Minderheit urlaubsbestimmend. Für die Zukunft erwarten wir – entsprechend einem steigenden Entspannungswunsch – kein Anwachsen des ‚Aktivurlaubs'. Analysen [...] hinsichtlich der Einstellungen der Urlauber zu aktivem und passivem Urlaub haben ergeben, dass der Anteil der eher passiv eingestellten Urlauber deutlich größer war als der der aktiv eingestellten (1999: 25% eher aktiv, 45% eher passiv)."*

4. Der Liebhaber- und Breitensport als amateurhafte oder hobbyähnliche aktive Freizeittätigkeit. Dieser Freizeitsport hat in der Bevölkerung seit den 70er Jahren eine starke Verbreitung und Belebung erfahren. Neben vielen anderen Ursachen (Modetrends, Impulse durch die Sportartikelindustrie etc.) waren vor allen Dingen als Ursachen die groß angelegten und intensiven Kampagnen des Deutschen Sportbundes mit der „Trimm-Dich-Welle" und der Bundeszentrale für gesundheitliche Aufklärung mit den Aktionen „mehr Spaß in der Freizeit" und „mach' Ferien mit Fantasie" zu nennen. Diese beiden Aktionen sind übrigens Paradebeispiele für groß angelegte, medienbezogene, animatorische Wirkungen im Sinne unserer Definition.

---

[3] „Der Anteil der aktiven Bundesbürger, die zumindest gelegentlich Sport treiben, ist im Vergleich zur zweiten Hälfte der 80er Jahre deutlich rückläufig (1987: 45% – 1994: 38%) Und bereits ein gutes Drittel (36%) der Bevölkerung will von Sport überhaupt nichts mehr wissen und auch keinen Sport betreiben. In: „Freizeit aktuell": „Westdeutsche verlieren Lust am Sport", B.A.T Freizeitforschungsinstitut, Nr. 118, 15. Jahrg., 21.11.1994

[4] „Die RA-Trendstudie 2000 - 2010", langfristige Entwicklungen in der touristischen Nachfrage auf der Basis von 30 Jahren Reiseanalyse; F.U.R Hamburg 2000

## 1. Animationsbereich „Bewegung"

5. Sportliches Spiel und sportliche Erholung als Freizeittätigkeit, ohne Dominanz des Sportmotivs in Verbindung mit anderen, vielfach auch geselligen Aktivitäten. Als Beispiele: Badeausflug, Bootsfahrt, Kegeln, Bowling, Wandern, Angeln etc.
6. Kurzzeitiger aber kontinuierlicher Ausgleich durch Sport als „Fitness": Wie etwa Jogging, der regelmäßige Besuch eines Fitnesscenters in der Nähe des Arbeitsplatzes oder des Wohnbereichs oder wie er durch die Trimm-Dich-Aktion propagiert wird. In den 90er Jahren ist das Fitness-Bewußtsein in viele gesellschaftliche Bereiche eingedrungen; als Indikator dafür dient der Erfolg von Publikumszeitschriften wie „Fit for Fun" oder „Men's Health". Dieser Trend zum Ausgleichssport ist im Grunde kaum als Freizeitaktivität, sondern eher als Bestandteil der Alltagshygiene zu betrachten.

Für den Urlaub sind die beiden Aspekte unter Punkt 4.) und 5.), nämlich Liebhabersport und sportliches Spiel, besonders wesentlich. Daneben stehen im Urlaub auch Bewegungsarten, z.B. Spazierengehen, die nicht direkt dem Sport zugeordnet werden können.

In einer Studie zur Veränderung der Sportnutzung schreibt Opaschowski[5]:

*„Auf dem Weg in ein neues Jahrtausend zeichnen sich schon heute Züge eines Erlebniszeitalters ab, in dessen Gefolge der Sport weitgehend unerwartet mit Konkurrenten außerhalb des eigenen Lagers zu kämpfen hat – mit der Kino-, Shopping- und Kneipenkultur, mit tropischen Badelandschaften vor der Haustür und paradiesischen Traumstränden in erreichbarer Ferne. Das „Angebotssystem Sport" sieht sich zunehmend mit dem Problem der Quadratur des Kreises konfrontiert: Denn Freizeitsportler sind zugleich Städtebummler und Kaufhauskunden, Kinobesucher und Kneipengänger, Autofahrer und Urlaubsreisende. Und alle sind auf der Suche nach neuen Freizeit-Erlebnissen. Wird in Zukunft Deutschland kein Sportland mehr sein, weil die meisten Bundesbürger dann die Kulturszene, die Konsumtempel oder den kollektiven Freizeitpark interessanter finden?"*

Unter diesen hier skizzierten Rahmenbedingungen und gesellschaftlichen Entwicklungen erhält die Sportanimation im Urlaub einen noch höheren Stellenwert als bisher.

Freizeitsport läßt sich beschreiben als „selbstbestimmte sportliche Betätigung", die durch drei Kriterien ausgezeichnet wird:

**Spielwert    –    Rekreationswert    –    Kommunikationswert.**

Freizeitsport soll die Chance zur Freude an der Bewegung geben und wahrnehmen.

*„Freizeitsport wird als selbst- und mitbestimmbarer Spielsport im Freizeitbereich verstanden, als soziokulturelles und kommunikativ kreatives Medium im Freizeitbereich, als*

---

[5] Opaschowski, Horst W.: „Neue Trends im Freizeitsport", Studie des B.A.T Freizeitforschungsinstitutes, Hamburg 1994

*ein Erlebnisfeld für Eigeninitiative, spontan-spielerische Aktivität, sozialer Kontakt und solidarisches Handeln."* [6]

Eine universelle Antwort auf diese eher abstrakte Forderung sind die Impulse der „New Games"-Bewegung. Im Sinne der Animation sind die „New Games" eine ideale Art, sich zu bewegen. Ausgehend von der Friedensbewegung in Kalifornien bemühen sich die „New Games", unterschiedslos alle Altersgruppen, alle Rassen, alle Menschen einer Gesellschaft zu integrieren, Spielgemeinschaften zu bilden. Hierbei ist die Spielatmosphäre von besonderer Wichtigkeit: Jeder kann mitspielen, seine eigenen Ideen mit einfließen lassen. So wird Kreativität und Zusammenspiel geweckt und gefördert. Die Art des Spiels ist auf Kreativität, Einfachheit, Spaß und Freude gerichtet, da es um den Prozeß des Spiels geht, nicht um das Produkt, nicht um das Ergebnis. „New Games" heißen deshalb auch „Spiele ohne Verlierer". Durch die Verwendung der verschiedensten Materialien besitzen diese Spiele einen hohen Aufforderungscharakter und sind in ihrem Ergebnis oft unberechenbar, unvorhersehbar und überraschend. Für den Sportanimateur eröffnet sich hier eine völlig neue Welt, erfüllt von einer anderen „Philosophie" des Spiels. Er hat im Urlaubsbereich die Möglichkeit, den Urlaubsgästen diese andere Art der Bewegung zu vermitteln, Leistungsferne und Spielfreude zu fördern.

## b) Bewegung im Urlaub

Die Elemente „Spielwert" und „Kommunikationswert" des Freizeitsports sind im Urlaub die wesentlichsten Gesichtspunkte, auf die die Animation sich erstreckt. Damit soll nicht gesagt werden, daß Animation den gesundheitsfördernden Aspekt außer acht lassen darf. Aber dieser Aspekt ist nicht primär der Sinn der Animation, sondern höchstens sekundär eine nützliche Begleiterscheinung.

Sportanimation im Urlaub soll sich im Bezugsfeld zwischen gesundheitspolitischen Forderungen einerseits und spielerischem, unbeschwertem Urlaubsverhalten andererseits verstehen. Sie soll den Spielwert und den Kommunikationswert des Freizeitsportes in stärkerem Maße betonen und diese beiden Elemente in erster Linie als Animationsinhalte anstreben.

Selbst mit diesem eingeschränkten Selbstverständnis des Feriensports wird die Animation unter Umständen als Nachwirkung durchaus auch gesundheitspolitische Effekte erzielen können: Nämlich das Bewußtsein der Urlaubsgestaltung im Sinne der Prophylaxe und der Erhaltung der körperlichen und seelischen Gesundheit.

Einer spielerischen Animation im sportlichen Bereich kann es durchaus gelingen, den Gästen Aktivitäten nahezubringen oder bei Entdeckung neuer Aktivitäten zu helfen. Der Gast, der in seinem Urlaub Volleyball als Spiel kennengelernt hat und Freude daran gewonnen hat, wird möglicherweise nach seiner Rückkehr in seinem Heimatort einem Verein beitreten und weiterhin Volleyball spielen.

---

[6] „Pädagogik der Freizeit", Verlag J. Klinkhardt, Bad Heilbrunn 1976, Seite 200

## 1. Animationsbereich „Bewegung"

Da Animation im Urlaub den Spielwert und Kommunikationswert des Bereiches Spiel und Sport betont, lassen sich folgende spezielle Animationsinhalte beschreiben:

- Freude an der Bewegung (körperliches Erleben)
- Freude am Spiel (seelisches Erleben)
- Kontakt (Geselligkeit)
- Abwechslung, Erfolgserlebnis (Erlebnisspanne)

Animation im Bereich der Bewegung sollte sich hüten vor

- medizinischen Appellen
- gesundheitspolitischen Appellen
- Zurücksetzungen aller Art
- Zwängen aller Art

Der Animationsbereich „Bewegung" ist außerordentlich vielseitig und geht weit über den Begriff „Sport" hinaus. Er ermöglicht eine große Auswahl der verschiedensten Angebote: Bewegung ist hier die physische Aktivität im weitesten Sinne. Und als Motto könnte man einen alten Slogan der NUR-Touristik zitieren: „Mit Sport und Spiel – weg vom Teutonengrill".

Auf eine besondere Variante des animativen Urlaubssports macht Thomas Wilken aufmerksam, die „Schnupperangebote"[7]:

*„Sportanimation sollte in starkem Maße dem Ziel des lebenslangen Sporttreibens verpflichtet sein. Besonders im Urlaub sollten Menschen, die bisher nicht oder nur unregelmäßig Sport treiben, näher an Sport und Bewegung herangeführt werden und gleichzeitig Anregung erhalten, Sport in ihre alltägliche Lebensweise zu integrieren."*

Unabhängig von den bereits im Ferienbereich bestehenden qualifizierten Sportangeboten schlägt er „Schnupper-Angebote" für Sporteinsteiger vor. Diese eher sportartübergreifend angelegten Angebote zum Hineinschnuppern in den Sport sollten folgende Merkmale tragen:

a) Voraussetzungslose Teilnahmemöglichkeit für jedes Alter und Geschlecht ohne besondere sportbezogene Fähigkeiten, Fertigkeiten und Kenntnisse. Anknüpfungspunkt ist die normale Alltagsmotorik. Jeder Interessierte kann sofort mitmachen und unabhängig von seinen Voraussetzungen auch dabei bleiben, insbesondere ältere Menschen.

---

[7] Thomas Wilken ist Geschäftsführer der Agentur Wilken-Events (www.wilkenevents.de) und Initiator des „Kontor 21" sowie der Initiative „Sport mit Einsicht". Dieser institutionelle Zusammenschluß bemüht sich um tragfähige Lösungen für die vielfältigen Konflikte zwischen Sport und Umwelt: Vermeidung von Umweltbelastungen durch den Sport, [...] Schaffung intakter Umweltbedingungen als unabdingbare Voraussetzung für gesundheitsfördernde Sportausübung. (Siehe auch Seite 165) www.kontor21.de

b) Verzicht auf Geräte oder anlagenintensive Tätigkeiten.
c) Förderung der Selbstorganisation.
Ohne die Vorgabe von ausgefeilten und starren Regelsystemen sind Ziele, Spielideen und Regeln für Veränderungen durch die Teilnehmer stets offen.
d) Kombination von sportlicher und nicht-sportlicher Tätigkeit.
Die Kombination von Freizeitsport mit kulturellen Aktivitäten ist reizvoll und läßt sich alltagsnah verbinden (Beispiele: Laufen und Ernährung, Radfahren und Umwelterkundung, Bewegungsspiele als Teil eines größeren Festes).
e) Anregung zur Körper- und Selbsterfahrung.
Unsere bewegungsarme und sinnenfeindliche Lebensweise läßt den Körper zum „Fremdkörper" werden. Ausgangspunkt der gezielten Animation in den „Schnupperkursen" ist die bewußte Erfahrung des eigenen Körpers in verschiedenen Situationen. „Es gilt anzuknüpfen an das, was der Körper schon weiß und kann."
f) Jeder Mensch der hin und wieder Sport getrieben hat in seinem Leben, hat eine sogenannte eigene „Bewegungsbiographie". Diese Bewegungsvergangenheit wird zum Anknüpfungspunkt für das weitere Sporttreiben. Hierzu eignen sich besonders Übungen zur Körpererfahrung.

Unter diesen Gesichtspunkten sind folgende Inhalte von Schnupperkursen geeignet:

- der gesamte Gymnastik- und Fitnessbereich mit seinen überwiegend alltagsnahen Bewegungen;
- Ausdauersportarten wie Laufen, Wandern und Radfahren, mit ihren Gesundheitswirkungen und guten Möglichkeiten zur Integration in das Alltagsleben;
- asiatische Formen der Körperkultur wie Hatha-Yoga, Tai Chi usw. mit ihrem „sanften" Körperverständnis;
- der gesamte Bereich der sogenannten „kleinen Spiele" einschließlich der „New Games" mit ihrer Vielseitigkeit und Variabilität;
- vergessene Spiel- und Bewegungsformen wie Jonglieren, Akrobatik, Schattentheater usw.;
- Sportspiele wie z.B. Volleyball und Badminton/Federball, allerdings nur in teilnehmergerechter Variation von Regeln und Spielfeld.

*„Da diese Sportangebote nicht im „Selbstlauf" zur Aktivierung von bisher sportlich eher passiven Urlaubsgästen führen, sind die pädagogischen, psychologischen und sportwissenschaftlichen Qualifikationen der Animateure von entscheidender Bedeutung. Eine Ver-*

## 1. Animationsbereich „Bewegung"

*besserung von Ausbildungsgängen einerseits und qualifizierten Arbeitsmöglichkeiten im Urlaubs- und Ferienbereich andererseits ist hier dringend notwendig."*[8]

Die Idee der „Schnupperkurse" zeigt einen Weg auf, daß Sportangebote im Urlaub sich in Zukunft stärker daran orientieren, in erster Linie bisherige Nicht- und Gelegenheitssportler anzusprechen und Anregungen zu geben für die Fortführung des Sporttreibens auch im Alltag, für den lebenslangen Sport. In praktisch jedem Ferienclub, in vielen Ferienhotels, Urlaubsregionen und Orten ist diese Idee inzwischen in die realen Urlaubsangebote aufgenommen wworden.

Um die Planung für sportliche Programme zu erleichtern und mögliche Anregungen zu geben, soll hier der Bereich der Bewegung möglichst umfassend – wenn auch nur in Stichworten – aufgeführt werden.

Aus Gründen der Übersichtlichkeit gliedern wir den Bereich „Bewegung" in drei große Gruppen:

### LAND – WASSER – LUFT

| Land | | |
|---|---|---|
| **Im Haus** jahreszeiten-, klima-, wetterunabhängig; raumbegrenzt | • Sportliche Aktivitäten, die wenig Installation, aber gewisse Materialausstattung benötigen: | Gymnastik, Aerobic, Stretching, Tai-Chi, Judo, Bodenturnen; |
| | • Spiele, die ebenfalls wenig oder keine Installation erfordern: | a) Bewegungsspiele: Ballspiele, Tischtennis, Versteckspiele, Sackhüpfen, Eierlaufen, Fangen (Kinderprogramme/ Geselligkeit); |
| **Im Haus** | | b) Zerstreuungsspiele: „Spiel-Salon", Fußball-Kicker, Billard, Shuffleboard, Darts (Geselligkeit); |
| | • Installationen, die weitere Bewegungsaktivitäten im Raum ermöglichen: | Allgemeine Turn- und Sportgeräte (Trampolin, Barren, Klettergerüst, Sprossenwand), Trimmraum, Fitness-Center, Turnhalle, Kegel- und Bowlingbahnen, Schießstände. |

---

[8] Wopp, Christian: „Zur Entwicklung eines bedürfnisorientierten Sportangebotes", in: „Hochschulsport", Nr. 2/3, 1987, Seite 10 bis 13

<u>Kontaktadresse</u>: „Sport mit Einsicht e.V.", Initiative zur Förderung eines umweltverträglichen und sozialverantwortlichen Sports in Freizeit und Urlaub; Altonaer Poststr. 13a, D-22767 Hamburg, Tel.: (+49) (0)40 - 30 68 51-0

| | | |
|---|---|---|
| **Im Freien** wetter- und jahreszeiten- abhängig, Platzbedarf | • Alle sportlichen und spielerischen Aktivitäten, die in geschlossenen Räumen möglich sind, sind im Prinzip auch im Freien durchführbar. | |
| | • Zusätzliche Möglichkeiten mit wenig Installation: | Spaziergänge, Bergsteigen, Wandern (Bereich Entdecken), Drachensteigen, Burgen bauen am Strand etc. |
| | • Spiele mit wenig oder keiner Installation: | Bewegungsspiele: Ballspiele auf größerem Raum, Volleyball, Fußballtennis, Federball, Stafettenspiele, Teamspiele (Tauziehen), Boccia/Boule, Crocket. |
| | • Zerstreuungsspiele: | „Rummelplatz", „Spiel ohne Grenzen", „Zirkus" (Geselligkeit), „Freiluft-Groß-Spiele" (Mühle, Schach) |
| | • Bewegung mit Tieren: | Reiten, Trekking (Entdecken) |
| | • Installationen für zusätzliche Möglichkeiten im Bereich der Bewegung: | Sportplatz, Bolzplatz, Trimmpfad, Abenteuerspielplatz, Fahrrad, Tandem, Mountain-Bikes, Tennisplatz, Beach-Ball, Minigolfplatz, Strandsegler etc. |
| | • Im Winter: | Skifahren (-wandern, -abfahrtsläufe), Rodeln, Skibob, Eislauf, Eisstockschießen, Curling, Pferdeschlitten (Entdecken), Schneeballschlacht, Iglu bauen, Schneemann bauen (kreatives Tun). |
| **Wasser** | | |
| **Im Haus** (Hallenbad) | • Baden: | Schwimmen (auch Unterricht), Wassergymnastik |
| | • Spiele: | Wasserball, Reiterspiele, Pyramiden bauen, Luftmatratzenschlacht, Wettspiele/ Poolspiele |
| **Im Freien** Schwimmbad, See, Meer, Fluß | • Alle Möglichkeiten, wie im Hallenbad | |
| | • Zusätzliche Spielmöglichkeiten: | Steinchen hüpfen lassen, Brandungswellen durchtauchen etc. |
| Schwimmbad, See, Meer, Fluß | • Ausstattung, die weitere Aktivitäten ermöglicht: | Schnorchel, Angel, Tauchausrüstung; Rafting, Canyoning u.a. |

Forts. nächste Seite

## 1. Animationsbereich „Bewegung" 111

| Wasser | | |
|---|---|---|
| | • Wasserfahrzeuge: | Luftmatratzen, Ringe, schwimmende Aktionsteile aus Kunstoff, Ruder-, Paddel-Boote, Pedalos; |
| | | Segelboot, Windsurfing |
| | | Wasserski, Wellensurfbrett |
| | | Wasserski mit Fallschirm (siehe Luft) |
| Luft | | |
| | Ballonfahren, Heißluftballon, Fallschirmspringen, Segelflug, Drachenfliegen, Motorflug, Paragliding, alle Arten von Tandemsprüngen, Fallschirmfliegen mit Wasserski etc. | |

*c) Beschreibung eines Animationsprogramms: „Ballspiele im Freien"*

Zur Vorbereitung eines Animationsprogrammes ist es wichtig, verschiedenste Gesichtspunkte zu durchdenken; daher soll hier auf der Basis des „Planungsschemas" (siehe Anhang Seite 319) eine Aktion ausführlich beschrieben werden:

**1. Programm:**

Aus der großen Zahl von möglichen Aktivitäten, die durch die Animation im Urlaub aus dem Bereich „Bewegung" angeregt werden können, wählen wir als Beispiel die „Ballspiele im Freien". Sie enthalten die wesentlichen Elemente dieses Animationsbereichs: nämlich in erster Linie das spielerische Moment, den sportlichen Charakter und die Geselligkeit.

**2. Charakterisierung:**

a) Ballspiele im Freien lassen sich als aktive Guppenspiele charakterisieren; damit soll in erster Linie ausgedrückt werden, daß hierbei die Teilnahme der Urlaubsgäste von ausschlaggebender Bedeutung ist. (Es sind auch Spiele denkbar, wo das Zuschauen unter Umständen genauso reizvoll ist, z.B. bei einem Curling-Turnier von einheimischen Profis).

b) Bei aktiven Spielen unterscheiden wir „niedrig" oder „hoch" organisierte Spiele. Damit ist das Ausmaß von Regelvorschriften, notwendigem Spielfeld etc. gemeint. Ballspiele im Freien sind in diesem Sinne niedrig-organisierte Spiele, da sie sowohl vom Regelumfang her als auch von den Voraussetzungen und Anforderungen in bezug auf Spielplatz und dergleichen außerordentlich flexibel sind.

c) Ballspiele im Freien sind urlaubsgemäß, denn bei ihnen kann verstärkt Gewicht auf die spielerische Form der Aktivität gelegt werden, die Regelkonformität ist zweitrangig (siehe Punkt 5). Das ist auch einer der Gründe, warum z.B. Volleyball oder Beachball im Urlaubsbereich so außerordentlich populär ist, wohingegen Basketball sich für die meisten Urlauber und damit also auch als Urlaubsspiel nicht eignet.

d) Ballspiele im Freien lassen sich als <u>fester Programmpunkt</u> in Tages- oder Wochenprogramm charakterisieren. Sie lassen sich leicht in ein bestehendes Standardprogramm einfügen und zu bestimmten geeigneten Tageszeiten anbieten.

**3. Teilnehmerzahl:**

Ballspiele im Freien sind in bezug auf die Teilnehmerzahl sehr flexibel; zwei Einzelpersonen können ebensogut spielen wie ca. 25 Personen in Mannschaftsform. Diese hohe Flexibilität der Teilnehmerzahl ermöglicht eine stetige Anpassung an wechselnde Nachfrage, an Spielalternativen zur Erhöhung der Abwechslung und auch an örtliche Gegebenheiten. Voraussetzung ist allerdings, daß der Animateur die Möglichkeiten einer großen Zahl verschiedener Ballspiele beherrscht.

**4. Attraktion:**

Der Ball als Spielgerät hat einen hohen spontanen Aufforderungscharakter. Ein Animateur braucht einem untätig herumstehenden Gast lediglich scheinbar zufällig einen Ball zuzuwerfen: Mit gewisser Sicherheit wird sich der Gast in ein Ballspiel einbeziehen lassen.

Die Eigenbeteiligung ist bei Ballspielen im Freien die wesentliche Attraktion, nicht so sehr das Zuschauen, von besonders interessanten Ausnahmeereignissen (Profiturnieren) einmal abgesehen.

**5. Zeit:**

a) Zeitpunkt der Vorbereitung: Für Ballspiele im Freien ist nur wenig direkte Vorbereitungszeit erforderlich, vorausgesetzt, daß der Animateur eine Reihe unterschiedlicher Spiele im wesentlichen beherrscht. Etwa 10 Minuten vor dem Spielbeginn sollten die notwendigen Bälle (auch Ersatzbälle), Netze und weitere Materialien bereitgestellt werden. Bei der Auswahl der Spiele sollte der Regelgesichtspunkt beachtet werden: Die Spielregeln müssen einfach sein. Es gehört zur Vorbereitung, daß der Animateur einfache Regeln auch in einfachen Worten kurz erklären kann.

b) Zeitpunkt der Durchführung: Er ist abhängig von einer ganzen Reihe von örtlichen, klimatischen und anderen Faktoren. Ballspiele sollten nie direkt nach den Hauptmahlzeiten oder in der Mittagshitze angeboten werden. Bessere Zeitpunkte sind die Mitte des Vormittags oder der späte Nachmittag, wenn der Aufenthalt am Strand und auf der Liegewiese nicht mehr so attraktiv ist.

c) Dauer: Unter dem Gesichtspunkt des spielerischen Handelns sollte die kürzere Spieldauer immer Vorrang haben. Die körperliche Leistungsfähigkeit muß einkalkuliert und erfahrungsgemäß eher unerwartet niedrig eingestuft werden. Als allgemeiner Maßstab sollte hier die Formel gelten: Aufhören, solange es noch allen Beteiligten Spaß macht, das Spiel nicht „absterben" lassen („Kill the game before it dies").

## 1. Animationsbereich „Bewegung"

**6. Ort:**

Ballspiele im Urlaub lassen sich im Grunde in jedem beliebigen „Freiraum" durchführen, am Strand, auf der Spielwiese. Allerdings muß vorher geklärt sein, ob an diesem vorgesehenen Punkt gespielt werden darf, z.B. um eine mögliche Beeinträchtigung von Nichtspielern zu vermeiden.[9] In vielen Freibädern darf auf sogenannten „Liegewiesen" ausdrücklich nicht gespielt werden. Unter Berücksichtigung dieser Faktoren sollte trotzdem ganz bewußt die Nähe (zunächst) nicht-mitspielender Gäste für die Durchführung von Spielen gesucht werden, denn das Spiel gewinnt dadurch einen Aufforderungswert für die Zuschauer, der unter Umständen früher oder später neue oder zusätzliche Animationseffekte auslöst (siehe Punkt 7).

**7. Information:**

a) Wenn Ballspiele zum festen Bestandteil des wöchentlichen Programms gehören (wir nennen das „Institutionalisierung"), bedarf es einer allgemeinen permanenten Information. Sie ist dann Bestandteil der allgemeinen Gästeinformation bei der Ankunft, sie gehört ebenso an die entsprechenden Aushänge-, Infobretter, in die „Hotelzeitung" und anderes mehr. Als Angabe genügt zumeist die Uhrzeit und der Ort des Spiels. Damit wird der Animateur sich nicht auf einen bestimmten Spieltyp festlegen müssen und kann spontan bzw. den Wünschen der Gäste entsprechend ein breites Angebot von Spielen vorlegen.

Kurz vor Spielbeginn bietet sich ein weiterer Zeitpunkt für Information: Die direkte kurzfristige Information: „Wir werden in fünf Minuten am Strand Volleyball spielen."

b) Wie?

<u>Allgemein</u>: Bereits unter a) wird deutlich, daß die allgemeine Information im Rahmen des „Gästebriefes" bei der Vorstellung des generellen Programms für den Ferienaufenthalt erfolgen kann. Diese Information wird zumeist auch sehr unverbindlich sein.

<u>Speziell</u>: Unter Umständen steht den Gästen ein umfangreiches Sportprogramm zur Verfügung, welches möglicherweise nochmals auf einer speziell dafür vorgesehenen Anschlagtafel vorgestellt wird. Im Rahmen dieses Sportprogramms sind Ballspiele natürlich als spezielles Angebot in die Sportinformation mit aufzunehmen. Dazu gehören insbesondere die Einführungsangebote („Schnupperangebote") für neue Gäste, für Anfänger, für Neulinge oder für bestimmte Gruppen, wie Damen, Junioren etc. Einführungen in bestimmte sportliche Angebote sollen den Gästen Unsicherheiten nehmen, Mut machen und Freude wecken.

---

[9] Beach-Volleyball-Turniere für jedermann im Ostseebad Kühlungsborn, gesponsert von einer regionalen Tageszeitung, führten zu erheblichen Protesten vieler Urlaubsgäste.

Manche Frauen haben Angst, sich die Daumen umzuknicken beim Volleyballspiel, da sie mit der korrekten Handhaltung nicht vertraut sind. Eine ermutigende, sympathische und fachlich einwandfreie Einführung des Animateurs kann hier Hemmungen abbauen und sicherstellen, daß die sportlichen Angebote auch tatsächlich von allen Gästen, die Lust haben, wahrgenommen werden.

<u>Situativ</u>: Im Ablauf des Urlaubstages der Gäste finden sich stets Situationen, die zur Informationsvermittlung genutzt werden können: Wenn ein Ballspiel am späten Nachmittag angeregt werden soll, dann kann die mittägliche Kaffeerunde in der Strandcafeteria durch kleine Hinweiskärtchen oder möglicherweise durch originelle Lautsprecherdurchsagen als Informationsbereich genutzt werden.

<u>Direkt</u>, <u>spontan</u>: Am Ort des Geschehens bietet sich dem Animateur eine weitere Gelegenheit zur Information: Viele Gäste lassen sich durch persönliche Ansprache oder gar durch spontanes Einbeziehen in die Spielvorbereitungen für das Animationsprogramm gewinnen. Beobachtungen zeigen, daß die Gäste vielfach sogar erleichtert sind, wenn sie endlich gefragt werden, „ob sie nicht Lust hätten, mitzuspielen".

c) Wen?

Ballspiele im Freien sind für alle Gästegruppen geeignet, jedoch sollten bestimmte Gesichtspunkte berücksichtigt werden: Auch bei betont spielerischem Ansatz besteht die Gefahr der ungleichen Kräfteverteilung, dadurch der Unter- bzw. Überforderung der Spielenden. Die Folgen davon sind Lustlosigkeit, schnell auftretendes Desinteresse oder sogar Resignation: „Die anderen sind ja doch zu stark". Der Gesichtspunkt der adäquaten Gästegruppe sollte also nicht aus dem Auge verloren werden. Veranstaltungen können demnach von vornherein (kurzfristig oder institutionell) auf bestimmte Gästegruppen bezogen werden (ältere, jüngere Gäste, Damen, Kinder usw.) oder es kann (bei Spontanbeteiligung) durch Wahl bestimmter Spiele auf die Situation der Gäste eingegangen werden. Die Pluralität der Gästestruktur erfordert also entsprechende Rücksichtnahmen.

Allerdings soll hier nicht einer radikalen Trennung verschiedener Gästegruppen das Wort geredet werden, denn die Mischung verschiedener Gäste beim Spiel ermöglicht für den Animateur auch einen positiven Ansatz: Den Spielteilnehmern das Bewußtsein zu geben, daß sie <u>Mit</u>spieler sind und keine <u>Ge</u><u>gen</u>spieler! Jeder versucht, den anderen so ins Spiel zu bringen, daß er auch etwas davon hat. Wer besser werfen kann, der stellt sich vom Ziel etwas weiter weg. Ein stärkerer Spieler muß außerdem seinen Wunsch nach Leistung, nach Sieg unterdrücken, wenn er sich nicht ständig über schwächere Partner ärgern will.

Dem Animateur kann es hierbei gelingen, das Erlebnis zu vermitteln, wieviel Spaß es macht, auch anderen ihren Spaß zu gönnen und dazu beizutragen.

## 1. Animationsbereich „Bewegung"

**8. Vorbereitungen:**

a) Spielort:
In erster Linie muß die geeignete Örtlichkeit gefunden und geprüft werden. Darf hier gespielt werden? Ist der Platz leicht erreichbar, nicht allzu isoliert vom übrigen Urlaubsgeschehen?

b) Material:
Die notwendige Disposition muß bereits bei der allgemeinen Planung des Gesamtprogramms erfolgt sein. Zur Durchführung von Spielen müssen Bälle, Netze, Pumpen, Pumpennadeln, Ballfett etc. rechtzeitig am Spielort zur Verfügung stehen, denn scheinbar unnütze Wartezeiten töten auch im Urlaub Lust und Initiative und anfänglich begeisterte Bereitschaft! („Man steht ja hier bloß rum").

c) Ausrüstung der Gäste:
Generell gilt hier: So wenig wie möglich, denn in den meisten Fällen kann spezielles Schuhwerk oder Kleidung nicht im Urlaubsgepäck untergebracht werden. Daher genügt meist Bade- oder Strandkleidung. Je nach Beschaffenheit des Spielgrundes sollte aber auf Schuhe geachtet werden, um mögliche Verletzungsgefahren auszuschließen (z.B. bei steinigem Strand, Glasscherben auf der Wiese usw.).

d) Personal:
Die Initiative wird in den meisten Fällen vom Sportanimateur ausgehen, der dann auch als Spielleiter fungiert. Aber gerade auf diesem Gebiet geht die Initiative sehr oft auch von erfahrenen und engagierten Gästen aus. Auch in diesem Fall sollte die Funktion des Spielleiters aber definiert sein, damit der selbstgesetzte Rahmen nicht in der einen oder anderen Richtung überschritten wird (daß z.B. das Spiel plötzlich allzu ernst wird bzw. durch Regellosigkeit zu einem allgemeinen Gebolze degeneriert).

Allgemein wird dem Spielleiter – trotz aller rein spielerischen Tendenz – eine gewisse Verantwortung übertragen: Für das Material, für den Ablauf, für Beginn und Ende des Spiels.

Ballspiele im Freien sind also personell relativ flexibel, erfordern jedoch zunächst grundsätzlich einen gewissen Personalaufwand zu ihrer allseitig befriedigenden Durchführung. Die Einbeziehung von Gästen und damit die Entlastung des Animateurs ist hier aber stets möglich und sinnvoll.

e) Kosten:
Abgesehen von den Kosten für die Grundausrüstung wie Bälle, Netze, Tore usw. entstehen (außer dem normalen Verschleiß) keine spezifischen Kosten bei der Durchführung dieses Animationsprogramms. An die Gestellung von kleinen Preisen oder Gewinnen ohne großen Kostenaufwand sollte gedacht werden.

**9. Alternativen:**

Die Durchführung von Animationsprogrammen mit Ballspielen im Freien erfordert die Vorbereitung von Alternativen. Im wesentlichen sind dabei drei Faktoren einzukalkulieren:

a) Aufgrund der speziellen klimatischen Situation müssen Witterungsalternativen eingeplant werden. Im Idealfall läßt sich ein Ballspielprogramm bei Regen in eine entsprechende Halle verlegen. Ein großer Raum, der aus verschiedenen Gründen kein Volleyballspiel zuläßt, kann trotzdem für bodennahe Ballspiele (wie Rollball) genutzt werden. Im Regelfall dürften diese Alternativen allerdings sehr beschränkt sein, so daß eine Verlagerung in Räume nicht in Frage kommt. Für den Animateur stellt sich dabei von Fall zu Fall die Frage, ein derartiges Animationsprogramm dann gänzlich ausfallen zu lassen, zu verschieben oder ein völlig anders geartetes Programmangebot zu unterbreiten.

b) Spielalternativen sollten stets vorbereitet sein. („Ach, immer bloß Volleyball! Können wir nicht mal ...?") Hier sollten sowohl eigene Vorschläge greifbar sein, als auch Initiativen von Gästen aufgegriffen werden.

Es muß allerdings vor den sogenannten „Spezialisten" unter den Gästen gewarnt werden, die (meist im eigenen Sportverein) auf ein bestimmtes Spiel spezialisiert sind und mit ihrer Überlegenheit andere Gäste dominieren können (siehe Punkt 7c).

Adäquate Spielalternativen müssen aber vom Animateur unbedingt vorbereitet sein, sowohl vom Material als auch von der Regelkenntnis her. Adäquat bedeutet in diesem Zusammenhang, daß die Spielalternativen unter den momentanen Bedingungen (Ort, Material, Gästezahl) auch tatsächlich spielbar sind. Improvisierte und unbedachte Spielalternativen benötigen zumeist neuerliche Vorbereitungszeit, die wiederum zu Verzögerungen des Spiels führt, mit all ihren negativen Auswirkungen auf Lust, Spielfreude und Initiative.

c) Schließlich sollten auch in bezug auf die Teilnehmerzahl Alternativen vorbereitet sein. Die meisten Ballspiele sind nicht auf eine feste Zahl von Mitspielern festgelegt und daher ist eine Anpassung nicht schwierig. Wenn aber z.B. nicht alle Gäste erscheinen, die ihr Mitspiel ursprünglich zugesagt haben, dann sollte das Spiel trotz allem unverzüglich beginnen, um die Spiellaune der anderen nicht unnötig zu strapazieren.

Regelvariationen sollten vom Animateur unter solchen Umständen sicher und deutlich erklärt werden. Wenn statt der erwarteten 12 Gäste zu einem Volleyballspiel plötzlich 35 erscheinen, sollte der Animateur kein überfülltes Gedränge als Volleyballspiel durchzuführen versuchen, sondern kurz entschlossen zwei Spielfelder einrichten und parallel in zwei Spielen eine möglichst befriedigende Form des Spiels finden oder wenn nicht genügend Platz ist für zwei Spielfelder, Mannschaften einteilen und ein kleines Gruppenturnier durchführen. Im Extremfall muß er ein anderes Ballspiel vorschlagen.

## 10. Programmablauf

a) Allgemeiner Überblick:

Das spielerische Element sollte unter allen Umständen die Hauptsache sein. Betont werden sollte der „Spaß an der Freud", Entspannung und Selbsterprobung. Bereits in der Planung muß die Situation der Gästegruppe einbezogen werden (Altersstruktur, Zusammensetzung, Interessen usw.).

Oberste Prinzipien bei der Durchführung sind die freie Entscheidung und die Wahlmöglichkeit der Gäste.

In die Spielgestaltung läßt sich durch „Talentsteuerung" Abwechslung hineinbringen, denn die unterschiedlichsten Ballspiele erfordern sehr verschiedenen körperlichen Aufwand und körperliche Fertigkeiten.

Originalität bei Ballspielen ist so gut wie unmöglich, da alle Ballspiele in irgendeiner Form bekannt sind. Aber die originelle Abwandlung bereits bekannter Spiele ist reizvoll und stellt für den Animateur eine Herausforderung an seine Kreativität dar (z.B. Volleyball „blind", mit Bettüchern über dem Netz).

Spielerfahrung und Regelkenntnis bei den Gästen sind einzukalkulieren. Wie bereits erwähnt, sind wichtige Unterschiede zwischen hoch- und niedrig-organisierten Spielen zu beachten. Die Unterschiede erstrecken sich in erster Linie auf Regeln, Zeitdauer, Teilnehmerzahl, Mannschaftszwang. Niedrig-organisierte Spiele sind sehr viel stärker urlaubsgemäß, spontan, lustbetont.

b) Ablauf-Details

Regeln und das Spiel selbst müssen grundsätzlich vor Spielbeginn einfach und klar beschrieben werden. So wenig Regeln wie möglich, so viel wie nötig! Begonnen werden sollte mit allgemein bekannten Spielen. Jedes Spiel sollte pünktlich und zügig beginnen. Keine langen „Vorverhandlungen" auf Kosten der Spielzeit.

Falls man mehrere Spiele vorbereitet hat, anstrengende und beschaulichere Spiele miteinander abwechseln lassen. Die Spielfreude ist wichtiger als Sieg oder Niederlage. Daher auch den Typus der „Ausscheidungsspiele" vermeiden, weil die Ausgeschiedenen zuschauen müssen, obwohl sie doch spielen wollten (z.B. Völkerball). Viel geeigneter sind alle Spiele, die mit Punkte- oder Torbewertung gespielt werden (Volleyball, Fußballtennis), wenn nicht reinen Bewegungsspielen (Reihenstafetten oder anderen Teamspielen) generell der Vorzug gegeben wird.

Bei ersten Anzeichen von Überanstrengung, Spielmüdigkeit und nachlassendem Interesse sollte die Beendigung eines Spieles möglichst schnell erfolgen.

## 11. Wirkungen:

Die Wirkungen eines Animationsprogramms „Ballspiele im Freien" erstrecken sich für den Mitspieler im wesentlichen auf drei ineinander übergreifende Bereiche:

a) Körperliches Erleben: Freude an der Bewegung des eigenen Körpers in der frischen Luft, in der Sonne; Erlebnis der eigenen Leistung, Abreaktion des ungezielten Bewegungsbedürfnisses.

b) Prestige, Erfolgserlebnis: Steigerung des eigenen Leistungsbewußtseins, vor den anderen Gästen eine „gute Figur" machen, dazugehören.

c) Kontakt: Chance zu neuen informellen Kontakten mit Gästen, zu denen man bislang keinen Bezug hatte; Erzählstoff im vertrauten Kreis und bei zufälliger Begegnung mit den anderen Gästen (man kann einen der Gäste, mit denen man gespielt hat, an der Bar viel leichter ansprechen); Zugehörigkeitsgefühl zu einer neuen Untergruppe der Gäste, die auch bei anderen Gelegenheiten als neue Kontaktgruppe z.B. im geselligen Bereich fungieren kann.

Ein Sekundäreffekt dieser Animationsprogramme soll hier ebenfalls betont werden: Die Durchführung solcher Programme hat auch auf (bislang) unbeteiligte Gäste einen stimulierenden Einfluß: „Da mache ich morgen/nächste Woche auch mal mit". Die Beobachtung des Animationsprogramms also hat wiederum einen eigenen Animationswert. Eine weitere Sekundärwirkung liegt in der Abwechslung, die den Nichtspielern durch die Möglichkeit des Zuschauens geboten wird. Auch der Urlauber, der selbst keine Lust zum Ballspiel hat, kann seinen Spaß beim Zuschauen haben.

## 2. Animationsbereich „Geselligkeit"

### a) Allgemeine Überlegungen

Der Mensch ist ein soziales Wesen. Um es auf die kurze Formel der Amerikaner zu bringen: *„People like People – People like to be with People"*, oder auf deutsch ausgedrückt: *„Geselligkeit ist die Aktivität innerhalb einer eingeschränkten Öffentlichkeit mit informeller, spielerischer Interaktion"*.[10]

Geselligkeit ist in besonderem Maße die wesentliche Sozialform des Freizeitverhaltens und dieser Gesichtspunkt gilt besonders ausgeprägt für die Urlaubszeit:

*„Viele Menschen leben in einem ständigen Erlebnishunger, der ihnen oft nicht bewußt ist. Sie wollen Erfolg, Anerkennung, Kontakt, Liebe, sexuelle Erlebnisse, Vergnügungen, Geborgenheit, Genugtuung, usw. erleben".*[11]

Wie schon weiter oben gezeigt wurde, sind gesellige Elemente in den meisten der durch Animation ausgelösten Aktivitäten deutlich zu beobachten.

Wenn hier ein eigener Animationsbereich „Geselligkeit" dargestellt wird, dann soll in erster Linie die unterhaltende Geselligkeit (Tanzabende, Partys, Kontakte mit

---

[10] Lüdtke, a.a.O., Seite 36

[11] Wagenfür, Horst: „Ökonomische und soziologische Aspekte des künftigen Fremdenverkehrs", abgedruckt in: „Tourismus 1980", Fremdenverkehr zwischen Gestern und Morgen; Tagungsbericht einer Tagung in Loccum; Studienkreis für Tourismus, Starnberg 1968, Seite 13

## 2. Animationsbereich „Geselligkeit"

Freunden, Veranstaltungen, etc.) beschrieben werden. Auf diese Weise ist zumindest eine gewisse Übersichtlichkeit über die Vorgänge und Wirkungen der Animation im geselligen Bereich zu erzielen.

Die Ergebnisse der Motivforschung zeigen, daß das Bedürfnis nach Geselligkeit im Urlaub zu den stärksten Motiven der Menschen gehört. Geselligkeit wird hierbei als Kontakt mit anderen Menschen, d.h. zunächst einmal als Anwesenheit unter anderen Menschen verstanden und als Kommunikation mit anderen Menschen. Sowohl der Kontakt als auch die Kommunikation werden wiederum physisch als auch psychisch begriffen.

### b) Geselligkeit im Urlaub

Der Bereich Geselligkeit ist außerordentlich vielseitig und im Grunde nur durch die Phantasie und Einfallsfreudigkeit der Animateure begrenzt. Daher sollen hier lediglich einige wesentliche und grundlegende Formen der Urlaubsanimation in Bezug auf die Geselligkeit aufgezeigt werden:

Die Gliederung des Animationsbereiches „Geselligkeit" kann einmal aus dem zeitlichen Ablauf des Urlaubs erfolgen: Der Urlaub wird in Ferienzentren, in vielen Fremdenverkehrsorten oder durch Reiseveranstalter durch ganz bestimmte gesellige Veranstaltungen zeitlich strukturiert und unterteilt, in seinem Erlebnisablauf differenziert, mit Höhepunkten versehen: Es entsteht der „**Wochen-Rhythmus**".

Die bildliche Vorstellung des Wochenrhythmus (siehe nächste Seite) erleichtert dem Animateur die Planung eines „Spannungsbogens", der ein sich steigerndes Aktivitäts- und Erlebnispotential enthält und in einem „optimalen" Urlaubserlebnis gipfelt. Die Planung von Wochenhöhepunkten ist wesentlicher Teil der „Inszenierung" eines Animationsprogrammes.

Zu diesem Wochen-Rhythmus gehören:

Zunächst feste Programmpunkte, wie Begrüßungs- und Abschiedsparty; zwei gesellige Institutionen, die den Anfang und das Ende des Urlaubs markieren.

Darüber hinaus gehören in den Ablauf eines Urlaubs feste Sonderprogramme, z.B. Picknick, Tanzabend, Kinderpartys, Barbecue, Cocktailparties, und dergl. mehr.

Die Intention dieser Veranstaltungen: zu Beginn das Kennenlernen der Gäste zu fördern, spätere Kontakte zu erleichtern, zu festigen und schließlich für Erlebnisse und Highlights zu sorgen. Dazu sind eine ganze Reihe von Voraussetzungen erforderlich, vor allem räumlicher Art, von der gemütlichen Sitzecke in der Familienpension bis zum großen Tanzsaal in einer Gemeinde.

Außerdem sind im Rahmen des Urlaubsablaufs Anlässe besonderer Art für gesellige Veranstaltungen nutzbar: Geburtstage, Festtage, Feiertage, besondere Anlässe regionaler oder überregionaler Art.

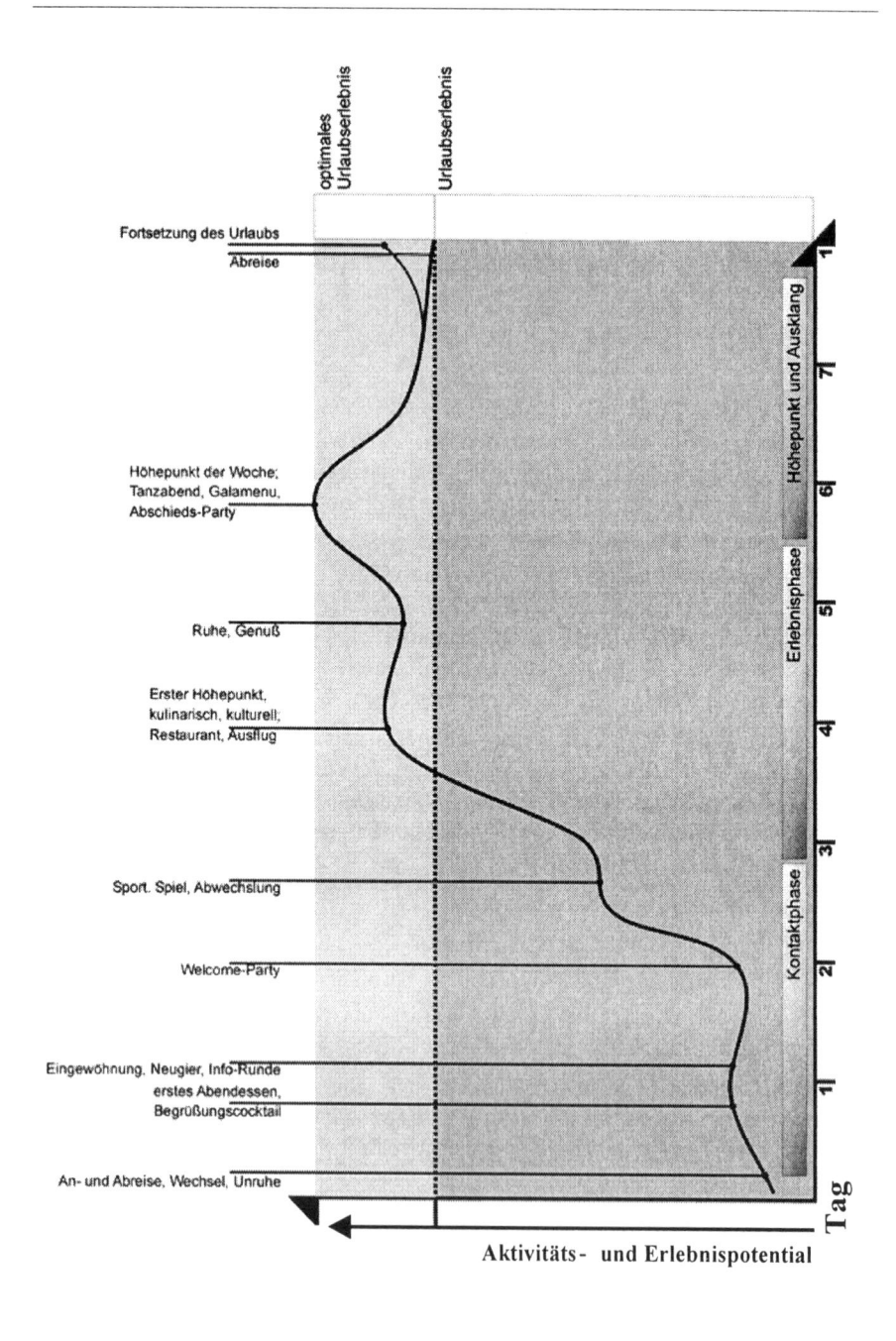

120  IV. INHALTLICHE BEREICHE DER ANIMATION IM URLAUB

Abbildung IV - 3   Wochenrhythmus in der Urlaubswoche

## 2. Animationsbereich „Geselligkeit"

Zweitens gehören die Formen der informellen Geselligkeit dazu, deren Prinzip in der Variation des selbstverständlich vorhandenen Service-Angebotes und der Dienstleistungsabläufe besteht.

Das heißt: Vorhandene Situationen und Installationen werden im Sinne einer geselligen Wirkung genutzt. Dazu gehören in erster Linie die Mahlzeiten.[12]

Zur Variation vorhandener Service-Leistungen gehört beispielsweise auch die Verwandlung von bestimmten Mahlzeiten in eine andere gesellige Form, also etwa kaltes Buffet, Barbecue, Mitternachtsgrill, etc.

Darüber hinaus sind gesellige Anlässe in mehr oder minder situativ-spontanem Rahmen denkbar, die erfahrungsgemäß aber meist auf einen kleineren Kreis der Gäste beschränkt sind.

Abgesehen vom Gesichtspunkt des zeitlichen Ablaufes des Urlaubs mit den formellen und informellen Geselligkeiten und Kontakten ist auch eine andere Aufgliederung denkbar:

Man kann die Animationsprogramme des Bereiches „Geselligkeit" in bezug auf ihre Attraktionsbereiche[13] gliedern:

Durch die gesellige Animation werden folgende Attraktionsbereiche angesprochen:

1. Attraktivität durch das Element der **Abwechslung**: Die Animation kann auf diesem Gebiet die verschiedensten geselligen Formen anbieten und dadurch zusätzliche Reize schaffen. Beispielsweise durch die Veranstaltungen eines „eleganten Diners bei Kerzenschein", am nächsten Tag ein Räuber-Lagerfeuer am Strand und danach ein Kostümball.

2. **Freizügigkeit**: Die Urlaubsgesellschaft ist vielfach charakterisiert durch eine gewisse Unverbindlichkeit und Ziellosigkeit, d.h. Kriterien des Alltags, des Leistungsbewußtseins oder der verschiedensten Rollenfunktionen spielen bei der Auswahl der Kontakte im Urlaub keine wesentliche Rolle. Das erleichtert die Kontaktaufnahme und macht sie gleichzeitig interessant. Unter diesem Gesichtspunkt muß auch das Sexualverhalten gesehen werden, das bei manchen Urlaubern einen Ausdruck des Bedürfnisses nach Freizügigkeit darstellt, welches im Alltag aufgrund seiner starken sozialen Kontrollen nicht befriedigt werden kann.

3. Eine der wichtigsten Attraktionsbereiche der Animation im geselligen Rahmen ist das von Schober als **biotisches Erleben**[14] bezeichnete Element. Zur Gesel-

---

[12] Das charakteristische Beispiel ist die offene Sitzordnung an den großen Tischen für acht Personen im Club Méditerranée, wobei am jeweiligen Tisch erst dann serviert wurde, wenn der Tisch – von wem auch immer – besetzt war.

[13] Schober, Reinhard: „Die Attraktion einer Urlaubsreise", Attraktionsmodell des Tourismus; unveröffentl. Manuskript des Studienkreis für Tourismus, Starnberg o.J. (1969)

ligkeit gehören z.b. Tanz und die damit verbundene körperliche Nähe, Bewegung zum Rhythmus der Musik und damit verbunden im weitesten Sinne „sinnliche" Kontakte. Auch diese Elemente werden im Urlaub in wesentlich stärkerem Maße genutzt als es im Alltag möglich wäre.

4. Darüber hinaus gewinnt die gesellige Animation ihren Reiz durch die Möglichkeit, **affektives Erleben** zu vermitteln, z.b. das Erfolgserlebnis, ein guter Tänzer zu sein oder das Erlebnis eines romantischen Abends in einer Sommernacht. Dazu gehören ebenfalls affektive Elemente wie Emotionen, Verliebtheit, Flirt, Fröhlichkeit oder Sehnsucht.

Hier eine Aufstellung der im Animationsbereich „Geselligkeit" möglichen Aktivitäten (ohne Anspruch auf Vollständigkeit):

**Beispiele geselliger Veranstaltungen**

**Im Haus** (oder auf einer Terrasse):
- Partys aller Art (z.b. Tanzabend, Kostümfest, Empfangsparty)
- Spiel, Rätsel oder Quizabende, Talkshow (siehe auch Bildung)
- Showabende, Folkloreveranstaltungen, Vorführungen,
- Miss/Mister/Paar-Wahlen, Shows, thematische Abende (Casino-Abend, „Astro"-Abend)
- Festliches Diner, kaltes Buffet, Nationalitätenabend
- Lokalbesuche, lokales Nachtleben, Spielcasino, Varieté

**Im Freien**
- Barbecue, Strandfest, Picknick
- Lagerfeuer
- Zirkus oder Ferien-Jahrmarkt, Kinderfest
- Olympiaden und Turniere (siehe auch Bereich Bewegung)
- Tanzboote, Riverboatshuffle, Floßfahrt mit Musik
- Essen im Freien zum Teil mit Musik (z.B. Frühschoppen, Sonntagmorgen-Brunch)
- Besuch von Volksfesten (Nationalfeiertage, z.B. 14. Juli in Frankreich, 1. August in der Schweiz, Dorfheilige in Spanien, Alm-Abtrieb in Österreich etc.)

Neben diesen eher „formellen" Veranstaltungen gibt es für den einfallsreichen Gastgeber, den kreativen Gästebetreuer, den phantasievollen Animateur eine große Zahl von Möglichkeiten, Anstöße zur informellen Geselligkeit zu geben:

---

[14] Schober, Reinhard: „Urlaubserlebnis" in: Hahn/Kagelmann (Hrsg.) „Tourismuspsychologie und Tourismussoziologie", Quintessenz-Verlag, München 1993, Seite 137 ff

## 2. Animationsbereich „Geselligkeit"

Beispiele **informeller** Geselligkeit:
- Tischanordnung beim Essen (Table d'Hôte) oder bei Veranstaltungen
- Organisation zum Kontakt von Gästen mit gleichen Interessen (z.B. Skatfreunde, Wanderfreunde, etc.)
- Unterhaltungen am Strand in Gang bringen
- Diskothek
- „Blaue Stunde", „Five o'clock tea"
- Alle Hilfestellungen zur Kontaktaufnahme unter den Gästen durch Gespräche, Vorstellungen, Schaffung von Sitzecken, gemütlichen Kaminzimmern etc.

Wie bei allen Animationsprogrammen gilt auch hier: Es gibt praktisch keine neuen Ideen, sondern lediglich die originelle und neuartige Kombination von bekannten Dingen.

Die primären Reize, die einen Gast dazu animieren können, an einer geselligen Veranstaltung teilzunehmen, lassen sich in vier Gruppen gliedern:
- Kontrast (Abwechslung)
- Anlaß
- Spieltrieb
- Neugier

Bei der Planung und Gestaltung von geselligen Animationsprogrammen spielt eine Reihe von **äußeren Faktoren** eine Rolle. Dabei sind in erster Linie zu nennen:

a) Der Raum, der äußere Rahmen (Dekoration, Wechsel der Räumlichkeiten, Sitzordnung usw.)

b) Die Garderobe (Maskenfest, Kostümfest, thematische Abende, Piratenfest etc.)

c) Die Veränderung der Spielregeln und damit die Übertragung eines geselligen Ereignisses in eine andere, spielerische Welt: Beispielsweise durch Veränderung der Anredeform für einen Abend (jeder sagt „Du" zum andern) oder: niemand braucht mit Messer und Gabel zu essen. Erzeugung von Überraschungseffekten und neuartigen Situationen durch Veränderung der generellen Spielregeln, die ansonsten im Urlaub normalerweise eingehalten werden.

Die dazu notwendigen Materialien sind entweder im Hotel, im Ort, im Ferienprojekt vorhanden, z.B. Beleuchtung, Tontechnik, Dekoration usw. oder aber werden durch andere Animationsbereiche beschafft und hergestellt oder auch angeregt (Raumdekoration, Kostüme etc.).

Oder aber sie werden gemeinsam mit den Gästen hergestellt, so daß die Vorbereitung eines geselligen Abends selbst schon zu einer geselligen Veranstaltung mit kreativem Tun werden kann.

Bei allen Planungen und Animationsprogrammen im Bereich Geselligkeit sind eine Anzahl von Faktoren von vornherein zu berücksichtigen, z.b. Publikumsgeschmack, Altersstruktur, die ganze Vielfalt der räumlich technischen und finanziell bedingten Faktoren usw.

Wie bei allen Animationsprogrammen, so ist auch im Bereich der Geselligkeit das Ziel der Animation, die passive Konsumhaltung abzubauen. Auf der anderen Seite sind lustbetonte Erlebnisse zu erzeugen, indem die Möglichkeiten des einzelnen Gastes, Kontakte zu anderen Gästen anzuknüpfen, durch das Animationsprogramm verstärkt und vermehrt werden.

Wenn Geselligkeit um ihrer selbst willen angeregt wird, dann soll sie den erwünschten Kontakt und die vermehrte Kommunikation ermöglichen. Urlaubsgemäße Geselligkeit bedient sich dabei vorzugsweise wiederum des spielerischen Elementes der Animation.

Geselligkeit ist spielerisch im Sinne von Huizinga[15], und zwar in dem Sinne seiner zweiten Kennzeichnung des Spiels:

*„Spiel, (in diesem Falle also die spielerische Geselligkeit), ist nicht das „gewöhnliche" oder das „eigentliche" Leben. Spiel tritt heraus aus dem Leben in eine zeitweilige Sphäre von Aktivität mit eigenem Charakter."*

*„Geselligkeit (oder spielerische Geselligkeit) schmückt das Leben", wie Huizinga sagt, „sie ergänzt es und ist insofern unentbehrlich für die Einzelperson als biologische Funktion und ebenso unentbehrlich für die Gemeinschaft wegen des Sinnes, der in ihr enthalten ist, wegen ihrer Bedeutung, wegen ihres Ausdruckswertes und wegen der geistigen und sozialen Verbindungen, die sie schafft."*

Huizinga sagt darüber hinaus, daß das Spiel – und in unserem Sinne die spielerische Geselligkeit – weiterreichende Wirkungen habe, die über die Dauer des eigentlichen Spiels hinausgehen. Das Gefühl, sich gemeinsam während des gesellig-en Spiels oder der spielerischen Geselligkeit in einer Ausnahmesituation zu befinden, behält seinen Zauber über die Dauer des einzelnen Ereignisses hinweg bei. Damit umschreibt Huizinga genau die Prozesse, die durch die zusätzlichen Kontakte und durch die vermehrte Kommunikation im geselligen Bereich ausgelöst werden.

Der Animateur muß sich deshalb bewußt sein, wie wesentlich das spielerische Element gerade im geselligen Bereich zu bewerten ist.

Im Sinne der spielerischen Elemente der Animation haben deutsche Animateure, die für deutsche Gäste arbeiten, im Laufe der Jahre den Mut gefunden, bei Franzosen und Amerikanern Anregungen zu holen, deren Geselligkeit – für unseren Geschmack – in viel stärkerem Maße verspielt, um nicht zu sagen, „albern" erscheint. Aber gerade das sind Elemente, die im deutschsprachigen Raum bislang nur wenig beachtet wurden, selbst in der deutschen Spielliteratur. Inzwischen hat sich aber ein Repertoire von geselligen Partyspielen entwickelt, die mit einigem Geschick

---

[15] Huizinga, Johan: „Homo Ludens", Vom Ursprung der Kultur im Spiel; Rowohlts Enzyklopädie, Hamburg 1956, Seite 15 – 16; siehe auch Kapitel VI.

## 2. Animationsbereich „Geselligkeit"

gerade bei Erwachsenen unerwartet und überraschend gut ankommen und mit geradezu kindlicher Begeisterung mitgespielt werden.

Es genügt nicht, einen Tanzabend anzukündigen, eine Kapelle zu engagieren, Getränke zu servieren und darauf zu warten, daß etwas Besonderes geschieht. Das gleiche gilt für ein Varieté-, Folklore- oder sonstiges Veranstaltungsprogramm, welches den spielerischen Charakter einer geselligen Veranstaltung im Grunde ignoriert und ein ausgeprägt passiv-konsumbezogenes Verhalten der Gäste erzwingt: Man sitzt da und läßt sich unterhalten. Durch das angebotene Show-Programm werden sogar vorhandene Gesprächs- und Bewegungsmöglichkeiten weitestgehend eingeschränkt.[16]

Damit soll nicht in Abrede gestellt werden, daß es eine ausgesprochen reizvolle Abwechslung sein kann, in bestimmtem Rhythmus, z.B. einmal pro Woche, ein externes Show-Programm für die Feriengäste einzuplanen. Diese Form der abendlichen Geselligkeit sollte aber die Ausnahme und nicht die Regel sein. Im übrigen stehen solchen Planungen in den meisten Fällen auch Kosten und organisatorische Hindernisse im Wege.

Bereits bei der Planung von geselligen Veranstaltungen sollte der Animateur versuchen, die Gäste zur Mitgestaltung anzuregen. Das ist unter Umständen lediglich eine Frage des erstmaligen Erfolges, womit in einem Urlaubsprojekt ein ganz bestimmter Stil, eine gewisse Tradition initiiert werden kann, die sich dann sehr viel leichter in der Folgezeit auf neue Gästegruppen übertragen läßt.

Es sei betont, daß hier nicht der Idee von „Festkomitees", wie sie aus der Vereinsgeselligkeit bekannt sind, das Wort geredet werden soll. Aber es ist durchaus denkbar, daß mit einer Reihe von Gästen auf Anregung des Animateurs die Begrüßungsparty z.B. sehr viel origineller gestaltet werden kann, durch eine den jeweiligen Verhältnissen angepaßte, lustige, spielerische, originelle Begrüßungszeremonie, die den Brückenschlag zwischen neuen und alten Gästen erleichtert.

Die Rituale bei Club Méditerranée, Aldiana und Robinson sind hinreichend oft beschrieben worden; die, einmal abgesehen von der ideologischen Basis, eben genau die Funktion haben, Kontakte zu schaffen und eine einfachere und schnellere Integration der neuen Gäste in die Gesamtheit der Urlaubsgäste herbeizuführen. Das gleiche gilt für die Dekoration von Räumen bei besonderen Anlässen oder für die Vorbereitung eines Picknicks außerhalb des Hotelbereichs, wobei nicht übersehen werden darf, daß die Beteiligung der Gäste selbst wiederum unter den aktivierten Gästen einen erheblichen geselligen und damit auch kommunikativen, kontaktfördernden Effekt besitzt. Unter diesem Gesichtspunkt erhält der Begriff „Geselligkeit" eine wesentlich breitere Fülle von Inhalten.

---

[16] Hier setzt auch die Kritik an der Überbetonung der Show-Programme im Bereich des Club-Urlaubes ein: Entertainment als Sackgasse der Club-Animation. (Siehe Kapitel VII.)

Die Animation initiiert also nicht nur spielerische Geselligkeit, sondern sie weckt zunächst einmal Interesse an der geselligen Veranstaltung als solcher und erzeugt damit Kontakte unter Gleichgesinnten, Interessierten, die unter anderen Umständen nicht zustandegekommen wären.

Die unter diesen interessierten Gästen entstandenen Kontakte wiederum tragen dazu bei, eine von der Animation (den Gästebetreuern, dem Wirt, dem Mitarbeiter des Verkehrsvereins o.ä. Personen) vorgeschlagene Geselligkeit überhaupt zu verwirklichen. Die Realisierung dieser vorbereiteten Geselligkeit schafft wiederum neue zusätzliche Kontakte unter einer größeren Zahl von Gästen, nämlich im Rahmen der eigentlichen Veranstaltung.

Die neuen Kontakte können es den Teilnehmern ermöglichen, von selbst Kontakte aufzunehmen, z.B. ein eigenes Lagerfeuer im kleinen Kreis durchzuführen, eine Nachtwanderung, ein Picknick oder eine Strandparty.

Die Weiterwirkung von geselligen Kontakten ist also bereits im Urlaub zu beobachten und einzuplanen.

Auf eine Formel gebracht, kann man also sagen:

Die Animation stellt zunächst einmal Kontakte zur Verfügung, die Verwirklichung eines Programmes der Animation wird möglich, z.B. im Bereich der Geselligkeit, aber auch in allen anderen Bereichen. Dieses Programm, z.B. in Form einer Party, schafft wiederum neue zusätzliche Kontakte.

Diese neuen Kontakte ihrerseits wieder stellen im Grunde ein jetzt vergrößertes Feld von Möglichkeiten dar, neuerliche Kontakte und vor allen Dingen neue Anregungen aufzunehmen.

So gesehen ist die gesellige Animation in ihrer Wirkung mit einem Steinwurf in ein Gewässer zu vergleichen, dessen kreisförmige Wellen sich von Stufe zu Stufe ausbreiten. Unter diesem Gesichtspunkt ist dann das ursprüngliche Ziel der Animation erreichbar, nämlich die Vermehrung der Zahl der Kontakte und die Intensivierung der Kommunikation unter den Gästen.

Animation im Bereich der Geselligkeit zielt im Grunde auf Wirkungen im psychischen und emotionalen Bereich der Urlauber. Gesellige Veranstaltungen erzeugen diese gewisse „Ambiance", deren Sinngehalt wir aus dem Französischen entnehmen, ohne eine entsprechende deutsche Übersetzung dafür zu besitzen. Die Bestandteile dieser mit „Atmosphäre" nur unzureichend umschreibbaren Ambiance sind Elemente, wie:

- Abwechslung
- Erhöhung der Zahl der Kontakte
- Intensivierung der Kommunikation
- Lustbetonte Besetzung der Situation (Spaß und Fröhlichkeit mit anderen)

Gesellige Veranstaltungen erreichen besonders deutlich die Zielsetzungen, die die Animation nach Meinung der Autoren insgesamt hat, nämlich die Intensivierung und die Erhöhung des Erlebniswertes des Urlaubs. Bei Victor Franco[17] gibt es eine anschauliche Beschreibung:

*„Ambiance, das ist ein sehr großer Topf, einmal sehr einfach, einmal sehr kompliziert, dessen wesentliche Bestandteile das Spiel und das Lachen sind. Am Abend, wenn es einem gelingt, alle zum Spielen zu bringen und alle zum Lachen zu bringen, ist die Partie bereits gewonnen. Abwechslung, Überraschung und Zufälle sind das Herz der Ambiance."*

Dem können wir nur hinzufügen: Sie sind auch das Herz aller Urlaubsgesellikeit.

## 3. Animationsbereich „Kreatives Tun"

### a) Allgemeine Überlegungen

Kreatives Tun soll hier als der Bereich der verschiedensten handwerklichen sowie musisch-künstlerisch-bildnerischen Beschäftigungen verstanden sein, die in erster Linie „nicht-produktive", leistungsferne Aktivitäten umfassen; die die Phantasie und Spontaneität der Urlauber ansprechen; die Spaß, Freude und Befriedigung und damit ein gewisses Maß an Selbständigkeit und Selbstvertrauen erzeugen.

Die meisten angeblich „kreativen" Freizeitaktivitäten außerhalb des Urlaubs sind entweder rezeptiv (medienbezogen) oder reproduktiv, aber nicht im hier verstandenen Sinne kreativ.

Besonders ist dieser Tatbestand der Reproduktivität am Beispiel der „Do it yourself"-Bewegung und des sogenannten „Hobby"-Bereiches zu verdeutlichen:

Die „Do it yourself"-Bewegung ist ein für hoch industrialisierte Länder typischer Entwicklungsstand – also zuerst in den USA entstanden und in Europa mit großem Erfolg übernommen – hervorgerufen durch eine zunehmende Personalknappheit und Verteuerung von Handwerksdienstleistungen.

Die „Do it yourself"-Bewegung ist also von ihrer Funktion her eine Kompensationsreaktion auf die Mängel einer notwendigen – und im Grunde unentbehrlichen – differenzierten Dienstleistungsbranche.

Diese Servicelücke wird nun nicht durch neue Organisationsformen der entsprechenden Dienstleistungsträger (z.B. durch Handwerksvereinigungen u.ä.) abgedeckt, sondern in weiten Bereichen zur „sinnvollen, produktiven Freizeitbeschäftigung" hochstilisiert. Damit ist eine kommerzielle Nutzung einer Servicelücke möglich, indem Ersatzteile, Material, Werkzeug und Informationen „Wie helfe ich mir selbst?" in erheblichem Ausmaß angeboten werden.

---

[17] Franco, Victor: „La grande aventure du Club Méditerranée"; Editions Robert Laffont, Paris 1970, Seite 286

Es ist typisch, daß besonders service-intensive Bereiche von der „Do it yourself"-Bewegung erfaßt sind:
* Auto- und Motortechnik
* Basteln und Reparieren in Haus, Hof und Garten sowie
* anspruchsvolle Arbeiten im Wohnbereich.

Es gibt praktisch keinen Bereich, in dem „Do it yourself" nicht Angebote bereitstellt, die von der zuliefernden Industrie bereits so weit vorbereitet sind, daß deren technische Bewältigung auch tatsächlich möglich ist. Durch die Angebotsform des „Halbfertigproduktes" bzw. durch die „laiengemäße" Vorbereitung des Materials wird oftmals eine kreative Initiative unterdrückt und im besten Falle ein reproduktiver Prozeß (sozusagen „nach Vorlage") in Gang gebracht. Dabei wird allerdings verkannt, daß es sich hier im Grunde nicht um Freizeitbeschäftigungen handelt, sondern um die Ausfüllung der Freizeit mit Arbeit. Freilich gibt es genügend Menschen, die durch die „Do it yourself"- Angebote zu echter Freude an der Tätigkeit kommen und eigene kreative Wege bei dieser Beschäftigung entwickeln.

Hier einige Zitate aus willkürlich ausgewählten Nummern von drei entsprechenden Hobby-Zeitschriften:

*„Lust auf kreative Ideen zum Schmücken und Dekorieren? Hier und auf den nächsten Seiten gibt's davon jede Menge. [...] Wenn Sie sie (die Dekoration) lieber selbst anfertigen und schmücken möchten, dafür haben wir eine Anleitung. [...] KREATIV HANDBUCH: Auf den nächsten Seiten finden Sie alle Anleitungen und Vorlagen, alle Rezepte, Tipps und Alternativ-Ideen [...] Eigentlich muß niemand mehr basteln, nähen oder Sticken. [...] Es geht darum, lieben Menschen zu zeigen: für Dich habe ich mir ganz besondere Mühe gegeben.". [...] doch mit den heutigen Mitteln kann auch der Laie gute Resultate erzielen. Wir zeigen Ihnen Schritt für Schritt [...] Das klappt wie am Schnürchen: weihnachtlich stimmungsvolles Licht an die Kette gelegt."*[18]

*„Nutzen Sie die Zeit für Dinge, die Sie schon immer mal machen wollten. z.B. einen Drechselkurs oder einen Basteltag mit den Kindern. Wir liefern Ihnen hier eine Menge Tips und Ideen."*

*„Sie brauchen ein bißchen Zeit, etwas Geduld und Liebe zum Detail, dann wird Ihnen der Bau Ihrer Schwarzwälder Miniatur-Schilderuhr viel Spaß machen. Ein kompletter Bausatz mit einer ausführlichen Anleitung macht es möglich. Eine helle Freude. Jetzt brauchen Sie nur noch etwas Zeit und Lust zu präzisem Arbeiten"*

*„Kosten für die Montage durch Handwerker brauchen Sie nicht zu berücksichtigen – denn die kriegen Selbermacher leicht und sicher selbst hin."*

*„Die einmalige Programmvielfalt gibt Ihrer Kreativität viel Raum. Und die besonders einfache Montage macht der ganzen Familie Spaß."*

*„Wer aber wirkliche Unikate besitzen möchte, tut gut daran, sich als Selbermacher zu verdingen [...] unseren genial einfachen Baumtisch nachzubauen."*

---

[18] „100 kreative Ideen für Advent & Weihnachten"; „Journal für die Frau", Sonderheft 4/99, Axel Springer Verlag, Hamburg

## 3. Animationsbereich „Kreatives Tun" 

*Bücher für SelberMacher, SelberMachen auf CD-ROM, Sonderhefte zu Sonderpreis, SelberMachen im Fernsehen („3sat" und „tm3")*[19)]

*„Kreative Ideen können Sie mit dem MultiPro im Handumdrehen in die Tat umsetzen."*

*„Gebrauchsanleitungen und Bauanleitungen beantworten die meisten Fragen beim Do-it-yourself. Für unseren Vorschlag brauchen Sie kaum mehr Platz [...] Mitunter ist es doch recht einfach (durch SelberMachen) Kinderträume zu erfüllen. Die Einzelheiten [...] finden Sie ebenfalls auf dem Bauplan, den sie bestellen können. [...] – und den Einbau erledigen Sie selbst. [...] Durch die einfache Form sind die beiden Laternen schnell gebastelt."*[20)]

*„Sinnvolle Freizeit: Hobbydrechseln! Tips. Tricks, Erfahrungen, die Ihnen sonst keiner nennt"*

*„Drechseln lernen macht Freude"*

*Bauplan für Gartenbänke: „Einfach bestellen und bauen, draufsetzen und wohlfühlen."*

*„Tiffany-Glaskunst und mehr! Unser 'bezauberndes' Angebot [...]"*

*Dieser Beistelltisch [...] macht überall eine gute Figur und ist auch noch schnell nachgebaut."*

*„Wir zeigen die Anlage (Gartenteich) und geben Denkanstöße zum Träumen, Planen und Bauen."*

*„Papierkunstwerkstatt – Bastelmappen, Ausschneidebögen, Falt-, Scheren-, Transparent- und Silhouettenschnitte, Laternen, Briefpapiere, Fensterbilder, Spiele selbstgemacht [...]"* [21)]

Es ist unbestritten, daß auch die „Do it yourself"-Betätigung Spaß macht und zur Befriedigung bei der Betätigung führt. Lediglich soll hier festgehalten werden, daß diese Form der Freizeitbeschäftigung fast ohne kreatives Element angeboten wird, trotz der Behauptungen in den Werbeanzeigen. In ihrer weiten Verbreitung hat sie eine erhebliche Bedeutung im Freizeitbereich gewonnen, denn Hobby-Motive und ökonomischer Nutzen sind eng verbunden.

Ähnliche Tendenzen sind auch im Hobby-Bereich erkennbar, wenngleich dieses Gebiet wesentlich differenziertere Erscheinungsformen zeigt.

Mit „Hobby-Welle" soll hier der weite Bereich des Sammelns[22)] und Bastelns (Briefmarken, Bierdeckel, Flugzeugmodelle, Autorennbahnen, Amateurfunk, usw.) verstanden werden, ebenso die Unterhaltungs-Hobbys (Video, Foto, Film, Schallplatte, Tonband, CD-Brennen) und die Sport- und Spiel-Geräte-Hobbys (Ski, Boote, Billard, Darts usw.).

---

[19)] „SelberMachen" Hefte 11/1999 + 7/2002; Jahreszeiten-Verlag GmbH, Hamburg 2002

[20)] „Selbst ist der Mann"; Das Heimwerker-Magazin, Hefte Nr. 11, November 1999 und Nr. 7, Juli 2002; Heinrich Bauer Zeitschriften Verlag, Hamburg 2002

[21)] Typische Anzeigen aus „Selbst ist der Mann", Nr. 11, November 1999 und „Selber machen", Heft 7/2002

[22)] Zeitschriften wie „Trödel", „Sammlermarkt" oder „Sammler" nennen jeden Monat (!) hunderte von Sammler-Märkten in ganz Deutschland.

Die vielfältigen Verdienste und Anregungen einer großen Zahl öffentlicher publizistischer und privater Institutionen (Volkshochschulen, private Träger, etc.) sollen hier keinesfalls geschmälert werden. Erstaunlich ist sogar die inzwischen sichtbare Wirkungsbreite dieser verdienstvollen Einrichtungen.

Der Gesichtspunkt des „kreativen Tuns", der uns in diesem Kapitel in erster Linie interessiert, ist bei den Hobby-Angeboten zwar in vielfachen Abstufungen enthalten, aber charakteristisch für den größten Teil der Hobby-Angebote auf dem Markt ist auch hier das Kriterium des Reproduktiven: In allen Hobby-Bereichen findet sich ein unübersehbares Angebot von „Halbfertigprodukten", die in der Freizeit „fertiggestaltet" werden können. Es beginnt mit vorgeformten oder teilbearbeiteten Materialien aus Holz oder Metall und endet bei kompletten „Bastelpackungen", die lediglich ein Zusammensetzen und Bemalen nach Vorlage erfordern. Typisch dafür sind Bausätze für Kunststoffschiffe und Flugzeuge oder komplette Materialsätze für authentisch nachempfundene Tiffany-Lampen. Letzten Endes ist sogar ein Puzzlespiel eine mehr oder minder mechanische Zusammensetzarbeit ohne wesentlich kreative Bestandteile.

Der Ausstellungskatalog 2002 der im Jahre 2003 bereits zum 22. Mal stattfindenden „CREATIVA"[23] in Dortmund listet für über 90.000 Besucher in vier großen Hallen insgesamt fast 500 Aussteller auf – von *Acry-Glasscheiben* über *Fossilien für Bastler* und *Kunsthandwerk* aber auch *Springbrunnen (Zimmer)* oder *Steine* oder *Stempel* bis hin zu *Windspiele, Wolle, Zeichenartikel* und nennt Workshops zu den Themen „Dekor-Aktiv", Aquarellmalerei, „Mal-Zeit", Samt und Seide, Creativ-Spiele, „Wahnsinn - Wohnsinn", „Nicht von Pappe" – alles aus Papier", „Textil Tour", Kunstkleider-Performance „Inter-mezzo-Foto-ristico" und schließlich „Kunststück - Holzstück" über die Faszination der Holzkunst.

Die Verbreitung der musischen, „reinen" Hobbys geht zurück, die Verbreitung der technischen Hobbys nimmt überproportional zu.[24]

Merkmale der Reproduktivität und das Auftreten rein modischer Tendenzen charakterisieren also weite Bereiche der Hobby-Welle, kreatives Tun wird in nicht genügendem Ausmaß berücksichtigt. Damit soll freilich nicht gesagt werden, daß die Anregungen zu sinnvoller Beschäftigung, die von der anbietenden Industrie ausgehen, für sich gesehen negativ betrachtet werden. Im Gegenteil dokumentiert die Vielfalt der Angebote im Rahmen der Hobby-Welle eine erstaunliche Interessensbreite, die Wiederentdeckung des Spieltriebs und die Lust an der abwechslungsreichen Beschäftigung in der Freizeit.

Unter dem Gesichtspunkt der Kreativität allerdings ist das Angebot der Hobby-Industrie ziemlich beschränkt. Wenn schon während der alltäglichen Freizeit die Kreativität kaum zum Tragen kommt, so bietet sich während des Urlaubs um so mehr die Chance, die kreativen Kräfte zu aktivieren und freizusetzen.

---

[23] vom 19. bis 23. März 2003
[24] Dazu bei Lüdtke, a.a.O., Seite 43 ff.

### 3. Animationsbereich „Kreatives Tun"

Allerdings wird im Urlaubsangebot der Bereich des musischen und kreativen Tuns vielfach ignoriert. In den meisten Fällen sind die Urlaubsunterkünfte und Urlaubsorte weder räumlich noch materiell und schon gar nicht personell darauf eingestellt, Möglichkeiten zu schöpferischer Gestaltung zu bieten.

Vorbildliche Modelle existieren seit langem beim Club Méditerranée, ebenfalls in den deutschen Ferienclubs (Aldiana, Robinson) und vereinzelt im Bereich der Ferienhotellerie (Grecotel, Iberotel, etc.).

Darüber hinaus gibt es eine fast unübersehbare Vielzahl von Angeboten in den Kommunen und Gemeinden, von freien Trägern aus dem kirchlichen Bereich und von privaten Initiativen. Ein Blick in die entsprechenden Anzeigenrubriken in den Reiseteilen der großen deutschsprachigen Tages- und Wochenzeitungen, in die Programme der Volkshochschulen und anderer halbinstitutioneller Institutionen gibt davon einen guten Eindruck.

Am „normalen" Urlaubsangebot in der Bundesrepublik, in Mitteleuropa, im Mittelmeerraum, sind diese Trends aber bislang fast spurlos vorübergegangen.

*b) Kreatives Tun im Urlaub*

Dieser Animationsbereich kann außerordentlich vielseitig sein und ist schwer abgrenzbar; deshalb wurde auf ein systematisches Ordnungsprinzip verzichtet. Die Aufteilung erfolgt nach „Produkt"-Gesichtspunkten, also nicht in erster Linie nach den verwendeten Materialien und Techniken, sondern im Hinblick auf das Ergebnis kreativen Tuns.

Dieser Produkt-Gesichtspunkt ist kein Widerspruch zum eingangs erwähnten „nicht-produktiven, leistungsfernen" Charakter des kreativen Tuns: Mit „Produkt" ist hier das <u>Endergebnis</u> einer kreativen Tätigkeit gemeint, nicht aber die Vorstellung von materieller Produktion im Sinne der Wertschöpfung industrieller oder handwerklicher Fertigung; obwohl manche Urlauber(innen) gelegentlich versuchen, ihren Geschenkbedarf für das ganze Jahr zu „produzieren"....

Planungsgesichtspunkte[25] bei der Verwirklichung kreativer Freizeitangebote werden später aufgeführt, erwähnt werden sollen hier aber als Kriterien:

- Materialaufwand
- Personalaufwand
- Zeitfaktor
- Schwierigkeitsgrad

---

[25] Der Besuch einer Ausstellung wie der erwähnten „Creativa" in Dortmund gibt einen guten Überblick und ermöglicht eine leichtere konkrete Planung; Katalog- und Terminanfragen beim Veranstalter: Westfalenhallen Dortmund GmbH, Geschäftsbereich Messen; D-44139 Dortmund; Internet: www.westfalenhallen.de

Die oben erwähnten Produktbereiche sind

    a) **„Bild"** (und bildnerische Gestaltung im weitesten Sinne)

    b) **„Gegenstand"** (und dingliche Gestaltung im weitesten Sinne)

sowie eine brauchbar erscheinende Zusatzgruppe:

    c) optische und akustische **Technik** (Techniken und Inszenierungen)

Die Schwierigkeit der Abgrenzung wird deutlich, wenn man sich darüber klar wird, daß freilich jeder „Gegenstand", der als Endprodukt kreativen Tuns entsteht, natürlich auch optische, also letztlich bildliche Wirkungen haben kann. Insofern sollen die hier unterschiedenen Bereiche als vielfach miteinander verzahnte, komplexe Gebiete verstanden werden, die nur der Übersichtlichkeit halber getrennt aufgeführt werden.

### Produktbereich „Bild"

als Beispiele
einige Techniken

- Bildnerische Gestaltung (Zeichnen, Kohle, Pastell, Karikatur)
- Malen (Fingermalerei, Wandzeitung, Wasserplaka, Öl und andere Farben)
- Seidenmalerei
- Druckgrafik (Kartoffel-Linoldruck, Holzschnitt, Siebdruck, Batik und Stoffdruck)
- Collagen (gehört auch in den Bereich „Gegenstand")
- Mosaik (ebenfalls im Bereich „Gegenstand")

### Produktbereich „Gegenstand"

jeweils einige Beispiele

- Modellieren (Plastilin, Kitt, Gips, Schnee, Sand)
- Töpfern
- Modellbau (Papierflieger, Drachen, Schiffe, Autos)
- Holzarbeiten (siehe Modellieren, Schnitzen, Laubsäge, Drechseln, bis hin zu „Hütten bauen", Abenteuerspielplatz)
- Metallarbeiten (Schmuck, Draht, Blech)
- Stoffarbeiten (Seidenmalerei, Batik, Patchwork)
- Lederarbeiten
- Papierarbeiten (Scherenschnitt, Masken, Puppen, Origami)
- Stroh, Bast, Gewürze, Trockenblumen
- Mosaik (Steine, Muscheln, Glas)

## 3. Animationsbereich „Kreatives Tun"

**Produktbereich „Gegenstand"**

- Gießharze aller Art
- Collagen
- Emaillieren
- Weben, Stricken, Flechten (Macramee)
- Sammeln und Verarbeiten (Beach-Combing, Herbarium)

**Technik und Inszenierung**

jeweils einige Beispiele

- Akustische und optische Techniken
- Fotografie (schwarz-weiß)
- Fotoarbeiten (Diavorträge, siehe akustische-Technik)
- Rotationsfarbtechnik
- Zeichenpendel
- Hotel/Club/Orts-Zeitung
- Dekoration
- Kostüme
- Ausstellungen
- Happenings und Aktionen
- Tonbandstudio (Wunschkonzerte, Hörspiele)
- Video-Studio mit Schnittplatz für Urlaubsvideos
- PC-Ferienkurse; PC-basierte Programme
- Diskussionen, Talkshow
- Lyrik, Poesie, Dichtung (Diavortrag, Geschichten erzählen)

- Sketche, Laienspiel und Showprogramme
- Kasperltheater
- Happenings, Groß-Skulpturen aus Draht, Pappe und Gips, etc.

Diese Aufzählung der vielfältigen Möglichkeiten von kreativem Tun im Urlaub stellt keinesfalls eine vollständige Liste aller nur denkbaren Techniken dar. Außerdem zeigt sich im Einzelfall die Vielschichtigkeit der kreativen Aktivität, die eine

Einordnung beinahe unmöglich macht (z.B. bei Collage-Arbeiten oder Theaterspiel mit selbstgeschriebenem Stück, selbstgebauten Kulissen und phantasievollen Kostümen).

In erster Linie wird eine Überprüfung der am Urlaubsort vorhandenen bzw. beschaffbaren Möglichkeiten (Raum, Material, Personal) die hier aufgezählte Liste stark verkürzen. Diese Bereichsbeschreibung sollte daher zunächst nur einen Überblick über die faszinierende Vielfalt dieses Animationsbereiches und damit zugleich gezielte Anregungen für die Planung in der Praxis geben.

Unter Umständen kann auch ein anderes Ordnungsschema zu einer guten Übersicht führen; man kann kreative Aktivitäten auch nach dem **Zugangs**mechanismus ordnen:

Zugang ist die tatsächliche, vom einzelnen Urlaubsgast in erster Linie zu praktizierende **Form** der Betätigung, die einem spezifischen Bereich eigentümlich ist.

Es lassen sich fünf grobe Zugangsmechanismen finden:

1. Frei schöpferischer Zugang: Zeichnen, Malen, Collage
2. Manuelle Betätigung: Druckgrafik, Seidenmalerei, Mosaik, Emaillieren, Töpfern, Modellbau, usw.
3. Technische Geräte: Rotationsfarbtechnik, (Digital)-Fotografie, Zeichenpendel, Videostudio, PC-Raum
4. Schriftlicher Zugang: Hotel-/Club-/Ferien-Zeitung, Wandzeitung, Lyrik, Poesie, Dichtung
5. Darstellender Zugang: Pantomime, Theaterspiel, Schattenspiel, Verkleidung.

Diese Liste ist freilich nicht vollständig, man erhält aber eine etwas anders geartete Gliederung als auf den vorhergehenden Seiten. Selbstverständlich ergeben sich in der Praxis Überschneidungen, die hier in der schematischen Darstellung der besseren Übersicht halber unberücksichtigt bleiben (z.B. ist manuelle Betätigung im Grunde nirgends auszuschließen).

Für die Animation im Bereich der Kreativität sind beide Gesichtspunkte hilfreich:

Der „**Produkt**"-Gesichtspunkt klärt, welches Ziel, welches Ergebnis der Urlaubsgast am Ende seines kreativen Tuns erreicht. Ein originelles, typisches und noch dazu selbst geschaffenes Urlaubssouvenir macht viel mehr Freude und hat meist einen höheren emotionalen Rang, als jedes Massensouvenir vom Kiosk!

Der Gesichtspunkt des „**Zugangs**" hilft bei der Formulierung von Angeboten an den Gast, denn kreatives Tun kann schwer oder leicht zugänglich sein, wie die Erfahrungen der Kunstpädagogik zeigen: Sich auf einem leeren Blatt weißen Papiers mittels Farbe spontan oder nach Aufforderung in einem bestimmten, schöpferischen Akt glaubwürdig auszudrücken, ist für einen Urlaubsgast unendlich viel schwieriger, als einmal zu versuchen, ein Stück Stoff mit Wachs zu bekleckern und es in einen Farbtopf zu tauchen. Konkreter Betätigungsdrang ist in viel stärkerem Maße zu erwarten als abstrakte künstlerische Artikulationsbedürfnisse.

Als „Formel" ausgedrückt: Der **„Produkt-Gesichtspunkt"** (wenn er schon bei der Programmauswahl berücksichtigt wird) **erhöht** die **Attraktivität**, der **„Zugangs-Gesichtspunkt" senkt** die **Schwellenangst**, in bezug auf kreative Aktivitäten im Rahmen eines Animationsprogrammes im Urlaub.

Am Beispiel der Batikarbeit lassen sich die Wirkungen beider Gesichtspunkte deutlich zeigen:

a) **Produkt**-Gesichtspunkt:
Einfache weiße Leinenhemden oder T-Shirts können mit Batiktechnik in ein attraktives persönliches Urlaubs- und Freizeitbekleidungsstück nach individuellem Geschmack verwandelt werden, welches noch dazu einen unverwechselbaren Erinnerungswert besitzt.

b) **Zugangs**-Gesichtspunkt: Sobald einige Animateure derartige Hemden tragen, wird der einfache Besitzwunsch „so etwas möchte ich auch gerne haben" geweckt, gleichzeitig die Information vermittelt, wie einfach das zu bewerkstelligen sei. Das Hantieren mit Wachs und Farbe, die Spannung vorher und die Überraschung und Freude nachher, wenn sichtbar wird, welch originelle Farb- und Mustereffekte dabei entstehen, machen allen beteiligten Gästen „ganz einfach Spaß". Die Teilnahme ist also leicht auszulösen, ein Zeichen für die Senkung der möglicherweise vorhandenen Schwellenangst.

Unabhängig von allen räumlichen, materiellen und personellen Gesichtspunkten muß also bei der Planung von Animation im Bereich kreativen Tuns der Aspekt des „Produktes" und des „Zuganges" berücksichtigt werden. Erst auf dieser Grundlage haben alle weiteren Faktoren ihre Auswirkungen.

Wenn die Animation z.B. einige Damen unter den Gästen dazu anregt, sich für den Abend höchst phantasievolle Modehut-Kreationen aus Stoffresten und farbigem Kreppapier anzufertigen: Der „Produkt-Gesichtspunkt" ist dabei die Freude der veränderten eigenen Erscheinung, das Prestige und letztlich der Spaß an der Verkleidung.

Der „Zugangs-Gesichtspunkt" ist die fast spielerische Verarbeitungsmöglichkeit eines so vielseitigen, farbigen und leicht zu beherrschenden Materials wie Kreppapier; aber auch die Selbstdarstellung, sich mit einem Hut entsprechend zu bewegen oder mit Gesten bzw. Sprache den Stil des Hutes zu unterstreichen.

Auf diese Weise kann sich auch ein erheblicher Effekt im Animationsbereich „Geselligkeit" entwickeln, indem dadurch ein lustiger Wettbewerb oder gar eine „Schönheitskonkurrenz" im Rahmen des Abendprogrammes angeregt wird.

Daraus wird ersichtlich, daß Animation im Bereich des kreativen Tuns unter Umständen stark in Richtung Geselligkeit ausstrahlt (wobei unter den Gästen, die gemeinsam etwas Kreatives tun, bereits ein interner Kommunikationseffekt entsteht). Ähnliche Überschneidungen sind vor allem zu den Bereichen „Bewegung, Sport und Spiel" und „Bildung" zu beobachten.

Das vielschichtige Ineinandergreifen der verschiedensten Animationsbereiche erschließt dem aufmerksamen Animateur erhebliche zusätzliche Möglichkeiten der Urlaubsgestaltung. Dieser Gesichtspunkt ist in der Zeichnung (Seite 102) andeutungsweise erfaßt, soll aber von Fall zu Fall an Einzelbeispielen immer wieder aufgegriffen werden.

Es sollen hier noch einige Aspekte wiedergegeben werden, die Joachim Feige vom „Arbeitskreis Freizeit und Erholung" bereits 1973 in einem Gespräch mit den Autoren beschrieb und die unverändert Gültigkeit haben:[26]

*„Offensichtlich stellen diese halbtechnischen Vorgänge (Bearbeitung von Gießharz) einen besonderen Reiz dar. Und diese ersten Schritte ermöglichen dann, weiterzuführen, an Silberdraht heranzugehen oder an Plastilin, wo man ja wirklich bereits formen und gestalten muß, aus einer amorphen Knetmasse, oder man bemalt Flaschen und gestaltet mit Gips...."*

*Warum macht den Urlaubern das eigentlich Spaß?*
*1. Weil sie etwas völlig Neues tun, was sie noch nie gemacht haben.*
*2. Weil sie etwas vorzeigen können, das sie selbst gemacht haben und das irgendwie „schön" ist.*
*3. Weil es ein eigenes Souvenir ist, wenn man es mit nach Hause nehmen kann.*
*4. Es füllt die Zeit im Urlaub mit Beschäftigung aus [...]*

*In diesen Kreativitätsangeboten liegt für uns aber auch noch die Kommunikation als eindeutige Zielvorstellung. Deshalb ist es wichtig, daß die Urlauber in Tischgruppen von 6 – 8 Personen zusammensitzen. Vier Personen sind zu wenig, denn das füllt in der Regel eine Familie. 6 – 8 Personen ermöglichen aber eine übergreifende Kommunikation. Nicht nur mit den Freizeithelfern (und Animateuren), sondern auch unter den Gästen."*

Für die Planung hier noch einige stichwortartige Ideen zum Ferienatelier:

Psychologische Momente
- Atelier der offenen Tür, jederzeit zwangloses Eintreten;
- Zuschauen, animiert werden;
- Gelöste Atmosphäre, plaudern, evtl. gedämpfte Musik.

Animation
- Programm anbieten, möglichst jeden Tag etwas Neues;
- Anreize schaffen durch Präsentieren von Werkstücken, die hier gefertigt wurden;
- durch Wettbewerbe über ein bestimmtes Thema;
- durch Versteigerung oder Tombola für einen gemeinnützigen Zweck;
- durch Ausstellungen;
- Anregungen durch eigene Arbeiten oder Kunstliteratur; durch neue Techniken.

---

[26] aus: „Animation im Urlaub", 1. Auflage, Starnberg 1975, Seite 215

### 3. Animationsbereich „Kreatives Tun"

| | |
|---|---|
| Techniken (Beispiele) | • Linolschnitt auf Seidenpapier, Japanpapier, Seide, Stoff<br>• Kork-Holzschnitt<br>• Stoffdruck auf Seide, Baumwolle, Lampenschirmchen etc.<br>• Batik-Schals, Sets, Deckchen, Lampenschirmchen, Wand-Bespannung<br>• Dekor auf Aschenbecher, Medaillon<br>• Emailmalerei auf Schalen, Vasen, Tassen<br>• Emaillieren<br>• Zeichnen, Bleistift, Kohle, Rötel<br>• Porträtieren<br>• Aquarellieren<br>• Seidenmalerei<br>• Malen nach Musik |
| Motivation | • Erfolgsgefühl schaffen durch Publizieren und Aufhängen in den Zimmern oder Räumen des Hotels<br>• Praktische Verwertbarkeit z.B. Namensemblem, Brief- oder Kartenaufdruck. |
| Animateur | • Musisch begabt, manuell geschickt, vielseitige Kenntnisse in den angebotenen kreativen Techniken;<br>• nicht spartenfixiert, interessiert an den Bereichen der andern Animateure, mit eigenen Beiträgen, z.B. Sketche, gemeinsame Darbietungen etc.<br>• gute Schulbildung<br>• sprachgewandt, sprachbegabt<br>• mögl. vielgereist<br>• kulturell interessiert<br>• an Musik interessiert<br>• gewandt im Umgang mit Kindern, Jugendlichen und Erwachsenen,<br>• letztlich eine Persönlichkeit. |

## 4. Animationsbereich „Eindrücke, Entdecken und Erleben"

*a) Allgemeine Überlegungen*

Die bürgerlich-idealistische und philologisch-historische Bildungsreise gilt nicht mehr als touristische Verhaltensnorm.[27]

Im Rahmen der Bildungsreise des 19. Jahrhunderts bewegte man sich *„...in die Ferne, ohne die Bezirke der eigenen Persönlichkeit und des tradierten Wissens zu verlassen, denn man fand in der Ferne das wieder, was bereits geistig vertraut und vorgebildet war. Die klassische Bildungsreise ist „philologisch" orientiert [...] Ihr Ziel war es, in der fremden Welt den Einklang mit sich selbst und den inneren Vorstellungen zu finden: Das Erlebnis als Bestätigung."*[28]

Seit in den 60er Jahren das renommierte Studienreiseunternehmen Dr. Tigges die Formel von „Baedecker und Bikini" erfand, hat sich die klassische Studienreise weitgehend verändert, wenngleich sie nach wie vor einen wichtigen Teil der Spezialangebote im Tourismus insgesamt darstellt.

Im Rahmen dieser Studie kann nicht auf diese spezialisierten Reise- und Urlaubsformen des Tourismus eingegangen werden, aber einige Zitate sollen die – im animativen Sinne – veränderte Form der Studienreise illustrieren:[29]

*„Studienreisen – Einander verstehen: Urlaub mit Studiosus"*

*„Einander verstehen" bedeutet: Fremde Länder anders kennenlernen als es im Massentourismus unserer Tage möglich ist. Sie gründlich betrachten, tiefgreifender erfassen und als Erlebnis genießen. Jeder für sich selbst und gemeinsam mit einer überschaubaren Gruppe interessierter und interessanter Menschen. [...] Lebendig dargebrachte Geschichte und unmittelbar erlebte Gegenwart verbinden sich zu einem eingehenden Gesamtbild von Land und Leuten. [...] Diese Form des „anderen Urlaubs" verbindet auf angenehme Art die spannende Begegnung mit einem fremden Kulturkreis, mit der zum Nachdenken anregenden Ruhe."*

Seit dem Prospekt 1998 wird sogar eine poetische Form der Darstellung der eigenen Philosophie gewählt:

*„Komm, lass uns Lieder tauschen, Sterne, Steine und Stunden.*
*Komm, lass uns Brücken schlagen zu anderen Welten, Himmeln und Zeiten.*
*Komm, lass uns aufbrechen zu Tagen [...] und Nächten, die in anderen Sprachen träumen. Komm, draussen wartet die Welt.*
*Folge dem Traum, der Dich ins Weite führt, folge dem Lichtspiel der Sonne,*
*folge dem Klang fremder Lieder, bis Du ans Tor gelangst:*
*Willkommen in der Welt."*

---

[27] Wagner, Friedrich A.: „Die Urlaubswelt von Morgen", Eugen Diederichs Verlag, Köln/Düsseldorf 1970, Seite 197

[28] Wagner (1970), a.a.O., Seite 194

[29] Studiosus Reisen, München, aus den Katalogen 1989 bis 2001

## 4. Animationsbereich „Eindrücke, Entdecken und Erleben"

Ein früherer Prospekt von Studiosus stellt seine Philosophie in der Einleitung gewissermaßen als Formeln dar:
- *Die Welt in ihrer ganzen Vielfalt begreifen.*
- *Mit dem Blick hinter die Fassaden den Wissensdurst stillen.*
- *In geselliger Runde anregende Unterhaltung führen.*
- *Am Wegesrand das aufregend Neue entdecken: [...] Bezaubernde Natur, interessante Menschen, vielfältiges Leben.*
- *In Ruhe und Muße zu sich selber finden.*
- *Schritt für Schritt faszinierende Natur entdecken.*
- *Nach Möglichkeit auch eigene Wege gehen.*
- *Unvergeßliche Erlebnisse nach Hause tragen.*

Aus diesen wenigen Stichworten wird erkennbar, daß sich auch im Bereich der Studienreisen ein eindeutiger, animativer Trend zu mehr Kommunikation, mehr Erlebnis, einem umfassenderen Begriff der Reiseerfahrung, entwickelt hat.

„*Er [der Studiosus-Reiseleiter] schlägt den Bogen zwischen Gestern und Heute und öffnet Ihnen die Türen zum Verständnis eines anderen Landes.*"

„*[...] schlägt für Sie Brücken, von der Vergangenheit in die Zukunft, von uralten Traditionen zur Gegewartskultur, von Mensch zu Mensch. [...] Verblüffende Eindrücke finden Sie, den Duft fremder Küchen, die seltene Blume am Wegesraand, das Farbschattenspiel großer Kathedralen, Verständnis für die Träume anderer Länder, Freundschaften über alle Grenzen...*"[30]

Die Urlaubsanimation, die sich des Bereichs „Bildung, Entdecken und Erleben" annimmt, hat inhaltlich ähnliche Ziele, wenn auch im Regelfall mit viel bescheideneren Mitteln und Möglichkeiten.

Allerdings wird auch erkennbar, daß die „Nachhaltigkeit" des Tourismus-Angebotes, der Gedanke des sozial verantwortlichen und ökologisch vertretbaren Tourismus immer mehr Stellenwert[31] erhält:

„*Mit unseren Reisen wollen wir [...] Brücken schlagen über innere und äußere Grenzen hinweg und Vorbehalte, Vorurteile und Ablehnung gegenüber allem Fremden aufbrechen. Dadurch werden wir nicht nur zum Kennenlernen fremder Länder, Menschen und Kulturen beitragen, sondern vor allem zum Verstehenlernen.*"

---

[30] Studiosus Studienreisen 2000, Katalog Winter 1999/2000

[31] Dazu zählt eine Qualitätsoffensive im Bereich der Reiseleitung, die z.B. beim Unternehmen „Studiosus" im Rahmen des Qualitätsmanagement-Systems zur ISO-Zertifizierung nach DIN EN ISO 9001 der Prozesse bei Auswahl, Schulung und Weiterbildung der Studienreiseleiter geführt hat.

## b) Bildung im Urlaub

Die Animation im Urlaub will nicht die Bildungsideale eines vergangenen Jahrhunderts wieder beleben. Sie hat zu akzeptieren, und zwar ohne Wertung, daß die Bedürfnisse der Urlauber in bezug auf Bildung und Kultur unter Umständen sehr oberflächlich und eingeschränkt sind.

Wenn Animation den Bereich Bildung, also den Bereich der Anregung zum Nachdenken, der geistigen Aktivierung und Bewältigung in ihr Angebot aufnimmt, dann in erster Linie als Möglichkeit der Bereicherung, der Erweiterung und der Intensivierung des Urlaubserlebnisses, also im Sinne ihrer ureigensten Ziele.

Auch im Bereich der Bildung muß die Animation sich auf ihre wesentlichen Elemente besinnen, nämlich Leichtigkeit, Freiwilligkeit, Spielerisches, den Reiz der Abwechslung, das Überraschende, Neue und nicht zuletzt die Freude am Erlebten.

„Bildung, Entdecken und Erleben" ist also im Sinne der Animation der Bereich, der außerhalb der Geselligkeit, der Bewegung, des kreativen Tuns liegt, wenngleich er – wie bei allen Bereichen – auch hier eine Vielzahl von Misch- und Überschneidungsformen erkennen läßt.

Der Animationsbereich „Bildung, Entdecken und Erleben" ist in erster Linie gekennzeichnet durch Elemente der geistigen Anregung, Aktivierung, Auseinandersetzung und Bewältigung der Urlaubsumwelt im weitesten Sinne. Auch im Bereich der Bildung, d.h. also der geistigen Anregung und Aktivierung, kann die Animation spielerische Elemente besitzen, sie kann ernsthaft und engagiert Aktivitäten in Gang setzen, z.B. bei einer Talkshow oder Podiumsdiskussion. Sie verläuft in Form von aktiver und passiver Beteiligung und kann viele Erscheinungsformen umfassen, z.B. Literatur, Musik, Kultur, Geschichte, Landschaft, Natur, Ökologie und sogar soziale, wirtschaftliche und völkerpsychologische Hintergründe und Zusammenhänge des Urlaubsortes oder Urlaubslandes.

Bildung im Animationsbereich darf nicht mit „Fortbildung" im Sinne von beruflicher oder privater Bildung verwechselt werden. Das wesentliche Motiv, durch das die Animationsangebote des Bereiches Bildung aufgenommen werden, ist die menschliche Neugierde. Der Urlaub als charakteristisches Erlebnisfeld setzt unter Umständen für den Urlaubsgast Möglichkeiten frei, seine Neugierde in Richtungen zu befriedigen, denen er aus einer Vielzahl von Gründen in seiner Alltagswelt nicht nachgehen kann. Die Bereitschaft, Anregungen im geistigen Bereich aufzunehmen und dadurch vielleicht sogar neue Interessen zu entdecken, ist nirgends größer als im Urlaub.

Animationsprogramme, die sich in erster Linie auf den Bereich Bildung erstrecken, lassen sich folgendermaßen gliedern:

a) Veranstaltung im Hause oder in einem Gebäude:
- zuhörend, teilnehmend, rezeptiv
    - Lichtbildervorträge
    - Konzerte, Kurkonzerte
    - Theater, Volkstheater

## 4. Animationsbereich „Eindrücke, Entdecken und Erleben" 141

      Vorträge (von Einheimischen)

      Podiumsdiskussion, Talkshows (von Prominenten oder Politikern am Urlaubsort etc.)

      Dichterlesung usw.

- aktiv, mit eigener Beteiligung

      Quizabend mit bestimmten Aufgabenstellungen

      Diskussionsabend

      Leseabende (Rollenspiele)

      Wunschkonzerte mit Schallplatten/CD's (Beteiligung und Auswahl)

      Einführungskurse in die Sprache des Landes

      Gespräche mit einheimischen Persönlichkeiten

      Tanzkurs, Kochkurs etc.

b) Außerhalb des Hauses (nicht unbedingt an einen festen Ort gebunden): Besichtigung von Bauwerken, Denkmälern, Museen, Ausstellung usw.

- allein (von Animateuren oder Gästebetreuern dazu angeregt, aufgrund eigener Vorbereitung, anhand von schriftlichen Unterlagen, siehe „Historische Spaziergänge", Seite 149)
- mit zusätzlichen Animationspersonen („Stattreisen", siehe Seite 147)
- Pfarrer führt durch die Kirche
- Bauer erklärt Arbeiten und Gerät auf einem Bauernhof
- Bergführer zeigt nicht nur den Weg, sondern erklärt Pflanzen, geologische Formationen, Gegebenheiten der Landschaft
- Förster macht Wanderungen und erklärt Fauna und Flora, oder auch Waldschäden durch Wildverbiß, sauren Regen etc.
- „Spurensuche" (siehe Seite 145ff)
- Stadtangestellte oder Gastwirte/Hoteliers machen Führungen durch den Ort
- Schnitzeljagd oder Rallye mit Aufgabenstellungen über Urlaubsort und Reiseland

Als besonders geeignete Methodik, mit der sich im Urlaub Anstöße zum eigenen Entdecken und Erleben vermitteln lassen, bezeichnete bereits vor über 30 Jahren Otto Schricker[32] das Prinzip der **Beiläufigkeit** und der **Anekdotisierung**.[33]

---

[32] Schricker, Otto u.a.: „Mit Hirn, Charme und Methode", Handbuch für Jugendreiseleiter, Verlag Haus Altenburg, Düsseldorf 1968, Seite 99 – 103

[33] Zur Pflichtlektüre der Studienreiseleiter im Rahmen der Reiseleiterausbildung gehört das Lesen von Märchenbüchern!

## IV. INHALTLICHE BEREICHE DER ANIMATION IM URLAUB

*"Im Urlaub zu lernen, kann überhaupt nur durch die interessante Kommunikation mit interessanten Partnern geschehen"* [34]

Bei der Anekdotisierung geht es um das Prinzip des Hervorhebens oder sogar gelegentlichen Überspitzens des Charakteristischen, in Form von kleinen Erzählungen und Anekdoten. Ein Animateur kann die Wirksamkeit der Anekdote, des spannenden „Geschichten erzählen" und der scheinbar beiläufigen Tips in vielerlei Hinsicht einsetzen. Das weiterführende Gespräch beginnt ja dann erst und setzt natürlich fundiertes Wissen voraus. Der Stil der Anekdotisierung, der kleinen beiläufigen Tips und Hinweise auf scheinbare Nebensächlichkeiten, erwecken auf jeden Fall Neugier und Interesse.

### c) Programmbeispiele

Der Bereich des Entdeckens und Erlebens wird zunehmend an Gewicht gewinnen, insbesondere im Hinblick auf die Vorstellung des ganzheitlichen Urlaubs der Zukunft. Daher haben wir bewußt umfangreicheres Beispiel-Material ausgewählt. Diese Beschreibungen sollen allen im Bereich der Animation Tätigen Mut machen, Angebote und Anregungen für den Urlaubsgast ganz besonders in bezug auf die Erkundung[35] der Urlaubsumwelt zu entwickeln, zu erweitern und auszubauen.

Die Beispiele sind eher Konzeptionen, also eher theoretisch angelegt und an die Mitarbeiter im Fremdenverkehr gerichtet. Die weiteren Beispiele zeigen dann, wie entsprechende Angebote für den Urlauber ganz konkret umgesetzt werden.

### *Erstes Beispiel*: *Die 12 Gebote für den Länderkunde-Animateur:*

Die wichtigsten Gebote für Animateure bzw. Mitarbeiter im Land & Leute-Programm hat Horst Müllenmeister[36] zusammengestellt:

*Bildungsbeflissenheit ist „out".*

*Das Land & Leute-Programm bietet nicht Kunst für Asketen, sondern vor allen Dingen Lebenskultur. Wissenswertes muß nicht unbedingt durch den „Adel des Vergangenen" aufgewertet werden – auch die Gegenwart ist interessant:*

---

[34] Gieseke, Hermann u.a., „Pädagogik des Jugendreisens", Juventa Verlag, München 1967, Seite 118

[35] Aktuelle Anregungen und konkrete Handlungsanleitungen finden sich (speziell für Jugendliche und Schüler) in: Rulfs, Carola: „Methodik und Didaktik bei Gästeführungen", Wünsche und Erwartungen von Schülern bei Stadtgängen; unveröffentlichte Diplomarbeit der Fachschule Bremen, Fachbereich Sozialwesen (in Zusammenarbeit mit Bremer Stadttouristik, BTZ), Bremen 2000.

[36] Bei der TUI – Touristik Union International, Hannover – war Dr. Horst Müllenmeister verantwortlich für den Aufbau des Modellprojektes „Länderkunde".

## 4. Animationsbereich „Eindrücke, Entdecken und Erleben"

1. *Traue keinen touristischen Traditionen. Nicht alles, was man bewahrt, hat sich bewährt.*
2. *Kannst Du eine touristische Hauptverkehrsader / Straße nicht umgehen, so fahre in unüblicher Richtung oder zu ungewöhnlicher Stunde. Der Unterschied zwischen Gedränge und Idylle ist oft nur eine Frage der Tageszeit.*
3. *Hüte Dich vor Übermaß. Die Zahl der gebotenen Attraktionen ist kein Indikator für Qualität.*
4. *Achte auf Entfernungen. Dosiere die Kilometer wie ein Geizhals und die Fahrpausen wie ein Verschwender.*
5. *Merke: Sich bewegen ist besser als bewegt werden.*
6. *Verplane bei einer Rundfahrt nicht jede Minute; gönne Deinen Urlaubern genügend Freiheit, Freizeit und persönlichen Spielraum.*
7. *Bedenke, daß eine Versuchsplantage genauso interessant sein kann wie ein Tempel.*
8. *Die Welt ist kein Museum. Aber ein Museum sollte immer ein Stück Welt spiegeln.*
9. *Verliere Dich nicht in Einzelheiten, sondern erleuchte die Zusammenhänge. Du sollst Deine Urlauber nie langweilen.*
10. *Sei sportlich: Mache Jagd auf Vorurteile.*
11. *Beachte: Die aufregendste Sehenswürdigkeit für Menschen ist immer noch der Mensch.*
12. *Merke: Studienreisen sind in. Aber „klassische" Wissensvermittlung ist out.*

### *Zweites Beispiel: „ Entdeckungen "*

<u>Was wollen wir im großen und ganzen anbieten?</u>
- *einen Querschnitt aus den verschiedensten Lebensbereichen und Lebensformen der Menschen in diesem Lande*
- *einen Querschnitt der Flora und Fauna*
- *einen geographischen Querschnitt, einen landeskundlichen schlechthin.*

<u>Welche Möglichkeiten haben wir in der Durchführung?</u>
*Innerhalb des Hotels[37] / Ortes:*
- *Vorträge und Vorführungen (Sprache, Musik, Gesang)*
- *Kurse aller Art*
- *Informationen (mündlich und schriftlich) bzw. erklärende Unterweisung*
- *Kauf- und Erwerbsmöglichkeiten (Markt, Bazar)*

---

[37] Auszüge aus einem unveröffentlichten Konzept von *animation consult* für den damaligen „ALBA CLUB", Beldibi, Türkei 1987

*Außerhalb des Hotels/Ortes:*
- *Ausflüge, Besichtigungen per Boot, Auto, Fahrrad, zu Fuß als orts- oder hoteleigenes Programm*
- *Empfehlung weitergehender Programme, durch andere Veranstalter angeboten.*

<u>*Was wollen wir damit erreichen?*</u>
- *Motto: „Auch wenn der Ort/das Hotel gleichsam eine Oase bilden, braucht der Gast nicht zu weit wegzufahren, um die Menschen und ihr Land kennenzulernen, und dies nicht nur auf touristische Weise".*
- *Ein speziell für unsere Gäste entwickeltes und angebotenes Programm aufzubauen und zu aktualisieren.*
- *Unseren Gästen nicht nur das Wissen zu vermitteln, das in jedem herkömmlichen Reiseführer nachzulesen ist, oder bei Standardbesichtigungen angeboten wird, sondern ihnen über den Weg der persönlichen Erfahrung auf weniger spektakuläre Weise die Hintergründe und das Wesen dieser Fremdartigkeit zu vermitteln.*

<u>*Und das könnte im einzelnen bedeuten:*</u>
- *Die Menschen kennen und verstehen lernen und zu ihnen einen direkten Kontakt bekommen;*
- *Die eigenen Vorurteile und Wertvorstellungen wenigstens im Ansatz überdenken, um etwas mehr dem Konsumzwang zu entgehen. Dies bedeutet, daß der Urlaubsgast stärker bereit sein könnte, <u>mit</u> dem Ort/dem Hotel zu leben statt von ihm.*

*Ein Beispiel dazu:*

*Wenn ich erfahren habe, wie beschwerlich der Gemüseanbau und die Obsternte sind, werde ich am Mittagsbuffet schon alleine deshalb diese Speisen mehr würdigen und dem Koch oder demjenigen, der mir das Essen reicht, zulächeln.*

*Wenn wir nach dem Motto „der Sinn des Lebens steckt vielfach im Detail" unserem Gast den Alltag der Menschen in diesem Land vermitteln können, haben wir im Sinne des Verstehens und Erlebens mehr erreicht, als während zahlreicher Sightseeing Tours herkömmlicher Art. Und der Alltag ist nicht spektakulär und heißt in diesem Land Arbeit und Ringen ums tägliche Brot und die Religion hilft den Menschen, sich selbst nicht zu wichtig zu nehmen. Und gerade dies könnte uns Mitteleuropäer aufhorchen lassen und Anlaß sein, unsere eigene Position zu überdenken.*

*Und gerade die zuletzt genannten Erfahrungsbereiche könnten unseren Gast längerfristig, d.h. für weitere Urlaube an den Ort/das Hotel und seine vermittelbare „Urlaubsphilosophie" binden.*

Animation bewegt sich hier in eine Richtung, die bislang lediglich von der Sozialpädagogik im Bereich der (zum Teil politisch motivierten) Jugendreisen und des Jugendaustausches bewältigt worden ist: Der Fach-Begriff ist das „interkulturelle Lernen".

Zitiert seien aus einer sehr umfangreichen Veröffentlichung[38] mit aller in Anbetracht der Kürze gebotenen Einschränkung folgende Hinweise:

---

[38] Breitenbach, Dieter (Hrsg.): „Kommunikationsbarrieren in der internationalen Jugendarbeit", Schriften des Instituts für Internationale Begegnungen e.V., Band 5, Verlag Breitenbach, Saarbrücken 1980, Seite 40

## 4. Animationsbereich „Eindrücke, Entdecken und Erleben" 145

*1. Interkulturelles Lernen ist eine Form sozialen Lernens, das durch die Erfahrung kultureller Unterschiede und in Form kultureller Vergleiche sowohl zu einer genaueren Analyse und Relativierung der eigenen kulturellen Normen und Sozialsysteme als auch zum Abbau kultureller (nationaler) Vorurteile führt, wenn es zu Metakommunikationen (breite umfassende Kommunikation zwischen Gästen und Einheimischen) über kulturelle Normen und Unterschiede kommt.[...]*

*2. Situationen, die von den beteiligten Beobachtern als besonders wesentlich für interkulturelles Lernen erkannt wurden, zeichneten sich vor allem durch entspanntes soziales Klima, Eingehen auf die Bedürfnisse der Teilnehmer [...] d.h. insgesamt durch die Abwesenheit spannungsfördernder [...] Faktoren aus.*

Diese Überlegungen lassen sich ansatzweise auch bereits in praktischen Modellen wiederfinden, wie unsere folgenden Beispiele zeigen:

### *Drittes Beispiel: „Spurensuche"*[39]

Ein sehr anschauliches Modell ist die „Spurensuche", die als Animationsprogramm zur Umwelterkundung von Wolfgang Isenberg unter anderem im „Jahrbuch für Jugendreisen und internationalen Jugendaustausch 1988"[40] beschrieben wird.

Wir zitieren die wesentlichen Gesichtspunkte deshalb so ausführlich, weil sie in einfacher Form bzw. in einigen ihrer Elemente bereits in vielen Animationsprogrammen (z.B. thematischen Wanderungen, Gäste-Rallye) enthalten sind:

*Spurensuche, was ist das?*

*Lernen aus der Umwelt aufgrund sinnlicher Eindrücke – das ist das Anliegen der Spurensuche. Die Frage aber ist, ob eine eigene aktive schöpferische Aneignung der fremden Umwelt im Rahmen des Urlaubs stattfinden kann.*

*Das Konzept der Spurensuche will zunächst nur dazu anregen, das zur Sprache zu bringen, was Urlauber bei ihren (meist spontanen) Kontakten bei Aufenthalten in Ferienanlagen, Hotels, Jugendherbergen oder auf Ausflügen, Fahrten mit öffentlichen Verkehrsmitteln, bei Einkaufs- und Flaniergängen, usw. mit der (Urlaubs-)Umwelt in Erfahrung bringen.*

---

[39] Der Begriff wird im Rahmen der Angebote von „Stattreisen München" aufgegriffen (Februar 1999): *„Geführte Rundgänge laden zur Spurensuche ein und wollen den Blick der Gäste schärfen, die [...] Entwicklung [...] selbst lesen und verstehen zu lernen."*
Siehe „Stattreisen" Seite 147 und bei den „Haidhauser Nachrichten" (im Internet: http://hn.munich-info.de) wobei ein Klick auf „HN-Archiv" und die Eingabe „Spurensuche" im Suchfeld zur Ausgabe 2/99 führt, mit „Stattreisen München" und der „Einladung zur Spurensuche"; einfacher und aktuell: www.stattreisen-muenchen.de

[40] Isenberg, Wolfgang: „Zu Fuß in den fremden Alltag – Spurensuche im Urlaub", in: „Jahrbuch für Jugendreisen und internationalen Jugendaustausch 1988", Hrsg. Studienkreis für Tourismus, Starnberg, Jugendbuchverlag Bonn 1988, Seite 27 – 33

Spurensuche heißt zunächst, allein oder in einer Gruppe mit „bloßem" Auge durch einfaches, jedoch bewußtes Sehen, zahlreiche Zeichen oder Phänomene (Spuren) zu suchen, also aus der (Urlaubs)- Umwelt herauszulesen.

Zur Illustration einige Spurenbeispiele:
- *Plakatwerbung (Hinweis auf Produkte, Gestaltung von Werbung, Konsumgewohnheiten, Adressaten)*
- *Auslagen in Schaufenstern (Hinweise auf Produkte, Werbung, Konsumgewohnheiten, Angebotsstruktur)*
- *Speisekarten von Cafés und Restaurants (Preisgefüge, Spezialitäten)*
- *Cafés und Restaurants (Art der Gastronomie, Verhaltensabläufe und Rituale beim Betreten, bei der Bestellung, beim Aufenthalt; Lage, Ausstattung, Besucher)*
- *Gedenktafeln an Gebäuden (Informationen über Bewohner, ehemalige Funktionen geschichtlicher Ereignisse); diese signalisieren stets eine bestimmte Sicht der geschichtlichen Entwicklung*
- *Straßen- und Flurnamen (darin spiegeln sich oft lokale oder metropolitane Geschichte, lokales oder metropolitanes Bewußtsein)*
- *Graffiti (Mitteilungen einer oft alternativen Gegenöffentlichkeit; Themen lokaler Verteilung, Verwischung und Beseitigung)*
- *Friedhöfe (als Kulturstätten und Kultstätten spiegeln sie die geistige Verfassung der jeweiligen Gesellschaft wider, erzählen Geschichten)*
- *Krieger-, National-, Herrscher-, Feldherrn-Denkmäler (monumentale Architektur ist immer Ausdruck des Zeitgeistes und des Geschichtsbewußtseins)*
- *Kulturpflanzen (Lavendel, Oliven, Tabak)*
- *Hausfassaden (Zustand, Material)*
- *Nutzungswandel von Gebäuden (von einem Geschäft zur Wohnung)*
- *Fabrikgebäude (Industriebrache, Orte industriellen Wandels bzw. Verfalls)*
- *Kulturlandschaft (Nutzung als Grünland oder Ackerland, Größe der Parzellen, Produkte, landwirtschaftliche Geräte)*
- *Gebäude (Weinberghäuser, Villen, Wohn- und Geschäftshäuser, Hotels, Getreidespeicher, Bahnhöfe) und typologische Folgen: Dachgestaltung, Einheitlichkeit von Gebäudeelementen, Einfügung von Neubauten in bestehende Fassaden und Ensembles.*

<u>Dem (fremden) Alltag auf der Spur</u>

Um in einen fremden Alltag „einzutauchen", benötigt man Zeit, überschaubare Verhältnisse, eine angepaßte Form der Distanz und auch Überwindung, die es ermöglicht, selbst Unkrautarten in den Fugen der Pflastersteine zu entdecken.

Durch die Reflexion ist es möglich, eine erfahrungsbezogene Technik der Erkundung und Spurensuche zu entwickeln, die schematisch folgende Verfahrensweisen enthält:
- *Öffentliche Verkehrsmittel oder ein Fahrrad benutzen, alleine oder nur in kleinen Gruppen gehen*
- *Auslagen von Geschäften, Reklameschilder, Fassaden, Nutzung oberer Stockwerke der Häuser beobachten und betrachten*
- *Pflanzen und Bäume bestimmen*
- *Friedhöfe aufsuchen*
- *Nebenstraßen gehen*

## 4. Animationsbereich „Eindrücke, Entdecken und Erleben"    147

- *Zur Orientierung mit einem Blick „von oben" beginnen*
- *Spuren selbständig messen, fotografieren, zeichnen, wiegen*
- *Spezialitäten*
- *Alle Beobachtungen in einem Notizbuch festhalten*
- *Aus mitgebrachten Gegenständen eine „alltagsarchäologische" Sammlung anlegen*

*Diese Schematisierung des Vorgehens der Spurensuche erleichtert durchaus den Zugang zu (fremden) Umwelten.*

*Die Spurensuche ist ein offenes, selbst bestimmtes Verfahren, das sich nach den Interessen der Urlaubsgäste richtet.*

*Die Kultivierung des Blicks auf den Wegesrand und die Betonung spontaner Aktivitäten in kleinen Gruppen erfüllen wichtige Voraussetzungen für ein urlaubsgemäßes Lernen. Sie regen an, über einen naiven Kontakt hinaus sich systematischer mit der angetroffenen Alltagswelt zu beschäftigen und Spuren als motivierende Anknüpfungspunkte aus dem Urlaub heraus für interkulturelle Lernprozesse zu nutzen.*

### *Viertes Beispiel: „Stattreisen"*

Ein völlig anderes Beispiel, welches aber den gleichen thematischen Schwerpunkt bildet, sind „Stattreisen"[41]:

Dieser Begriff bezeichnet heute ein ganzes Netzwerk von eigenständigen Veranstaltern, die diese Wortprägung zum Markenzeichen gemacht haben. Wegen der Originalität noch ein kurzes, beinahe bereits „historisches" Beispiel:

Das Verkehrsamt der Stadt Berlin hatte im Sommer 1973 (!) unter dem Titel **„Berlin, Ihre Urlaubsstadt"** ein charakteristisches Beispiel für eine Form von „Sekundär-Animation" veröffentlicht:

Dreizehn „Urlaubsberater", in unserem Sinne also Animateure, stellten in einer Broschüre dem Gast ganz persönliche Angebote für Ferienprogramme in Berlin in schriftlicher Form dar:

- Ein Förster half, Berlin im Grünen zu entdecken;
- der Kapitän eines Wannseedampfers zeigte die Möglichkeiten der Berliner Seen;
- ein Busfahrer der BVG, der Städtischen Verkehrsbetriebe, kannte die Stadt aus seiner Fahrerperspektive;
- ein Landwirt begleitete den Urlaubsgast durch die Dörfer Berlins;
- eine Kanu-Weltmeisterin zeigte, welche Trimm-Möglichkeiten die Stadt dem Urlauber bietet;

---

[41] Am einfachsten im Internet zu finden. Das Stichwort „Stattreisen" ergibt bei fast jeder Suchmaschine eine große Zahl Fundstellen.; die wichtigsten Web-Adressen: (also immer beginnend mit www.) *stattreisen.de, stattreisen.ch, stattreisen.org, stattland.ch* und *tour-de-ruhr.de*

- ein Museumsaufseher regt zu Ausflügen in die Vergangenheit in Museen und Ausstellungen an;
- die Primaballerina der Deutschen Oper gab Anregungen für das Erlebnis des Theaters und der Musik;
- ein Koch gab Tips für das leibliche Wohl;
- eine Boutiquen-Verkäuferin half mit modischen Empfehlungen;
- ein Leierkastenmann mit einer Berliner Sprachlehre;
- ein Hotelportier mit Hinweisen auf das Nachtprogramm und
- ein junges Gastwirtsehepaar schwärmte von den Berliner Kneipen.

Über diese damalige Idee hinaus gingen die Konzepte der „Stattreisen Berlin": Eine Gruppe junger Leute, die sich in der „Weddinger Geschichts-Werkstatt" zusammengefunden hatte, gründete 1983 den Verein „Stattreisen Berlin". Inzwischen gibt es unter anderem in Hamburg, Köln, Nürnberg, München, Bonn, in Wien, auch in Bern in der Schweiz und im Ruhrgebiet insgesamt 15 ähnliche Büros. Sie sind zusammengeschlossen im Arbeitskreis „Neue Städtetouren".[42]

„Stattreisen" ist ein Angebot, die Stadt entziffern zu lernen. Der wesentliche Vermittler ist dabei der „Statt-Führer" neuen Typs. Gegenstand der innerstädtischen Entdeckungstour ist alles, was ins Auge fällt: Im Gegensatz zu distanzierten Reisebusfenster-Perspektiven ermöglicht diese persönliche Vermittlung das Eintauchen ins städtische Leben: Zu Fuß, mit öffentlichen Verkehrsmitteln, Fahrrädern und (in Berlin) sogar Kanus. Die erlebte Umgebung wird in einen alltäglichen Zusammenhang gerückt: Normale Straßenschilder, verwitterte Fassaden, Inschriften, vergessene Kriegsruinen, aber auch berühmte Museen und bekannte Sehenswürdigkeiten.

Der animative Gesichtspunkt ist stets das selbstbeteiligte Entdecken: Direkte Teilnahme am städtischen Geschehen, fundierte Informationen und das kommunikative Gruppenerlebnis ergeben zusammen den Reiz der Stattreisen-Programme.

Natürlich kann man immer nur einen Ausschnitt der Stadt kennenlernen. Und trotzdem ermöglicht das Konzept des „exemplarischen Lernens" die Möglichkeit, die Stadt genauer zu begreifen: Scheinbar belanglos am Wege liegendes Gemäuer kann sich als Schlüssel zum Verständnis der städtischen Zusammenhänge erweisen und damit im eigentlichen Sinne „sehenswürdig" sein.

Das Konzept der Stattreisen ermöglicht besonders auch dem Einzelreisenden, an den täglichen Stadtspaziergängen teilzunehmen. Besonderen Spaß macht es, wenn ein Besucher eine neue Stadt (oder eben auch die eigene) bei Entdeckungstouren auf eigene Faust kennenlernen kann.

„Stattreisen" hat dafür zum Teil zusätzliche Stadterkundungsspiele mit der Kamera vorbereitet, sozusagen als intensivere, individuellere Variation.

---

[42] Die Adressen des ANS „Arbeitskreis Neue Städtetouren": bei „Stattreisen München": www.stattreisen-muenchen.de/sr_ans.htm

Jeder Teilnehmer erhält Erkundungsbögen mit den Fragen und einen Kartenausschnitt, auf dem die Route eingezeichnet ist. Die Fragen haben exemplarischen Charakter und erschließen Besonderheiten der geschichtlichen und geographischen Entwicklung, führen zu markanten Orten der Kultur, der Politik und des Alltags. Die Fragen der Erkundungsbögen, und damit die Suche nach Antworten und Auskünften, werden ihrerseits zum Animations-„Vehikel", da sie helfen, evtl. vorhandene Kommunikationsbarrieren zu überwinden: einfach den Streifenpolizisten zu fragen, oder eine alte Dame am Wege.

Diese Stadterkundungsspiele[43] sind also eine Aneignungsform der Umwelt, die in der Pädagogik als „exemplarisches Lernen" bezeichnet wird.

Diese Idee der alternativen, animationsorientierten Erkundung einer Stadt wird auch außerhalb Deutschlands in Wien und Zürich aufgegriffen:

In den Unterlagen des Verkehrsamtes der Stadt Wien gab es im Sommer 1989 Vorschläge von Stadtspaziergängen und Alternativ-Rundfahrten der *„Stattwerkstatt"*. Auch hier sind besonders vorbereitete „Statt-Animateure" – also animativ orientierte Fremdenführer – die wesentlichen Vermittler. Die Wiener Spaziergänge umfassen eine breite Thematik von *„Alte Häuser und stille Höfe"* bis zum unvermeidlichen Wiener Heurigen und dem *„Wiener Kaffeehaus und seine Gäste"*, aber auch *„Wiener Sagen, Legenden und die Kriminalchronik"* oder ein *„Altstadtspaziergang mit Flöte und Gitarre"*.

Die Züricher Zeitung „Tages-Anzeiger" bot im Mai 1998 einen Stadtrundgang „Auf den Spuren der Züricher Juden" an, der alle Elemente der hier beschriebenen „Stattreisen"-Aktivitäten enthielt.

### *Fünftes Beispiel*: *Ortserkundungsspiele*

Nach diesen eher konzeptionellen Überlegungen folgen jetzt einige praktische Beispiele, wie in deutschen Fremdenverkehrsorten, in Hotelanlagen am Mittelmeer oder in Ferienclubs in außereuropäischen Ländern durch verschiedene Programme den Gästen die Urlaubsumgebung, das Urlaubsland nahegebracht wird.

Die nächsten Beispiele basieren alle auf dem animativen Arbeitsprinzip „Rallye" (Siehe Seite 151), wenngleich dafür unterschiedliche Bezeichnungen benutzt werden. Im Urlaubsbereich bereits bewährte Formen des einfachen Zugangs zur Urlaubsumwelt sind also eher spielerische Wettbewerbe, die die unterschiedlichsten Gestaltungsformen annehmen können:

Im Kur- und Erholunsort Hörste-Lage sind auf der Basis einer geschlossenen Konzeption (siehe Kapitel VII., Seite 275 ff) eine ganz Reihe von Animationspro-

---

[43] Siehe dazu auch „Spurensuche" von Wolfang Isenberg (Seite 145 oder auch „Rallye" als Animations-Prinzip, Seite 151).

grammen des Bereiches „Bildung, Entdecken und Erleben" aufgebaut worden, die als übertragbare Beispiele und Anregungen dienen können:

- Das „Hörster Geschichtsspiel" (für Erwachsene)[44]

  *„Im Hörster Geschichtsspiel kann man eine Menge über die Entstehung von Hörste und seinen Ortsteilen erfahren. Man lernt aber auch verschiedene Gebäude im Ort kennen. Dabei hat jedes Haus bzw. jeder Hof seine eigene Geschichte, sein „eigenes Leben", genauso wie der Mensch auch. [...] Das Schicksal der Häuser ist eng mit dem Schicksal der Menschen und somit auch des Ortes verbunden.*

  *Jeder Spieler wird dabei selbst zum Geschichtsforscher und kann herausfinden, wie unterschiedlich die Höfe aussehen, welche verschiedenen Aufgaben sie erfüllen und was die Menschen in ihnen alles machen oder gemacht haben."*

  **Spielregeln**: (Wir zitieren aus einem kleinen Heft, das die Urlauber erhalten):

  *„Auf den folgenden Seiten wird die Geschichte von Hörste erzählt und der Weg beschrieben, der zu den historischen Stätten führt. Um alle Aufgaben zu lösen, ist es am besten, wenn Sie den Wanderweg in der beschriebenen Reihenfolge abgehen. Halten Sie einen Stift bereit, um die Fragen zu beantworten. Wir bitten Sie, die Sonderaufgabe im Verkehrsamt abzugeben, damit wir am Jahresende die beste Geschichte prämieren können. Viel Spaß und viel Glück beim erforschen der Hörster Geschichte."*

  Es folgen vier Seiten mit der Beschreibung der Geschichte des Luftkurortes mit einem kleinen Stadtplan durch die historische Innenstadt, mit Abbildungen und Erklärungen zu den einzelnen Stationen des Geschichtsspiels. Die Sonderaufgabe lautet: *„Stellen Sie sich vor, Sie würden im Jahre 1585 leben. Schildern Sie einen Tag, der Ihnen besonders im Gedächtnis geblieben sein könnte."*

- „Stadterkundungsspiel" (für Kinder)

  Für sie gibt es analog dazu ein „Stadterkundungsspiel" mit dem Titel: „Kinder erobern Lage". (Lage ist ein eigener Ortsteil).

  Das Spiel wird folgendermaßen erklärt (in hübscher Aufmachung, mit einer kindgemäßen Handschrift):

  *„Gleich könnt Ihr Euch auf den Weg durch Lage machen. Doch vorher noch einige Hinweise für das Spiel:*

  *Mitmachen kann jeder, der Spaß hat, in Lage auf Entdeckungsreise zu gehen. Ihr braucht für das Spiel nicht mehr als einen Stift und ca. eine Stunde Zeit. Habt Ihr beides? Na dann kann es ja losgehen.*

  *Wenn Ihr wollt, könnt Ihr Euch allein auf den Weg machen, aber in einer kleinen Gruppe von Freunden oder Bekannten macht es bestimmt mehr Spaß! Laßt Euch unterwegs Zeit, denn es kommt nicht auf Schnelligkeitsrekorde an, sondern auf genaues Beobachten und richtige Antworten.*

  *Und wie geht das Spiel? In der Mitte dieses Heftes findet Ihr einen Stadtplan, auf dem Eure Strecke eingezeichnet ist. Wenn Ihr dieser eingezeichneten Strecke folgt, werdet*

---

[44] Wir zitieren hier aus den Originalunterlagen, herausgegeben vom Fremdenverkehrsamt der Stadt Lage/Luftkurort Hörste, o.J. (1986)

## 4. Animationsbereich „Eindrücke, Entdecken und Erleben"

*Ihr an allen zehn abgedruckten Stationen vorbeikommen. An jeder Station habt Ihr eine Aufgabe zu beantworten. Na denn ... viel Spaß und paßt auf im Straßenverkehr! Wenn Ihr noch mehr über Lage erfahren möchtet, könnt Ihr ja mal Eure Eltern, Großeltern oder andere ältere Einheimische fragen. So manche Leute erzählen gern und spannend von früher, als sie so alt waren wie Ihr es jetzt seid. Fragt doch mal nach! Vielleicht erfahrt Ihr noch viele interessante Geschichten!"*

Es folgt in Heftform auf jeder Seite für insgesamt zehn Stationen eine bunte, anregende Mischung von Abbildungen, Erklärungen und Fragestellungen. Am Schluß werden die Urlaubskinder auf die Jugendzentren und die Adressen und Telefonnummern der Sportjugend und des Städtischen Jugendamtes hingewiesen.

- Historischer Wanderweg:[45]

Für den Ort und die Umgebung des Luftkurortes Hörste wurde ein „historischer Wanderweg" eingerichtet, in erster Linie dadurch, daß man an den interessanten Stellen (insbesondere an den interessanten alten Höfen) Schilder mit erklärenden Texten angebracht hat und für den Gast eine graphisch sehr ansprechend aufgemachte Textbroschüre, die die einzelnen Stationen des Wanderweges erklärt. Aus der Einleitung ist die Konzeption ersichtlich:

*„Jede Landschaft, insbesondere jedes Dorf oder jede Stadtlandschaft enthält die Zeugnisse ihrer Geschichte und ist ein Spiegel von Vergangenheit, Gegenwart und Zukunft ihrer Bewohner. Aufgabe einer geschichtlich orientierten Wanderung ist es, die historische Aussage der Landschaft und der Städte beim Gehen zu erfahren. Da dies in der Regel nicht so ohne weiteres möglich ist, muß für den „normalen" geschichtlich interessierten Menschen die historische Landschaft aufgeschlossen und zugänglich gemacht werden, z.B. durch Bereitstellung von Hinweistafeln oder Broschüren."*

*„Diese Erschließung und Aufbereitung soll aber die Mühe des eigenständigen Suchens und Findens nicht abnehmen, sondern nur erleichtern und überhaupt ermöglichen. Der „historische Wanderweg" in Hörste widmet sich der Thematik der Hörster Höfe, um anhand der Geschichte der Höfe die Geschichte von Hörste und seiner Ortsteile zu verdeutlichen."*

### *Sechstes Beispiel: „Rallye"*[46]

Die schon erwähnte andere, bekannte Form der urlaubsgemäßen, spielerischen Form der Ortserkundung ist das Prinzip der „Fußgänger-Rallye".

---

[45] Zitat aus: „Historischer Wanderweg", herausgegeben vom Fremdenverkehrsamt der Stadt Lage/Luftkurort Hörste, o.J. (1986)

[46] Anregungen dazu: Hagelberg, Rüdiger: „Auto-Rallyes für Jedermann", Falken Bücherei Nr. 457, Falken Verlag, Niedernhausen 1983

### Funktionen und Arbeits-Prinzipien[47]

Die Teilnehmer an einer Rallye berichten am Ende immer wieder – und oft spontan, daß die Erlebnisse und Begegnungen während der Rallye ihre Einstellung und damit ihre Beziehung gegenüber dem Ort und seinen Menschen positiv verändert haben: „Toll, was wir alles gefunden und erlebt haben".

Das ist ein charakteristisches Beispiel für die Beziehungsarbeit, die in Zukunft ein wesentlicher Teil der Urlaubsgestaltung, der Animation wird sein müssen.

Entscheidend ist, das vorhandene Instrumentarium zu nutzen, welches Beziehungen dieser Art herstellt.

Das sind natürlich Programmangebote der unterschiedlichsten Art, insbesondere dann, wenn der Gastgeber selbst einbezogen ist. Das ist aber nicht immer möglich. Deswegen nutzen Animateure das Prinzip „RALLYE" als universelles Arbeitsinstrument, weil es eine Großzahl von positiven Effekten hat, ohne einen zusätzlichen, unnötigen Arbeits- und Personalaufwand zu produzieren:

- Eine Rallye ist zunächst eine **Wettbewerb**sveranstaltung, man kann also etwas gewinnen und dadurch ist sie attraktiv.
- Es handelt sich um eine **Team**-Aktion, d.h. nicht der Einzelgast ist angesprochen, sondern Gruppen von Gästen oder ganze Familien.
- Alle daran teilnehmenden Gäste sind **aktiv**, die Rallye initiiert also eine Vielzahl von Aktivitäten bei vielen Gästen und sie ist ökologisch vorbildlich, weil sie im Regelfall zu Fuß durchgeführt werden.
- Es handelt sich im Prinzip um einen **Rundstrecken**-Wettbewerb mit mehreren Stationen, wobei an den jeweiligen Stationen kleine Aufgaben, Fragen oder Prüfungen stattfinden.

Durchgeführt wird eine Orts- oder Hausrallye in mindestens zwei Etappen. Eine Etappe z.B. vormittags oder nachmittags, die zweite Etappe geht in den Abend hinein.

Eine gute Rallye bedarf intensiver und sehr umfangreicher Vorbereitung:

Der Gast erhält zu Beginn eine schriftliche Streckenbeschreibung in lustiger, zum Teil verschlüsselter Form, oft sogar verbunden mit Illustrationen, kleinen Silben- oder Kreuzwort-Rätseln.

Der Reiz einer Rallye besteht in der Gewinnaussicht, aber auch in der Art der Aufgaben, im Entdecken.

Generell gilt:

- Fragen,
- Suchen,

Zum Beispiel:

- Suchaufgaben,
- historische Informationen finden,

---

[47] Wir dokumentieren hier Beispiele aus Arbeitsunterlagen der Hoteliers und Gästebetreuer, mit freundlicher Genehmigung der „50plus Hotels" und *„animation consult"*.

## 4. Animationsbereich „Eindrücke, Entdecken und Erleben"

- Aufschreiben,
- Sammeln,
- Herstellen,
- Finden.

- Quizfragen,
- Lieder oder Gedichte erfinden,
- Bilder malen.
- usw.

Daran wird erkennbar, daß eine Rallye zwar einmal einen erheblichen Vorbereitungsaufwand benötigt, dann aber in der tatsächlichen Durchführung praktisch keinen Personalaufwand und keine zusätzliche Belastung mehr darstellt.

Darüber hinaus bietet eine Rallye den unschätzbaren Vorteil, sie in beliebigen Sprachen gleichzeitig für verschiedene Gästegruppen durchführen zu können: die englischen Gäste erhalten eine englische Streckenbeschreibung, das holländische oder gar japanische (!) Team erhält die Beschreibung in ihrer entsprechenden Landessprache. Alle machen sich praktisch gleichzeitig auf den Weg.

Entscheidend ist: mit Hilfe von Fragen, Suchaufgaben und anderen Wettbewerben kann der Animateur, der Gatsgeber, den Gast „lenken". Man kann ihn auf Dinge aufmerksam machen, man kann ihn Dinge entdecken lassen, an denen er sonst achtlos vorbeigehen würde, die er sonst niemals erfahren würde.

Der zusätzliche methodische Trick : Man kann ihn im Rahmen dieser Aufgaben mit Menschen des Ortes, der Region, ins Gespräch bringen, wenn man die Aufgaben entsprechend stellt.

Dabei ist es vorteilhaft, nicht die Gäste zu einem bestimmten Menschen zu schicken (Negativ-Beispiel: „Finden Sie heraus, welche Schuhgröße der Pastor hat") sondern allgemeinerer Art: *„Versuchen Sie durch Fragen herauszufinden, welches der älteste Einwohner unseres Dorfes ist"* oder *„Welche Bedeutung hat das Denkmal XY für die Einwohner?"*.

Fußgänger-Rallyes sind zwar Wettbewerbsveranstaltungen auf einer Rundstrecke (man kommt also dort wieder an, wo man aufgebrochen ist), sie sind aber keine Zeit-Wettbewerbe, d.h. ohne Hetze, Eile und Hektik:

Vorteil gegenüber Olympiaden etc.: Die Team**größe** spielt bei Rallyes keine Rolle. Idealgröße 4 - 6 Personen. Genau so wenig spielen Alter oder Teamzusammensetzung eine Rolle (z.B. auch Familien mit Kindern, sogar mit Kinderwagen).

Ein ideales Programm, vor allen Dingen für Tage, die weder schön noch schlecht sind, wo das Wetter zwar nicht gut genug ist, um sich zu sonnen oder größere Wanderungen zu unternehmen, aber auch nicht so schlecht, daß man den ganzen Tag im Haus sitzend verbringen muß. Auch mit einem Regenschirm kann man auf eine Rallye gehen!

Wenn die Fragen und Aufgaben originell und interessant genug gestellt sind, wird bei den Gästen eine Entdeckerfreude, die erstaunlich ist. Einem Animateur sagte ein Gast: *„Ich bin jetzt nun zum sechsten Mal hier, aber heute nachmittag habe ich Dinge gesehen und erfahren, von denen ich vorher nie etwas gewußt habe"*.

Ein besonderer methodischer Kniff steckt in einer Aufgabe, die zwingend in jede gute Fußgänger-Rallye gehört: An einer bestimmten, geeigneten Stelle werden die Gäste gebeten, eine Zeichnung, ein Bild von der Aussicht an dieser Stelle anzufertigen. Dazu muß natürlich das entsprechende Material in der Nähe in ausreichender Menge und Qualität verfügbar sein.

Diese Zeichnungen oder Bilder worden von den Gästen[48] wieder zurückgebracht und öffnen damit den Weg zur abendlichen zweiten Etappe: Es wird mit Hilfe dieser oft staunenswert guten „Kunstwerke", z.B. am Restauranteingang eine kleine „Vernissage" durchgeführt: Dadurch erfahren auch die anderen Gäste im Haus, was tagsüber stattgefunden hat. Gesprächsstoff ist vorhanden, Kontakte entstehen, Beziehungen werden in Gang gebracht.

Die Punktebewertung der Lösung der Nachmittagsaufgaben der ersten Etappe ergibt zwar einen Punktestand, das Endergebnis ist aber nach wie vor offen, denn die „Kunstwerke" der Rallye-Teilnehmer werden von einer unabhängigen Gäste-Jury mit zusätzlichen Punkten bewertet, die dann abends dem Gesamtergebnis eines jeden Teams hinzugerechnet werden. Dadurch ist die Spannung aufrecht erhalten: bis zum Schluß des Abends weiß niemand, welches Team nun endgültig gewonnen hat.

Auch für die Gäste, die nicht teilgenommen haben, ist es eine interessante Angelegenheit, mitzuerleben, was andere Gäste geschaffen haben und sozusagen die Endausscheidung und die Siegerehrung erleben zu können.

Die Preise bei einer Rallye sollten wiederum Erinnerungscharakter haben. Also keine Flaschen, die ausgetrunken und entsorgt werden, sondern z.B. kleine typische Souvenirs oder Erinnerungsstücke traditioneller Art.

Es ist einleuchtend, daß Menschen, die in einem Ferienort eine Rallye mitgemacht haben, viel mehr erfahren, viel mehr erleben als sonst; daß sie Dinge sehen und in ihren Erfahrungsschatz einbauen, auf die sie sonst niemals gekommen wären; daß sie in Kontakt kommen mit Menschen, mit Einheimischen, mit denen sie sonst nie gesprochen hätten; daß also dadurch tatsächlich auch eine wesentlich bessere Beziehung zum Ferienort oder zur Region, seiner Kultur, seinen Traditionen entstehen kann.

Ein weiteres Beispiel eines zunächst eher unscheinbaren Animationsprogramms wollen wir hier vorstellen – die Sprachspiele:

---

[48] Nicht zuletzt kann ein guter Gastgeber, der zunächst die Bilder einbehält (mit Argumenten wie „als Schmuck; als Beispiel für andere Gäste; für unsere „Gäste-Galerie" o.ä.) später (zu Weihnachten, zu einem besonderen Anlaß) den Gästen ihre eigenen Bilder als Geschenk und Erinnerung wieder zurückschicken. Der Wert als PR- und Promotion-Maßnahme ist gar nicht hoch genug einzuschätzen. Gleiches gilt natürlich auch für eine Rallye auf Ortsebene und spätere Aktion des örtlichen Tourismus-Verbandes.

## 4. Animationsbereich „Eindrücke, Entdecken und Erleben"   155

***Siebtes Beispiel****: Sprachspiele für Erwachsene*

Die Sprache des Gastlandes, die Umgangssprache der Einheimischen, der der Urlauber in vielerlei Situationen begegnet, ist ein wesentlicher Bestandteil der Urlaubs"umwelt", zumindest in ihrer akustischen Erscheinungsform. Und – jede Sprache macht zunächst einmal neugierig:

Die Landessprache eines Urlaubslandes ist gleichzeitig die wichtigste Basis der Kommunikation zwischen Einheimischen und Urlaubern; sie wird meist unterschätzt oder gar ignoriert.

Hier können spielerische Formen der Animation, die sogenannten „Sprachspiele", helfen, Brücken zu bauen, als Chance für neue, unerwartete Urlaubserlebnisse.

Als Beispiel wollen wir den Reiz der typischen nationalen Spiele der Urlaubsländer im Sinne der Animation nutzen:

**Nationalspiele**

Eine Möglichkeit, spielerisch die Landessprache soweit zu erlernen, daß man sie im Urlaub sofort anwenden kann, sind „Nationalspiele": Das kann „Tavli" in Griechenland oder der Türkei sein oder aber das klassische „Domino" in Spanien, „Schnapsen" in Österreich oder gar „Jass", das Schweizer Kartenspiel mit seinen Schwyzerdütschen Ausdrücken.

Diese Spiele vermitteln gleichzeitig das Vergnügen, den Einheimischen, besonders den alten Männern in den Cafés, mit Verständnis zuschauen zu können, ganz zu schweigen davon, daß man selbst ein Nationalspiel spielen kann.

Das Beispiel des spanischen „Domino" zeigt diese Art von „Sprachspiel" sehr anschaulich:

Der Animateur lädt also zum Domino-Spiel ein. Auf eine große Tafel hat er die Zahlen 1 - 6 mit den dazugehörigen spanischen Begriffen hingeschrieben, daneben Satzbrocken, die beim Spiel verwendet werden, jeweils deutsch und spanisch:

| | | | |
|---|---|---|---|
| 1 = | **uno** | ich habe | **tengo** |
| 2 = | **dos** | ich habe nicht (kein) | **no tengo** |
| 3 = | **tres** | haben Sie? | **Tiene Usted?** |
| 4 = | **quatro** | hast Du? | **Tienes tu...?** |
| 5 = | **cinco** | hast Du nicht...? | **No tienes...?** |
| 6 = | **seis** | gib mir bitte | **da me por favor** |
| | | ich möchte | **quiero...** |
| | | und | **y** |
| | | danke | **gracias** |

Überall in Spanien, in den Dörfern, aber auch in den Zentren, wird vielfach Domino gespielt; man kann aus den Bars das Klopfen mit den Spielsteinen auf den

Marmortischen hören. Die Regeln entsprechen unserem Kinder-Domino; jedoch spielt man zu viert – jeweils zu zweit über Kreuz – so daß man die Steine seines Partners aus dessen Spielzügen erraten muß, um sich gegenseitig unterstützen zu können.

Nachdem die Spielregeln erklärt sind, beginnt das Dominospiel, wobei ab jetzt alles auf Spanisch gesagt wird. Die Sätze kann man sich mit Hilfe der Tafel selbst zusammenstellen, wenn man seine Steine erklärt:

„Ich habe 6 | 6"     „Ich habe keine 6 | 3"     „Hast Du 4 ?" usw.

Auf der Tafel werden weitere Begriffe ergänzt, sobald sie (aus Versehen) auf deutsch gesagt werden, z.B. sagt jemand vor sich hin „wie blöd", weil er seinen Spielpartner nicht berücksichtigt hat, also: **„que tonto"**.

Kommt nach einiger Zeit ein Kellner an den Tisch (das kann der Animateur durchaus vorher schon vereinbart haben), so sind die Spieler/Gäste bereits in der Lage, Getränke selbst auf spanisch zu bestellen: **„Quiero dos cafes por favor"**, **„quiero una cola"**.

Fehlt ein zusätzliches Wort, so kann der Animateur oder der Kellner das Wort ins Spanische übersetzen und es dem Gast damit ermöglichen, seine Bestellung vollständig in spanisch zu wiederholen.

Das Prinzip ist, sprechend Grammatik zu üben, ohne Grammatik zu lernen; das Gelernte direkt anzuwenden; wenige Satzeinheiten ständig zu wiederholen; bei Bedarf kann man sie stets noch von der Tafel ablesen, so daß man sie nach kurzer Zeit in neuen Zusammensetzungen immer wieder anwenden kann.

Beim nächsten Spiele-Treff kann man nach vielleicht 45 Minuten Dominospiel noch zu einem Rollenspiel übergehen: auf einer weiteren Tafel werden neue Begriffe geschrieben, die man z.B. auf dem Marktplatz, im Restaurant benötigt: **„Wieviel kostet ...?"** und verschiedene Hauptwörter. Die Urlauber spielen den Käufer (ihrer Rolle entsprechend), aber auch den Verkäufer, da sie ihn schließlich in Wirklichkeit auch verstehen lernen müssen.

Ein weiteres Rollenspiel kann der Frage (und der Antwort) nach bestimmten Sehenswürdigkeiten, der Entfernung, der Länge eines Weges etc. gewidmet sein.

Diese „Spiel-Stunden" sind für jedes Alter geeignet; Kinder, Jugendliche und Erwachsene werden ihren Spaß beim Spiel und ihre Erfolgserlebnisse bei der Anwendung der Landessprache haben.

Resümee: Was können diese Sprachspiele leisten?

- Das System der Sprachspiele ermöglicht einen Lernanstoß in urlaubsgemäßer Form. Vorstellungen von schulischem Lernen, das mit Mühe und Arbeit verbunden ist, werden somit vermieden.
- Eine Grunderfahrung wird jedem Gast zuteil: Schon das Bemühen, wenige Begriffe der Landessprache zu benutzen, vermittelt Anerkennung bei Einheimischen.

## 4. Animationsbereich „Eindrücke, Entdecken und Erleben"

- Die Benutzung einfacher Begriffe und Sätze der Landessprache sind ein Anstoß, eigene Interessen weiterzuverfolgen, Fragen zu stellen, die Urlaubsumwelt nicht nur als schöne Kulisse zu akzeptieren.
- Die ersten Schritte in Richtung auf Kontaktaufnahme mit Einheimischen werden erleichtert, oder überhaupt erst ermöglicht, weil die Schwellenängste gemindert werden, weitergehende Kontakte sind dann allerdings dem jeweils einzelnen Gast vorbehalten.
- Auch die Gäste untereinander haben in ihrer kleinen Sprach-Spiel-Runde andere Gäste leichter und näher kennengelernt.

Was können diese Sprachspiele nicht leisten?

- Dieses System hat seine Grenzen. Es führt nicht zu einer philologisch einwandfreien Grundkenntnis der Sprache; das ist aber auch gar nicht verlangt.
- Ausgiebigere Konversation ist mit diesem Sprach-Grundmaterial nicht möglich.

### *Achtes Beispiel*: *Spaziergänge und Wanderungen*

Die Urlaubs-Aktivitäten, die seit vielen Jahren unangefochten auf den vordersten Plätzen aller Nennungen in der Reiseanalyse stehen, sind „*Spazierengehen*" und „*Wandern*". Daher sollen auch im Bereich „*Entdecken und Erleben*" einige Stichworte und Hinweise zu Animationsprogrammen dieses Typs aufgeführt werden.

**Beispiel**:

| Programm | Spaziergang oder mehrstündige Wanderung durch die Umgebung des Hotels oder Ferienortes. |
|---|---|
| Befriedigt | • Neugier der Gäste <br> • Informationsbedürfnis <br> • Bedürfnis nach Abwechslung und ungewohnten neuen Erlebnissen |
| Bereich | Spaziergang und geführte Wanderung gehören zum Bereich „Bildung, Entdecken und Erleben"; zunächst aber sind sie Bestandteil des Bereiches Bewegung. Man wandert gemeinsam, also: gesellige Elemente. Ein Spaziergang ist auch ein Teil der „Information" über näheren und weiteren Bereich des Urlaubszieles. |
| Charakterisierung | • Organisierter, fester Bestandteil des Wochenprogrammes und der Urlaubsanimation <br> • Organisatorische Einzelheiten langfristig vorbereitet <br> • Für sämtliche Gästegruppen geeignet <br> • Starke Interessenstreuung vermeiden (Enttäuschungen) <br> • Möglichst keine unterschiedlichen Sprachgruppen |

| | |
|---|---|
| Gästestruktur | Nicht allzu stark mischen (kleine Kinder, junge Leute und ältere Gäste) |
| Weitere Effekte | • Kontakt mit Einheimischen, Kontakt mit der Natur, Wiederentdecken von (längst vergessenen) Einzelheiten aus Fauna und Flora<br>• Urlaubserlebnis zusammengesetzt aus den Elementen Bewegung, Bildung und Geselligkeit |
| Vorzüge | • Der Gast bewegt sich in der Natur<br>• Keine aufwendige Ausrüstung oder Bekleidung<br>• Jede Altersgruppe und jede Jahreszeit<br>• Ohne komplizierte Techniken und Verhaltensweisen (bestenfalls ein gewisser Bewegungsrhythmus)<br>• Individuelle Belastung des Körpers<br>• In kleineren oder größeren Gruppen, also relativ flexibel<br>• Unter Umständen ein gewisses Maß an Abenteuerlichkeit |
| Zahl | Teilnehmerzahl begrenzen<br>Ein einzelner Wanderführer (der örtliche Förster oder ein kundiger Einheimischer) kann seine Kontaktmöglichkeiten auf etwa 20 – 25 Gäste ausdehenen, aber nicht mehr. |
| Attraktion | • Aktive Teilnahme<br>• Neugier am Entdecken einer unbekannten Landschaft, eines Teiles der Umgebung der Urlaubsumwelt (die man auf eigene Faust evtl. nicht betreten hätte)<br>• Fotomotive, Ausblicke, etc. |
| Zeit | • Vorbereitungszeit<br>• Ortskundiger und kommunikationsfähiger Begleiter und Führer muß Zeit haben (Förster, Landwirt, Biologe, Botaniker oder begeisterter Wanderer mit eigener Erfahrung und Interesse am Hobby).<br>• Nicht in den allerersten Tagen des Urlaubs (Entspannungsphase) Besser: zweite Hälfte der ersten Woche. |
| Dauer | Von einem einstündigen Spaziergang bis zu einer 3-stündigen Wanderung; einen halben Tag besser nicht überschreiten. |
| Durchführung abhängig von | • Örtliche Gegebenheiten<br>• Ablauf des Wochenprogrammes<br>• Klima, Witterung<br>• Geographische Faktoren |

## 4. Animationsbereich „Eindrücke, Entdecken und Erleben"

| | |
|---|---|
| Ort | Routenauswahl mit einheimischem Führer absprechen, evtl. vorher abgehen (physische Leistungsfähigkeit, Interessenlage der Gäste einschätzen). |
| Information | • Allgemeine Informationen im Wochenprogramm bei Ankunft. Einen Tag vorher aktuelle Information zur Stärkung des Interesses.<br>• Bei der Begrüßungsparty persönliche Vorstellung des Führers.<br>• Wie bei allen Informationssystemen:<br>  • Mittelfristig-allgemeine Information<br>  • Kurzfristig-Direktinformation, möglichst persönliche Information<br>• Homogenität bei der Ansprache der Gäste berücksichtigen (z.B. Wanderung für Kinder und deren besondere körperliche Leistungsfähigkeit und spezielle Interessen).<br>• Besondere Information für verschiedene Gästegruppen: Schwierigkeitsgrad, Länge, thematischer Schwerpunkt. |
| Vorbereitung | • Keine Geräte oder Installationen nötig.<br>• Außer: Gute Wanderkarte (schon bei der Vorstellung des Programms und der Route).<br>• Für die Durchführung: Evtl. ein Kompaß |
| Ausrüstung | • Festes Schuhwerk<br>• Klimatisch und witterungsbedingt entsprechende Kleidung<br>• Prüfen, welche Raststätten, Gasthöfe, bewirtschaftete Hütten, Jausenstationen, haben geöffnet? (Müssen Getränke und Verpflegung mitgenommen werden oder nicht?). |
| Sonstige Ausrüstung | • Kleine Reiseapotheke für Erste Hilfe.<br>• Warmes Kleidungsstück (um Erkältung nach Schwitzen oder unnötige Abkühlung bei der Rast zu vermeiden). |
| Delegation | Typisch für eine Wanderung ist die Delegation der Aufgabe: Nicht immer ist der Animateur auch gleichzeitig Wanderführer. |
| Kosten | Spaziergang bzw. kleine Wanderung sollte für den Gast ohne zusätzliche Kostenbelastung sein (die Honorierung des Wanderführers vorher klären!) Weiterhin: Kosten für Getränke und Marschverpflegung (Lunchpakete sind nicht immer geeignete Wanderverpflegung!). Kostenaufwand insgesamt möglichst niedrig halten. |

| | |
|---|---|
| Alternativen<br><br>Wetter-<br>Abhängigkeit | Von extremen Wetterlagen abgesehen (große Hitze, wolkenbruchartiger Regen oder dichter Nebel), ist ansonsten jede Wetterlage geeignet! Man kann auch im Regenmantel und sogar mit Regenschirm wandern.<br>Wetterunsicherheit zwingt dennoch zu Alternativen:<br>Ähnliche Veranstaltungen, die witterungsunabhängig sind: Besuch Naturkundemuseum, Ausstellung etc. oder auch ein Dia-Vortrag über die nächste Umgebung, so daß die Gäste allein später das Versäumte nachholen können. Die Gäste bei der Information von vornherein auf die Alternativen aufmerksam machen. |
| Ablauf | Urlaubsgäste erwarten in erster Linie, zuzuschauen und sich etwas bieten zu lassen. Animationsprogramme des Bereiches „Bildung – Entdecken – Erleben" – also speziell auch die Wanderung, sollten den Schwerpunkt auf folgende Aspekte legen:<br>• Unvoreingenommenes Sehen<br>• Hinwendung zu Kleinigkeiten<br>• Freude an simplen Dingen<br>**Leitmotive**:<br>    ° Das Gefühl, mit offenen Augen die Dinge neu und wieder zu sehen und zu entdecken<br>    ° Die Fähigkeit, zu staunen<br>    ° Sich über Kleinigkeiten zu freuen<br>    ° Neugier, bewußtes Kennenlernen einer begrenzten Umwelt,<br>    ° ein Stück bewußter Urlaub |
| Themen | Wanderungen nach <u>thematischen</u> Schwerpunkten ordnen:<br>Sammeln von Schmetterlingen, Blumen, Blättern, Steinen; Insekten, Tiere, Bäume, Landschaftsmerkmale entlang des Weges; Erkennen von Umweltveränderungen aber auch -schäden, etc.<br>Ornithologischer Schwerpunkt (Führer erkennt Vögel an ihren Stimmen und erklärt den Unterschied des Gesanges)<br>Denkbar ist auch ein mehr oder minder geländespielartiger Schwerpunkt (zwei getrennte Gruppen treffen sich an einem vorher vereinbarten Punkt auf verschiedenen Wegen). Der Reiz: Die Suche nach dem Unbekannten, dem Neuartigen.<br>Historische Informationen als Schwerpunkt:<br>Ruinen, alte Bäume, geschichtsträchtiger Boden, Wallreste aus der Römer- oder Stauferzeit. |

## 4. Animationsbereich „Eindrücke, Entdecken und Erleben"

| | |
|---|---|
| Wandertempo | Urlaubsgemäß ruhig, gleichmäßig. Viele kleine Pausen (zu nutzen, um die Aufmerksamkeit der Wanderer auf Dinge zu lenken, die im Vorbeigehen nicht zu entdecken sind). Kein dozierendes, belehrendes Verhalten (ein Spaziergang ist keine botanische Exkursion). |
| Entdecken | Besser: Einfach stehenbleiben, sich mit Interesse einem bestimmten Gegenstand widmen: Erzeugt Neugier und evtl. Fragen. Bei einmal geweckter Neugier, gezielte Informationen, Auskünfte und größere Zusammenhänge darstellen. Je nach Jahreszeit ergibt sich aus der Umwelt, den Pflanzen und Tieren, eine ungeahnte Anzahl von Beobachtungsmöglichkeiten und Anregungen, die dem zumeist städtisch geprägten Urlauber völlig aus dem Bewußtsein verschwunden sind (das gilt auch für fotografische Aufnahmen). Die Route nach Möglichkeit, die zeitliche Disposition unbedingt einhalten; Ermüdungserscheinungen berücksichtigen. |
| Erlebnis | Unerwartete Begegnungen oder Geschehnisse, kleine improvisierte oder vielleicht sogar vorgeplante „Zwischenfälle" bereichern die Erlebnisvielfalt: z.B. kleine Hütte im Wald, ein Brunnen mit frischem Wasser, kleine Landgaststätte mit einheimischen Spezialitäten, Gesprächsmöglichkeiten mit Einwohnern der Gegend. |
| Gewinn | Der Gewinn einer Wanderung: Die Summe der Vielzahl von kleinen und detaillierten Beobachtungen ist wichtiger als das Erreichen eines besonderen, berühmten Aussichtspunktes. Nicht nur Sachinformationen, sondern affektive und emotionale Erlebnismomente: Bewußtes Erleben der Ruhe, Rauschen der Bäume, Gesang der Vögel, Gefühl der Einsamkeit, Gefühl der Zusammengehörigkeit, etc. |
| Wirkung | <ul><li>Freude an der Bewegung</li><li>Selbstbestätigung</li><li>Darüber hinaus aber Anregung zum Nachdenken, bestimmte Einsichten wieder ins Bewußtsein zu rufen, z.B. die unendliche Vielfalt der uns umgebenden Natur, Sinn für Details</li><li>Beobachtungsgabe schärfen</li><li>„Das Staunen ist der Anfang aller Philosophie"</li></ul> |

Die Vielfalt und die Details der Umwelt mit offenen Augen als eine ganz andere Welt zu sehen und zu genießen, stellt Vergnügen dar und damit eine Erhöhung des Urlaubserlebnisses.

## 5. Animationsbereich „Abenteuer"

*a) Allgemeine Überlegungen*

Bereits 1970 schrieb Friedrich A. Wagner:[49]

*„Bei der Untersuchung der Urlaubsmotive [...] zieht man immer wieder Kategorien des Emotionalen und Irrationalen heran: Die Sehnsucht nach dem Abenteuer der Ferne, nach dem Unerforschten, dem Elementaren und Unberührten."*

Hier werden die Elemente des Abenteuers in Beziehung gesetzt zur Irrationalität des Menschen, der in einer Alltagswelt im Regelfall alles geordnet, organisiert, geregelt verwaltet, eben rational vorfindet, wo Abenteuer im ursprünglichen Sinne keinen Stellenwert mehr besitzt.

Georg Simmel[50], der „Erfinder" des Abenteur-Urlaubs, stellte eine zentrale Aussage bereits 1911 auf: Es ist *„die Form des Abenteuers, im allerallgemeinsten, dass es aus dem Zusammenhang des Lebens herausfällt."* Zeitgemäßes Tourismusmarketing formuliert sinngemäß: „Action, Spaß, Abenteur – das heißt Ausbruch aus der Normalität des Alltags."

Die Sehnucht nach dem wie auch immer ausgeprägten, subjektiven „Abenteuer" sollte auch mit einem durchdachten Animationsprogramm zumindest angesprochen werden.

*b) Abenteuer im Urlaub*

Der Bereich des Abenteuers hat enge Beziehungen zum Bereich „Bildung, Entdecken und Erleben" und könnte öfters auch dort zugeordnet werden. Da die Attraktivität von Animationsprogrammen des Bereiches Abenteuer aber eine Reihe von zusätzlichen Elementen besitzt, ist dieser Bereich getrennt dargestellt.

Der Animationsbereich Abenteuer besteht im Prinzip aus drei Elementen:

1. **Abwechslung:**
   Neu, unerwartet, elementar, nicht perfektioniert, ungewöhnlich.
2. **Herausforderung:**
   Nicht so leicht, unbequem, schwierig, prickelnd, evtl. sogar Gefahr enthaltend.
3. **Romantik der Regression:**
   Einfaches Leben, Primitivität, naturverbunden.

---

[49] Wagner (1970), a.a.O., Seite 201

[50] Zitiert von Christoph Hennig im FAZ-Reiseblatt vom 12.07.2001 mit demTitel „Das Außerhalb ist eine Form des Innerhalbs", Georg Simmel und der Weg ins Abenteuer.

## 5. Animationsbereich „Abenteuer"

Das Motiv für Abenteuerprogramme im Rahmen des Urlaubes und damit auch das Ziel der Animation ist auch hier die Erweiterung der Urlaubsmöglichkeiten, die Verstärkung der Erlebnisintensität und damit die Erhöhung des Urlaubswertes.

Abenteuerreisen im eigentlichen Sinne haben heute einen festen Stellenwert im individuellen wie auch im pauschal organisierten Tourismusangebot.

1981 schreibt Ferdinand Ranft[51] in seiner Einleitung:

*„Was mich bei der Beschäftigung mit dem Thema Abenteuerreisen am meisten faszinierte, war die überraschende Erkenntnis, daß sozusagen unter der Decke unserer zivilisierten Gesellschaft ein ungeheurer Drang nach außergewöhnlichen Erlebnissen brennt und daß es geradezu phantastisch anmutende Möglichkeiten gibt, diesen Abenteuerdrang zu stillen..."*

*„Neben gängigen soziologischen Lehrbucherkenntnissen von der Flucht des Menschen aus einem hochtechnisierten vermaßten und verfremdeten Lebensraum voller Leistungsdruck, Statuszwängen und Unfreiheit richtet sich die Aufmerksamkeit auf neue, idealistische Motivationen: Die starke Sehnsucht nach alternativer Lebensweise und Selbstverwirklichung, das Interesse an anderen Kulturkreisen, an fremden Menschen, an unbekannten Sitten und Bräuchen, den Drang nach anderer Selbstbestätigung als sie unser Prestigesystem erlaubt und nicht zuletzt das Bemühen, eigene Kreativität, Spontaneität und Eigeninitiative auszuleben. [...]*

*Die Mehrheit der Abenteuerreisenden betrachtet das Reisen als persönliche Lebenshilfe und huldigt der Globetrotter-Philosophie: „Außerhalb der gewohnten Umgebung mit ihren eingefahrenen Denkweisen, losgelöst von der Routine des Alltags, wird jeder Mensch freier und empfänglicher. Durch den ständigen Erfahrungsaustausch unterwegs, sei es mit anderen Reisenden aus aller Welt oder mit Einheimischen, bekommt man -spielerisch und unbewußt – neue Denkanstöße, wird positiver und toleranter, selbständiger, selbstsicherer und selbstbewußter." [...]*

*Grob geschätzt träumen wohl Millionen davon, aus dem vorprogrammierten Alltag auszusteigen und um den Globus zu gondeln."*

Es kann nicht die Absicht der Animation sein, Abenteuerreisen im speziellen Sinne zu gestalten. Die Analyse der Trends, wie sie von Friedrich A. Wagner und Ferdinand Ranft beschrieben werden, gilt als deutliches Indiz, daß Animation sinnvoller- und berechtigterweise das Element des Abenteuers in den Urlaub mit einbeziehen muß. Die Animation kann die Reichweite ihrer Programmangebote damit erweitern. Dies geschieht dadurch, daß die Variation des an und für sich vorhandenen Service in gewisse Extrembereiche ausgedehnt wird, um dadurch Abenteuerelemente zu erfassen.

---

[51] Ranft, Ferdinand (Hrsg.): „Abenteuerreisen", Safari-Trecking, Überlebenstraining und andere Arten von Alternativurlaub; Deutscher Taschenbuchverlag, München 1981, Seiten 7/12/15

Ein Beispiel:
Anläßlich eines abendlichen Lagerfeuers an einem entfernteren Strand oder in einem weiter entfernten Waldstück wird auf die Rückkehr ins Hotel verzichtet und (unter Gestellung von Hängematten oder entsprechenden Schlafplätzen) im Walde bzw. am Strand übernachtet.

Sollten in einem Hotel viele Kinder und Jugendliche mit Ihren Eltern anwesend sein, so ist auch eine Übernachtung mit den 10 – 16jährigen Jugendlichen in einem Heustadl denkbar.

Das heißt, die Serviceleistung der Übernachtung im Hotel wird ins Extreme ausgeweitet dadurch, daß die Animation Ausrüstung und Geräte für eine Übernachtung im Wald zur Verfügung stellt. Die Übernachtung in der freien Natur ist also eine Serviceleistung des Hotels, angereichert mit Elementen des Abenteuers, nämlich des Nichtperfekten, des Elementaren, mit Elementen der Herausforderung (unbequem) und mit den Elementen romantischer Regression, das einfache Leben im Walde, die Naturverbundenheit und die gewisse Primitivität.

Wenn der Animationsbereich „Abenteuer" hier als extreme Variation des vorhandenen Service verstanden wird, so ergibt sich daraus von selbst, daß diese Animationsangebote trotz allem organisiert, vorbereitet und abgesichert sein müssen. Sie dürfen zwar den Charakter des Improvisierten haben, müssen aber auf der anderen Seite jedes Risiko ausschließen.

Dem Bereich des Abenteuers im Rahmen der Animation sind lediglich durch die Phantasie der Animateure Grenzen gesetzt, abgesehen von örtlich bedingten und anderen technischen Faktoren.

Deswegen sollen hier lediglich einige charakteristische Beispiele für animative Abenteuerelemente im Urlaub gegeben werden:

**Essen in der Natur**

Picknick, Barbecue, Lagerfeuer, selbst Feuer machen, selbst kochen und braten, Wasser suchen, usw.

**Übernachtung im Freien**

Trappernacht, Robinsonnacht, Biwak im Walde, am Strand, in einer Hütte, in einer Höhle, auf einer Insel, in einem Boot

**Abenteuerliche Sportarten**

Fallschirmfliegen, Drachenfliegen, Bungee Jumping und Variationen, Tauchen, Rafting, Canyoning, Haifischjagd

**Nachtwanderung** Mondschein- oder Fackelwanderung,

**Wanderungen in landschaftliche Extreme**

Höhlen, Klippen, Steilpfade, Gipfel, Krater, Vulkane, Gletscher

**Entdeckungen**

Einsame Insel, verlassenes Dorf, Geisterstadt, Burgruine, Schiffswrack

## 5. Animationsbereich „Abenteuer"

**Extreme Ausflüge**

Jeep-Ausflüge, Safari-Ausflüge, Floßfahrten, Schlauchbootfahrten, Wildwasserfahrten, Kamelexpedition in der Wüste (mehrtägig), Wüsten-, Krater-, Gebirgsetc. Expeditionen.

In den letzten 10 Jahren haben neue Angebotsformen von Outdoor-Events diesen Animations-Bereich „Abenteuer" wesentlich erweitert:
Ein Musterbeispiel dafür ist z.B. die „Feelfree"[52] Touristik-Outdoor-Erlebnis GmbH in Oetz in Tiol, die nachhaltiges Naturerlebnis und abwechslungsreiche Familienabenteuer als Gesamtangebot aufeinander abgestimmt haben; *„Wilde Wasser befahren, geheime Schluchten erkunden, Felsen bezwingen, durch die Wälder pirschen, Feuer machen, im Zelt nächtigen, Abenteuer wie zu Ötzi's Zeiten..."* lautet ein Auszug aus der Beschreibung der Animationsprogramme.

Jürgen Koch geht mit seinem „Aktiv-Zentrum" in Oberstaufen im Allgäu noch einige Schritte weiter: in idyllischer Umgebung an einem Fluß hat er einen Outdoor-Trail[53] aufgebaut, der weithin Vorbildcharakter besitzt: eine Symbiose aus purem Naturerlebnis, Teamerfahrung und körperlichem Einsatz vermittelt animative Erlebnisse in vielfältigster Weise. Entscheidend ist die jahreszeitliche Unabhängigkeit der Angebote an Urlaubsgäste, aber auch an Teams von Mitarbeitern in Unternehmen: im Sommer von Bogenschießen und Rafting über Höhlentouren und Adventure-Parcours bis zu Natur-Erlebnis-Seminaren und Trekking-Wanderungen, im Winter eine große Zahl von Indoor-Aktivitäten, aber auch von Snow-Rafting, Schneeschuh-Trekking und Hundeschlittenfahrten bis zu Nachtfackelwanderungen zur Alm im Schnee.

Es darf hier allerdings eine sehr ernstzunehmende Entwicklung nicht verschwiegen werden: Anders als bei den oben geschilderten Beispielen wird die Natur oft einfach nur benutzt[54]. Der „Outdoor"-Trend, der auf die Natur angewiesen ist, versteht diese Natur lediglich in ihrer „utilitaristischen" Funktion: die Alpen als Sportgerät und Spielplatz. *„Action, Nervenkitzel, Spannung und Mutproben als Gegenstück zu einem als monoton und wenig abwechslungsreich erlebten Alltag"*[55] sind die wesentlichen Motive, die Menschen ins Freie treiben – Outdoor-Sport zum Nachteil der Natur, gefördert durch eine starke, industrielle Ausdiffe-

---

[52] www.feelfree.at
[53] www.aktivzentrum.de
[54] Ausführlich in: Wilken, Thomas: „Umweltverträglicher Urlaubssport" in: Allgemeiner Deutscher Hochschulsportverband (Hrsg.), Neuerburg/Wilken u.a.: Sport im Urlaub. Ökologische, gesundheitliche und soziale Perspektiven, Meyer & Meyer Verlag, Aachen 1993, Seite 89 ff. Siehe auch Fußnote Seite 107
[55] Studie 1999 „Outdoor-Aktivitäten als Konfliktfeld", der ANL, „Bayerische Akademie für Naturschutz und Landschaftspflege", Laufen/Bayern; zitiert nach FAZ, vom 21. Oktober 1999

renzierung der Sportarten und Sportgeräte (jüngstes Beispiel: Crossblading mit geländetauglichen Inline-Skates) und gleichzeitig die Zunahme individueller, spontaner, nicht gründlich erlernter Aktivitäten.

Die derzeitige Spitze dieser Entwicklung stellt der Ferienort Ischgl in Österreich dar, der sich bis Ende September 2002 mit einem neuen, über eintausend Quadratmeter großen „Fitmaker-Center" als „Größtes Outdoor-Fitnesszentrum der Alpen" mit großem Getöse vermarktet.

Die Autoren betonen hier ausdrücklich die grundsätzliche und steigende Verantwortung, die jeder trägt, der animative Gästeprogramme in der freien Natur plant und durchführt.

## 6. Animationsbereich „Ruhe; zu sich selbst finden"

*a) Allgemeine Überlegungen*

Unsere Alltagswelt ist – zumindest in den Städten – von Hektik und Leistungsstreß, von Lärm und Eile geprägt. Durch die Belastung während des Arbeitstages sind die meisten Menschen abends so müde, daß sie vor allem „abschalten" wollen, entweder passiv durch Medien, wie Fernsehen oder Radio, oder – oftmals bei jüngeren Menschen – durch die Flucht in den „Rummel", in die Freundesclique oder die Diskotheken. Für ruhige Gespräche bleibt in vielen Fällen keine Zeit, keine Muße und auch kein Zugang. Wolfgang Nahrstedt propagiert die „Wiederentdeckung der Muße".[56]

Am Beispiel des Freizeitverhaltens junger Menschen zeigt er die Gefährdungen der Freizeitidentität:

- *„Die mediengesteuerte Kommunikation erdrückt die selbstorganisierte zwischenmenschliche Kommunikation.*
- *Die mediengesteuerte Kommunikation befriedigt Grundbedürfnisse nach zwischenmenschlichen Beziehungen, nach Liebe und Überwindung von Haß, tendenziell nur scheinhaft.*
- *Die medienvermittelte Selektion von eingegrenzten „Hobbies" (Sport, Musik) isoliert zugleich von nachbarschaftlich und gesellschaftlich relevanten Identitätsbereichen, wie Arbeitslosigkeit, Gebrechlichkeit des Alters, Hunger in Afrika, ökologischen, ökonomischen, politischen wie kulturellen Problemen.*
- *Die mediengesteuerte Kommunikation blockt insbesondere die generationsübergreifende Kommunikation fast völlig ab. Dies wird zu einem politisch-pädagogischen Problem gerade in einer Phase des Umbruchs von einer „modernen" zu einer „postmodernen" Gesellschaft. Diese fast völlige Blockade pädagogischer Kommunikation in Elternhaus, Schule, aber auch im offenen Raum der Jugendarbeit zwingt, die positiven Ansätze der Herausbildung postmoderner Identität über eine „Freizeit-Identität" nochmals genauer ins Auge zu fassen."*

---

[56] Nahrstedt, Wolfgang: „Die Wiederentdeckung der Muße"; siehe Anmerkung 22, Kapitel II.

## 6. Animationsbereich „Ruhe; zu sich selbst finden"

Nach Auffassung vieler Wissenschaftler steht die moderne Gesellschaft vor einem völligen Umbruch beim Umgang mit der Zeit[57]. Einer der erfolgreichsten Werbeslogans des Sommers 2002[58] lautet: „Calm down – pleasure up". Die Hochgeschwindigkeitsgesellschaft ist an ihrem Ende angelangt. Die Möglichkeiten der Beschleunigung sind ausgeschöpft. Es ist auffallend, dass die großen und meinungsbildenden Publikationen in Deutschland dieses Thema innerhalb der letzten Jahre in vielen Beiträgen aufgegriffen haben: „Lizenz zum Trödeln" in FOCUS Nr. 33/2000, der „Spiegel" im Heft 32 vom 07.08.2000 beschreibt die „Neue Gemütlichkeit", das Titelthema „Perfekt entspannen" (individuelle Erholungs-Strategien, Anleitung zum Müßiggang) in FOCUS Nr. 31 vom 30. Juli 2001.

Die Beschleunigung mittels „Schnelligkeit", mit der wir seit etwa 200 Jahre unseren Güterwohlstand immens vermehrt und uns darüber einen Zeitnotstand eingehandelt haben, ist an ihrem Ende angekommen. Die heutzutage profitabelsten Wirtschaftsgüter, die Informationen, transportieren wir mit Lichtgeschwindigkeit. Schneller geht es nicht mehr. Da die kapitalistische Ökonomie davon lebt, dass über Zeitvorsprünge Profite gemacht werden kann, muss jetzt – am Ende des Schnelligkeitszuwachses – das Medium der Beschleunigung wechseln. Heutzutage wird durch „Gleichzeitigkeit" zu beschleunigen versucht: Am Strand sitzend, den Laptop auf den Knien, das Mobiltelefon neben sich und die tobenden Kinder allzeit im Augenwinkel, das ist jene schöne neue Welt, die wir uns als Fortschritt anpreisen lassen.

Mehr Zeit für sich zu haben, anstatt arbeiten zu müssen, das war seit Beginn der Menschheit der Traum vom Wohlstand. Im Paradies hatte man Zeit. Es ist gerade unser materieller Wohlstand, der die Zeit knapp macht. Wir möchten alle Segnungen der Fülle nutzen, nur haben leider materielle Güter den Nachteil, dass sie ohne den Faktor Zeit wertlos sind. Der Tennisschläger und das Segelboot, aber auch Bücher, Theater und Fernsehen, Ferienhäuser und Trimmgeräte – sie alle müssen mit dem Faktor Zeit „multipliziert" werden, sonst haben sie keinen Sinn. Wenn wir sie nicht nutzen, klagen sie uns an. Wir sagen dann, wir hätten zu wenig Zeit. In Wahrheit haben wir nur zuviel Zeug.

In diese Situation, die bei vielen Menschen Unbehagen und schlimmere Folgen hervorruft, beginnt sich ein Wandel der Einstellung zur Zeit zu entwickeln. Langsamkeit könnte eine neue Kultur der Muße begründen und neue Formen der Kreativität auf den Weg bringen. Das gilt natürlich besonders für die Freizeit. Ein Zitat von Cicero hilft unserer Orientierung: Otium cum dignitat – der Muße, der Neugier, dem Spiel.

---

[57] Die „Millenniumtage" in Kassel befassten sich im Oktober 1999 als Zukunftskonferenz mit dem Thema „Die Zukunft der Zeit". www.millennium-tage-kassel.de
[58] Die Plakat-Werbung für „Camel"-Zigaretten

*b) Ruhe im Urlaub*

Unter den Urlaubserwartungen nehmen Wünsche, wie Erholung, *„Zeit für sich selbst haben"*, *„Zeit für den Partner haben"*, eine wichtige Stelle ein. Viele Urlauber jammern jedoch schon nach drei Tagen in einem ruhigen Ferienort: „Hier ist ja nichts los", und an beliebten Ferienorten stürzen sich die Gäste in Betrieb, Rummel, abendlichen Tanz (das gilt weniger für große Ferienzentren, in deren Appartements sich die Familien zurückziehen können und gemeinsam die Abende verbringen. Meist dominiert aber auch hier das Fernsehen).

Die steigende Nachfrage nach Ruhe und Entspannung, im Marketing mit dem griffigen Wort „Wellness" popularisiert, beweist eindeutig, welchen Stellenwert diese Animations-Inhalte bekommen haben. Die klassischen Formen der ruhigen Besinnung und zeitgemäße Entspannungstechniken[59] können sich hier gut ergänzen. Es sei allerdings vor der Gefahr gewarnt, daß Animationsprogramme in den „esoterischen" Sektor abdriften.

Die Fähigkeit zur Muße scheint von vielen Menschen verlernt worden zu sein. Ein guter Animateur sollte daher versuchen, bewußt einige Oasen der Ruhe in sein Tagesprogramm einzubauen. Die meisten dieser Programmpunkte sind dabei in den Animationsbereichen Bildung, kreatives Tun und Bewegung enthalten.

Wir wollen sie hier jedoch nochmals zusammenstellen, da es uns wichtig erscheint, daß der Animateur bei seiner Planung den Gesichtspunkt der Ruhe, des „Zu sich selbst finden", berücksichtigt.

**Oasen der Ruhe** können sein:

- Hatha-Yoga (am besten vor dem Frühstück).
- Leichte klassische Musik (nicht im Konzertsaal, sondern im Liegestuhl, im Garten zu genießen).
- Möglichkeit des kreativen Tuns z.B. Malen nach Musik, Malen in der Natur.
- Kleine Wanderungen, deren Schwerpunkt nicht auf dem Zurücklegen großer Strecken, sondern auf der liebevollen Betrachtung von Details liegt.
- Gesprächsrunden, Gesprächsabende im kleinen Kreis am Kamin, am Lagerfeuer, in einem ruhigen, gemütlichen Lokal.
- Mondschein-Bootsfahrten (nicht gemeint sind hier die Vergnügungs-, Tanzschiffsfahrten bei Nacht).
- Dichterlesungen, Gitarrenmusik, Bildbetrachtungen, Kirchenbesuche mit kleinen Orgel- oder Flötenkonzerten.

---

[59] Ohne Anspruch auf Vollständigkeit: Atemtechnik, Ayurveda, Thalasso-Therapie, Fast Walking, Progressive Muskel-Entspannung nach Jacobsen, Autogenes Training nach Schultz, Hatha Yoga und Mind-Machines z.B. von „Brain Light" sind inzwischen allgemein akzeptierte Angebote im Urlaub, vor allem im „Wellness"-Bereich, in Resorts, auf Kreuzfahrten etc.

## 6. Animationsbereich „Ruhe; zu sich selbst finden"

*c) Allgemeine Beschreibung eines Programmes aus dem Bereich „Ruhe"*

Da die Möglichkeiten der Programmangebote zur Ruhe primär jeweils einem anderen Animationsbereich zugeordnet werden, sei hier lediglich die Charakterisierung, die Attraktivität und Wirkung aufgeführt.

**Charakterisierung:**

Programme, die die Ruhe als Schwerpunkt haben, sind im Grunde für sämtliche Gäste geeignet, wobei sich allerdings bestimmte Angebote teilweise nur an bestimmte Zielgruppen richten. Eine Märchenstunde für Kinder, das Klönen auf der Dachterrasse für Teenager, die Dichterlesung für ältere Gästegruppen.

Ein wesentlicher Faktor für alle Programme dieser Art ist der für das Angebot entsprechende Zeitpunkt und Zeitraum, d.h. man darf sich nie gehetzt fühlen: Ein Klippenspaziergang, bei dem die kleinen Dinge der Natur gesucht und beobachtet werden sollen, muß auf einer Strecke stattfinden, die viel kürzer ist als der Weg, den man in der vorgesehenen Zeit (z.B. 2 Stunden) normalerweise zurücklegen könnte.

**Attraktion:**

Die Attraktion ist bei Angeboten, welche Oasen der Ruhe bilden sollen, nicht sofort für jeden sichtbar.

Sie muß deshalb schon in den Informationen definiert werden: Das abendliche Sitzen am Grill, auf der Dachterrasse unter freiem Himmel, sollte z.B. nicht als Dachterrassen-„Party" angekündigt werden, sondern als „gemütliches Zusammensein" auf der Terrasse, um einerseits Enttäuschung bei den Gästen zu vermeiden, die sich einen Tanzabend versprechen und andererseits gerade die Urlauber zum Kommen zu ermutigen, denen eine laute Party nichts bedeutet.

Bei Programmpunkten dieser Art liegt die Attraktion ausschließlich in der aktiven Teilnahme, der Partizipation; für bloße Zuschauer (die sich an einem Volleyball-Spiel durchaus erfreuen können) bieten Angebote des Bereichs „Ruhe" nichts.

**Wirkung:**

Der Effekt der Animationsprogramme aus dem Bereich Ruhe liegt in erster Linie in der Atmosphäre, in der Ausstrahlung von Ruhe und Gelassenheit, alles das, was seit wenigen Jahren mit den Begriffen „Wellness" oder „Wohlbefinden" umschrieben wird.

Es sind hauptsächlich emotionale Werte, die vermittelt werden: Das Erlebnis der Stille, der Romantik bei nächtlichen Fahrten auf dem Meer mit kleinen Booten, das Gemeinschaftserlebnis, das sich bei Meditation oder Joga sowohl auf den Partner als auch auf die Gruppe beziehen kann.

Neben diesen emotionalen Wirkungen stehen jedoch auch rationale Effekte:

Das bewußte Genießen von Situationen, die man im Alltag kaum mehr kennt, die geistige Anregung, das Lauschen mit geschlossenen Augen auf die Geräusche der Natur, die Beobachtungsgabe zu nutzen und zu schärfen.

Die Vielfalt der Umwelt mit offenen Augen zu genießen, den Mitmenschen und seine Gedanken in einem ruhigen Gespräch zu erleben, das Entdecken der eigenen Fähigkeiten, mit bestimmten Materialien umzugehen und kreativ zu sein, stellen eine Erhöhung des Urlaubserlebnisses dar und eine Intensivierung des persönlichen Bezuges zu verschiedenen Dingen und anderen Personen, die eigene Person eingeschlossen.

Wie bei den Wirkungen aus dem Animationsbereich „Bildung – Entdecken – Erleben" am Beispiel des Wanderns mit einem Einheimischen dargestellt, gilt auch hier:

Die Angebote erneuern unter Umständen die kindliche, direkte Bekanntschaft mit den kleinen und großen Wundern der Natur, regen zum Nachdenken an über die Umwelt und über sich selbst, aktivieren das Bewußtsein und relativieren die Einschätzung der eigenen Situation.

## 7. Exkurs: Kinder- und Jugendanimation

Alle bislang geschilderten Animationsbereiche sind auch auf die verschiedenen speziellen Programme für Kinder und Jugendliche[60] zu übertragen; auf der anderen Seite berühren deren eigene Programme alle erwähnten Bereiche, haben aber eine eigene Gestaltungsform entwickelt, die es sinnvoll macht, diesen Bereich hier wenigstens schlaglichtartig gesondert zu beleuchten, da er mit seiner Bedeutung, seiner Eigenständigkeit einen sehr hohen Stellenwert im üblichen Urlaubsgeschehen einnimmt.

Führend in der Kinder- und Jugendanimation sind neben den Ferien-Clubs seit Jahren in Österreich „Die Kinderhotels".[61] Hinter dieser Marke verbergen sich Familien-, Kinder- und Babyhotels, die mit ihrem umfassenden Animationsprogramm für Eltern und deren Kinder strengste Auflagen[62] erfüllen müssen. Ein Markenprodukt der „Kinderhotels Europa" ist die Angebotsgruppe „Family Select" mit zahlreichen, ausgezeichneten Familienhotels, die diese strengen Auflagen nicht erfüllen können oder wollen.

Familienferien gewinnen zunehmend an Bedeutung in der Werbung von Fremdenverkehrsregionen, -orten oder Urlaubsunterkünften. Die Familienfreundlichkeit

---

[60] Diese Überlegungen basieren auf wertvollen Anregungen und Hinweisen von Elke Dreier von „accenta-world" in Duisburg, einer der führenden Fachfrauen für den Bereich Kinder- und Jugendanimation in Deutschland. URL: www.accenta-world.de

[61] URL: www.kinderhotels.com

[62] Vom Lesertest der Zeitschrift „Eltern" wurden sie mit „Sehr Gut" bewertet, ebenso beim Test der Zeitschrift „Familie&Co".

## 7. Exkurs: Kinder- und Jugendanimation

manifestiert sich dann häufig durch spezielle Angebote für Kinder und Jugendliche.

Neben den Unterkunftsanbietern gibt es auch eine Reihe von Reiseangeboten speziell für Kinder. Als Beispiel für die Reiseveranstalter sei hier „RUF – Reisen und Freizeit für junge Leute" genannt.[63]

Wir benutzten hier eine für den Bereich der Kinderanimation wissenschaftlich fundierte Diplomarbeit von Hermann Obrusnik[64], der wir wertvolle Anregungen verdanken:

Kinderprogramme werden in vielen Hotels als erste Form der Animation eingeführt, oft aus der Einsicht heraus, daß hierbei sowohl Kindern als auch Eltern ein wichtiger Urlaubsinhalt angeboten werden kann. Zudem erscheint – oberflächlich betrachtet – die Einführung von Kinderprogrammen zunächst einfacher. Dabei wird vielfach übersehen, daß Kinderprogramme im Urlaub anderen Kriterien und Mechanismen unterliegen als die Angebote des herkömmlichen Kindergartens.

**Spielen bedeutet für Kinder die Eroberung und Verarbeitung ihrer Umwelt.**

Anstelle einer Einleitung das Vorwort eines Kinderanimateurs:

*Endlich Ferien!*

*Hoffentlich bringt jeder Tag ein neues Abenteuer! Neue Spiele, neue Ideen, neue Freunde, aber auch Euer Erfindungsgeist ist entscheidend!*

*Wir haben das Glück und sind am Meer, in den Bergen, Strand, Dünen, Seen, Wiesen, riesige Spielflächen, keinen Zaun, keine Begrenzung.*

*Verbieten sollte hier verboten sein!*

*Schwimmbad, Wiesen, Wälder, Blumen, es ist warm, also na klar doch, wir wollen alle draußen spielen, toben, rennen, rasen, baden, matschen, Spaß haben, uns dreckig machen, lachen, uns mit Sand beschmeißen, und, und, und...*

*a) Ziele der Kinderanimation*

Die Frage: Welche Ziele kann und soll eine Kinderanimation sich überhaupt noch setzen, wenn sie nie länger als maximal zwei Wochen mit derselben Kindergruppe arbeiten kann, noch dazu in jeder Woche An- und Abreisen sind und die Kindergruppen oft zu groß werden?

Die Ziele der Kinderanimation müssen als Prozesse verstanden werden, die keinen Endpunkt haben, die nie abgeschlossen und erreicht sind, aber es können einzelne Schritte unternommen werden.

---

[63] WEB-Adresse: www.ruf.de Dieser Veranstalter bietet in großer Zahl Praktikumsplätze und Saisonjobs zum Einstieg in die Animation.

[64] Obrusnik, Hermann: „Übertragung des Spiel-Musik-Tanz Konzeptes auf den Animationsbereich in einem Ferienclub", Pilotprojekt im Robinson Club, Bereich Kinderanimation; unveröffentlichte Diplomarbeit; Deutsche Sporthochschule Köln 1990

In den Ferien kann folgendes erfahren werden:
- Kontakte knüpfen,
- Freunde finden,
- in der Gruppe Spaß haben,
- Action und Abenteuer erleben,
- Neues entdecken und ausproben

Diese Erfahrungen und Inhalte müssen in den unterschiedlichsten Altersgruppen unterschiedlich angegangen werden. Aus entwicklungspsychologischen Gründen empfehlen sich Angebote für folgende Kinder- bzw. Jugendgruppen:

- 0 - 3 Jahre     Baby und Kleinkind – eher Betreuung als Animation
- 3 - 6 Jahre     Vorschulkinder
- 7 - 11/12 Jahre     ältere Kinder
- 12 - 17 Jahre     Jugendangebote

*„Wenn der Kinderanimateur nur immer großartige Erlebnisse, Aufführungen etc. vorführen will, wird er die Konsumhaltung der Kinder stärken. Ihrer Eigeninitiative bleibt wenig Raum, sie werden erdrückt vom Programm.*

*Plant der Kinderanimateur keine Programme, bereitet nicht vor und erwartet nur von den Kindern Eigeninitiative und Selbstgestaltung, wird bald Langeweile herrschen, Apathie und Aggressionen der Kinder und sie werden nicht mehr kommen.*

*Die gesellschaftliche Situation und die damit verbundene Erziehung gewöhnt die Kinder an Konsum. Sie sind überfordert mit einer totalen Selbstgestaltung. Der Kinderanimateur muß lernen, gemeinsam mit den Kindern Programme zu planen. Kein Programm ist ebenso falsch wie zu viel Programm!"* [65]

## b) Der Kinderanimateur[66]

In Clubs und großen Hotels gab es zunächst meist nur eine Person, die sich (z.T. nicht einmal ausgebildet oder geschult) um die Programmangebote für Kinder aller Altersgruppen kümmerte.

Heute dagegen hat der Kinder- und Jugendanimateur bei Reiseveranstaltern und Anbietern einen hohen Stellenwert. Es gibt Schulungen, oft ein Mitarbeiter-Team, mit Familienurlaub wird geworben.

---

[65] Obrusnik, a.a.O., Seite 26
[66] Alle Unternehmen, die Kinderanimateure einstellen (Aldiana, TUI-Family), erklären auf ihren Websites die Anforderungsprofile (aldianajobs.com, tui-service.com u.a.)

## 7. Exkurs: Kinder- und Jugendanimation

1. Die Funktion

Er ist Identifikationsobjekt und muß sich dessen bei allen Handlungen und Situationen bewußt sein.

Er muß in der Lage sein, Verhaltensalternativen zu vermitteln, nicht nur im Gespräch, sondern auch dadurch, daß er Raum läßt für Erfahrungen. Oft können Einsichten nicht direkt von den Kindern gefordert werden, sondern ergeben sich erst aus einer Reihe von gemachten Erfahrungen.

Er soll nicht dominieren, sondern Kinder frei spielen lassen. Kinder dürfen aber nicht sich selbst überlassen sein, da sie Umweltbewältigung oft nicht alleine leisten können. Dieser pädagogische Anspruch erfordert viel Initiative des Kinderanimateurs.

Die Anwesenheit der Animateure muß konstant sein. Kinder müssen mit ihrer Hilfe rechnen können. Animateure sind wichtige Zuwendungsträger. Ihre Zuwendung soll die Spielatmosphäre und Bereitschaft und Motivation begünstigen.

Regeln, die notwendig sind für die Existenz des Kinderprogramms, müssen eingehalten werden (aufräumen etc.).

2. Aufgaben

- Kinder zu ermutigen, sich auf neues und damit ungewohntes Verhalten einzulassen (fremde Kinder, fremder Kinderanimateur).
- Schärfung der Wachsamkeit durch neue ungewohnte Erfahrungen. Der Erlebnishorizont wird erweitert. Dabei geht es im wesentlichen um Erfahrungen emotionaler, kommunikativer und kreativer Art.
- Ermutigen zu sozialem Engagement (in der Kindergruppe).
- Helfen, aus der totalen Identifikation mit Kindergarten- und Schülerrolle und somit dem Leistungsprinzip zu befreien.
- Offen sein für Spaß, um Angst und Repression zu überwinden.
- Wegen der Verantwortung und Beeinflussung gegenüber den Kindern ist es nötig, sich klar zu werden über die eigenen Vorstellungen und Ziele und sich bewußt für sie zu entscheiden oder sie zu verändern.
- Zu überprüfen, ob die eigenen Verhaltensweisen mit den Zielvorstellungen übereinstimmen.

3. Praktisches Verhalten

- Der Kinderanimateur muß motivieren durch Mitmachen, spontane Einfälle, Veränderungen, flexibel sein.
- Ruhiges, nicht nervöses oder aufgeregtes Eingreifen, eher abwartendes Verhalten bei Konfliktsituationen.
- Eigene Toleranzgrenze nicht überstrapazieren, sondern sie an den Kindern deutlich machen und dazu stehen.

- Mehr Lob als Tadel. Lob hat aufbauende, Tadel bremsende Funktion. Bei der Ich- Schwäche mancher, nach Bestätigung suchender Kinder, ist Lob besonders wichtig.
- Negative Beurteilung kindlicher Verhaltensweisen müssen begründet (Gespräch) und dürfen nicht in Verbindung mit Liebesentzug ausgesprochen werden.
- Akzeptieren der Kinderbedürfnisse.
- Zuwendung geben.
- Keine Verhaltensrezepte geben.
- Eingriff in das Spielgeschehen durch bewußte Angebote und Aktionen:
- besonders bei Konflikten
  - wenn Kinder Unterstützung brauchen
  - wenn Kinder Zuwendung brauchen
  - bei Gefahren
- Offen sein, die Kinder auffordern, einbeziehen, etwas zu tun geben, miteinander in Beziehung bringen. Einblick geben in die vielfältigen Möglichkeiten des Spiels.
- Auf alle zugehen, jedes Kind ansprechen.
- Verbindung schaffen zwischen den Kindern.
- Klare Grenzen sehen, was erlaubt ist und was nicht.
- Schnelle und flexible Organisation.

### c) Grundbedingungen der Arbeit der Kinderanimation

**Ausnahmesituation**

Ferien sind, verglichen mit dem Alltag, eine Ausnahmesituation. Ferien bieten viele Bedingungen, die es begünstigen, Neues zu lernen, sich zu entwickeln. Die schulischen Anforderungen, ständige Bewertung nach Leistung und Konkurrenzdruck, fallen weg. Der übliche Tagesablauf, die stets gleichen Kontaktpersonen ändern sich, es können zunächst Gefühle von Angst und Druck weggeschoben werden. Dieses Gefühl macht aufnahmefähiger für neue Erfahrungen und fördert die Bereitschaft, auf Neues zuzugehen, wenn attraktive Anreize und Hilfen gegeben werden.

*„Die Eltern[67] erwarten von der Kinderanimation, daß sich die Kinder wohlfühlen, ein ausgewogenes Programm angeboten wird, die Kinder das Angebot auch tatsächlich nutzen, damit die Eltern dadurch Zeit für sich gewinnen. Ein schneller Vertrau-*

---

[67] Obrusnik, a.a.O., Seite 20

*ensaufbau zwischen Eltern und Kinderanimateur ist die Basis für einen erfolgreichen Urlaub."*

**Freiwilligkeit**

Kinder wollen ihre Freizeit selber gestalten und genießen, also ist zunächst einmal eine positive Einstellung und Erwartung da. Kein Zwang und Druck ist da, zum Kinderprogramm zu gehen, obwohl einige Eltern ihre Kinder unbedingt im Kinderprogramm lassen wollen (ein typisches Problem); also muß der Kinderanimateur täglich ein interessantes und spannendes Programm anbieten. Nur ein Tag „Langeweile" im Kinderprogramm, schon ist der Anreiz weg, wieder hinzugehen.

Die Freiwilligkeit bedingt

- besondere Anforderungen an den Animateur: persönliche Kontakte und Vertrauen aufbauen und darüber die Kinder für das Programm zu gewinnen.
- Aktivität statt Passivität: Kinder ansprechen und motivieren. Infotafeln allein genügen bei vielen Kindern nicht.
- Gemeinsame Aktion: Da jede Woche neue Kinder hinzukommen, andere wegfahren, also ein ständiger Wechsel stattfindet, sind gemeinsame Aktionen zusammen mit den Kindern der beste Weg. Der Kinderanimateur kann mit Ankündigungen von Programmen z.B. durch das ganze Hotel ziehen und die Kinder und deren Eltern ansprechen.
- Programme, die auch Spätkommenden den Einstieg ermöglichen: auch wenn die Kinderanimation meist zu festgelegten Zeiten stattfindet, besteht kein Zwang zur Pünktlichkeit; Ausnahmen – z.B. bei Ausflügen.

**Neue Umgebung**

Ferien finden in neuer, ungewohnter Umgebung statt. Das weckt Neugierde und Entdeckerfreude, ermöglicht neue Erfahrungen, konfrontiert mit anderen Lebensformen und regt zu neuem Tun an. Der Anregungsgehalt für die Kinder durch das Kinderprogramm ist groß und regt an zu Kreativität.

**Gruppe**

Die Anwesenheit von vielen Kindern und Jugendlichen im Hotel ist ein Anreiz für das einzelne Kind, denn sie brauchen sich gegenseitig, um Freundschaften zu schließen, soziale Fähigkeiten zu erlernen, zur Entwicklung von Selbständigkeit. Das Kinderprogramm sollte auch ein Ort sein, wo die Kinder sich gegen die Außenwelt abgrenzen können, unabhängiger werden von der Bindung an die Eltern, Risiken wagen, zusammen spielen, sich streiten, versöhnen, Enttäuschungen verarbeiten etc. und – nicht mit Sanktionen rechnen müssen.

**Neue Erfahrungen**

Der Alltag von Kindern ist oft festgefahren und langweilig, Wiederholung von täglich gleichen Situationen, langweilige und phantasielose Spielplätze, immer dieselben Beschäftigungen (Fernsehen, Lernen etc.).

In den Hotelferien machen Kinder oft Erfahrungen, die eigentlich selbstverständliche Dinge sind, die sie aber noch nie erlebt haben, wie z.B. Barfußlaufen, sich dreckig machen, Theater spielen usw. Das heißt natürlich auch, daß die Kinder mit vielem Ungewohnten fertigwerden müssen. Sie haben vielleicht Angst vor Ungewohntem, sind vor neuen Situationen blockiert, sie brauchen also viel Zuwendung und Verständnis und Auf-Sie-Zugehen von seiten des Kinderanimateurs. Das ist das Wichtigste überhaupt.

**Kritikfähigkeit des Kinderanimateurs**

Kinderanimateure müssen offen Kritik von seiten der Kinder entgegennehmen und mit ihnen diskutieren. Das Betreuer-Team geht auf alle Vorschläge der Kinder ein, auch wenn sie nicht so vollkommen und perfekt sind. Dieses Infragestellen der Kinderanimateure muß gekoppelt sein mit der Ich-Stärkung der Kinder.

**Hilfen zum kreativen Tun**

Der Animateur soll schöpferische Fähigkeiten in vielfältiger Weise wecken oder fördern.

**Das Team**   wenn mehrere Kinderbetreuer gemeinsam arbeiten

- Wochenprogramm gemeinsam machen
- Ärger und Konflikte miteinander besprechen
- keinen Konkurrenzkampf untereinander
- nur zu zweit auf Wanderungen oder Ausflüge gehen
- bei Kinderfesten, großen Spielen die anderen um Hilfe bitten
- gute Vorbereitung ist die erste Pflicht
- Streitigkeiten niemals vor Eltern, Kindern und Gästen austragen

Der Kinderanimateur soll bei allen ankommenden Kindern immer wieder feststellen, was die Kinder erwarten und versuchen, auf ihre Erwartungen einzugehen. Durch Offenheit gewinnen sie „Urvertrauen". Auf einer solchen affektiven Basis ist der Kinderanimateur für die Kinder also oft ein Vorbild. Diese Bedingung darf niemals Selbstzweck sein oder die Kinder unfrei machen, sondern soll dazu ermutigen, durch neue Verhaltensweisen, die der Animateur anbietet, Normen in Frage zu stellen. Diese Normen müssen durchsichtig und der Kritik der Kinder zugänglich gemacht werden.

Der Kinderanimateur muß immer wieder bedenken, daß die Kinder mit einer freiheitlichen Atmosphäre konfrontiert werden, in die sie sich erst hineinfinden müssen. Meistens werden sie anfangs nicht in der Lage sein, den neuen Freiraum (Fe-

# 7. Exkurs: Kinder- und Jugendanimation

rien) durch eigene Initiative mit Inhalten auszufüllen, die ihren Bedürfnissen entsprechen. Also muß der Kinderanimateur einen Weg finden, der sie schrittweise von einer konsumierenden Haltung loslöst. Dies geschieht neben neuen Anreizen in Programmvorschlägen vor allem durch die Mitbestimmung der Kinder.

Hermann Obrusnik schreibt dazu:

*„In der Praxis ist den Kindern das „Was" nicht so wichtig wie das „Wie". Das heißt, viel wichtiger ist es, daß die Aktivitäten folgendes erfüllen:*
- *sie machen Spaß*
- *ermöglichen neue Erfahrungen*
- *sie sind abenteuerlich*
- *sie ermöglichen Anerkennung in der Gruppe"*

### d) Bedeutung und Inhalt des Spiels

Wenn wir Erwachsenen als Gästebetreuer und Animateure die Spielbedingungen der Kinder verbessern und intensivieren wollen, müssen wir uns an einigen wichtigen Merkmalen orientieren:

- Spielen ist eine dem Kind ureigene Tätigkeit, wobei sich das Kind aus eigenem Antrieb und ohne Zwang aktiv mit der Umwelt auseinandersetzt. Spielen ist freiwillig und sollte immer mit Lust und Spannung und Spaß verbunden sein!
- Kinder machen durch Spielen wichtige Erfahrungen, darum kommt es darauf an, daß Kinder einen möglichst großen „Spielraum" haben. Das heißt, Kinder brauchen eine Umwelt, die offen sein sollte für ihre Ideen, Einfälle, Phantasien und ihnen hilft, neue Spielräume und Spielsituationen zu erschließen.
- Kinder machen im Spiel Erfahrungen mit vielen Dingen und Materialien. Dazu brauchen sie aber Zugang zu diesen Materialien – und dabei müssen wir ihnen helfen. Kinder können mit allem spielen.
- Kinder haben das Bedürfnis, sich eine eigene, ihren Phantasien gerechte Welt zu schaffen, ihre Umwelt so zu verändern, wie sie es wollen. Nicht nur eine vorgefertigte Welt, die meist nur ein verniedlichter Abklatsch der Erwachsenenwelt ist. Darum reicht gekauftes Spielzeug alleine nicht aus!
- Kinder finden in allem – Alltagsgegenständen, alten Klamotten, Resten, Abfällen von Werkstätten etc. – Verwendungs- und Gestaltungsmöglichkeiten, die ihre Phantasie herausfordern.
- Es gibt viele Spielformen, Spiele mit festen Regeln, an die man sich halten muß, bis hin zu freien, kreativen Spielen. Kinder sollten diese verschiedenen Spielformen kennenlernen, damit sie ihr Repertoire und ihre Erfahrungen weiterentwickeln.
- Spielen in Gruppen, Spiele, die die Teamarbeit erfordern, bringen den Kindern entscheidende Lernerfahrungen. Sie müssen Rücksicht aufeinander nehmen und zusammen spielen, sonst klappt ihr Spiel nicht. Besondere Fähigkeiten ei-

nes einzelnen stehen somit im Dienste der ganzen Gruppe. Dieses soziale Lernen entwickelt sich und braucht Freiraum, braucht Chance zum Erfolg durch eigene Aktivität, braucht das Risiko zum Mißerfolg.

- Eine besonders intensive Form des Spielens ist das Rollenspiel: Kinder spielen Situationen und Szenen aus der Erwachsenenwelt, Erlebnisse, Angst machende, phantastische oder aufregende Ereignisse. Sie vergegenwärtigen sie im Spiel, damit sie sie verarbeiten und bewältigen können. Dabei üben sie Rollen ein, machen Erfahrungen mit der Realität, haben die Chance, neue Lösungen zu erproben, sich Gefühle und Reaktionen anderer Menschen vorzustellen.

*e) Jugendprogramm*

Der Vollständigkeit halber folgen hier noch einige Hinweise zum Bereich der Altersgruppe der 12 – 16jährigen, also der Teenager oder Jugendlichen, die während der Schulferien in Urlaubshotels und -orten vielfach für das Gästeprogramm und den Animateur völlig neue Anforderungen und Probleme mit sich bringen:

Die Entwicklungsphase der Pubertät führt zur totalen Ablehnung des Kinderprogrammes einerseits, aber auch andererseits der „konservativen" Denkweise der Eltern oder der Erwachsenen schlechthin. Provokatorische Reaktionen sind üblich. Man kann beobachten, daß Jugendliche sich in der Ferienzeit schnell in kleinen Gruppen zusammenschließen und dann durch den Ort, die Hotelanlage ziehen. Diesen Gruppen gilt die Ansprache des Jugendprogrammes.

Hier muß (idealerweise) ein spezieller Ansprechpartner als Identifikationsfigur ganztägig für die Jugend da sein. Es ist ein Trugschluß, zu denken, daß ein Betreuer oder Animateur, der z.B. im Kinderprogramm tätig ist, sich „so nebenbei" auch der Jugendlichen annehmen könne.

In manchen Ferienhotels existiert ein Betreuungs-Modell, welches von der Konzeption eines gemeinsamen Jugendprogrammes für die **einheimischen** und die Teenager der **Gäste** eines Ferienortes ausgeht. Dabei könnte sich der Betreuungsaufwand während der Zeit der Schulferien (also etwa in erster Linie von Mitte Juni bis Ende September und zu Weihnachten) für diese gemeinsamen Jugendprogramme tatsächlich als sinnvoll und auch als finanziell tragbar erweisen.

**1. Bedürfnisse und Verhalten der Teenager**
- Absondern, provozieren, ablehnen
- „Kindskram"
- Solidarität, Cliquenbildung
- Imponiergehabe
- Ohne Eltern etwas tun
- Nicht ins Schema pressen lassen

## 2. Programmmöglichkeiten

Animateure und Interessierte an zeitgemäßer Jugend-Freizeitarbeit sollten sich unbedingt mit den Programmen von RUF[68] beschäftigen, die durch ihre Marktposition heute deutlich trend- und stilbildend sind und Vorbildcharakter gewonnen haben.

Beispiele:

- Eigene Musik, eigene CD's, Cassetten bzw. MP3-Files mitbringen und hören
- Gesprächsrunden, einfach nur zusammenstehen oder -sitzen
- Sport: „Action" bzw. „Äktschen" als Sonderprogramm „nur für..."
    - Fußball, Basketball, Handball
    - Fußballtennis, Tischtennis
    - Volleyball, Beachball, Streetball, Strand-Boccia
    - Turniere „nur für..."
    - Schwimmwettkämpfe, Wasserball, Schwimmfest
    - Trend-/Modesportarten (Inline-Skating, Crossblading, Rafting, Canyoning, Drachenfliegen, Surfen etc.)
- Abenteuerausflüge (Nachtwanderung, Piraten-/Bootsfahrt, Fahrrad-Ausflüge)
- Discothek
- Parties (Kostümfest, Hexen-/Piratenfest, Urwaldparty, Strandparty)
- Billard, Flipper, Spielekonsolen (Nintendo, Playstation u.a.)
- Treffpunkt, „eigene Ecke" für die Clique
- Bezugsperson
- Lagerfeuer, Grillfeste, Disco: Diese Programme können sich bereits vom Nachmittag an (ab 18 Uhr) bis weit in den Abend erstrecken. Hierbei besteht die ideale Möglichkeit der Kommunikation, unter sich zu sein, Diskussionen zu führen und sich gegenseitig kennenzulernen.
- Ausflüge, Wanderungen und auch gemeinsame Besichtigungen mit Jugendlichen lassen sich, durch direktes Gespräch mit den Teilnehmern, durchaus „spontan" in das Wochenprogramm einbauen.

---

[68] WEB-Adresse: www.ruf.de

# V. DIE PERSON – DER ANIMATEUR, DIE ANIMATEURIN

## 1. Vorbemerkung

Zunächst einige Überlegungen, die sich mit der Einführung und Einbeziehung der Animation im betrieblichen Umfeld des Tourismus befassen.

In dieser Studie ist immer vom „Animateur"[1)] die Rede. Wie ausführlich erläutert, handelt es sich dabei stets um eine **Person**, ob männlich oder weiblich,

- die mit einer besonderen Einstellung zum Gast
- eine bestimmte anregende Funktion im umfassenden Sinne einnimmt und
- sich durch eine bestimmte (animative) Arbeitsweise auszeichnet.

Wenn die Autoren den Begriff „Animateur" benutzen, handelt es sich zwar immer um eine Service-Person, nicht immer oder nicht grundsätzlich aber um einen **zusätzlichen** Mitarbeiter! Ein „Animateur" in diesem Sinne kann jederzeit auch ein bereits vorhandener, geeigneter, motivierter und gastorientierter Mitarbeiter[2)] (haupt-, nebenberuflich, ehrenamtlich o.ä.) sein, ein Hoteldirektor genauso wie eine Rezeptionistin, eine Sekretärin des Verkehrsbüros oder ein pensionierter Förster, eine Hobbygärtnerin oder ein Kneipenwirt - Beispiele gibt es beliebig viele.

Die folgenden Überlegungen gelten für alle animativ tätigen Mitarbeiter, in erster Linie aber natürlich für den hauptamtlichen Animateur, der in einem größeren Fremdenverkehrsbetrieb, Ferien-Club, Hotelanlage, Bungalowdorf oder in einem Fremdenverkehrsort/Tourismusverband tätig ist.

Wenn in der Praxis von „Stil" gesprochen wird, von „Atmosphäre", von „spielerischen Elementen", die dem Urlauber durch die Animation zur Bereicherung werden, so muss unter diesem Gesichtspunkt auch das Verhalten (also auch der Stil) aller anderen Mitarbeiter des gesamten Servicebereiches eines Dienstleistungsunternehmens einbezogen werden.

Der personelle Gesichtspunkt „Animation" reicht also über die Person des Animateurs und seine Kompetenz weit hinaus in alle anderen Bereiche eines Dienstleistungsbetriebes im Freizeit- und Urlaubssektor.

Die Forderung der Autoren: dass nicht unbedingt die persönliche und fachliche Qualifikation, aber die <u>Grundtendenz</u>, die generelle Einstellung gegenüber dem

---

[1)] **Animateur** bezieht sich grundsätzlich und immer sowohl auf eine weibliche als auch auf eine männlichen Person. Zur textlichen Vereinfachung und besseren Lesbarkeit verzichten wir hier auf die stete Benutzung der Doppelformulierung „der Animateur/die Animateurin".

[2)] Das ist im Prinzip das erfolgreiche Konzept der „partizipativen Animation", wie sie vorbildlich in mittelständischen Ferienhotels im Alpenraum realisiert wird. (Beispiel „Posthotel" in Achenkirch, Kapitel VII. Seite 290 ff)

## 1. Vorbemerkung

Gast, von allen Trägern einer Dienstleistung in der Ferienwelt gefordert werden muss und nicht nur vom Animateur selbst.

Dieser Gesichtspunkt muss im Bewusstsein aller serviceorientierten Bereiche eines Urlaubsbetriebes - Fremdenverkehrsort, Ferienzentrum, Clubdorf oder Hotel - vorhanden sein.

Ein Animationsprogramm, das innerhalb des Gesamtbetriebes eines Dienstleistungsträgers (Hotel, Feriendorf, Ferienzentrum etc.) auf Unverständnis, mangelnde Kooperation oder sogar Widerstände stößt, wird im Regelfall zur Effektlosigkeit verurteilt sein, weil die internen Reibungsverluste den größten Teil des für die Animation nötigen Energieaufwandes schlucken, ohne dass die Animation gegenüber den Gästen überhaupt wirksam werden könnte.

Obwohl also alle Beteiligten durch Ihre Einstellung zum Gast an der Animation direkt oder indirekt mitbeteiligt sind, nimmt der Animateur durch seine Aufgaben innerhalb des gesamten touristischen Dienstleistungsteams eine besondere Stellung ein. Diese Stellung, ihre Risiken und Chancen werden im Kapitel VI. unter den „Prinzipien der Animation" im Absatz „Position des Animateurs" beschrieben.

*Stufen der Einführung der Animation in der Ferienhotellerie:*[3]

In diesem Beispiel wird von einem größeren Hotelbetrieb ausgegangen, der einen eigenen Mitarbeiter für die Animation beschäftigt. Es ist nicht damit getan, einen Animateur einzustellen und ihn auf die Gäste loszulassen. Es sind deshalb eine Reihe von Vorüberlegungen nötig: z.B. welchen Gästetypus man hat; ob der Betrieb am Meer liegt oder im Mittelgebirge, denn jeder Standort ist anders; ob jüngere Gäste, Familien oder durchweg ältere Gäste im Haus verkehren etc.:

- Analyse/Inventur    - was haben wir?
- Bedarf              - was erwarten die Gäste?
- Maßnahmen           - Programm, Material, Personal, Stil

Die konkrete Einführung der Animation geht dann in mehreren, aufeinander aufbauenden Schritten vor sich:

1. Einstimmung (Mentalisierung) aller Mitarbeiter auf Animation - das erfordert Schulung.
2. Suche von Talenten intern - extern
3. Programmschulung („Training"), Programmplanung
4. Einführung der Programme; die Durchführung, der Aufbau und Ausbau der Programme. Je nach Größe des Betriebes und Anzahl der im Animationsbereich tätigen Mitarbeiter umfasst diese Einführung der Animation in mehreren Stufen einen Zeitraum von zwei Monaten bis zu einem Jahr.
5. Regelmäßiger Erfahrungsaustausch und Auswertung.

---

[3] Siehe auch Kapitel VI, Planerische Prinzipien der Animation

Animation stellt eine grundlegende Verhaltensweise dar, die nur freiwillig oder überhaupt nicht gegeben werden kann, und nicht für Geld zu haben ist: Freundlichkeit, Zuwendung, kurz gesagt - Menschlichkeit als Ausdruck eines sozialen Service, einer persönlichen Dienstleistung.

Ein langjähriger Chefanimateur des Robinson Club hat für sich folgende Formel gefunden: „*Animation ist kein Job, Animation ist eine Art zu leben.*"

Da keine Person alle Qualifikationen und Kompetenzen in sich vereinigen kann, wird im Bereich der Animation in fast allen Fällen der Teamarbeit der eindeutige Vorzug gegeben.

Jeder Animateur sollte die menschlichen Grundfähigkeiten und die erwähnten Grundqualifikationen, Eigenschaften, Interessen, Fähigkeiten und Erfahrungen besitzen. Ein Team kann sich in dieser Weise fachlich und menschlich ergänzen, durch enge Kooperation gegenüber den Gästen genau die bedürfnisorientierten Animationsinhalte anbieten und damit der Animation im Grunde erst zum Leben verhelfen.

Über seine Fachkompetenz hinaus muss jeder Animateur in erster Linie Animateur sein durch seine besonderen menschlichen Qualitäten und Interessen für die Mitmenschen, und er muss fähig sein zur Teamarbeit.

## 2. Die notwendigen Qualifikationen

Wir definieren Animation als Arbeitsfeld des Animateurs. Damit wird die Animation zum Berufsfeld für Personen, die im Freizeitbereich eine spezielle und in ihrer umfassenden Funktion anspruchsvolle Aufgabe wahrnehmen. Wenn auch bei den Animationsbereichen vielfach von medienbezogener oder installationsbezogener Animation gesprochen wird, so ist doch der entscheidende Impuls der Animation immer und grundsätzlich personell zu verstehen, er muss von einer Person ausgehen.

Da Animation als in sich geschlossenes, eigenständiges Arbeitsgebiet definiert wird, hat dies konsequenterweise entsprechende Auswirkungen auf die personellen Anforderungen und letzten Endes auf das sich langsam entwickelnde Berufsbild des Animateurs (gleiches gilt auch für den Beruf des Reiseleiters!). Freizeit als Beruf steht im Spannungsfeld aller Widersprüche unserer Gesellschaft.

Es würde den Rahmen dieser Studie sprengen, wenn die Autoren hier im Detail Ausbildungsgänge und ins einzelne gehende Qualifikationsmerkmale oder gar detaillierte Arbeitsplatzbeschreibungen[4] liefern wollten.

---

[4] Muster von „Job-Descriptions" können von **animation consult** bezogen werden. In Publikationen wie „oscar's job-guide", oscar's Verlag, Feldkirch (Österreich), (URL: www.oscars.at) werden oft von einzelnen Unternehmen auch Anforderungsprofile für die unterschiedlichen Animations-Tätigkeiten abgedruckt. (Siehe Job-Guide 2001/02)

## 2. Die notwendigen Qualifikationen

Im Dokumentationsband „Der Freizeitberater"[5] sind die wesentlichen, derzeit existierenden Modellvorstellungen zur Ausbildung von Animateuren im allgemeinsten Sinne beschrieben. Hier seien daher nur die wichtigsten Qualifikationen dargestellt. Wie die Anforderungsprofile auf den nächsten Seiten zeigen, muss der Animateur, wenn er seinen Aufgaben gerecht werden will,

1. bestimmte Eigenschaften, die man nicht erlernen kann, mitbringen:
   - Interesse und Sympathie für andere Menschen,
   - Kontaktfreudigkeit,
   - Erlebnisfähigkeit,
   - Heiterkeit.

Darüber hinaus muss er

2. Menschenkenntnis und Erfahrung im Umgang mit Menschen haben (deswegen wird eine Ausbildung im Dienstleistungssektor immer wesentlicher) sowie verbale Gewandtheit; Fähigkeiten, die ebenfalls schwer auf einer Schule erlernbar sind.

   Diese Fähigkeiten können aber durch gezielte Schulung intensiviert werden. Man kann z.B. in gruppendynamischen Kursen für die Mitmenschen sensibel machen, man kann Rede- und Diskussionstechniken üben, man kann viel über die Erwartungen, Wünsche und Bedürfnisse der Urlauber erfahren, um ihnen leichter gerecht werden zu können.

Dazu kommt noch

3. die Fähigkeit, verschiedene inhaltliche Bereiche der Animation zu beherrschen (Handlungskompetenz). In wenigstens einem Bereich sollte der Animateur professionelle Kenntnisse besitzen, ein Gebiet sollte er richtig beherrschen und in seiner Fachausbildung erlernt haben: Das kann auf dem Gebiet der Gesprächsführung, der Landeskunde, des Sports, der Kreativität oder der Geselligkeit sein.

### a) Das Anforderungsprofil des Animateurs

Ein allgemeines Profil wurde in Zusammenarbeit mit den Hotel-Betriebsberatern des Tiroler Wirtschaftsförderungsinstitutes Innsbruck (WIFI) erarbeitet. Zur Illustration stellen wir es hier vor:

---

[5] Opaschowski, Horst W.: „Im Brennpunkt: Der Freizeitberater", Walter Rau Verlag, Düsseldorf 1973

## Anforderungsprofil des Animateurs

| Soll | Muss | Kann |
|---|---|---|
| | Kontakt- und Kommunikationsfähigkeit | |
| | Qualifizierte Ausbildung | |
| | Motivations- und Begeisterungsfähigkeit | |
| | Planung und Organisation | |
| Disziplin | **Allgemeinbildung** | |
| Auftreten | **„Common Sense"** | |
| Flexibilität | **Kontrolle** | |
| Belastbarkeit | | |
| Umgangsformen | | Repertoire |
| Erscheinungsbild | | Spontaneität |
| Führungsfähigkeit | | Persönlichkeit |
| Menschenkenntnis | | Fremdsprachen |
| Einfühlungsvermögen | | Lebenserfahrung |
| Kooperationsfähigkeit | | Musik-Instrumente |
| Landes-/Ortskenntnisse | | Motorische Begabung |
| Praktische Erfahrungen | | Handwerkliche Erfahrung |

Abbildung V - 1 Anforderungsprofil des Animateurs

## 2. Die notwendigen Qualifikationen

*b) Das Berufsethos des Animateurs*
Der „hippokratische Eid" für Animateure müsste lauten:[6]
- *Handele nie gegen die Interessen Deines Gegenübers.*
- *Sieh' in jedem Menschen Deinen Partner.*
- *Gib zu erkennen, dass für Dich Ängste und Hemmungen menschlich sind.*
- *Nimm jeden Teilnehmer so, wie er ist. Fördere seine Stärken und fordere nicht, dass er seine Schwächen kaschieren muss.*
- *Hol jeden Teilnehmer bei seinen Neigungen, Interessen und Fähigkeiten ab.*
- *Trau ihm unbedingt Können, Wissen und eigene Entscheidung zu.*
- *Hilf ihm, seine Bedürfnisse und Interessen zu erkennen und dazu, dass er sie später allein verwirklichen kann.*

*c) Die „Zehn Gebote" des Animateurs*[7]
Es gibt für jeden Animateur - gleichgültig in welchem Fremdenverkehrsbetrieb er arbeitet - einige verbindliche Regeln, die seine Arbeit bestimmen und als unabänderliche Grundlage von Leistung, Disziplin und Erfolg dienen; wir nennen sie die „10 Gebote":

---

1. **Freundlichkeit, Herzlichkeit**
2. **Geduld, Zuwendung**: kein Zwang oder Leistungsdruck gegenüber den Gästen
3. **Präsenz, Verfügbarkeit**
4. **Pünktlichkeit**
5. **Sauberkeit**: ordentliche, der Situation angemessene Kleidung
6. **Sprachniveau**: kein unverständlicher Dialekt, keine Schimpfworte, keine Politik
7. **Verschwiegenheit, Neutralität**: keine Cliquenbildung, keine Präferenzen, keine Privataffären mit Gästen oder Kollegen, keine persönlichen Probleme vor den Gästen; keine internen Angelegenheiten
8. **Integrität**: kein Alkohol (so wenig wie möglich), keine Drogen
9. **Adäquate Situationseinschätzung**: moralische Verantwortung für den Gast, gesunder Menschenverstand, aber vor allem: kein Leichtsinn, Übermut oder Vorsatz (Haftung); rechtzeitiges „Ausblenden"
10. **Adäquate Selbsteinschätzung**: persönlicher Stil im Verhalten und Auftreten; „Keep a low profile" (keine Profilierung auf Kosten anderer, z.B. Gäste, Kollegen, Vorgesetzte)

---

**Abbildung V - 2    Die „10 Gebote" des Animateurs**

---

[6] Opaschowski, Horst (Hrsg.): „Methoden der Animation", Praxis-Beispiele, Klinkhardt Verlag, Bad Heilbrunn 1981, Seite 7
[7] Wir entnehmen diese Aufstellung den Arbeitsunterlagen von „animation consult".

*d) Beispiel: Anforderungsprofil Club-Animateur(in)*
Im Bereich des Club-Urlaubs, dessen Animationsprogramme am weitesten entwickelt sind, hat sich im Laufe der Jahre ein standardisiertes Anforderungsprofil für den Animateur gebildet. Es stellt folgenden Idealkatalog auf:

Alter: ab 22 Jahren (ideal ab 25 Jahren)
Ausbildung: Höhere Schulbildung, gute Allgemeinbildung, qualifizierte Ausbildung z.B. als
- Sportlehrer(in)
- Kindergärtner(in)
- Pädagog(e)in
- Dienstleistungsberuf/Hotellerie/Gastronomie
- künstlerisch/musischer Beruf

Persönliche Eigenschaften/
Fähigkeiten:
- Sympathisches, gepflegtes Äußeres
- Toleranz, Offenheit, Geduld
- Fröhlichkeit, Optimismus
- Aktivität, Eigeninitiative, Selbstbewusstsein
- Interesse an Menschen, soziales Engagement
- Lebenserfahrung
- Kooperationsbereitschaft
- Fähigkeit zu systematischem Denken und Handeln
- Organisationstalent
- Angenehme Stimme, verbales Ausdrucksvermögen
- Manuelles/handwerkliches Geschick
- Belastbarkeit (physisch und psychisch)

Kenntnisse:
- Sprachen:
  - Muttersprache fließend
  - Deutsch fließend
  - Englisch fließend
    (Spanisch, Französisch und Italienisch)
- Erfahrung im Umgang mit Menschen
- Dienstleistungserfahrung

## 3. Ausbildungsschritte

Eine Ausbildung zum Animateur gibt es nicht. Sigurt Agricola schreibt[8]:

*"Man kann mit vielen Formen qualifizierter Berufsausbildung im Freizeitbereich tätig sein, denn Freizeit ist ein „Querschnittsbereich."*

Bei erfahrenen Animateuren findet man fast regelmäßig Doppel- und Mehrfachqualifikationen, das heißt, Ausbildung in zwei oder mehreren traditionellen Berufsausbildungen. Des weiteren verfügen sie über Zusatzqualifikationen in besonderen Bereichen. Schließlich werden Sekundärqualifikationen für den Freizeitbereich nachgewiesen, die in der Regel durch Selbststudium, Learning-by-doing und In-Job-Training, aber auch durch Zusatzausbildungen erlangt wurden.

Als Tätigkeitsvoraussetzung[9] wird in Zukunft vielmehr ein eher sehr breit angelegter Qualifikations-Mix gelten müssen:

*a) Grundqualifikationen*

Schwerpunkt der Primärausbildung ist die Fähigkeit der Anleitung zum Lernen unter besonderer Berücksichtigung des jeweiligen Fachs (Pädagogik, Sport, Wirtschaft usw. mit Schwerpunkt Freizeit).

Mit dem so gewonnenen Instrumentarium (für lebenslanges Lernen) erarbeitet sich der angehende Animateur die notwendigen Sekundärqualifikationen in der Praxis. Für seine Erstausbildung muss der Animateur wissen, dass die Primärqualifikation allein für den Einstieg in das Praxisfeld nicht ausreicht.

*b) Handlungskompetenz, soziale Kompetenz*

Die notwendigen Sekundärqualifikationen, die notwendigen Erfahrungen werden im günstigsten Fall bei großen Organisationen in der Praxis erworben: Eine Saison als Animateur bei den großen Cluborganisationen wie „Robinson", „Aldiana" und „Club Méditerranée" zu arbeiten oder als Reiseleiter bei Reiseveranstaltern etc.

Zum Gewinn von Erfahrungen gehört unabdingbar der Aufbau von eigener Kompetenz. Es geht also nicht darum, über etwas, sondern in etwas Bescheid zu wissen. Der hohe Anteil an Kommunikation („Umgang mit Menschen") erfordert ein zusätzliches Maß an Handlungskompetenz verbunden mit der Fähigkeit zur Vernetzung von wichtigen Informationen.

Voraussetzungen für das erfolgreiche Arbeiten im Berufsfeld des Animateurs sind überdies eine bestimmte Einstellung und ein besonderer Habitus, wenn man will, eine „Berufshaltung". Sie enthält Elemente wie „ganzheitliches Denken", „Offenheit", „Beweglichkeit".

---

[8] Zeitschrift „Animation", Heft 6, November/Dezember 1988, Seite 169

[9] Einen guten Überblick vermittelt das (inzwischen zwar vergriffene, in vielen Fachbibliotheken aber verfügbare) Taschenbuch von Müller/Weichler: „Arbeitsfeld Freizeit", Der Schlüssel zu den animativen Berufen; rororo Sachbuch Nr. 8709, Rowohlt Taschenbuchverlag, Reinbek/ Hamburg 1990

# 188 V. DIE PERSON – DER ANIMATEUR, DIE ANIMATEURIN

Auch ein gewisses Berufsethos (siehe Seite 185) zeichnet sich ab. Es kann mit Schlagwörtern wie „Verbindung von menschengerechtem und sachgerechtem Handeln" umschrieben werden.

Alle Qualifikationen, die sich ein angehender Animateur erwirbt, müssen also Bestandteil von Kompetenz sein; sie müssen in das berufliche Handeln einfließen: Der Animateur muss im Rahmen seiner Praxis die Umsetzung von Qualifikationswissen in Handlungswissen einüben und sich gleichzeitig seine Fähigkeit zu kritischer Reflexion erhalten.

Anlässlich eines „Internationalen Animatoren-Kongresses" in Österreich wurde im Rahmen einer Expertengruppe folgendes Ausbildungsmodell erarbeitet:

---

**Theoretische und praktische Inhalte der Ausbildung**

Gefordert werden acht Grundpfeiler:

1. Kommunikation
2. Information und Präsentation
3. Kreativität („Show-Elemente")
4. Organisation und Koordination
5. Führungsverhalten
6. Freizeitkultur
7. Berufsethos („Humane Werte")
8. Praxis, „Supervision", Feed-back

---

Die einzelnen Segmente sind alle durchlässig, haben alle Bezug zur Praxis einerseits und zum Berufsethos andererseits.

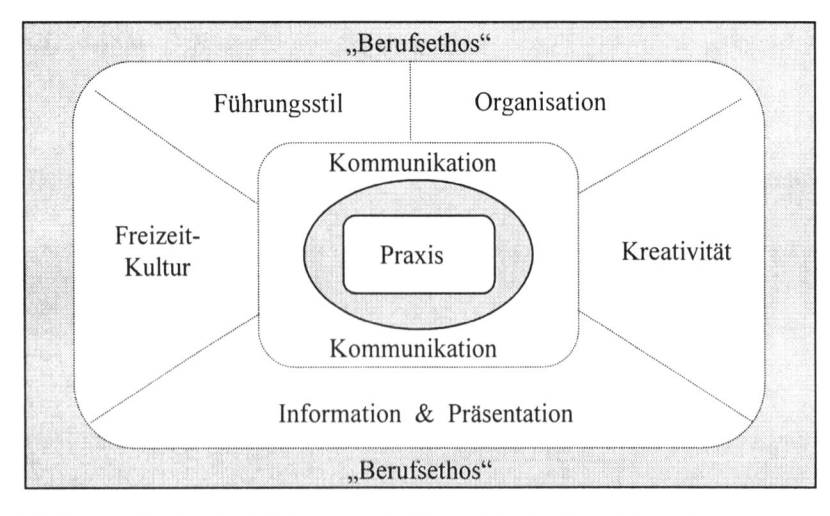

**Abbildung V - 3  Ausbildungsmodell (graphische Darstellung)**

## 3. Ausbildungsschritte

Dieses Modell soll als ein Beispiel von vielen verstanden werden und zeigen, wie derartige Qualifikationen in Zukunft denkbar und auch umsetzbar sind.
Eine wesentliche Rolle spielen im deutschen Raum allerdings die Schulungen und Praxisangebote der großen Reiseorganisationen[10], und hier wiederum insbesondere der Cluborganisationen „Aldiana", „Club Méditerranée" und „Robinson" und seit wenigen Jahren auch „1-2-Fly" und „Magic Life" oder „Club Alltoura" Deren zumeist zwei- bis dreiwöchige Ausbildungskurse verstehen sich als Vermittlung von Arbeitsgrundlagen, aufbauend auf der qualifizierten Primärausbildung der Teilnehmer.
Diese Kurse befähigen dazu, im Rahmen dieser Unternehmen im praktischen Einsatz zumindest für die erste Saison die notwendige Praxiserfahrung zu sammeln, das dazugehörige Know-how zu erwerben.
Die hohen Anforderungen und die umfassenden praktischen Erfahrungen, die im Rahmen der Mitarbeit bei diesen Organisationen möglich sind, stellen heute einen nicht zu unterschätzenden Teil der Qualifikation der Animateure dar.

*c) Fortbildung*

Zusätzlich dazu sind regelmäßige Fortbildungsmaßnahmen notwendig: entweder im Rahmen der Unternehmen, für die der Animateur tätig ist, oder aber aus dem weiten Bereich von Fortbildungs- und Spezialisierungsangeboten auf dem „freien" Markt, von den unterschiedlichsten Trägern.
Wichtig für alle, die im Freizeitbereich arbeiten, ist:

- das Gespräch, möglichst in der beruflichen „Szene",
- die Arbeit an Projekten,
- die Begegnung mit anderen Freizeitberuflern.

Daher ist der Anschluss an eine Berufsorganisation des Freizeitbereichs nur zu empfehlen (Bundesverband der pädagogischen Freizeitberufe, etc.).
Die bislang beschriebenen Qualifikationen lassen sich in den verschiedensten Institutionen erwerben:
Dazu bestehen Möglichkeiten der Primärausbildung inzwischen an zahlreichen deutschen Universitäten, Berufsschulen und Fachhochschulen (vgl. den folgenden Abschnitt d):

---

[10] Die wichtigsten WWW-Adressen für Online-Bewerbungen (ohne Anspruch auf Vollständigkeit): tui-service.com, aldianajobs.com, robinson.de, animationservice.com, animateure.de, animatur.com, pegafun.com, iberostarfriends.com, clubkastalia.de

## d) Ausbildungsangebote

Dabei ist zu unterscheiden zwischen folgenden Ausbildungsebenen: [11]

- Universitäten, Kunsthochschulen, Pädagogische Hochschulen
- Fachhochschulen (z.B. Internationaler Studiengang „Angewandte Freizeitwissenschaft" der Hochschule Bremen URL: www.hs-bremen.de)
- Fachschule, Kollegschule, Abendschule u.ä.
- Sonstige Organisationen (z.B. Wohlfahrtsverbände, Fortbildungsinstitute, Vereine usw.)

Inhaltliche Differenzierung:

Es lassen sich vier unterschiedliche inhaltliche Bereiche der Primärausbildung unterscheiden:

1. Freizeit allgemein mit pädagogischer Ausrichtung
   (häufig als Erweiterung sozialpädagogischer Ausbildungsgänge einschl. der Diplompädagogik)
2. Kultur und Kunst als inhaltliche Freizeitschwerpunkte in wissenschaftlichen oder künstlerischen Ausbildungsgängen
3. Tourismus und Reisen (häufig mit betriebswirtschaftlicher Ausrichtung, aber auch mit sozialwissenscshaftlicher oder pädagogischer Orientierung in Richtung Reiseleitung, Animation, Studienreiseleitung)
4. Sport mit besonders ausgeprägter Orientierung am Freizeit- und Breitensport und am Gesundheitssport.

Im Bereich außerhalb der Hochschulen existieren nach unserer Kenntnis nur einige wenige, qualifizierte Aus- und Weiterbildungsangebote, die zum Teil als Berufsförderungsmaßnahmen finanzielle Unterstützung erhalten. Informationen sind bei den einzelnen Web-Adressen der Bildungsträger abzurufen:

---

[11] Einen Überblick geben Nahrstedt u.a. in ihrer Untersuchung „Tourismusberufe für Hochschulabsolventen", IFKA Bielefeld 1994;

Aktuelle Quellen:
- Fietz, A. und Drechsler, D.: TourismusAusbildungsAnalyse (TAA), durchgeführt vom Tourismus-Interessen-Kreis (TIK Dresden) und FUTURISTA, Technische Universität Dresden, Dresden 2001   www.tik-dresden.de
- Mendack, Susanne: Berufsfeld Tourismus, Jobs in der Tourismusbranche; 2. Auflage, Walhalla Fachverlag, Regensburg 2001
- Bundesanstalt für Arbeit (Hrsg.): Berufe im Tourismus, Broschüre kostenlos zu bestellen bei jedem BIZ, Berufs-Informationszentrum jedes Arbeitsamtes; die Broschüre gehört zu den Heften im Band 0 (Null) der „Blätter zur Berufskunde". Im Band 4 dieser „Blätter zur Berufskunde" findet sich zusätzlich die Broschüre „Tourismus" über die EU-weite Anerkennung von Qualifikationen in Freizeit-Berufen.

- **agb**-Seminare, Salzburg/Österreich
  www.agb-seminare.at
- BSA-Akademie, Berufsakademie f. Freizeit & Fitness, Mandelbachtal/Berlin
  www.bsa-akademie.de
  www.bsa-touristik.de
- EPS Bonn
  www.epsbonn.de
- **imm** Institut für Marketing & Management in Rostock
  www.imm-rostock.de
- IST-Studieninstitut für Sport, Freizeit und Touristik in Düsseldorf
  www.ist-web.de
- SSI Institut für Tourismus und Marketing,
  SSI am Alex
  www.ssi-berlin.de
  www.ssi-institut.de

## 4. Berufsbild und berufliche Professionalität

Die Schwierigkeiten der Entwicklung eines Berufsbildes:

Die zunehmende Differenzierung der Animationsangebote in weiten Bereichen des Fremdenverkehrs haben dazu geführt, dass eine erhebliche Zahl von unterschiedlichen Berufsbildern heute unter dem Begriff Freizeitberufe einzuordnen sind:

Es handelt sich in erster Linie um beratende, vermittelnde, betreuende und anleitende Berufe. Dazu gehören

Freizeitberater, Animateure, Freizeitpädagogen, Event-Manager, Sozialpädagogen, Sozialarbeiter, Erzieher, Theologen, Sportlehrer aller Sportarten, Musiklehrer, Kunsterzieher, Fachlehrer für Werken, Künstler, Tanzlehrer, Schauspiellehrer, Reisebürokaufleute, Reiseleiter, Gästebetreuer, Ärzte, Freizeittherapeuten, Freizeit- und Reisejournalisten, Spiel-, Hobby- und Do-it-yourself-Fachberater bzw. Kaufleute.

Darüber hinaus hat auch der Bereich der künstlerischen Berufe stärker Eingang in die Animation im Fremdenverkehr gefunden, z.B.

Regisseure, Schauspieler, Moderatoren, Diskjockeys, Artisten, Jongleure, Zauberer, Clowns, Spielleiter, Schausteller, Agenten, Musiker, Bands, Sänger, Aktionskünstler etc.

Es ist anzunehmen, dass diese vielschichtigen Arbeitsbereiche im Rahmen der Animation auch in Zukunft erhalten bleiben. Zur beruflichen Professionalität des

Freizeit- und Spielpädagogen hat Gisela Wegener-Spöhring[12] eine Reihe von Thesen aufgestellt, die ohne Schwierigkeit auch auf die Arbeitssituation, d.h. die Professionalität des Animateurs, zu übertragen sind. Ihr Untertitel: *„Arbeit, die wie Spiel aussieht"*.

Die wichtigsten Thesen seien hier zitiert und im übrigen wird auf den außerordentlich wertvollen Dokumentationsband hingewiesen:

Es geht um die Professionalisierung des Freizeit- und Spielpädagogen, d.h. um die Entwicklung und Erarbeitung eines Berufsbildes, das auf ein fundiertes Expertenwissen gegründet ist und das sich auf einen Problembereich von anerkannter, gesellschaftlicher Relevanz bezieht.

*These 1:*
*Der Spielpädagoge arbeitet, wenn andere Freizeit haben. Das leuchtet unmittelbar ein; für den Praktiker ist dies auf die Dauer nur schwer zu ertragen.*

*These 2:*
*Der Spielpädagoge arbeitet, damit andere spielen können: Das ist paradox. Denn, Arbeit ist eben gerade nicht Spiel [...]*

*These 3:*
*Die Arbeit des Spielpädagogen darf nicht wie Arbeit wirken [...]*

*These 4:*
*Die Arbeit des Spielpädagogen verlangt die Realisierung von „Spieltugenden" und „Arbeitstugenden": Das Problem liegt hier in der geforderten Gleichzeitigkeit: Spontan und pünktlich, engagiert und ordnungshaltend, flexibel und planungsfähig, kreativ und verlässlich [...]*

*These 5:*
*Der Spielpädagoge ist bei seiner Arbeit besonders verletzlich [...] Wenn [ein Pädagoge] viel mehr von seiner Person in seine Rollenvorstellung einfließen lässt [als üblich], so wird er verletzlicher, vermag Rollendistanz nur noch schwer einzunehmen. In der Rolle des Spielenden stellt man sich zwangsläufig persönlich, gesamtkörperlich und auch emotional dar - auch wenn man sie professionell einnimmt [...]*

*These 6:*
*Die Arbeit des Spielpädagogen ist eine besonders anstrengende Arbeit [...] Es kostet Kraft, das notwendige Engagement und die Spannkraft für eine Spielaktion auf Abruf zu erzeugen - ganz zu schweigen davon, dass man auch einmal keine Lust zum Spielen hat oder sich nicht gut fühlt. Trotzdem das Freie, Heitere und Gelöste darstellen zu müssen - das ist harte Arbeit [...]*

---

[12] Wegener-Spöhring, Gisela: „Zur Professionalität des Freizeit- und Spielpädagogen", in: „Begegnungen", Erstes Göttinger Symposion, „Neues Lernen für Spiel und Freizeit", Otto Maier Verlag, Ravensburg 1989, Seite 94 ff

## 4. Berufsbild und berufliche Professionalität

*These 7:*
*Der Spielpädagoge wird bei seiner Arbeit häufig mit „kindlichen", regressiven Verhaltensmustern konfrontiert. Nicht nur Kindergruppen, auch Jugendliche und Erwachsene fühlen sich in einer geglückten Spielsituation befreit von den Zwängen des Alltags emotional, gesamtkörperlich, glücklich und „kindlich". Der Spielpädagoge bekommt dann Rollen zugewiesen, wie „gute Mutter", „guter Lehrer", was meint: er soll voll und ganz für die Gruppe und ihre Bedürfnisse da sein - auch nach dem Spiel, in den Pausen, am Abend und auch manchmal noch grundsätzlicher. Das führt natürlich schnell an die Grenzen der Belastbarkeit des Spielpädagogen [...]*

*These 8:*
*Der Spielpädagoge wird bei seiner Arbeit auch mit sehr „erwachsenen" Verhaltensmustern konfrontiert. Spiel wird in manchen Gruppen als unangemessen kindliches Medium empfunden, das im Grunde genommen dem Erwachsenen-Status nicht mehr adäquat ist. Solche Gruppen [...] haben Ängste, sich auf das ungewohnte Feld des Spiels einzulassen. [...] Dies kann das Spiel natürlich sehr erschweren, mitunter auch unmöglich machen [...]*

*These 9:*
*Das Spiel stellt für den Spielpädagogen eine Führung dar, auch „kindliche", regressive Verhaltensmuster zu zeigen: Die beschriebene „Kindlichkeit" der Spielenden ist für den Spielpädagogen Verführung und Bedrohung zugleich [...] Nur mit der Fähigkeit zur Selbstwahrnehmung und Rollendistanz wird der Spielpädagoge solche Situationen meistern können.*

*These 10:*
*Der Spielpädagoge muss das Spiel im Hier und Jetzt realisieren: [...] Spiel ist notwendiger weise gegenwärtig und authentisch. Vergangenheit und Zukunft sind dabei kein Thema.*

*These 11:*
*Je besser der Spielpädagoge gearbeitet hat, desto mehr entsteht der Eindruck, er habe gar nicht gearbeitet: Das ist plausibel, wie wohl in der Praxis oft schmerzlich.*

*These 12:*
*Der Spielpädagoge bekommt mitunter die mangelnde gesellschaftliche Wertschätzung des Spiels deutlich zu spüren. Beispiel in einem Tagungshotel: Die abschätzigen Blicke, mit denen die Teilnehmer „ernsthafter" Kurse eine Gruppe anlässlich einer Luftballon-Spielaktion bedachten [...] Der Spielpädagoge selbst muss gefestigt und sicher in seinem Selbstverständnis und in seiner Rolle sein, um solcher mangelnder Wertschätzung immer wieder begegnen zu können. [...]*

Dazu, wie auch zur Bewältigung der anderen aufgezeigten Probleme, braucht der Spielpädagoge seine ausgeprägte Professionalität.[13)]

Für die zukünftige Entwicklung werden darüber hinaus noch weitere Berufsfelder Kontakt mit dem Freizeitbereich bekommen bzw. in den Freizeitbereich hinein tätig werden. Dazu gehören:

**Dienstleistungsberufe** (Berufe des Gastgewerbes, des Tourismus, des Verkehrsgewerbes; Werbe-, PR- und Marketingfachleute, Medienfachleute und andere mehr)

Berufe in kulturellen Einrichtungen und der **Kulturarbeit** (Theaterfachleute, Künstler, Museumsfachleute, Musiker, Erwachsenenbilder, Archivare, Archäologen usw.)

Berufe der **Raumplanung**, Landschaftspflege, Stadtplanung und Ökologie (Raumplaner, Ökologen, Landschaftsarchitekten, Landwirte, Förster, Botaniker, Zoologen, Vogelkundler, Naturschutzbeauftragte, Stadtplaner, Stadtentwicklungsplaner, Geographen)

Die Vielzahl dieser Berufsfelder deutet an, welch starke Dynamik von dem gesamten Bereich der Animation im Urlaub im weitesten Sinne in Zukunft zu erwarten ist.

Deshalb stehen immer wieder neue Berufsbezeichnungen in der Diskussion: „Travel Coaching" und „Care & Wellness Manager" sind nur zwei herausragende Beispiele.

Jutta Harlin entwirft in ihrer Diplomarbeit[14)] ein übergreifendes Berufsbild einer Dienstleistung „Travel Coaching", die die zukünftig notwendige Qualitätsoptimierung in die Tätigkeit mit einbezieht; und zwar in drei Segmenten:

- TQS - Total Quality Service - als Basis,
- aktive Kundenintegration als zweites und
- Mitarbeiter-Kompetenz - insbesondere interkulturelle Kompetenz - als drittes Segment.

In dieser Studie ist „Travel Coaching" als optimierte Form der Kundenberatung und Gästebetreuung eines Lösung des Problems der Servicequalität im Tourismus: „Travel Coaching" wird damit als kundenorientierte und zielgruppenspezifische Beratung und Betreuung in jedem Glied der touristischen Servicekette definiert. [...] Diese Servicequalität beruht auf dem Grundgedanken des „Travel Coaching", dem kundenorientierten Verhalten der Mitarbeiter, ihren umfassenden Kompetenzen im sozialen und interkulturellen Bereich sowie ihren übergreifenden Fähigkeiten aus den Bereichen Animation, Reiseleitung und

---

[13)] Siehe auch: Wegener-Spöhring, Gisela: „Arbeit, die wie Spiel aussieht", eine Gratwanderung durch paradoxe Spannungsfelder; in: „Animation", Heft 4, 1987; Seite 172 - 184

[14)] Harling, Jutta: „Travel Coaching als zukunftsorientierte Service-Optimierung"; Diplomarbeit der Fachhochschule München, Studiengang Tourismus, München 1999

Gästebetreuung und ihrer auf ihr Einsatzgebiet in der Servicekette spezialisierten Ausbildung.

Den Gedanken einer zielgruppenspezifischen Beratung und Betreuung wurde seit 1999 in einem (leider nicht weitergeführten) Qualifikationskonzept des Institutes für Soziale Innovation[15] mit dem Berufsbild des „Care & Wellness Manager" aufgegriffen: Begleitetes Reisen in einer völlig neuen Form; neue Freiräume und Reiseerlebnisse werden möglich.

Diese beiden Beispiele deuten auf eine kontinuierliche und zukunftswirksame Weiterentwicklung des Service- und Betreuungsgedankens im Tourismus, wie er im Kern in der Vorstellung von Urlaubsanimation verankert ist, die von den Autoren seit 30 Jahren vertreten wird.

Die Tatsache, dass sich bei dem jungen Beruf des Animateurs bislang kein festes Berufsbild entwickelt hat, liegt zum großen Teil darin begründet, dass die hohe Fluktuation im Urlaubs- und Tourismusbereich bisher die Vorstellung einer lebenslangen Tätigkeit im Bereich der Animation nicht zulässt.

## 5. Berufliche Probleme

*a) Die beruflichen und sozialen Belastungen*

Beschäftigte im Tourismus arbeiten in der Freizeit anderer. Was für die Urlauber Service, Unterhaltung oder Vergnügen ist, bedeutet für sie Arbeit. Als erschwerend kommt vor allem eine besondere soziale Situation des Animateurs (vergleichbar mit der des Reiseleiters) hinzu, gekoppelt mit den offensichtlichen Gefahren und Gefährdungen, denen besonders der Animateur durch seine spezifische Aufgabenstellung ausgesetzt ist.

Diese Gefährdung und die problematische soziale Situation lassen sich durch folgende Faktoren skizzieren:

Der Animateur lebt und arbeitet in seinem Ferienhotel/Ort. Sein Arbeitsplatz ist der Urlaub der Gäste, seine Tätigkeit verrichtet er ausschließlich mit den Gästen und unter den Gästen. Sobald er die Tür seines Zimmers öffnet, ist er „im Dienst". Das können bis zu 14 Stunden am Tag sein, mit nur einem freien Tag in der Woche; den er auch nur genießen kann, wenn er sich konsequent den Blicken der Urlauber entzieht. Er unterliegt im Regelfall einem vom Üblichen abweichenden Zeitrhythmus, der familiäre und freundschaftliche Kontakte einschränkt. Eine hohe, nicht immer freiwillige Mobilität verhindert oft dauerhafte Kontakte und Partnerbeziehungen. Hier wird bereits erkennbar, wie stark das Privatleben, der Feierabend, der private Rückzug behindert sind bzw. sogar unmöglich werden können, wenn das Einsatzgebiet im Ausland liegt und die Tätigkeit sich ohne Unterbrechung über Monate hinzieht. Freundlich zu sein, präsent zu sein, für den Gast da zu sein, kostet Kraft. Der Gast erwartet eine Dienstleistung unter allen Umständen.

---

[15] Institut für Soziale Innovation e.V., Leitung Prof. Dr. Helmut Linnenbank; weitere Informationen bei den Autoren.

Roman Bleistein[16] forderte bereits vor über 15 Jahren :

„*...die Urlauber auf ihre Verantwortung als Verbraucher und Mitmenschen anzusprechen: Auch Geld begründet keinen Anspruch auf unbegrenzte Dienstleistung und Verfügbarkeit.*"

Immer gleichbleibend freundlich sein zu müssen, fördert die Tendenz zur Schablonenhaftigkeit, zur Maskenhaftigkeit der persönlichen Erscheinung. Die Fähigkeit, unter monatelangen starken psychischen Belastungen die eigene Identität aufrechtzuerhalten, ist bei vielen Animateuren (besonders den jüngeren ohne ausgeprägte Reife und Lebenserfahrung) nicht so stark ausgeprägt, als dass es nicht zu Krisen und zu erheblichen Verschleißerscheinungen kommen würde.

Trotzdem ist es wesentlich, dass der Animateur sensibel bleibt für das, was um ihn herum geschieht.

In der Urlaubsrealität:[17]

Die Atelierleiterin in einem Ferienclub ist blockiert und absorbiert durch interne Arbeitsvorgaben, nämlich Plakate für den nächsten Tag herzustellen, Kostüme für die abendliche Show in Ordnung zu bringen und evtl. zu reparieren oder aber Kulissen zu malen für die Veranstaltungen.

Dieser „Programmdruck" absorbiert sie soweit, dass sie nicht mehr registriert, dass ab und an interessierte Gäste vorbeischauen, aber - nach einer Weile - das Atelier wieder verlassen, weil sie nicht angesprochen, ermuntert, ermutigt werden. Manche Gäste haben gar das Gefühl, sie würden die Atelierleiterin bei ihrer Arbeit stören, wenn sie Fragen stellen.

Die Animateurin hat verdrängt, die Gäste anzusehen und sie zu fragen, ob sie Lust haben mitzumachen; hat anscheinend vergessen, sich ihrer Gäste anzunehmen, sie anzusprechen, sie einzuladen, auf sie zuzugehen, offen zu sein, erreichbar und präsent zu sein.

Ein anderes Beispiel:

Ein Animateur spielt am Dartboard mit zwei Gästen. Das Spiel ist nicht auf der Programmtafel angeschlagen, also kein Programmpunkt, zu dem er möglichst viele Urlauber animieren „muss".

Während dieses Spiels schauen auch andere Gäste zu und bekunden durch Bemerkungen, Mimik, Gestik und Zurufe, dass sie eigentlich nur darauf warten, mitspielen zu können, wenn sie aufgefordert würden. Der Animateur fühlt sich jedoch außerhalb des „offiziellen" Programms und kommt anscheinend gar nicht auf die

---

[16] In den Thesen zum Kirchen-Forum im Rahmen der ITB Berlin 1987

[17] Siehe: Gayler, Brigitte: „Probleme der Urlaubs-Animation oder Animateure sind auch nur Menschen", in: Zeitschrift „Animation", März/April 1984, Seite 66 - 67
Bleistein, Roman: „Der Animateur als Unsicherheitsfaktor", zitiert nach: „touristik report" Nr. 24 vom 04. Dezember 1987, Seite 18; Nachdruck im Anhang

## 5. Berufliche Probleme

Idee, Gäste zum Mitmachen zu motivieren, auch bei dieser kleinen Aktion. Wenn freilich die Gäste von sich aus die Initiative ergreifen und fragen würden, würde er sie sicherlich gerne mitspielen lassen. Der Animateur hat vergessen, dass er auch außerhalb seiner fixen Programme in erster Linie Animateur ist.

Animateure und Animateurinnen werden nicht selten in eine „totale Rolle" gedrängt, - als Erfüllungsgehilfen unrealistischer Glückserwartungen. Die Gefahr, dass der Animateur hinter seiner äußeren Maske dabei in Zynismus abgleitet, ist erheblich.

Animation bedeutet, gemeinsam mit den Gästen Aktivitäten in Gang zu bringen. In der Praxis hat dieser Arbeitsansatz allerdings die Folge, dass sich die Gästeprogramme „verselbständigen", dass der Animateur letzten Endes nur noch Programme abspult, im Extremfall sogar zum gehetzten Programm-Manager wird, der vom Ende des einen Programms, ohne Zeit für seine Gäste zu haben, in den Beginn des nächsten Programms springen muss. Das Programm wird damit zum Inhalt seiner Tätigkeit, nicht die Zuwendung zum Gast.

Es soll Club-Chefs gegeben haben, die dem Chefanimateur vorrechneten, er habe mit seinem Team jeden Tag 32 Programme zu organisieren, ohne danach zu fragen, ob die Gäste diese Programmfülle eigentlich wollen, oder ob es nicht besser wäre, wenn die Animateure zwar weniger Programme, aber mehr Zeit und Zuwendung den Gästen widmen würden.

Hier sehen wir auch die „ideellen" Risiken der Clubanimation, die sich mit folgenden Begriffspaaren schlaglichtartig skizzieren lassen:

| | | |
|---:|:---:|:---|
| Partizipation | ←→ | Entertainment |
| Zuwendung | ←→ | Oberflächlichkeit |
| Ruhe | ←→ | Programm-Hektik |
| Offenheit | ←→ | Lager-Koller |
| Qualität | ←→ | Quantität |

Animation als Anregung, als Motivation, als Interesse am Urlaubsgast, ist eine schwierige Aufgabe. Sie fordert manchmal sogar Überwindung von den Animateuren, die sich stets der Gefahr aussetzen, von den Gästen auch Zurückweisung zu erfahren. Sie erfordert Umsicht und Überblick, Ermutigung, Zeit und Gelassenheit.

Also ist die Programmvielfalt möglicherweise der Tod der Animation, weniger wäre hier mehr: weniger Programmdruck, mehr Zeit für den Gast, mehr Zuwendung.

Ein durchaus üblicher Tagesablauf des Animateurs im <u>Club</u> sieht folgendermaßen aus:[18)]

| | |
|---|---|
| 8.00 - 9.30 Uhr | (1- bis 2 mal pro Woche) Frühstücksaktionen |
| 9.00 - 9.30 Uhr | Frühstück (Team oft gemeinsam) |
| 9.30 - 10.00 Uhr | Vorbereitungen für Tagesprogramme (Material etc.) Sport, Spiel, Turniere aller Art |
| 10.00 - 13.00 Uhr | „Kernzeit" für Animationsprogramme |
| 12.00 - 12.30 Uhr | Aperitif-Spielchen vor dem Mittagsbuffet |
| 12.30 - 13.00 Uhr | ggf. Mithilfe beim Essensservice |
| 13.00 - 15.30 Uhr | offizielle Pause, aber meist Teamsitzung bzw. Proben und Dekoration fürs Abendprogramm |
| 16.00 - 18.00 Uhr | Standard-Programm und Sonderaktionen (Turniere etc.) |
| 18.00 - 19.00 Uhr | offizielle Pause, aber meist Proben oder Umziehen fürs Abendprogramm bzw. zur Begrüßung da sein beim „Spalierstehen" fürs Abendessen |
| 19.30 - 21.00 Uhr | Abendessen mit 4-Gänge-Menü. Es wird vom Animateur erwartet, dass er sich an einen Gästetisch setzt und mit den Anwesenden plaudert. Das Abendessen wird aber fast nie in aller Fülle genossen. Zu wenig Muße, Zeitmangel |
| 21.00 - 22.00 Uhr | Letzte Vorbereitungen (meist sehr aufwendig!) für die Abend- Show |
| 22.00 - 23.00 Uhr | großes Abendprogramm |
| 23.00 - 23.30 Uhr | Abzug in die Disco und Animation zum Tanz |
| 23.30 - 0.30 Uhr | Aufräumen, Abschminken und teilweise Dekoration für den nächsten Tag; kleine Mitternachts-Turniere oder Aktionen/Shows |
| 00.30 - mind. 1.00 Uhr | Die Animateure sollten noch unter den Gästen an der Bar verweilen. |

Der Zwang zur Präsenz muss seinen Ausgleich finden in einer verbindlichen täglichen Zeit für sich selbst, Zeit des Abschaltens, Zeit der Selbstfindung. Präsent sein heißt doch lediglich, dass Animateure für den Gast ansprechbar sind, es müssen nicht immer alle sein und schon gar nicht immer die gleichen. In Teamarbeit lassen sich Organisations- und Arbeitsformen finden, die einerseits den Gast zufrieden stellen, auf der anderen Seite aber Freiräume schaffen, um den schnellen Verschleiß an gutem Willen, Kraft und Engagement der Animateure zu vermeiden.

---

[18)] Quelle: „Arbeiten, wo andere Urlaub machen" in: „Reisefieber", Das nützliche Reisemagazin, Jan/Febr. 1988, Hayit-Verlag, Köln 1988, Seite 25

## 5. Berufliche Probleme

Freundlichkeit kostet Kraft und wer sie nicht schöpfen kann, kann nicht freundlich sein. Die Desensibilisierung ist eine der größten Gefahren für den Animateur.
Letztlich wird sich das „Produkt" Animation dadurch verbessern, dass man die Animation nicht so stark organisiert, beinahe zwanghaft realisiert.
Die drei beschriebenen Berufstrends (kein Privatleben, Oberflächlichkeit und Programmdruck) führen zu einer inneren Abkapselung und Vereinsamung, die sich bei labilen Charakteren bis zu einer massiven psychischen Gefährdung entwickeln kann. Im heutigen Tourismus werden die psychohygienischen Probleme der Animateure (gleiches gilt übrigens für Reiseleiter) von den Verantwortlichen noch weitestgehend unterschätzt.
Dies ist einer der Gründe für die hohe Fluktuation im Animationsbereich. Bedingt durch den extremen Verschleiß kehren viele enttäuschte Mitarbeiter der Animation den Rücken.
Hinzu kommt noch ein zusätzlicher Faktor: Die soziale Situation des Animateurs. In der größten Zahl der Fälle ist der Club- oder hauptberufliche Animateur Angestellter eines ausländischen Dienstleistungsunternehmens (Hotel, Hotelgesellschaft o.ä.) und damit „Gastarbeiter": Er hat nicht nur das soziale Umfeld seiner Heimat, seines Wohnortes, seiner Familie, seines Freundeskreises verloren, sondern befindet sich auch in einer arbeitsrechtlich und sozial - verglichen mit den Verhältnissen in der Bundesrepublik - wesentlich schlechteren und unsichereren Situation. Das beginnt mit der Krankenversicherung und der medizinischen Versorgung im Einsatzgebiet und endet bei unzureichender oder fehlender Altersversorgung; von Arbeitslosenversicherung und dergleichen gar nicht zu sprechen.
Lediglich bei internationalen Konzernen (wie z.B. TUI/Robinson, Aldiana/ Neckermann/Thomas Cook) ist seit den 90er Jahren eine deutliche Besserung eingetreten. Die Situaion in vielen ausländischen Hotelorganisationen von der Türkei bis Cuba ist jedoch völlig unverändert.
Die Effekte sind vielfach zu beobachten:
Der Animateur lebt in einer Kunstwelt, er lebt von Tag zu Tag. Er bekommt keine Anregungen von außen, er spult ein Programm ab, sein Horizont ist das Hotel, in dem er arbeitet und das Wochenprogramm in das er eingespannt ist.
Der freie Tag wird nicht zum Auftanken, sondern lediglich zum Ausschlafen und vielleicht zum Briefschreiben benutzt.
Der kontinuierliche Wechsel der Gäste erlaubt keine weitergehenden persönlichen Beziehungen, im Gegenteil, die Angst vor den sich stetig wiederholenden Verlusterlebnissen bei der Abreise macht vielen Animateuren so stark zu schaffen, dass sie sich den Gästen als Person gar nicht erst nähern oder gar öffnen. Ironischer oder tragischer Weise entsteht gerade bei den Menschen, die für Kommunikation unter ihren Gästen sorgen sollen, ein erhebliches Kommunikationsdefizit, eine gefährliche Form der Vereinsamung.
Auch diese Auswirkungen der sozialen Situation führen bei vielen Animateuren zu gefährlichen psychischen Spannungen, letztendlich zum Scheitern an der Aufgabe und zur Abwendung von diesem Berufsfeld.

Dabei ist es denkbar, dass unter den richtigen Voraussetzungen Animation, das heißt die Betreuung von Urlaubsgästen, die Erfüllung ihrer Wünsche und Bedürfnisse, das Eingehen auf ihre Erwartungen, durchaus ein attraktiver, zufriedenstellender Lebensberuf sein kann. Es gibt einige ganz wenige Ausnahmeerscheinungen im Bereich der Animation, die letztendlich beweisen, dass so etwas möglich ist.

Diese wenigen Ausnahmen sind im Grunde genommen keine „Wundertiere", sondern sie haben sich mit unterschiedlichen Mitteln eine Lebenssituation geschaffen, die ihnen die kontinuierliche Ausübung dieses Freizeitberufes ermöglicht. Dazu gehört mit Sicherheit die soziale und arbeitsrechtliche Absicherung, meist gekoppelt mit einer hierarchisch höheren Position (Clubchef, Resident Manager im Hotel), aber auch eine gewisse Kontinuität am Einsatzort, die notwendige Freizeit und auch die Freiräume für das Privatleben, der Aufbau von haltbaren Sozialkontakten im Umfeld der Arbeit; d.h. also der Animateur empfindet das Feriengebiet und sein Hotel tatsächlich als sein „zu Hause", er hat entsprechende zeitliche und finanzielle Möglichkeiten, am kulturellen und gesellschaftlichen Leben seines Einsatzortes teilzunehmen, sich zu integrieren, sich auch sozial zu arrivieren.

In einer solch positiven Situation befinden sich vor allem auch Animateure, die in einheimischen (z.B. deutschen oder österreichischen) Urlaubsorten tätig sind oder sogar aus diesem Ort selbst stammen.

*b) Der Rollenkonflikt der Animateurin*

Unabhängig von den sozialen und psychohygienischen Belastungen, die in ihrer Tätigkeit allen Animateuren Schwierigkeiten bereiten, sind Animateurinnen - aufgrund der in unserer Gesellschaft vorherrschenden Rollenverteilung - zusätzlichen Belastungen ausgesetzt. In einer sehr engagierten Diplomarbeit[19] schreibt Martina Reichwein:

*„Gerade im Animationsberuf werden Bedingungen gestellt wie:*

*Kontaktfreudig, locker, auf alle Menschen eingehen, nicht alles ernst nehmen, usw. [...] Kontaktfreudiges Auftreten in aller Lockerheit aber entspricht nicht unbedingt dem normalen Bild des weiblichen Geschlechts, zumindest in bezug auf Männer, demzufolge sich Frauen eher im Hintergrund aufhalten und dem männlichen Geschlecht immer noch der erste Schritt der Kontaktaufnahme zugebilligt bzw. zugesprochen ist.*

*Somit ist die Situation „kontaktfreudige Frau" auch für den Gast eine nicht alltägliche, sondern eher ungewöhnliche. Sofort schon sind die Barrieren gebrochen, was ja auch im Club so sein soll und normalerweise auch völlig in Ordnung wäre, wenn nicht mancher Gast dabei leicht die Grenzen des Jobs der Animateurin übersehen würde:*

---

[19] Reichwein, Martina: „Psychische und soziale Besonderheiten für Frauen in der Touristikbranche", eine qualitative Untersuchung bei Beschäftigten in animativen Tätigkeitsfeldern; Diplomarbeit (unveröffentlicht), Deutsche Sporthochschule Köln 1985

## 5. Berufliche Probleme

*Sie, die für das Wohlergehen der Gäste zuständig ist, muss sich gut überlegen, wie sie den Gast in seine Schranken weist oder ob sie es überhaupt tun soll oder kann. Hat sie sich dafür entschieden, zeigt sich bei Gästen oft Unverständnis:* „Bei den männlichen Gästen kam es ab und zu vor, dass sie in Urlaubs- und Anmachstimmung alle Frauen als Objekt sahen. Ich als Reiseleiterin konnte sie noch ganz gut in ihre Schranken verweisen, was aber dann mit Kritik und Besserwisserei abreagiert wurde" (Bericht einer TUI-Reiseleiterin).

*Da kommen dann Äußerungen wie:* „Ich werde mich beim Chef beschweren, ich kenne ihren Chef persönlich". „Wenn sie zehn gute Kritiken haben und zehn gute Belobigungen, [...] die werden dann abgeheftet. Aber wehe, wenn eine Beschwerde kommt. Die zählt. Und für die Reisegesellschaft ist das der Kampf um die Kunden".

*Hier wird wieder deutlich, wie existenzbedrohend gerade dieser Job für Frauen werden kann, wenn das Thema der sexuellen „Anmache" nicht anders aufgefangen wird.*

*Um gar nicht erst mit solchen Situationen konfrontiert zu werden, halten sich viele Frauen auch von diesem Feld der Erwachsenen-Animation frei. (Sie weichen in Bereiche wie Kinder- und Jugend-Animation, Atelier, etc. aus).*

*Solange Frauen in ihrer Rolle mitspielen, das Thema tabuisieren, nicht darüber reden und wenn, nur unter dem Siegel der Verschwiegenheit, wird alles so weiterlaufen wie bisher oder sie werden die Schuld für Belästigungen bei sich selbst suchen bzw. dann die Konsequenzen ziehen, sich in diese Situationen nicht mehr hineinzubegeben. Zur Definition:* „Sexuelle Belästigung ist das unerbetene, einseitig männliche Verhalten, das die Sexrolle der Frau gegenüber ihrer Funktion als Arbeitnehmerin durchsetzt".[20] *In den meisten Fällen laufen Belästigungen so subtil und undefinierbar ab und so, dass es Dritte gar nicht mitbekommen, aber ein absolutes Unbehagen bei derjenigen zurückbleibt, die sich betroffen fühlt. Oft wird diese „Anmachart" auch von Frauen verdrängt, teilweise beziehen sie sogar die Schuld auf sich, auf jeden Fall redet keine gerne darüber, es ist zutiefst unangenehm und peinlich, zuzugeben, ein Opfer solch einer Belästigung geworden zu sein.*

*Dass Frauen einfach mit Belästigungen zu rechnen haben, lässt sich durch die Äußerung eines Reiseleiters belegen, der einer Reiseleiterin zu verstehen gab:* „[...] ihr seid doch keine Nonnen, damit müsst ihr rechnen, wenn die [Gäste] abends getrunken haben. Natürlich werden die dann ausfallend".

*Als ganz „natürlich" wird dieses Verhalten von Männern betrachtet, auf die sich gefälligst jede Frau einzustellen hat. Die Aussage des Reiseleiters zeigt, da sie typisch ist, ganz deutlich, dass hier keinerlei Unterstützung zu erwarten ist, eher noch das Gegenteil. Für diesen Reiseleiter ist es eine Überlegung wert, ob diese*

---

[20] Plogstedt, Sybille/Bode, Kathleen: „Übergriffe: Sexuelle Belästigungen in Büros und Betrieben", Rowohlt Verlag, Reinbek 1984

*Frau überhaupt für den Job der Reiseleitung fähig ist. Es wird direkt die berufliche Fähigkeit in Frage gestellt.*

*Sexuelle Belästigungen sollen auch im Club nicht unbedingt zur Sprache kommen, denn die entsprechende Animateurin trägt das Risiko, als Störenfried definiert zu werden, als prüde und für den Job nicht geeignet, da Anmache gerade im Urlaub wohl dazu gehört. „Sich anmachen" zu lassen, scheint wohl ein Teil der Berufsaufgabe zu sein.*

*Zusammenfassend ist zu sagen, dass die Problematik „der Frau", wie sie in der Fremdenverkehrsbranche besteht, kein spezifisches Problem darstellt, sondern sich viel mehr auf dem Hintergrund der Dimensionen der generellen Problematik der Frau in der Gesellschaft herausbildet.*

Zwei Problembereiche werden von Martina Reichwein besonders herausgearbeitet:

**Der Aspekt der Kompetenz:**

*„Durch die zugebilligte, sich selbst zugetraute und wahrgenommene Kompetenz der Frau kristallisierte sich eine geschlechtsspezifische Aufgabenverteilung heraus:*

*Insbesondere ergab sich durch diesen Aspekt der Kompetenz, dass sich eine Hierarchieverteilung einstellt, die Frauen typischerweise auf den <u>unteren</u> Rängen plaziert. Die vermutete und zugeschriebene Kompetenz, nach der die Aufgaben (von den Männern) verteilt werden, ist das Ergebnis eines subtilen Zusammenspiels von*

- *rollenkonformen Erwartungshaltungen der Gäste,*
- *den Ansprüchen und Erwartungen, die die Frauen selbst an ihre Tätigkeit knüpfen und*
- *den Zuschreibungen von Club-Chefs und Teamleitern."*

**Der Aspekt der „Objekt-Rolle":**

*„Einen besonderen Aspekt stellt das Phänomen dar, das am ehesten noch mit dem Begriff „Sexualobjekt-Rolle" zu kennzeichnen ist, was bei den Animateurinnen - wie verdeckt auch immer - doch in besonderer Form stets stillschweigend vorausgesetzt wird.*

*Das Entscheidende an diesen Strukturen ist, dass sie zwar erhebliche Wirkung haben, diese sich aber weitgehend unbewusst vollziehen und ebenso weitgehend vor Veränderungen geschützt sind."*

Abschließend gibt Martina Reichwein einige Ratschläge für Frauen in Freizeitberufen:

- *Aus den Banden „männlichen" Sehens, Denkens und Bevormundens heraustreten.*

- *Dinge von der eigenen Interessen- und Erlebnislage her angehen.*
- *Die eigenen Erlebnisformen und Problemperspektiven nicht immer nur zurückstellen, in Frage stellen, als minderwertig und unangemessen ansehen; sich selbst (für das Ziel der Tätigkeit) nicht für zu subjektiv oder zu emotional zu halten.*
- *Durch die Rückkopplung des Selbsterkannten im Gespräch mit anderen Frauen Solidarität und Bestätigung erhalten.*

Dieser gesamte Bereich wird seit Jahren viel zu selten öffentlich thematisiert und in öffentlichen Diskussionen als Prozess des Aufdeckens in Gang gebracht. Die Auswirkungen der Geschlechterrollen sollten in Zukunft in die Ausbildung der Reiseleiter und Animateure unbedingt mit aufgenommen werden.

Im Jahre 2001 wurde von Gudrun Lockenmeyer eine weitere Studie den Auswirkungen der Geschlechtsunterschiede bei Ferienanimateuren gewidmet. Zugrunde gelegt wurde eine Beobachtungsstudie im Club Méditerranée auf Mauritius.[21]

## 6. Konsequenzen für die Zukunft

Was für Hoteldirektoren und leitende Mitarbeiter großer Hotelgesellschaften in Einsatzorten rund um die Erde heute selbstverständlich ist, (also ein wirkliches Privatleben, soziale und gesellschaftliche Integration etc.), sollte ganz besonders den erfahrenen Animateuren aller großen Unternehmen ebenfalls verfügbar gemacht werden.

Nur dadurch ist sicherzustellen, dass diese wertvollen Mitarbeiter mit ihrem unersetzlichen Schatz an Erfahrung und Know-how die Kontinuität des Animationsgedankens bewahren und an die jüngeren, in der Dienstleistungsbranche nachwachsenden Mitarbeiter weitergeben können.

Roman Bleistein macht folgende Vorschläge:[22]

1. *Reiseveranstalter und Verkehrsämter, Hoteliers und Kurdirektoren sollten ihre Werbung freihalten von unrealistischen Leitbildern, deren Erfüllung dann von den Beschäftigten im Tourismus erwartet werden.*
2. *In der Ausbildung sollte nicht nur für Service und Verkauf geschult, sondern mindestens im gleichen Umfang zur Bewältigung menschlicher Probleme befähigt werden.*
3. *In Berufsvorbereitung und Praxisbegleitung muss die Spannung zwischen gängigen oder auch unbewussten Klischeevorstellungen vom touristischen Beruf und der oft mühsamen Realität bewusst gemacht und verarbeitet wer-*

---

[21] Die Studie erschien in der Reihe „Eichstätter Materialien zur Tourismusforschung" und kann angefordert werden bei: Lehrstuhl für Kulturgeographie, Katholische Universität Eichstätt, Ostenstr. 18, 85072 Eichstätt (Fax 0 84 21 - 931 787)

[22] in den Begleit-Materialien zum „Kirchenforum der ITB 1987" mit dem Thema: „Arbeitsplatz Tourismus - Berufe im Schatten des Sonnenschein-Geschäfts"

*den. Nur auf dieser Grundlage ist eine Qualifizierung für die Bewältigung der unvermeidlichen menschlichen Belastungen möglich.*

*4. Mitarbeiter im Tourismus haben Anspruch auf rechtliche Sicherheit sowie die Pflege sozialer Beziehungen.*

*5. Reiseunternehmen und Veranstalter sollten das Problem der „glücklosen Glücksbringer" kennen und deshalb durch Praxisberatung sowie durch die Zusammensetzung der Teams Möglichkeiten zur Bewältigung der menschlichen und beruflichen Probleme schaffen.*

*6. In Hotellerie und Gastronomie, aber auch bei Reiseleitern und Animateuren ist ein regelmäßiger Ausgleich für unübliche Arbeitszeiten erforderlich, um die Kontakte mit Menschen mit „normalen" Arbeitsrhythmen zu gewährleisten.*

*7. In den Medien sollte verstärkt auf die bisher vernachlässigten Probleme von Mitarbeiterinnen und Mitarbeitern im Tourismus eingegangen werden.*

*8. (Man muss) [...] Urlauber auf Ihre Verantwortung als Verbraucher und Mitmenschen ansprechen: Auch Geld begründet keinen Anspruch auf unbegrenzte Dienstleistung und Verfügbarkeit.*

Diese Vorschläge wollen wir hier voll unterstützen, denn:

Nur wenn die sozialen und arbeitsrechtlichen Voraussetzungen in Zukunft gelöst werden, ist an ein sich stabilisierendes Berufsbild und auch an eine längerfristige Tätigkeit im Bereich der Animation zu denken.

In einer bemerkenswerten Arbeit zum Thema Berufsbild von Animateuren[23] untersucht Markus Hammele die Tätigkeit des Animateurs erstmals systematisch als Emotionsarbeit.

Um ein möglichst genaues Bild der Emotionsarbeit von Animateuren zu bekommen, basiert seine Arbeit auf Interviews und teilnehmenden Beobachtungen, die die Animateure explizit nach emotionsauslösenden Situationen sowie den subjektiv wahrgenommenen körperlichen, geistigen und emotionalen Symptomen und Verhaltensmerkmalen untersuchten. Besonderer Wert wurde dabei vor allem auf die Erfassung der negativen und positiven Emotionen und Erlebnisse gelegt.

Seine Ergebnisse lassen sich – in stark gekürzter Form – folgendermaßen zusammenfassen:

---

[23] Hammele, Markus: „Emotionsarbeit anhand des Berufsfeldes Animateur" (unveröffentlicht), Wirtschaftswissenschaftliche Fakultät, Lehrstuhl für Personalwesen, Universität Augsburg 1995; Quelle: www.hausarbeiten.de, Suchbegriff „Animateur", (ohne Ortsangabe) 1994/1995

Literatur dazu:

Heller, Waltraud: „Arbeitsgestaltung", Ferdinand Enke Verlag, Stuttgart 1994
Hochschild, Arlie Russell: „Das gekaufte Herz", Campus Verlag, Frankfurt 1990
Kannheiser, Werner: „Arbeit und Emotion", Quintessenz Verlag, München 1992

## 6. Konsequenzen für die Zukunft

*Emotionsarbeit*
Unter Emotionsarbeit wird das Zeigen und Unterdrücken von Gefühlen während der Ausübung einer „face-to-face"-Dienstleistung (also in diesem Fall der Tätigkeit der Animateure) im alltäglichen Leben verstanden. Dabei sollte die äußere Haltung gewahrt bleiben, auch wenn eine „persönliche" Dimension stets mitschwingt. Emotionsarbeit meint somit die Formen und Techniken des Umgangs mit der eigenen Befindlichkeit und den extern vorgegebenen Rollen.[...]

*Private und öffentliche Emotionsarbeit*
Die Sozialwissenschaft unterscheidet zwischen entlohnter Gefühlsarbeit (emotional labour) und dem Gefühlsmanagement im Privatleben (emotion management). Unausweichlich ist jedoch die Tatsache, dass es im Berufsleben durch die Profit-Kriterien eher zur Emotionsarbeit kommt als im Privatleben, in dem es nicht zu Diskrepanzen zwischen der eigenen Befindlichkeit und institutionalisierten Erwartungen kommen kann.
Emotionsarbeit im Dienstleistungssektor erstreckt sich folglich vor allem auf den Bereich der öffentlichen Emotionsarbeit. Allerdings sind die Sphären zwischen privatem und öffentlichen Leben beim Beruf des Animateurs kaum zu unterscheiden, so dass es immer wieder zu Überschneidungen des „privaten" mit dem „öffentlichen Selbst" kommt. [...]

*Gefühlsmanipulation*
Der Animateur als Gefühlsarbeiter setzt Manipulationen an seinen Gefühlen, als auch an den Gefühlen seines Interaktionspartners (des Gastes) ein, um eine gewünschte Reaktion des Gastes zu erhalten. Meistens wird dies durch eine Inszenierung der eigenen Person (z.B. als Freund, Kumpel u.a.) durchgeführt – Selbstdarstellung zum Zwecke der Beeinflussung des Gastes. Diese Arbeit des Animateurs ist mit der eines „Schauspielers" eng verbunden. Somit lassen sich zwei Arten des „Schauspiels" hinsichtlich ihrer Darstellung von Emotionen unterscheiden: das Oberflächenhandeln und das Tiefenhandeln.[24]

*Oberflächenhandeln*
Das „Schauspielen", das durch Mimik und Gestik versucht, dem Interaktionspartner etwas vorzuspielen, „surface acting". Übersetzt also Oberflächenhandeln oder aber „Agieren an der Oberfläche". Dabei handelt es sich nicht um ein empfundenes, sondern vielmehr um den Ausdruck (warum auch immer) eines „passenden" Gefühls. [...]

*Tiefenhandeln*
Bei der zweiten Art des Schauspielens, dem „deep acting" (inneren Handeln oder Tiefenhandeln) handelt es sich um eine Darstellungsform, bei der der Darstellende versucht, einen authentischen Gefühlszustand zu erreichen, um ein Gefühl nicht nur nachzuspielen, sondern es als selbst induziertes Gefühl auszudrücken. [...]

---

[24] Heller, a.a.O., Seite 206 ff; Kannheiser, a.a.O., Seite 211

## Folgen der Emotionsarbeit

*Die Arbeit mit den eigenen Emotionen und denen der Gäste bleibt in der Regel nicht ohne Folgen. Inwieweit sich diese Folgen auswirken, hängt von den einzelnen Persönlichkeiten ab.*

- *So können **Fehlleistungen** beim Animateur, dem Gefühlsarbeiter, dazu führen, dass im Gast ein Gefühl der Erniedrigung, der Beleidigung, der verletzten Privatsphäre oder physischen und geistigen Unbehagens aufkommt.*
*Dies wäre für den Gast unangenehm und könnte seinerseits wieder „negative Sanktionen" wie finanzielle Einbußen (weniger Trinkgeld, Reklamation), Degradierung (Absetzung als Team-Chef, Versetzung in einen anderen Betrieb) u.v.m. nach sich ziehen.*

- *Emotionale **Dissonanz**[25] und emotionale **Devianz**[26] können auftreten.*

- *Burnout (das Ausbrennen) kann eine Folge der Emotionsarbeit sein:*
*Beim Burnout handelt es sich um einen Zustand körperlicher, emotionaler und geistiger Erschöpfung. Es ist das Resultat andauernder oder wiederholter emotionaler Belastung im Zusammenhang mit langfristigem, intensivem Einsatz für andere Menschen. Burnout tritt damit v.a. in helfenden Berufen, Lehr- und Erziehungsberufen, Verwaltung und Management u.ä.m. auf. [...]*
*Typische Folge des Überdrusses an menschlichen Kontakten ist für die Animation als berufsförmige Gefühlsarbeit die Distanzierung von Gästen. Er wird quasi „dehumanisiert", d.h. er wird nur noch als ein unpersönliches Aggregat von Anforderungen, Problemen und Schwierigkeiten angesehen.*

*Das Ausbrennen kann an folgenden Phänomenen und Symptomen erkannt werden:*
- *häufiges Fehlen am Arbeitsplatz*
- *exzessiver Drogen- und Alkoholgebrauch*
- *Schlafstörungen*
- *Gefühl des Versagens*
- *häufige Kopfschmerzen und Übelkeit*
- *Hilflosigkeit und Hoffnungslosigkeit*
- *negative Einstellung zum Selbst, zur Arbeit, zum Leben u.v.m.*

*Das sind Symptome, die als Ursache, aber auch als Ausdruck des Burnout aufgefasst werden können.*

---

[25] Eine Diskrepanz zwischen dem Empfundenen und den der Regel entsprechenden, gezeigten Gefühlen. Dies kann sich in einem Täuschen gegen die eigene Überzeugung, aber auch in einem Täuschen aus Überzeugung bemerkbar machen. Auf Dauer führt diese emotionale Dissonanz jedoch zu Anspannungen und dem Entfremden der eigenen Gefühle. Heller, a.a.O., Seite 228; Hochschild, a.a.O., Seite 100 ff

[26] Bei der emotionalen Devianz missachtet der Emotionsarbeiter die aufgestellten Regeln und äußert seine „inneren" Gefühle. Sein Ausdrucksverhalten kollidiert dabei mit den geltenden lokalen Normen. Die Folgen reichen von Entlassung bis zum Burnout-Syndrom. Hierbei kann es auch zu Alkohol-, Nikotin- und Drogenmißbrauch kommen.

## 6. Konsequenzen für die Zukunft

*Nicht zu vergessen sind die Kosten und Verluste aller Art, die das Ausbrennen nicht nur für den Emotionsarbeiter an sich, sondern auch für die Organisationen und deren Gäste verursacht. [...]*
*Es soll hier aber auch nicht vergessen werden, dass die Emotionsarbeit auch positive Folgen hat. So wird den Animateuren eine hohe Anerkennung zu teil, sie werden gelobt und vergöttert, die physiologischen Mechanismen (z.B. beim Lächeln) führen zu einem Gefühl des Überschwanges, der Euphorie und der Fröhlichkeit.*
*Hier wird erkennbar, welchen „Drahtseilakt" der Animateur als Gefühlsarbeiter vollführt, wenn er sich zwischen großem emotionalem Engagement (Folgen wie Burnout) und geringem emotionalem Engagement (Folgen wie mögliche Sanktionen) bewegt. [...]*

In der Arbeit von Hammele wird deutlich, dass die Animateure – neben den Krankenschwestern und Stewardessen – auch Emotionsarbeit bei der Ausübung ihres Berufes leisten müssen, die nicht nur positive Seiten beinhaltet. Und dennoch gelang es den Befragten und auch ihm selbst, die negativen Aspekte so zu verarbeiten, dass sie als Horizont- bzw. Erfahrungserweiterungen aufgefasst werden konnten.

Abschließend fordert Hammele:

*Wichtig für die Zukunft wird es sein, durch bessere Ausbildung (psychologisch und pädagogisch) und Weiterentwicklung des Berufsbildes des Animateurs, den Job zum Lebensberuf umzuwandeln; denn die älterwerdende Gesellschaft braucht vor allem auch ältere Animateure.*

Der Bedarf an Animateuren steigt unaufhörlich: die Expansion der etablierten Club-Unternehmen, die Entwicklung einer unübersehbaren Zahl von Budget-Clubs mit vielseitigen Animationsprogrammen vor allem für Kinder und sportlichen Spielen für Erwachsene, nicht zuletzt die steigende Zahl von mittelständischen Hotels mit ausgeprägten Animationsprogrammen in allen Ferienregionen sind die Indikatoren für diesen Boom.

Etwa seit dem Jahre 2000 nutzen viele Veranstalter und Hotelgesellschaften die Dienste von externen Casting-Agenturen[27], die sich auf die Akquisition von neuen Animationskandidaten spezialisiert haben, da sie allein den Bedarf nicht mehr auffüllen können. Die Gesellschaft „Animatur" aus Madrid, eine der größten Animationsagenturen im Mittelmeerraum, veranstaltete während der ITB 2000 in Berlin ein permanentes Casting in Zusammenarbeit mit dem örtlichen Arbeitsamt.

Einer der Gründe für den großen Bedarf ist sicherlich die Expansion der Animations-Angebote; eine weitere Ursache liegt aber tiefer: viele junge Menschen sehen auch heute noch nicht ihre berufliche Zukunft in einem animativen Beruf. Noch immer gilt die Tätigkeit als Urlaubs-Animateur als kurzzeitiges Erfahrungsfeld auf dem Weg in eine traditionelle Berufsrolle: nach spätestens zwei Saisons ist

---

[27] Die bekanntesten sind „animateure.de", „slavemarket.de", „animationservice.com", „animatur.com" und „pegafun.com"

Schluß. Und es bleibt der Eindruck, dass auch die Reiseveranstalter lieber den schnellen Wechsel („frisches Blut") ihrer Team-Mitglieder in der Animation bevorzugen, anstatt in den – zugegebener Maßen mühsamen – langfristigen Aufbau ihrer Animationsmannschaft zu investieren.

Wie oben gesagt: nur die Entwicklung eines seriösen, sich stabilisierenden Berufsbildes bietet mittelfristig eine Perspektive für eine längerfristige Tätigkeit im Berufsfeld der Animation

In diesen Bereich gehören selbstverständlich auch berufliche Chancen des Aufstiegs innerhalb der Hierarchie der Unternehmen, die Chancen der Weiterbildung, des Erfahrungsaustausches und insbesondere auch Perspektiven für den zweiten Lebensabschnitt, in dem die körperliche Leistungsfähigkeit unter Umständen nachlässt.

Der Seniorentourismus im sog. „50plus"-Segment, der in den nächsten Jahrzehnten einen völlig neuen und in seiner Größe erheblichen Markt öffnen wird, stellt hier Herausforderungen, aber auch gleichzeitig Arbeitschancen par excellence für erfahrene Mitarbeiter der Animation zur Verfügung.

# VI. GRUNDLAGEN UND PRINZIPIEN DER ANIMATION

## 1. Spiel – Das Kernelement der Animation

Animation ist eng mit Spiel verbunden. Dies betrifft nicht nur die Bereiche „Bewegung" und „Geselligkeit",[1] bei denen es ohne weiteres einsichtig ist, sondern ebenso fast alle übrigen Inhalte, auch z.B. diejenigen, die wir dem Animationsbereich „Bildung" zuordnen.

*„Alles Spiel, das des Kindes wie des Erwachsenen, kann im vollsten Ernst verrichtet werden"*[2]

Dieser Bezug von Animation und Spiel wird allerdings nur dann Bestand haben, wenn die methodisch-didaktischen Prinzipien, wie sie im Kapitel „Didaktik der Animation" dargestellt werden, eingehalten werden.

Die Kriterien

- **Wahlmöglichkeit,**
- **Freiwilligkeit,**
- **Nachahmung** sowie
- **Ritualisierung,**

sind ebenso Voraussetzungen für die Animation wie für das Spiel.

Eine weitere wesentliche Voraussetzung für Spiel und Animation ist die Freude, das Vergnügen, der Spaß. Wir zitieren aus dem enzyklopädischen Stichwort „Das Spiel".[3]

*„Zwei entscheidende Elemente machen das Wesen des Spiels aus:*
*1. Spiel ist geistige oder körperliche Tätigkeit, die keinen unmittelbar praktischen Zweck verfolgt und*
*2. Spiel ist eine Tätigkeit, die nach ganz bestimmten, von allen Teilnehmern anerkannten Richtlinien und Gesetzen verläuft, nach „Spielregeln, die ein Gelingen ebenso möglich machen wie ein Versagen, einen Gewinn ebenso wie einen Verlust."*

Auf derselben Seite wird auf Schillers „Briefe zur ästhetischen Erziehung des Menschen" Bezug genommen:

*„Zum anderen rückt das Moment des Zwecklosen, die Freude, die unabhängig ist davon, ob ein Ziel angestrebt und erreicht wird oder nicht, das Spiel in die*

---

[1] siehe Kapitel IV. „Inhaltliche Bereiche der Animation"
[2] Huizinga, Johan: „Homo Ludens", Vom Ursprung der Kultur im Spiel, Rowohlts Enzyklopädie, Band 21, Rowohlt Verlag Hamburg 1956, Seite 25
[3] Ebenda, Seite 205: Enzyklopädisches Stichwort „Das Spiel"

*Nähe des Schöpferischen und Künstlerischen. Schiller hat die kulturelle Bedeutung der Kunst mit dieser Verwandtschaft begründet und den Satz geprägt „Der Mensch ist nur da ganz Mensch, wo er spielt".*

Der Holländer Johan Huizinga beschäftigt sich in seinem berühmten Buch vom „Homo Ludens"[2] mit den verschiedenen Ursprüngen und Formen des Spiels. Er formuliert eine Definition:[4]

*„Spiel ist eine freiwillige Handlung und Beschäftigung, die innerhalb gewisser festgesetzter Grenzen von Zeit und Raum nach freiwillig angenommenen, aber unbedingt bindenden Regeln verrichtet wird.*

*Die ihr Ziel in sich selber hat und begleitet wird von einem Gefühl der Spannung und Freude und einem Bewußtsein des „anders seins" als das „gewöhnliche Leben".*

*So definiert, scheint der Begriff geeignet zu sein, alles zu umfassen was wir bei Tieren, Kindern und erwachsenen Menschen Spiel nennen:*

*Geschicklichkeits- und Kraftspiele, Verstandes- und Glücksspiele, Darstellungen und Aufführungen. Diese Kategorie Spiel schien als eines der aller fundamentalsten geistigen Elemente des Lebens angesehen werden zu können."*

Da wir das Gegenteil von „Spiel" nach wie vor als „Arbeit" verstehen, wird besonders deutlich, wie nahe Urlaub und Spiel verwandt sind. Beide Begriffe nutzen – um ihr Gegenteil auszudrücken – das gleiche Wort, nämlich „Arbeit". Durch die Animation wird diese Verwandtschaft von Urlaub und Spiel dem einzelnen Urlauber noch deutlicher, als es bisher in unserer Gesellschaft der Fall zu sein scheint. „Erholung", „Ausspannen", „aus dem Alltag heraus kommen" werden als Urlaubserwartungen weit häufiger genannt als „Vergnügen", „Spaß haben" usw.[5]

Da seit den 80er Jahren in unserer Gesellschaft eine ausgeprägte Renaissance des Spiels zu beobachten ist, soll hier etwas ausführlicher auf den Hintergrund des Begriffes „Spiel" eingegangen werden.

Nach Huizinga machen zwei entscheidende Elemente das Wesen des Spiels aus:

1. Spiel ist geistige oder körperliche Tätigkeit, die keinen unmittelbaren praktischen Zweck verfolgt und deren einziger Beweggrund die Freude an ihr selbst ist.
2. Spiel ist eine Tätigkeit, die nach bestimmten, von allen Teilnehmern anerkannten Richtlinien und Gesetzen verläuft, nach Spielregeln.

Das Spiel unterbricht die Homogenität des Raumes und der Zeit und sondert die Teilnehmer vom alltäglichen Leben ab, in dem es eine eigene, in sich geschlossene Welt schafft. Aus diesem Gesichtspunkt heraus scheint das Element des Spielerischen ganz besonders in bezug auf die Urlaubswelt von Bedeutung zu sein.

---

[4] Huizinga, a.a.O., Seite 34
[5] siehe Kapitel III. „Urlaubserwartungen und Urlaubsaktivitäten"

## 1. Spiel – Das Kernelement der Animation

Darüber hinaus rückt das Moment des Zwecklosen, die Freude, die unabhängig davon ist, ob ein Ziel angestrebt und erreicht wird oder nicht, das Spiel in die Nähe des Schöpferischen und Künstlerischen.

Bereits Huizinga beschreibt das Spiel als eine Form von Aktivität und als soziale Funktion und betrachtet das Spiel in mannigfaltigen konkreten Formen selbst als soziale Struktur. Das formale Kennzeichen des Spiels: **Alles Spiel ist zunächst und vor allem ein freies Handeln.**

Hier wird erkennbar, welchen wesentlichen Stellenwert das Spiel im Bereich der Freizeit und ganz besonders des Urlaubs haben muß.

Zusammenfassend kann man also sagen:

Spiel ist zu bezeichnen als:

- Freie Handlung
- außerhalb des gewöhnlichen Lebens
- ohne materielles Interesse
- ohne Nutzen
- innerhalb bestimmter Zeit
- innerhalb bestimmten Raumes
- innerhalb bestimmter Regeln
- ruft Gemeinschaftsverbände ins Leben
- hebt sich von der gewöhnlichen Welt ab.

David Riesmann – mit seinem grundlegenden Werk „Die einsame Masse"[6] einer der geistigen Väter der Animation – bedauert das Fehlen bzw. das Verkümmern des Spiels in unserer Gesellschaft und fordert für die Freizeit das Spiel – als Chance, um die Beschränkungen des Menschen zu überwinden. Seiner Meinung nach können Freizeit und Spiel sich als Sphäre erweisen, in der der Mensch unserer Gesellschaft noch die Chance hat, die Ansprüche seines individuellen Charakters gegenüber den Forderungen eben dieser Gesellschaft zu verwirklichen.

Noch im Mai des Jahres 1970 formulierte Paul Rieger, damals Vorsitzender des Studienkreises für Tourismus, in einem Vortrag:[7]

*„Spiel, Gaudi, Abenteuer, Müßiggang und Genuß – wehe der deutschen Urlaubsfirma, die das direkt anbieten wollte..."*

Wenn man sich Ende der 90er Jahre die Prospektbeschreibungen, insbesondere der Cluborganisationen ansieht, findet man genau diese Angebote an den Gast. Dinge zu tun, nur weil sie Spaß machen, Müßiggang zu genießen, den „Mut zur

---

[6] Riesmann, David: „Die einsame Masse", Luchterhand-Verlag, Darmstadt 1956
[7] Rieger, Paul: „Urlaub ist mehr als Nichtstun", ein neuer Urlaubsgeschmack im Kommen?, in: „Der aktive Urlaub", Tagungsbericht einer Tagung in Inzell im Mai 1970, Studienkreis für Tourismus, Starnberg 1971, Seite 96

Muße" unter dem Begriff „Wellness" als Verkaufsargument, hier haben sich ganz offensichtlich deutliche Wandlungen vollzogen, ganz abgesehen von der bereits erwähnten Renaissance des Spiels in unserer Gesellschaft.

Die sinnvoll aufgebaute Animation im Urlaub bietet als einziges Medium die Chance, dieses so verkümmerte und doch offenbar so wesentliche Element des Spielerischen im Urlaub wieder zum Leben zu erwecken und als übergreifenden Faktor in alle Formen der Urlaubsaktivität einzubringen.

Es war bei den Robinson-Clubs durchaus akzeptabel, wenn ein Animateur im Club das Clubangebot als „Spielplatz für Erwachsene" bezeichnete. Und es gab in einigen der Ferienclubs[8] Versuche, sogenannte „Spiele-Zentren" zu schaffen, die mit der Unterstützung eines Animateurs den Gästen ein offenes, freies Angebot ohne zeitliche Begrenzung näherbrachten:

*„Sinn dieser Spielezentren ist, daß der Gast sein Spielprogramm nicht gemäß „Volkshochschul-Stundenplan" aussuchen muß, sondern daß er täglich seinem spontanen Wunsch gemäß sein Boccia, Scrabble, etc. spielen kann und <u>immer</u> seinen Ansprechpartner (Animateur) und seine Mitspieler findet.*

*Dabei wird nichts genau und zeitlich fixiert, weil jedes Zentrum ja spontanen Aktionen gegenüber offen sein soll."*

*„Ziel ist es, daß im Lauf der Zeit die Zentren sich so institutionalisieren, daß sie zum Service-Angebot gehören wie das Restaurant. Und dann weiß eben jeder Gast, daß er von morgens bis abends z.B. <u>sein</u> Boccia oder Badminton spielen kann und seine Animateure um sich hat.*

*Jedes Spielezentrum wird von mindestens 1 - 2 Animateuren ohne feste Zeiteinteilung betreut. Alle Spiele werden ja nach Lust und Laune der Gäste angeboten. Das setzt voraus, daß die Animateure ihr Spielmaterial parat haben. Diese Aufgabe verlangt einiges an Fingerspitzengefühl und Freude der Animateure am Spiel."*

Bereits David Riesmann nahm an, der Animateur könne „[...] *zu phantasievolleren Spielen anregen und sogar dazu herausfordern, wenn er (den Menschen) zu der Erkenntnis verhilft, wie wichtig das Spiel für die Entwicklung [...] ist."*

Die Renaissance der Spielkultur in unserer Gesellschaft ist an vielen Symptomen zu beobachten:

- Die Zahl der jährlich angebotenen Spiele steigt,
- die Ausstattung der Spiele wird sorgfältiger, liebevoller,
- spezielle Spiele-Geschäfte und Spiele-Versandgeschäfte haben sich überall in der Bundesrepublik, in Österreich und in der Schweiz etabliert.
- Es gibt zahlreiche Fachzeitschriften: Der „Stamm"[9] listet Ende 2000 allein 19 Fachzeitschriften in der Rubrik „Spiele" auf, darunter „spielbox" als eine der

---

[8] Zitiert nach Arbeitsunterlagen des Robinson Club „Kyllini Beach".

[9] Eine große Medien- und Redaktionsdatenbank mit Angaben über sämtliche Publikationen in Deutschland, Österreich und der Schweiz; Stamm Verlag, Essen; www.stamm.de

## 1. Spiel – Das Kernelement der Animation

bekanntesten Publikationen, aber auch Zeitschriften für Bridge, Skat und Phantasy- bzw. Rollenspiele; nicht ohne Grund erscheint bei „Computer Bild" seit Anfang 2000 mit hoher Startauflage eine spezielle Zeitschrift für PC- und Konsolen-Spiele.

- Der Verein „Spiel des Jahres e.V.", ein Zusammenschluss von Spielekolumnisten des deutschsprachigen Raumes[10], prämiiert in jedem Jahr ein „Spiel des Jahres", welches von einem unabhängigen Gremium ausgewählt wird und
- der Deutsche Sportbund veranstaltet seit vielen Jahren große öffentliche Spielfeste, deren Elemente aus den Entwicklungen der New-Games-Bewegung stammen.

Wir zitieren aus einem Bericht[11] über die Spielwarenmesse in Nürnberg:

*„Immer weniger Kinder sind Kunden", der Freizeitmarkt setzt auf Erwachsene als Käufer.*

*Die steigende Lust der Erwachsenen am Spiel schlägt sich nicht nur im wachsenden Umsatz der Branche nieder, sondern wurde von einer Umfrage des Allenbacher Instituts ebenfalls bestätigt.*

*Immer weniger Kinder benötigen Spielsachen, doch Pessimismus macht sich deswegen in der Spielwarenbranche nicht breit. Industrie und Handel setzen mittlerweile auf den ständig wachsenden Freizeitmarkt und damit auf den Erwachsenen als künftigen Käufer. Hobby- und Bastelbedarf, Gesellschaftsspiele, Modellbau und nostalgisch-dekorative Sammelobjekte kennzeichnen in diesem Jahr auf der internationalen Spielwarenmesse in Nürnberg den Trend im Sortiment.*

In einem Bericht über eine einzelne Spielwarenfirma: *„Mit einem Umsatzplus von 15 % hat die [...]-GmbH ihre gute Marktposition weiter ausbauen können. Zum Spieleprogramm mit rd. 500 Titeln kommen in diesem Jahr weitere 40 Neuheiten. Dieser Bereich hat bereits 14 % am Gesamtmarkt für Spielwaren in der Bundesrepublik erreicht."*

Seit vielen Jahren findet in der steirischen Hauptstadt Graz in Österreich bereits der „Österreichische Spielmarkt" statt, eine Messe mit dem Untertitel „Spielen macht stark" und einem sehr umfangreichen, internationalen Programm mit den Stichworten „Congress – Seminare – Markt – Animation" und der Formel *„Spielen ist eine unersetzliche Form der internationalen Kontaktaufnahme, [...] alle Menschen haben ein Recht aufs Spielen."*

An diesen wenigen Beispielen ist erkennbar, welche breite Entwicklung und welchen gesellschaftlichen Stellenwert Spiele aller Art inzwischen gewonnen haben. Das führt so weit, daß anspruchsvolle und intelligente PC-Spiele für Erwachsene wie „Myth" oder „Raven" (oder auch „Lara Croft") zum Gesprächsthema auf Parties, in den Büros, Konferenzen und in den Medien werden.

---

[10] URL: www.spiel-des-jahres.com
[11] Süddeutsche Zeitung, 13. Februar 1998

Gleiches läßt sich auch im Urlaubsbereich beobachten: Die Bereitschaft der Gäste, sich auf Volleyball, Shuffleboard oder kommunikative Spiele der New-Games-Bewegung einzulassen, ist nach den Erfahrungen in den letzten zwanzig Jahren deutlich gewachsen, die früheren Hemmungen sind geringer geworden.

Spiel ist also eine gesellschaftlich akzeptierte Form der kommunikativen Geselligkeit geworden, wenngleich selbstverständlich noch immer alles Spielerische eher dem Freizeitbereich oder aber dem Kinder- und Jugendbereich zugeordnet wird.

Auch hier hat ein Umdenken begonnen, es gibt unzählige Spielplatzinitiativen von verantwortungsbewußten Eltern, die die Bedeutung von adäquaten und kindgerechten Spielmöglichkeiten im Wohnbereich erkannt haben und sich für deren Verbesserung einsetzen: Spiel des Kindes als Teil der zukünftigen Lebensqualität des spielenden Erwachsenen.

Für den Urlaubsbereich haben diese Trends positive Konsequenzen.

1. Die neugewonnene Spielfreude, besonders im privaten Bereich, wird auch von Erwachsenen z.T. in die Urlaubswelt übertragen. Kaum ein Hotel verzichtet heute auf das Angebot eines breitgefächerten Spielsortiments, einer Spielebibliothek.
2. Die Spielmöglichkeiten für Kinder in den Urlaubs- und Feriengebieten sind wesentlich verbessert worden, die Angebote sind qualitativ vielseitiger, die Betreuung wesentlich intensiviert worden.
3. In den neunziger Jahren haben Hotelgruppen, die speziell auf Familien mit Kindern abgestimmte Spielmöglichkeiten und Ferienprogramme anbieten, außerordentlichen Erfolg: die bekanntesten Beispiele in Mitteleuropa sind die „Kinderhotels", die Gruppe der „Familotels" und nicht zuletzt das „Babydorf" Trebesin in Kärnten.

Nur einige wenige Beispiele von vielen:

- Der frühere ROBINSON Club „Calabria" mit seinem eigenen Kinderdorf und der Club „Apulia" mit seiner umfassenden Betreuung, wo Eltern und Kinder zwar zusammen, aber durchaus auch voneinander selbstständig ihren Urlaub verbringen können.
- Ganze Feriengebiete (wie z.B. Vorarlberg in Österreich oder Schleswig-Holstein „König Kind") stellen ihre Sommerprogramme für die Urlauber unter das Thema „Kinderferien", ganze Hotelgesellschaften stellen ihre Werbung und ihr Angebot auf Kinderfreundlichkeit ab: Hetzel, Dorint, ITS-Reisen mit einem neuen Familien- und Kinderprogramm in den „Calimera Aktiv Hotels".
- Das Angebot der bereits erwähnten „Kinderhotels"[12]: *„Tolle Spiele mit vielen Freunden und bestausgebildeten Tanten stehen im Programm. Herumtoben auf sicheren Spielgeräten, Tiere zum Bestaunen und Streicheln, Mal- und Bastelstunden, geschminkt und verkleidet in andere Rollen schlüpfen, dem*

---

[12] Aus der Pressemitteilung Winter 1999/2000

## 1. Spiel – Das Kernelement der Animation

*Bauern bei der Arbeit zusehen, auf Ponys die ersten Reiterlebnisse machen, Baden und Plantschen und viel Aufenthalt in frischer Luft, tragen dazu bei, daß die Nächte wirklich zum Schlafen da sind. Kinderprogramm fünf Tage die Woche, sieben Stunden täglich [...]*

Dennoch muß auf diesen Grundlagen noch weiter gearbeitet werden und deshalb ergeben sich für die Animation auch in Zukunft wesentliche Gesichtspunkte: Spielerische Elemente sollten, wo immer es sich sinnvoll und möglich zeigt, in die Animation einbezogen werden. Das gilt besonders für die Bereiche Bewegung, Geselligkeit, kreatives Tun und Abenteuer. Wie oben erwähnt, ist das Spiel ein über alle Animationsbereiche sich erstreckendes Element. Daher sollen hier die wesentlichen Spielmöglichkeiten für die Erwachsenen nochmals angedeutet werden:

1. **Bewegung**sspiele (siehe Animationsbereich „Bewegung"):

   Ballspiele, Kugelspiele, Kegelspiele, Mannschaftsspiele, Spiele mit Netz und Schläger, Wurfspiele, Jagd- und Geländespiele.

2. **Zerstreuung**sspiele (siehe Animationsbereich „Geselligkeit"):

   a) *Gesellschaftsspiele* „Am Spieltisch": Schach, Domino, Mühle, Monopoli, Trivial Pursuit, Scrabble und andere Brettspiele, Kartenspiele, Glücksspiele (z.B. Würfelspiele, Backgammon, Roulette, usw.);

   b) *Gesellige Spiele*: Sprechspiele, Scharaden, Singspiele, Wortspiele, Rätsel, Denksport, Quiz, Zeichen- und Schreibspiele, Bilderspiele, Partyspiele aller Art (Tanzspiele), „Schau"-Spiele (Sketche, Pantomimen, Zirkus, Shows).

   c) *Gross-Spiele*: Einige klassische Brettspiele lassen sich durch minimale Regel-Adaptation in gesellige Veranstaltungen mit bis zu 50 Gästen verwandeln. Dazu gehören „Scrabble", „Tangram", „Trivial Pursuit", „Outburst" u.a.

Diese Möglichkeiten des Spielens, die variierenden Bewegungserlebnisse und Kommunikationsintensitäten, die den verschiedenen Spielen zu eigen sind, zeigen, daß auch die Wirkung, die von diesen Spielen ausgeht, sehr unterschiedlich sein kann und daher dem Animateur die verschiedensten Einsatzmöglichkeiten bietet. Im Hinblick auf die Charakterisierung des Spiels durch Huizinga und die von ihm beschriebenen Eigenarten und Erlebnisformen des Spielens lassen sich im Grunde genommen daraus direkt Ableitungen für alle Formen von Animationsprogrammen herstellen.

## a) Stichwort „Spiel" und die gesellschaftlichen Trends

Zwei typische Zeitungsmeldungen, wie sie in allen deutschen Großstädten immer wieder auftauchen und einige kurze Beiträge von Internetseiten zum Stichwort „Spielfest"[13], sollen den Bedeutungswandel des Spiels in der Gesellschaft zeigen:

*„Spieltage – für eine liebenswerte Zukunft"*[14]

*„Es mangelt an Freiräumen (nicht nur für Kinder), sagt Georg Kronawitter, Münchens Oberbürgermeister, im Grußwort zu den 4. Tagen des Spiels im Olympiapark. Spieltage in München, das soll aber nicht nur ein Fest für Kinder und Familien werden. Es soll auch demonstrieren, was das Spiel für den Menschen bedeutet – wie es früher einmal war, wie es künftig sein sollte; zudem auch ein Appell an Pädagogen, Politiker und Städteplaner, die lebenswerte Zukunft nicht gänzlich zu verbauen.*

*Die Tage des Spiels, das sind außerdem auch über 100 Workshops zu verschiedenen Spielformen. Und schließlich das von den Kindern heiß ersehnte große Spielfest mit Spielbussen, Zauberern, Zirkus, Clowns, Artisten und vielen Überraschungen."*

Und aus der „Offenbach Post" vom 30. Juni 1989:

*„Richtiges Spielen haben viele verlernt."*

*Mehr als 1000 Jungen und Mädchen tummeln sich täglich auf dem Gelände des Zirkus „Aramennt". Georg, ein Pädagoge, bedauert, daß es den meisten Kindern nur noch in solchen Ausnahmesituationen (hier: im Zirkus) gegönnt sei, kreativ zu sein. Die meiste Zeit verbringen die Kinder vor dem Fernseher und konsumieren. Richtiges Spielen haben viele verlernt. Viele Kinder sind unfähig, sich beim „Mitmachzirkus" überhaupt konzentrieren zu können. Schon nach wenigen Minuten verlieren sie das Interesse und hasten zur nächsten Attraktion."*

Die „Falkenflitzer" der SPD-nahen Jugendorganisation[15] bieten Unterstützung bei der Vorbereitung und Durchführung von Spielfesten an:

- *Unser Spielmobil: Ein 7,5t-LKW, der mit seiner bunten Lackierung für ein optisches Highlight sorgt. Einige Spielgeräte lassen sich toll mit dem Wagen kombinieren, wie z.B. die Rollenrutsche, die von der Ladefläche in ein Wasserbecken führt. Bei schlechtem Wetter dienen die Sitzgelegenheiten im Inneren außerdem als Unterschlupf.*

---

[13] Der Suchbegriff „Spielfest" ergibt mit der Suchmaschine „google" ca. 6.100 Treffer, darunter auch sehr informative Adressen: spielefant.de, spielmobile.de und ludothek.de

[14] Ein Zitat aus der „AZ" (Abendzeitung München) vom Freitag, den 26. Mai 1989

[15] www.falkenflitzer.de, Menüpunkt ‚Verleih', Stichwort ‚Spielfest'

## 1. Spiel – Das Kernelement der Animation

- *Alternativ Kletterberg oder Hüpfburg: Beide Spielgeräte entfalten sich in wenigen Minuten dank das elektrischen Gebläses und sorgen allein schon durch ihre Größe für Aufsehen. Bei dem Kletterberg werden die Kinder durch eine professionelle Kletterausrüstung gesichert.*
- *Eine Rollenrutsche bestehend aus 7 Geraden und 2 Kurven (Gesamtlänge mind. 15 m): Die Rollenrutsche wird auf Getränkekästen errichtet. Gefälle und Position können individuell eingestellt werden. Alle Kinder lieben dieses Spielgerät, wegen des Nervenkitzels und so kommt es regelmäßig zu kleinen Warteschlangen.*
- *Ein Schminkstand bestehend aus einem Tisch, 2 Bänken, Spiegeln und natürlich Farben, Pinseln und Schwämmen. Auf Wunsch kann das Schminken von einer Fachkraft durchgeführt werden. Bücher für Schminkanregungen bringen wir ebenfalls gerne mit.*
- *Bewegungselemente: Hierunter fallen Riesenpedalos, Rolltonnen, Schaukelwannen, Rollbretter, Stelzen, Pogo-sticks, ein Einrad und und und...*
- *Großspiele, wie z.B. ein Riesen-Vier-Gewinnt, Riesen-Mikado, Riesen-Memory oder Tischspiele.*
- *Jonglierkiste: Hierin enthalten sind Jonglierteller und Ringe, Diabolos in verschiedenen Größen, Tücher, Bälle, Kisten, Keulen und vieles mehr.*
- *Ballsortiment*
- *Tischgarnituren*

*Weitere Spielgeräte wie z.B. Kistenklettern oder Riesenbausteine aber auch Zelte, weitere Tischgarnituren oder Bistrotische stellen wir Ihnen gerne zur Verfügung. Möglich ist es auch, das Fest unter ein bestimmtes Thema wie zum Beispiel Indianer, Verkleiden oder Wasserspiele zu stellen.*

In Brienz in der Schweiz fand am 21. September 2002 ein großes Spielfest[16] statt:

*Im Spielhotel Sternen und auf dem Quai (Ausweichort: Turnhalle, Schulhaus, Dorf) in Brienz. Das Fest findet bei jeder Witterung statt!!*

*Erwartet werden alle, die das Spielen selber bevorzugen (gegenüber zum Beispiel dem Spielzeugkaufen...).*

*Spezialität des Anlasses ist, dass alle Generationen auf ihre Kosten kommen und gemeinsam spielen können. Unterschiedlichste Stationen mit alten und neuen Spielen, einfache und materialaufwendige, bekannte und neuerfundene Spiele...*

---

[16] Auf der Website www.play-do.com/Spielfest.htm anschaulich bebildert.

*Beispiele aus dem Programm:*

| | |
|---|---|
| Shovel Board | Fadenspiele menschengross |
| Pétanque auf dem Quai | Gumpischloss |
| Malatelier | Schminki |
| 3 Elemente Jonglieren | Carrom |
| Marienbad-Fieber | Seillaufen |
| Sinnesspiele: Die Tastwelt | Märmeli-Bahn |
| Bierdeckel-Golf | Märchenerzählen |
| Kuh-Schnitzen | Schach |
| Spielbuffet | Brienzer Orakel |
| Kreisel-Varianten | Kappla-Ecke |

*Marias Spielfestgeräte (darunter einige Unikate) für Klein und Gross*


*Stimmung beim 8. Sport- und Spielfest*[17]

*Zum 8. Treptower Sport- und Spielfest trafen sich am Sonnabend Kinder und Jugendliche im Adlershofer Sportzentrum für Freizeit und Gesundheit an der Rudower Chaussee. [...] Ehrgeizig kämpften 60 Treptower Grundschüler in den Staffelwettbewerben. Die acht Teams mußten beispielsweise auf Scheuerlappen rutschend Hindernisse überwinden und auf einem Pezziball einen Slalom absolvieren. Dabei hatten die Schüler der 16. Grundschule Treptow die Nase vorn.*


*Spielfest „Eine Welt"*[18]

*Das große Tobe-, Bastel-, Spiel-, Mal- und Musikfest zum Weltkindertag! Am Sonntag, den 19.9.99 11.00 bis 18.00 Uhr. Im und um das Museum für Völkerkunde und auf dem Gelände des Fachbereichs Sportwissenschaft steigt das schönste und bunteste Spielfest des Jahres. Bei schlechtem Wetter findet das Fest in den Uni-Sporthallen und im Museum statt.*

*Ihr könnt*

- *Euch lebensgroß malen mit dem Hamburger Abendblatt*
- *gefährlich klettern mit der Naturfreundejugend*
- *Euch in Mäuse verwandeln mit MILKANA*
- *Eisen- und Bronzegießen mit dem Museumsdienst Völkerkunde*
- *die Rollenrutsche der Falkenflitzer runtersausen*

---

[17] Koepenicker Morgenpost 16. November 1998
[18] von der Website des „Kinder Kinder e.V." Hamburg: kinderkinder.de

## 1. Spiel – Das Kernelement der Animation 219

- *Riesige Plakatwände gestalten mit terre des hommes*
- *bei den Kinderliedern der Blindfische mitsingen*
- *mit der Heißluftballon-Hülle der Hamburg-Welle 90,3 toben*
- *bunte Hüte basteln mit Jutta Golda*
- *den Zaubertricks von Natias Neutert auf die Schliche kommen*
- *im Dunkeln tappen bei KinderMuseum Hamburg e.V.*
- *leckere Brötchen, Kakao und Kuchen im NUR HIER Café genießen*
- *balancieren bei der Hamburger Turnerjugend*
- *mit „Brief und Siegel" spielen beim Museumsdienst Post und Kommunikation*
- *musizieren mit der Staatlichen Jugendmusikschule*
- *toben mit sportspaß e.V.*
- *beim Schulcircus PampelMuse Akrobatik lernen*
- *lachen über die Gaukler von Hara Keuli*
- *farbig, skurril und klingend Eure Holz-Fantasien ausleben mit Künstlern des Museumsdienstes Kunsthalle*
- *koreanischen, türkischen, vietnamesischen und russischen Kindern und Jugendlichen bei Ihren Tänzen und Liedern zuhören und zusehen*
- *bei der Weltkindertags-Tombola des Kinderschutzbundes gewinnen Postkarten drucken mit dem Museumsdienst „Museum der Arbeit"*
- *Ganzkörpermasken bauen und bekleben*
- *leckeres Eis zugunsten von terre des hommes aufessen*
- *einen ganzen Bus der Hamburger Hochbahn bemalen*
- *im Baby-Paradies krabbeln*
- *mit dem Pianohaus Trübger einen roten Flügel bespielen*
- *internationale Spezialitäten probieren*
- *beim Kistenklettern Euren Mut beweisen*
- *und viel, viel mehr!*

*Unser Festival beginnt nicht zufällig mit einem großen Fest zum Weltkindertag. Wir wollen dazu beitragen, dass die Charta der Kinderrechte bekannter wird. Einen guten Partner haben wir in terre des hommes gefunden, die weltweit 300 Projekte unterstützen, Projekte, die u.a. das Recht auf Schutz vor Krieg und Verfolgung, auf Bildung und auf Schutz vor Ausbeutung verwirklichen helfen. Terre des hommes unterstützt deshalb in Kambodscha das Schattenspielprojekt „Krousar Thmey". Zu seinen Gunsten werden wir beim Spielfest „Eine Welt" Eis verkaufen und Kinderbilder versteigern. Bringt viel Geld mit!*

## VI. GRUNDLAGEN UND PRINZIPIEN DER ANIMATION

Den Wandlungen der gesellschaftlichen Werte geht Wolfgang Nahrstedt[19] nach und kommt dabei zu nachdenkenswerten Überlegungen:

*Kultur und Freizeit*

*Kultur wird die Arbeit der Zukunft. Spiel, Sprache, Bild, Theater, Musik erhalten eine neue Bedeutung. Das Ziel einer „kulturellen Demokratie" durch den Animationsgedanken von UNESO und Europarat signalisieren hier nur, was durch den ökonomischen Umbruch bedingt wird: Kultur heißt, Entwicklung eines angemessenen Weltverständnisses von der Basis her. Freizeit hat es gerade mit dieser Art Kulturentwicklung zu tun. Freizeitpolitik wie Freizeitpädagogik wird wesentlich Kulturarbeit.*

*Der neue Kulturbegriff*

*Die berufliche Arbeit wird zunehmend weniger zu einem Bereich der Selbstverwirklichung. Selbstverwirklichung und Kreativität müssen sich immer mehr im Freizeitbereich realisieren. Damit wird ein weiteres Argument für Kreativitäts-, Bürger- und Kommunikations-Freizeitzentren gewonnen […]*

*Als Aufgabe für den Freizeitbereich, also auch für die Freizeitpädagogik und für Freizeitzentren, ergibt sich damit, neue Formen nicht entfremdeter, nicht beruflicher Produktivität zu entwickeln und bewußt zu machen, daß der Übergang von der hochindustriellen zur nachindustriellen Gesellschaft nicht nur einen neuen nicht beruflichen Arbeits-, Produktivitäts- und Kreativitätsbegriff erfordert, sondern zugleich von der Gefahr einer neuen Entfremdung und Ausbeutung begleitet wird.*

*Das Spiel von heute – die Arbeit von morgen?*

*Wo der Arbeitsgesellschaft die Arbeit ausgeht, erscheint das Spiel. Kinder nach der Schule (auch bereits während des Unterrichts), Familien am Wochenende und im Urlaub, Senioren nach einem Arbeitsleben im Altenclub, Arbeitslose in der Schlange vor dem Arbeitsamt und Arbeitslosenzentrum:*

*Das Spiel als Wortspiel, Kartenspiel, Würfelspiel, Tischspiel, Rasenspiel, Gesellschaftsspiel, Bewegungsspiel, Lernspiel, erscheint, wenn die Arbeit den Griff der Notwendigkeit lockert oder ganz zurückzieht. […]*

*Aber nicht Unruhe, Streik, Radikalismus oder Verzweiflung bemächtigt sich der Bevölkerung. Noch nie seit dem Barock wurde in der (noch) bürgerlichen Gesellschaft gefeiert wie heute. Ein Fest jagt das andere. Jede Stadt sucht die andere durch „ihr" Stadtfest zu übertreffen, an Größe, Dauer, Angebot, Einfällen, Umsatz. […] teils ältere Anlässe, teils neue Initiativen von Kommunalpolitikern, Kaufleuten und Bürgern – haben seit gut zehn Jahren die Bundesrepublik mit einem „Netzwerk" von stadtspezifischen Spielen, Festivals,*

---

[19] Nahrstedt, Wolfgang: „Die Wiederentdeckung der Muße", Freizeit und Bildung in der 35-Stunden-Gesellschaft, Pädagogischer Verlag Burgbücherei Schneider, Baltmannsweiler 1989, Seite 141 - 148

## 1. Spiel – Das Kernelement der Animation 221

*Rocknächten, Musikfesten, Theaterfesten, Stadtfesten, Burgfesten, usw. überzogen.*

*Damit wird Spiel nicht nur zur Bürgerpflicht, sondern auch zu einem neuen Bürgerrecht. Neben das „Recht auf Arbeit" der Industriegesellschaft stellt sich ein neues „Recht auf Freizeit und Spiel" in der nachindustriellen Gesellschaft. Die Kultivierung von Spiel wird damit eine Aufgabe für Kommunalpolitik und Freizeitpädagogik."*

Zu unserem Thema noch einige ausgewählte Thesen von Nahrstedt:

*„Die neue Stellung des Spiels ermöglicht die Reintegration von Kindheit in die Gesellschaft.*

*Die Stichworte zur bisherigen Sichtweise: Das Kind spielt, der Erwachsene arbeitet. Die zunehmende gesellschaftliche Bedeutung des Spiels, damit eines Elementes, das seit drei Jahrhunderten vor allem dem Kind zugeschrieben wurde, erleichtert die Reintegration. Die vermehrte Freizeit ermöglicht das erneut aktivierte Spiel, ermöglicht den Wochenendausflug, die längere Urlaubszeit, das häufigere Zusammentreffen mit Großeltern. Spiel kann zu einer neuen Beziehungsebene von Kindern und Erwachsenen führen.*

*Spiele von Kindern und Erwachsenen ermöglichen eine neue Solidarität der Generationen. Den Erwachsenen fehlt häufig jeder Mut zum Spielen. Im Spiel kann der Erwachsene vom Kind lernen. Die neue gesellschaftliche Situation erleichtert eine Solidarität der Generationen über das Spiel.*

*Spiel ermöglicht innovatives Lernen.*

*Im Spielen lassen sich Zukünfte entwickeln, Verhältnisse verändern, neue Lebensformen ausprobieren, neue Produktionstechniken erspielen, neue politische Spielregeln erproben.*

*Spiel eröffnet einen neuen Zugang zur Stadt. Die überholten kommunalen Hallenbäder, die sog. „Leistungsbäder", erhalten unter dem Druck des Besucherrückgangs und der Besucherkrise plötzlich durch Schwimmfeste, Bäderparties, Wasserspiele, aufgelockerte Badeordnungen. Der Stadtverkehr wird umgeleitet, wenn Stadtfeste die City verwandeln. Die bespielbare Stadt könnte eine humanere Stadt werden.*

*Spiel wird Arbeit, Spiel wird Beruf. Die Kultivierung des Spiels setzt den neuen Profi voraus, der sich als Berater und Animateur von Spielern versteht. Der engagierte Spielbürger und der Spielprofi zusammen erst können eine Freizeit- und Spielkultur schaffen, die dem zentralen gesellschaftlichen Wandel angemessen bleibt. Das setzt allerdings eine zentrale Umorientierung der Aus- und Weiterbildungsmöglichkeiten in unserer Gesellschaft voraus.*

*Das Durchsetzen und Organisieren von Spielen in der Stadt, die Entwicklung und Erprobung neuer Spielräume für Kinder wie Erwachsene in der Stadt ist harte Arbeit, die gelernt sein will. Spiel wird dadurch zum Beruf. [...] Das Bildungswesen, das zugleich eine Bildungs- wie Ausbildungsaufgabe hat, muß diese Aufgabe neu in sich aufnehmen.*

*Pädagogisches Handeln als „Unterricht", aber auch als „Animation", als „Programmgestaltung", als „Freizeitinstruktion", muß als didaktische „Mezzo-Strategie" eine grundsätzlich neue Dimensionierung erfahren, z.B. beim Töpferangebot im Heim der offenen Tür, beim Maltisch auf dem Aktiv-Spielplatz, bei der Durchführung eines VHS-Kurses, bei der Tätigkeit als Tauchlehrer, Segellehrer, Sprachlehrer im Urlaubsgebiet oder bei der „Umweltinterpretation" in der Tätigkeit als Museumsführer, Wanderführer, Exkursionsleiter in Weiterführung der alten schuldidaktischen Ansätze [...].*

### b) Spiele und Spielplätze für Kinder

Kinder-Animateure machen die Erfahrung, daß die Arbeit mit Kindern, das Verhalten von Kindern in der Freizeit und in den Ferien, auf der Reise und im Urlaub, schwieriger, komplizierter und differenzierter geworden ist.

Ohne hier diesen Gesamtkomplex beschreiben und analysieren zu können, sollen einige wesentliche Veränderungen beschrieben werden, weil sie direkt die Arbeit des Animateurs mit Kindern im Urlaub beeinflussen.

Wegen der Anschaulichkeit zitieren wir einige Sätze aus einem Artikel[20] der Journalistin Isolde von Mersi:

*„Deutschland scheint ein Land zu sein, aus dem die Kinder zusehends verschwinden: Anfang der 70er Jahre gab es in unserer Gesellschaft noch 14 Mio. Kinder bis zu 15 Jahren, um die Jahrtausendwende wird es nur mehr die Hälfte sein. Die Zahl der Ein-Kind- Familien steigt und gut 40 % der Kinder verbringen die Zeit bis zum Büro- und Ladenschluß allein zu Hause.*

*Ein neues Erziehungsmuster zieht sich quer durch alle Regionen und sozialen Schichten:*

*Die Erwachsenen akzeptieren die Kinder als eigene Persönlichkeiten und respektieren deren Bedürfnisse und Wünsche. Gleichzeitig machen die Eltern ihre Sprösslinge zum Partner, von dem sie statt Unterwerfung Selbständigkeit und Autonomie erwarten.*

*Mit den Erwachsenen teilen die Kinder von heute schon sehr früh ein Wissen, das sie nicht glücklich macht: Keine Schattenseite des Daseins bleibt den Kindern verborgen. Was sie nicht mit eigenen Augen in ihrer Umgebung wahrnehmen, bringt ihnen das Fernsehen ins Haus.*

*Verschwindet die Kindheit? Machen die Medien, die Computer, lauter altkluge Erwachsene en miniature aus Geschöpfen, die eigentlich möglichst lange glücklich und unschuldig sein sollten?*

*Kinder sind nicht unschuldig, sondern unbefangen: Neugierig und ohne Vorurteile erkunden sie alles, was ihnen begegnet – die Steckdose und den Plattenspieler und natürlich auch die Videos, den Gameboy, die Nintendo-Konsole und den Computer.*

---

[20] „ZEIT"-Magazin, Januar 1989

## 1. Spiel – Das Kernelement der Animation

*Wenn Kinder schon alles durch die Medien „kennen", bevor sie es selbst erfahren haben, besteht die Gefahr vorzeitiger Enttäuschung und Resignation [...] (Aber) Kinder sind Realisten. Und darum ist auch im Zeitalter der Medien und Computer nicht zu befürchten, daß die Kindheit verlorengeht."*

Hier wird erkennbar welchen unerhörten Stellenwert eine verantwortungsvolle und gleichzeitig von Zuwendung bestimmte Kinder-Animation im Urlaub haben kann, welchen Wert kindliche Sozialisation, Kommunikation und Kontakte mit anderen Kindern im Urlaub erhalten.

Vor diesem Hintergrund muß man die folgenden Überlegungen betrachten:

Im Rahmen der breiten Freizeitangebote für Kinder in den Sommerschulferien, insbesondere im Rahmen der Stadtranderholung für Kinder, die keine Urlaubsreise mit den Eltern antreten, haben sich in den letzten 20 Jahren große Mengen von Erfahrungen angesammelt, wie kindgerechte Spielangebote und kindgerechte Spielplätze – der Abenteuer- oder Bauspielplatz genauso wie der Spielplatz in der Scheune auf einem Urlaubsbauernhof oder am Strand eines Sees bzw. des Meeres – aufgebaut sein müssen:

Ideale Spielplätze müssen so angelegt sein, daß Kinder ihre Träume, ihre Phantasien frei verwirklichen können. Kinder müssen im Spiel experimentieren können, ausprobieren, ihre Begabung aktivieren, Sozialverhalten üben und ihre Motorik austoben können.

Sie müssen durch die betreuenden Animateure Sicherheit, Zuwendung, aber auch Freiräume bekommen. D.h., es müssen Angebote gemacht werden für jene Form des Erfahrungsammelns, die Spaß macht, die u.U. selbst organisierbar ist. Lernen ohne Langeweile, ohne Zeugnisse, ohne Sanktionen, ein Lernen, wie es in der Schule nicht möglich ist. Darüber hinaus sollten Spielplätze den Kindern die Chance geben, Gegenstände der Erwachsenen als Spielmaterial auszuprobieren.

Im einzelnen bietet der (vor allem der Urlaubs-) Kinderspielplatz idealerweise folgende Elemente:

1. Das Wichtigste ist Wasser. Fast alle Kinder wollen mit Wasser manschen und planschen. Wasser sollte also integraler Bestandteil eines jeden echten Kinderspielplatzes sein.
2. Der Spielplatz sollte eine Art „Höhle" haben. Ein geräumiges Erdloch, eine Grube, umgeben von kleinen Kletterhügeln, auf denen Klötze, Baumstümpfe, Autoreifen, Kunststoff-Bierkisten, große Steine, liegen, um daraus „Höhlendächer" bauen zu können.
3. Eine Grünfläche sollte vorhanden sein zum Toben, Turnen und Herumbolzen.
4. Ein paar Kletterbäume werden gewünscht, womöglich mehrere, die Äste dschungelartig ineinander verschlungen. Dazu für die Mini-Tarzans Strickleitern, Seile, Ketten, Stangen, Hochsitze, Netze aus Naturmaterial.
5. Eine feste Hütte – mit angeschlossenen sanitären Anlagen – als Geräteschuppen und auch als Aufenthaltsraum bei schlechtem Wetter. Dort sollte ein Haufen Holzbretter vorrätig sein, Styropor, Kunststoff, Werkzeuge, wie etwa Hammer, Säge, Nägel, Schaufeln, Zangen; zum Zimmern, Klopfen und Bauen.

Eine Kiste mit Kleidern für die zumindest bei kleineren Kindern beliebten Rollenspiele und natürlich große Papierrollen und Farben zum Malen. Darüber hinaus haben sich Kinder für ihre Spielplätze Dinge gewünscht, die so gut wie nichts kosten: Kunststoff-Bierkästen, alte Autoreifen, große Steine, Eimer, Plastikfolie, Knetmasse, usw.

6. Schließlich sollte der Spielplatz nach Möglichkeit gegen die Außenwelt der Erwachsenen abgeschirmt sein durch eine Hecke, durch einen Zaun, durch eine Mauer (auch im Sinne der Erwachsenen: die meisten Spielplätze und ganz besonders natürlich die Bau- und Abenteuer-Spielplätze sehen immer „unordentlich" aus). Wobei diese Mauer für Verschiedenes dienen kann: Zum Ballspielen genauso wie zum immer wieder neu Bemalen.

Und auch der Eingang in dieses Spielparadies sollte bereits geheimnisvoll sein: Einen Tunnel, ein Burgtor oder eine Zugbrücke wünschten sich viele Jungen, die zu Hause nicht einmal das Treppengeländer herunterrutschen dürfen.

Der Bereich der Alltagsumwelt und die hier geforderten Voraussetzungen sind nicht minder wichtig. Wir zitieren hier als Ergänzung „15 Thesen zum guten Spielplatz" von Heinz-Jürgen Hartmann[21]:

1. Der Spielplatz liegt in einer benutzbaren und bespielbaren Umwelt.
2. Der Spielplatz ist gut erreichbar.
3. Der Spielplatz ist für jeden da.
4. Der Spielplatz ist groß genug.
5. Der Spielplatz paßt in die Umgebung.
6. Der Spielplatz ist in Räume unterteilt.
7. Auf dem Spielplatz gibt es viele Spiele.
8. Der Spielplatz ist abwechslungsreich.
9. Der Spielplatz bietet Spielverläufe.
10. Der Spielplatz regt die Phantasie an.
11. Der Spielplatz bietet bespielbare „Wirklichkeit".
12. Der Spielplatz ist Treffpunkt.
13. Der Spielplatz bietet Natur.
14. Der Spielplatz ist sicher, aber nicht reizlos.
15. Der Spielplatz ist mehrfach nutzbar.

Im Rahmen der Animation erwächst hier eine echte Kompensationsfunktion in Form der intensiven Betreuung eines derartigen Spielplatzes.

---

[21] Hartmann, Heinz-Jürgen: „Der gute Spielplatz", in: Zeitschrift „Animation", Heft 4, Juli/August 1989, (inkl. umfangreicher Literatur-Anregungen), Seite 97
Siehe auch: Schottmayer/Rogall: „Der gute Spielplatz". Thesenpapier des Deutschen Kinderhilfswerks, München 1988

Die hier skizzierten Möglichkeiten, das Element Spiel sowohl für die Erwachsenen als auch vor allen Dingen für die Kinder in verstärktem Maße im Urlaubsbereich zu berücksichtigen, soll als weiterführende Anregung verstanden werden. Fundierte und detaillierte Anregungen finden sich in der sehr umfangreichen Spielplatz-Literatur.

Über das Element Spiel sind alle Animationsziele, nämlich Kontakt, Kommunikation, Spaß, Selbsterfahrung und Erlebnis in besonderem Maße urlaubsgemäß, zwanglos und lustbetont zu erreichen.

## 2. Prinzipien der Animation

### a) Information

Information im weitesten Sinne ist eine der wesentlichen Grundlagen der Animation, ja sie hat selbst animierende Wirkung, wenn sie während des Urlaubsaufenthaltes so an die Gäste weitergegeben wird, daß diese sich dadurch angeregt fühlen, bestimmte Dinge zu tun. Sie wird dann selbst zum Teil des Vorganges der Animation, wie wir ihn in Kapitel II. definiert haben.

Auch die Information vor dem Urlaub – die Information über die Animation – kann bereits anregende, aktivierende Wirkung haben und dem Menschen, der seinen Urlaub plant und der die Information empfängt, seine Urlaubswünsche und -bedürfnisse bewußt machen: „*Das möchte ich im Urlaub auch gerne machen*".

Wir können zunächst unterscheiden zwischen:

- Information über die Animation vor dem Urlaub (Werbung, Prospekte und Mundpropaganda, Beratung)
- Information als Teil der Animation während des Urlaubs (Siehe Übersicht Seite 228)

**Information vor dem Urlaub**

Werbung und Informationen vor dem Urlaub werden im Grunde in zwei Formen vermittelt:

- medienbezogen und
- personenbezogen.

Die **medien**bezogenen Informationen lassen sich wiederum in zwei grobe Bereiche unterteilen:

  - allgemeine Berichterstattung und Information (Zeitungen, Illustrierte, Radio, Internet, Fernsehen)
  - gezielte Werbung durch Anzeigen, Plakate, Prospekte und Kataloge

Für die Initiatoren von Animationsprogrammen (Hotels, Ferienclubs, Ferienzentren und Fremdenverkehrsorte) besteht zunächst die Notwendigkeit, Angebote der Animation und ihre Gestaltung in beiden Formen der medienbezogenen Information an die potentiellen Urlauber weiterzuvermitteln. Wir gehen davon aus, daß für die Animation geworben werden muß, daß Verständnis dafür geweckt werden muß, selbst heutzutage, wo Animation bereits bekannt ist.

Diese Werbung sollte bereits vor dem Urlaub beginnen, da Menschen unserer Gesellschaft noch immer Hemmungen überwinden müssen, um sich spielend zu betätigen, Kontakt mit unbekannten Personen aufzunehmen oder sich in neuen Sportarten zu üben. Die Barrieren sind leichter zu überwinden, wenn man schon vor dem Urlaub weiß, daß man zusammen mit Gleichgesinnten mehr Spaß im Urlaub haben kann.

Wenn Werbung und Information erreichen können, daß Animation recht verstanden wird mit ihren charakteristischen Kriterien – Freiwilligkeit, Wahlmöglichkeit, spielerisches Element, Lustbetonung – dann entfällt z.B. die Gefahr, Animation lediglich als zusätzlichen Leistungsdruck im Sinne eines ausgeprägten Aktivurlaubs zu empfinden („Zwangsbeglückung") oder aber als bloße Aufforderung zu neuartigen Konsumangeboten der Freizeitindustrie.

Wenn Animation in unserem Sinne auch die Anregung zu eigener Urlaubsgestaltung im weitesten Sinn umfaßt, dann erhält bereits die medienbezogene Werbung eine Informations- und Beratungsfunktion die durch die Anregungen, die sie vermittelt, durchaus als Vorstufe der eigentlichen Animation verstanden werden kann.

Ein charakteristisches Beispiel dafür sind die Reisekataloge der Reiseveranstalter. Deren Werbung präsentiert das vorliegende Urlaubsangebot und regt gleichzeitig zur Inanspruchnahme der angebotenen Dienstleistung an.

Dabei kann man zwei Bereiche unterscheiden:
- die geographisch orientierte Werbung, die für bestimmte Urlaubsgebiete interessieren will, wie „Mittelmeer" oder „Urlaub in nordischen Ländern", oder
- die Werbung, die sich auf den Urlaubstyp bezieht: Cluburlaub, Sporturlaub, Erlebnisurlaub, Studienreisen, und dergl. mehr.

Unter diesen Gesichtspunkten sollte bereits die Werbemaßnahme in viel stärkerem Maße das Prinzip der Segmentierung beachten, d.h. das Programm des Urlaubsangebots von vornherein auf bestimmte Zielgruppen abstellen. Ein typisches Beispiel ist die Katalogvielfalt der „TUI Group", die von vornherein eine starke, zielgruppenorientierte Kommunikation, Werbung und Öffentlichkeitsarbeit betreiben und damit den potentiellen Urlaubern die für sie adäquaten Informationen vermitteln.

Ganz besonders gilt dieser Gesichtspunkt für die Werbung für einen animationsbetonten Urlaub, um einer möglichst großen Zahl von Urlaubern die Vorteile und Chancen mitzuteilen, die in der Animation während des Urlaubs für sie selbst als Gäste liegen. Beispiele sind die Clubprospekte von „Aldiana" und „Robinson"[22],

---

[22] Wobei das neue Lifestyle-Konzept der ROBINSON Kataloge ohne direkte Erwähnung des Begriffes „Animation" auszukommen versucht; die Inhalte sind dennoch unverändert vorhanden: Sport, Spiel, Geselligkeit, Muße und Wellness, Land & Leute etc.

## a) Information

der viel beachtete Wellness-Prospekt der TUI-Tochter „airtours international", aber auch ein reiner Zielgruppen-Prospekt wie „Young & Sports" von Neckermann/Thomas Cook.

Nach wie vor findet man in vielen Reiseprospekten noch immer eine mehr oder minder listenartige Aufzählung der Urlaubseinrichtungen, die vorhanden sind (Hotels, Sportmöglichkeiten, Wandermöglichkeiten, Hobbymöglichkeiten, usw.). Bessere Wirkung hätte z.B. die Darstellung der Animationsprogramme in bezug auf die Wünsche und Bedürfnisse der potentiellen Urlauber: z.B. „Ihre Wünsche nach ....-Urlaub können hier erfüllt werden". Allein schon diese triviale Umformulierung auf den Nutzen des Angebots ermöglicht unter Umständen eine gewisse Zielgruppenselektion und vor allen Dingen vom Angebot her eine Identifizierung mit den Erwartungen der angesprochenen Zielgruppe.

Damit hat die medienbezogene Information die Chance, bereits zu bestimmten Formen von Urlaubsgestaltung anzuregen, bzw. zumindest auf diese Möglichkeit aufmerksam zu machen. Sie kann helfen, die Erwartungshaltung der Gäste klarer herauszustellen und damit auch den Urlaubern den Umgang mit den Animationsangeboten zu erleichtern. Wenn eine ausgeprägtere Erwartung vorhanden ist, werden entsprechende Angebote eher und leichter akzeptiert. Besonders deutlich ist dies selbstverständlich bei Cluburlaubern zu beobachten, die wissen, was sie erwartet und die zumindest zu wissen glauben, was sie selbst wollen.

Aufgrund zahlreicher Erfahrungen aus der Urlaubspraxis steht fest, daß ein ganz erheblicher Prozentsatz der Werbewirkung nach wie vor durch Mundpropaganda, d.h. also durch private Informationsweitergabe, Erzählungen, Tips, im Familienkreis, am Arbeitsplatz, unter Freunden, etc. erzielt wird. Es gibt Stimmen, die von einem Anteil zwischen 40 % und 70 % des gesamten Werbeeffektes sprechen.

Mundpropaganda wird in erster Linie von zufriedenen Gästen ausgelöst. Die Privatempfehlung gilt noch immer als zuverlässigste Informationsquelle. Daraus ergibt sich folgender Zusammenhang: Die Beschreibung, die Darstellung der Animation und ihre Attraktivität in der Werbung, d.h. also im medienbezogenen Bereich, macht zunächst einmal neugierig.

Die Mundpropaganda über die Animation wirkt als personenbezogene Informationsform darüber hinaus motivierend („das möchte ich auch mal mitmachen oder erleben"). Wenn wir davon ausgehen, daß die Animation eine höhere Urlaubszufriedenheit bewirkt, dann ist die Folge, daß die Mundpropaganda durch eben diese höhere Zufriedenheit ebenfalls intensiviert wird und daß sich dadurch unter Umständen die Zahl der Stammgäste erhöht. Stammkundschaft ist noch immer Ausdruck und Zeichen für die Leistung und Qualität eines Unternehmens!

Dieser Mechanismus, den die Mundpropaganda als Folge der Animation im Sinne einer starken zusätzlichen Werbung und Information auslöst, läßt sich an folgendem Wirkungsschema darstellen:

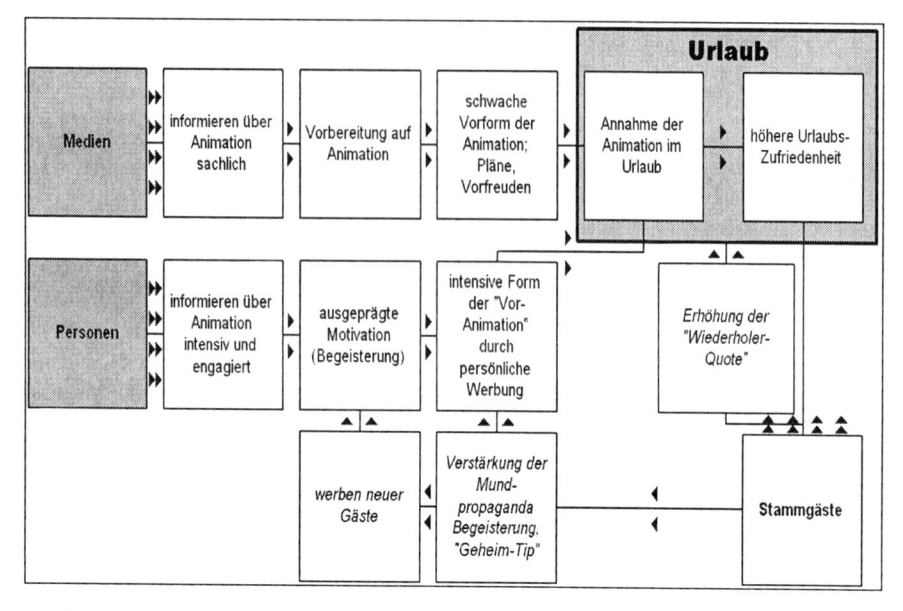

# 228 VI. GRUNDLAGEN UND PRINZIPIEN DER ANIMATION

**Abbildung VI - 1  Wirkungsschema der Information**

Ein weiterer Gedanke sei hier der Vollständigkeit halber noch angefügt:

Im Gegensatz zu allen anderen Produkten und Dienstleistungen ist beim Urlaub, bei der Reise, der Kunde und Gast nicht nur Konsument, sondern gleichzeitig auch Produktgestalter bzw. Mitgestalter:

Erst durch seine individuelle Teilnahme erhält das Dienstleistungsprodukt seine endgültige Gestaltung und Qualität. Dieser Gesichtspunkt macht besonders deutlich, warum personelle Information vor dem Urlaub – wie wir hier gesagt haben – die „Mundpropaganda", einen so erheblichen Effekt hat. Außerdem zeigt dieser Gedanke auch, warum die Werbung für Animationsprogramme besonders intensiv geplant werden muß: denn sie kann schon vor dem Urlaub die Disposition zum Mitmachen erzeugen.

### Information während des Urlaubs

Da Animation kein Selbstzweck ist, sondern für die Gäste tätig wird, ist es ihr legitimes Recht, sich den Gästen unter Nutzung sämtlicher Informationstechniken zu präsentieren, Vorschläge zu machen und darüber zu informieren. Hierbei läßt sich sehr oft die reine Information über ein Animationsprogramm und der Beginn der Animation durch eben diese Information nicht mehr klar trennen. Das Werben für die Animation während des Urlaubs sollte im Grunde sämtliche Eigenschaften der Animation bereits beinhalten, z.B. Leichtigkeit, spielerische Form, Zwanglosigkeit, Originalität, Abwechslung, und dergl. mehr.

Dieses Werben, die Information über die Animationsinhalte während des Urlaubs, ist als Anregung, also als Vorgang der Animation im Sinne unserer Definition zu verstehen.

## a) Information

Er läßt sich wiederum in drei Stufen untergliedern:
- Medienbezogen,
- Installationsbezogen,
- Personenbezogen (siehe Kap. II).

Ergänzend dazu ließe sich außerdem die Anregung auch umweltbezogen sehen. Da aber der Umweltbezug der Animation im Regelfall kaum in seiner Wirkung zu beeinflussen ist, wird er hier nur kurz erwähnt.

Einige Einflußnahmen sind denkbar: Ein Sandstrand wird künstlich aufgeschüttet und damit ein Teil der Umgebung (aber deshalb noch keine Installation!) und hat deutliche Wirkung auf das Verhalten der Urlauber, wird also dadurch zu einem Faktor der Animation. Ähnliches gilt z.B. für das Ausmaß der Erhaltung des natürlichen Baumbestandes beim Bau eines Ferienparks, wodurch die Umwelt dieses Ferienparks bereits in den Vorgang der Animation einbezogen wird. Von diesen Ausnahmen abgesehen ist die Umwelt ein relativ statisches Element innerhalb des Vorgangs der Animation (die animierende Wirkung der Meeresbrandung, der warmen Sonne auf dem Körper ist zweifellos rein umweltbezogen, aber anderweitig nicht beeinflußbar) und soll über diese Erwähnung hinaus nicht weiter ausgeführt werden.

Die medienbezogene Information des Urlaubs sollte in drei wesentlichen Grundformen erfolgen:

a) Als langfristige Grundinformation (Wochenprogramm)
b) Als mittelfristige Direktinformation (Plakate, Handzettel, usw.)
c) Als kurzfristige Zusatzinformation
(Tischkärtchen, Plakatträger, „Sandwich-Man", etc.)

Grundsätzlich gilt für alle Informationen während des Urlaubs:
Sie müssen ohne Zwang formuliert sein und sollten auf der anderen Seite einen hinreichend hohen Reizwert besitzen, um neugierig zu machen und Reaktionen auszulösen, wie Erheiterung, Spannung, Rätselraten, und dergl. mehr.
Gewisse Grundinformationstechniken sollten quasi institutionalisiert sein:

- Bei Ankunft der Gästebrief und das allgemeine Wochen- oder 14-Tage--Programm.
- Das Schwarze Brett an der Rezeption, ganz bestimmte Plakatflächen im Urlaubsumfeld, an die die Gäste sich gewöhnen, deren Position sie kennen, vorzugsweise im Bereich des hauptsächlichen Gästestroms während des Urlaubsablaufes. Dazu gehören die Möglichkeiten von Plakatwänden in jeder Bar oder Hotelhalle, Litfaßsäulen, Anschlagbretter, Wegweiser, Aushängeschilder, etc.
- Für die Gestaltung sollte eine einheitliche, charakteristische und leicht wiedererkennbare Form unter Benutzung von Symbolen, Zeichen, Pictogrammen und Karten ausgewählt werden. Auch hier gilt, es gibt nichts Neues auf

diesem Gebiet, sondern bestenfalls die originelle Kombination von Althergebrachtem.

❐ Ein wichtiger Gesichtspunkt der medienbezogenen Information ist das Prinzip des schriftlichen Feedback. Auch die Gäste sollten die Möglichkeit haben, Informationen schriftlicher Art beizutragen, z.b. durch Einrichtung von Notizbrettern, Gästebriefkästen, Meckerkästen, etc. Je origineller hier die Gestaltung ist, desto höher ist der Reiz, die Möglichkeit auch zu nutzen. Man kann verschiedene originelle Systeme einführen:

❐ Pinnwände mit verschiedenen Rubriken, wie „Gesucht und Gefunden", „Gewünscht und Kritisiert", die „Flaschenpost" als Technik der schriftlichen Informationsweiterleitung in den Anfangsjahren der „Robinson Clubs", etc.

Zur praktischen Anschauung ein Beispiel aus Arbeitsunterlagen für Animateure, wie sie für Schulungen benutzt werden[23]:

---

INFORMATION

Die Information in jeder nur möglichen Form und Weise ist wesentliche Grundlage des Erfolges der Animationsarbeit.

Die Information soll der Urlaubsatmosphäre und dem Hotelstil entsprechen.

Information im Sinne der Animation

* wirbt
* lädt ein
* macht neugierig

- Sie bietet sich selbst attraktiv an, dabei feriengemäß leicht und locker.
- Nutzung der räumlichen Gegebenheiten (Foyer, Empfang, Terrasse, Garten, Strand).
- Wegweiser, Plakate, Kommunikationsecken, mobile Information.
- Treffpunkte schaffen, als Standpunkt des Animateurs im Hauptverkehrsfluß der Gäste im Hotel bzw. in der Ferienanlage oder am Strand (z.B. unter einem Sonnenschirm mit besonderer Farbe). Keinen Schreibtisch, keine Aktenordner, keine Büro-Atmosphäre.
- Beobachtungen des Gästeverhaltens, der Gästebewegung. Suche nach Lieblingsplätzen bestimmter Gästegruppen am Strand, im Garten, in den Klippen etc.

---

[23] Schulungsunterlagen von „animation consult", Frankfurt www.animation.de

a) Information

---

INFORMATIONSMEDIEN
1. INFORMATIONSTRÄGER:
   a) Personen: Sprechstunde, Sandwich-Man, Mikrophon-Anlage, „Blaue Stunde"; Gang von Tisch zu Tisch im Restaurant.
   b) Medien: Prospekt, Begrüßungskarte, Einladungen, Plakate, Schilder, Hinweise, Luftballons, Flugblätter, Hotelzeitung, Wochenprogramm, Aufsteller, mobile Information (Ballons, Segel, etc.)
   c) Installations-Typ: Info-Center, Büro, Anlagen, Piktogramm-Tafel
2. INFORMATIONSFORMEN:
   - optisch
   - akustisch

---

3. INFORMATIONSELEMENTE – INFORMATIONSINHALTE:
   Was?           Gegenstand, Thema, Art der Veranstaltung
   Wo?            Ort
   Wann?          Tag und Zeit, Beginn, Ende
   Wieviel?       Preis bzw. Teilnehmerzahl
   Wie?           Zusätze (Kleidung, Ausrüstung, etc.)
4. GESTALTUNG:
   - Text und Graphik
   - Kontinuität (Markenzeichen)
   - Neugier erzeugen
   - Immer am gleichen Ort
   - Auffallen
   - Heiter
   - Attraktiv
   - Witzig
   - Verrückt
   aber: lesbar
   Mit einem Blick lesbar (Tag und Uhrzeit); Beschränkung auf das Wesentliche, Symbole, Piktogramme; Schrift nur als Zusatz.

---

Die medienbezogene Information erlaubt also eine sehr hohe Vielfalt von Gestaltungsmöglichkeiten der Formen und der Mittel der Anregung.

Eine Einrichtung, derer sich die Animation bedient, bewirkt von sich aus ebenfalls Animation. In erster Linie geschieht dabei die Information durch das Sehen. Der Gast geht beispielsweise an einem Minigolf-Platz vorbei und stellt fest: „*Aha, hier ist also der Minigolf-Platz*". Das ist zunächst einmal eine Sachinformation: Es gibt hier einen Minigolf-Platz. Darüber hinaus enthält die Installation Minigolf-Platz aber bereits einen Aufforderungscharakter, etwa in dem Sinne: „*Wenn ich mal keine Lust habe, was anderes zu machen, dann kann ich Minigolf spielen*".

Ganz allgemein kann gesagt werden, daß alle Installationen (Tennisplatz, eine Tischtennisplatte im Freien, ein Atelier, ein Spielsalon, ein Musikcenter, eine Bar, ein Animationstreffpunkt) einen bestimmten Informationswert haben, der dem Gast zunächst einmal die Feststellung erlaubt: „*Aha, das ist also hier vorhanden*". Sie besitzen darüber hinaus zugleich einen mehr oder minder starken Aufforderungscharakter, ganz besonders, wenn man den Gästen als Benutzern dieser Einrichtung zuschauen kann. Diese Doppelfunktion der Installation, nämlich informativ und animierend zugleich zu wirken, sollte, wie im Kapitel „Architektur" ausgeführt wird, ein nicht zu unterschätzender Gesichtspunkt bei der Planung und Gestaltung von Ferienmöglichkeiten sein.

Bereits 1973 gab Jochen Feige[24] in einem Gespräch mit den Autoren folgende Hinweise, die noch immer unverändert aktuell sind:

„*Die Grundinformation geschieht durch das Wochenprogramm. Dann geschieht das allermeiste der Werbung durch Plakate, die werden an den entsprechenden Stellen ausgehängt, oft mit Filzstift aktuell beschrieben, wenn nötig, zu bestimmten Veranstaltungen richtig bedruckt, nur der Termin mit Filzstift eingesetzt. Wir haben festgestellt, daß Urlauber sich oft erst am Nachmittag für den gleichen Abend entschließen. Das allgemeine Wochenprogramm ist lediglich als Grundinformation interessant. [...] Hier zeigen sich übrigens die Bedürfnisse nach Freizügigkeit und Flexibilität im Urlaub, also der Wunsch, nicht langfristig auf ein starres Programm festgelegt zu sein, sondern durch kurzfristige Informationen die Chance zu haben, sich auch mehr oder minder spontan entscheiden zu können. Es ist zum Teil sogar sinnlos, wie wir festgestellt haben, Plakate länger als 3 Tage vorher auszuhängen. Das hängt vor allen Dingen auch mit der Programmfülle der Angebote im Ort zusammen. Die größten Erfolge haben wir mit graphisch originell gestalteten Programmen und Plakaten.*

*Unser Laden hat eine besondere Wirkung. Die Gäste gehen auf der Promenade, dann sehen sie „Freizeitzentrum" und Plakate und drinnen ist immer irgend etwas los und dann kommen die Gäste und schauen und dann kommt man mit Ihnen natürlich direkt ins Gespräch, d.h. die äußere Gestaltung, Offenheit und die Lage sind ganz wichtige Faktoren der Information und darüber hinaus der Animation.*"

---

[24] Damals Leiter des Arbeitskreises Freizeit und Erholung der evangelischen Kirche in Schleswig-Holstein, in „Animation im Urlaub", Erste Auflage 1975, Seite 284 - 285

## a) Information

Die personenbezogene Information während des Urlaubs verläuft ebenfalls auf zwei Ebenen, nämlich:

- Einerseits die Information durch den Animateur oder das Animationsteam;
- darüber hinaus auch während des Urlaubs durch Mundpropaganda, durch Kontakte und Kommunikation unter den Gästen selbst.

Der Animateur hat im Grunde eine unbegrenzte Zahl von Informationsmöglichkeiten, d.h. die Möglichkeiten der Weitergabe von Informationen und Anregungen an seine Gäste. Es hängt lediglich von seinem Geschick und seiner Kontaktfähigkeit ab, inwieweit er diese Möglichkeiten optimal nutzt. Es beginnt mit der Präsentation anläßlich des Begrüßungscocktails (siehe Beschreibung innerhalb des Animationsbereichs „Geselligkeit"), wo er zunächst selbstverständlich die sogenannten minimalen Informationsbedürfnisse des neueintreffenden Gastes zu befriedigen hat. Darüber hinaus aber kann seine Information bereits während der Präsentation zwei weitere Bereiche beeinflussen, nämlich die „Talentsuche" und die „Suche nach Verbündeten".

Durch Unterrichtung über die vorhandenen Möglichkeiten der Animation am Urlaubsort und durch den Beginn einer Kommunikation zwischen den Gästen und den Animateuren bewirken die Informationen, daß für den Animateur die Struktur der Gäste bereits übersichtlicher wird, er Interessen feststellt, die sich als Resonanz auf seine Informationen artikulieren. Und er stellt gleichzeitig Sympathien fest, findet also Verbündete, die gern bereit sind, Partner der Animationsequipe zu sein und damit ihren eigenen Urlaub farbiger und lebendiger werden zu lassen.

Eine weitere Informationsmöglichkeit, die in einer jeweils neu zu definierenden Form festzulegen ist, ist die „Sprechstunde". Die institutionalisierte Gesprächsmöglichkeit mit dem Animateur, deren Kriterien der feste Zeitpunkt und der feste Platz sind, sollte, obwohl sie gar nicht urlaubsgemäß scheint, nicht unterschätzt werden. In vielen Hotels gibt es einen festen Animationsstammtisch. Bei der Ausgestaltung dieser Sprechstunde können selbstverständlich so viel wie möglich urlaubsgemäße Elemente einbezogen werden. Als Beispiel sei hier die „Blaue Stunde" erwähnt, eine Cocktailstunde in der Nähe einer Bar, an einem ruhigen, atmosphärisch ansprechenden Ort, wo z.B. jeden Nachmittag um 17.00 Uhr der Animateur mit Sicherheit für die Gäste ansprechbar ist, wenn der Tagesablauf des Urlaubslebens einen gewissen Ruhepunkt erreicht und die Kontakt-und Gesprächsmöglichkeiten dadurch höher sind als zu anderen Tageszeiten. Das ist nur ein Beispiel dafür, welche Gestaltungsmöglichkeiten einem Animateur für die Sprechstunden zur Verfügung stehen. Die Institution als solche sollte den Gästen auf jeden Fall angeboten werden.

Darüber hinaus erhält die ständige persönliche Kommunikation gerade im Rahmen des Animationsprogrammes einen besonderen Stellenwert, der die Effekte der Animation dem Gast gegenüber deutlicher macht, als es bei einem Urlaub ohne Animation vielleicht spürbar wäre. Der wesentliche Gesichtspunkt dieser ständigen persönlichen Information und damit auch Kommunikation ist der Gesichtspunkt der „Präsenz der Gastgeber" und die „Atmosphäre der Freundlichkeit". Der

Animateur arbeitet für seine Gäste und daher sollte er grundsätzlich und immer für seine Gäste ansprechbar sein und grundsätzlich und immer freundlich sein.[25]
Dieser Gesichtspunkt soll hier als Vorgang der Information in einer Form, wie er für die Animation charakteristisch ist, nochmals betont werden, obwohl er im Kapitel über die Person des Animateurs schon aufgenommen wurde.

Ein wesentliches personelles Medium der Information während des Urlaubs ist die Mundpropaganda unter den Gästen, die im positiven Sinne von der Animation sinnvoll genutzt werden kann. In einem animativen Urlaub, der zu vermehrter Kommunikation führt, werden auch Informationen schneller und direkter weitergegeben (das Gegenteil ist allerdings auch der Fall: Gerüchte und Negativmeldungen machen umso schneller die Runde, je mehr Kommunikation zwischen den Gästen herrscht). Wie am Beispiel der Nachtwanderung im Abenteuerprogramm beschrieben, können durch die Anregung einer informellen Mundpropaganda ganz besondere Animationseffekte erzielt werden, insbesondere das Gefühl des „Heimlichen", das Gefühl des „Besonderen", das Gefühl des „Exklusiven", indem der Animateur Informationen auf persönlicher Basis zur Anregung benutzt, mit der Besonderheit, daß er vorschlägt, ein Gast könne z.B. diejenigen Gäste, mit denen er einen besonders engen Kontakt hat, von sich aus dazu bitten. Durch das bewußt genutzte Mittel der Mundpropaganda wird der Gast zum Informationsträger und damit auch zum Mitgestalter der Informationsweitergabe. Da der Urlauber das Gefühl hat, die Informationspartner nach seinem eigenen Geschmack und nach seinem eigenen Präferenzsystem (Sympathie) auszusuchen, hat er auch Einfluß auf die Teilnehmer an einem spezifischen Abendprogramm. Damit wird das Animationsprogramm als solches aufgewertet, denn es ist von vornherein mit mehr, sympathischeren Teilnehmern ausgestattet als üblich.

Auf einen gefährlichen Effekt sei hier allerdings auch noch hingewiesen: Mundpropaganda ist für den Animateur in ihren Auswirkungen und Verzerrungen nicht mehr kontrollierbar (Gerüchte, Klatsch), d.h. die Teilnehmerzahl an einer bestimmten Veranstaltung, die durch Mundpropaganda angeregt wird, ist nicht kontrollierbar und im negativen Sinne sind umlaufende Gerüchte oder Verzerrungen nicht mehr durch einfache Formen des Eingriffs aufzuhalten, zu klären oder zu beseitigen.

Die Mundpropaganda als Instrument ist also sicher eine interessante Variante, sollte aber nicht in beliebigem Maße verwendet werden. (Das generelle „Klima", die Atmosphäre im Hotel, im Urlaubsprojekt, sollte grundsätzlich gut und konfliktfrei sein). Auf der anderen Seite muß der Animateur stets so stark innerhalb seiner Gästegruppen integriert sein, daß er auch nicht von ihm ausgehende Formen der Mundpropaganda (Gerüchte, etc.) als Rückinformation erhält, um sich entsprechend verhalten oder sogar Maßnahmen ergreifen zu können.[26]

---

[25] siehe „Zehn Gebote" des Animateurs, Kap. V.
[26] Hier ist auch seine Funktion als „Drittes Auge" und „Drittes Ohr" angesprochen. Siehe Funktions-Schema auf Seite 257.

b) Architektur

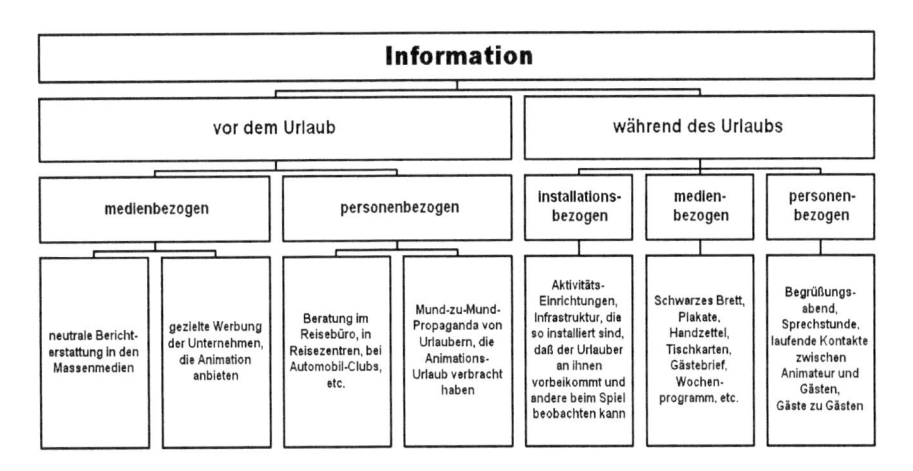

| | Information | | | |
|---|---|---|---|---|
| vor dem Urlaub | | während des Urlaubs | | |
| medienbezogen | personenbezogen | installationsbezogen | medienbezogen | personenbezogen |
| neutrale Berichterstattung in den Massenmedien | gezielte Werbung der Unternehmen, die Animation anbieten | Aktivitäts-Einrichtungen, Infrastruktur, die so installiert sind, daß der Urlauber an ihnen vorbeikommt und andere beim Spiel beobachten kann | Schwarzes Brett, Plakate, Handzettel, Tischkarten, Gästebrief, Wochenprogramm, etc. | Begrüßungsabend, Sprechstunde, laufende Kontakte zwischen Animateur und Gästen, Gäste zu Gästen |
| | | Beratung im Reisebüro, in Reisezentren, bei Automobil-Clubs, etc. | Mund-zu-Mund-Propaganda von Urlaubern, die Animations-Urlaub verbracht haben | | | |

Abbildung VI - 2   Informations-Struktur

Abschließend kann man ganz allgemein sagen: Der Effekt und der Wirkungsgrad der personellen Information, sowohl von seiten des Animateurs, als auch innerhalb der Gästegruppe, ist demnach in außerordentlichem Maße abhängig vom Grad der internen Kommunikation, und zwar sowohl innerhalb der Gästegruppe, als auch unter Teilgruppen der Gäste einerseits und zwischen den einzelnen Animateuren der Gesamtanimationsequipe und den Gästen andererseits. Dadurch wird im Ansatz ein Rückkoppelungseffekt zwischen Animation und Gästen, also ein Feedback, sichtbar, der ein wesentliches Element der Animation sein sollte, eben, weil die Animation kein Selbstzweck ist, sondern einzig und ausschließlich für die Urlaubsgestaltung der Gäste geschaffen ist.

## b) Architektur

Es kann nicht Sinn dieser Studie sein, eine Architekturpsychologie unter dem Gesichtspunkt der Animation zu entwickeln. Aber es soll zumindest auf gewisse grundlegende Zusammenhänge zwischen architektonischer Gestaltung einerseits und den Chancen der Animation andererseits hingewiesen werden. Es ist interessant, dass sich seit 1984 in der Diskussion um eine Urlaubsarchitektur nicht viel verändert hat. Felizitas Romeiß-Stracke[27] greift die Thematik kritisch wieder auf und schreibt 1998: „Tourismus hat für die Architekten noch immer etwas unseriöses an sich." Eine der wenigen Ausnahmen stammt aus Österreich; dort hat in den 90er Jahren eine vehemente und sehr kontroverse öffentliche Diskussion nach Anstößen der „Tirol Werbung"[28] eingesetzt.

---

[27] Romeiß-Stracke, Felizitas: „Tourismus und Architektur. Architekten und Touristiker", in: „Tourismus – gegen den Strich gebürstet. Essays", Tourismuswissenschaftliche Manuskripte, Bd. 2; Profil Verlag München/Wien 1998

[28] Tirol Werbung (Hrsg.): „Bauen für Gäste; Beispiele alpiner Ferienarchitektur in Tirol", Innsbruck 1994

Wir beziehen uns also noch immer auf die Ausführungen von Friedrich A. Wagner über Ferienarchitektur[29]:

*„So hat die Industriegesellschaft [...] der Architektur eine neue Aufgabe zugewiesen, nämlich eine Architektur der Freizeit zu entwickeln, Ferienarchitektur mit bisher unbekannten Funktionen. [...] Die große Herausforderung der „Freizeitgesellschaft" als Auftraggeberin ist viel zu wenig in das Bewußtsein der Öffentlichkeit und sogar der im Tourismus Beschäftigten gedrungen."*

Aber bereits 1966 wurde ein Aufsatz von Christian Hermelin[30] veröffentlicht, der sich dieses Problems annahm:

*„Die Schönheit einer Architektur und ihr funktionaler Aspekt, ihre Charakteristika also, (können) bewirken, daß die Animation von vornherein bereits zu einem Teil erreicht wird. Es ist viel leichter, Atmosphäre zu erzeugen in einem architektonischen Komplex, der seinerseits bereits eine eigene Atmosphäre besitzt. [...]
Aber, bereits eine Reihe kleinerer Mängel an der baulichen Gestaltung führen zu bestimmten Problemen der Animation, die zuweilen unlösbar sind: Ein Gemeinschaftsraum, der ein wenig zu klein ist; eine Bar, die in direkter Verbindung mit dem Gemeinschaftsraum steht und dazu führt, daß ein Teil der Gäste Lärm macht zu einem Zeitpunkt, wenn ein anderer Teil der Gäste sich zu einem musikalischen Abendprogramm zusammengesetzt hat."*

Die typischen Beispiele für Ferienarchitektur sind der Erfolg der Feriendörfer, Clubdörfer u.ä. Einrichtungen, die charakterisiert sind durch lockere Bauweise, weitläufiges Terrain, unter Einschluß aller notwendigen Infrastruktur.

Felizitas Romeiß-Stracke[31] fügt dazu eigene Beispiele an:

*„Bereits Anfang der siebziger Jahre hatte diese Debatte ihren Vorläufer in der Auseinandersetzung um die Feriensiedlung Port Grimaud. François Spoerry hatte es gewagt, eine künstliche kleine Hafenstadt zu bauen, die für den Betrachter absolut echt wirkt. [...] Spätestens seit Spoerry's Port Grimaud weiß die Welt, dass man in der Ferienarchitektur mit einer Ansammlung von Vorspiegelungen Erfolg haben und seinen Markt machen kann. [...]
Seit Ende der achtziger Jahre hat sich eine Art von Tourismusarchitektur quasi unter der Hand entwickelt, die sich aus dem Zusammenhang gewachsener Orte herausbewegt: Center Parcs, Resort-Hotels, Ferienclubs [...] haben wahrscheinlich deshalb den enormen Erfolg, weil sie ohne Rücksicht auf vorhandene Strukturen, „auf der grünen Wiese" ein Ambiente durchgestalten können. [...] Anlagen, die von vornherein und in größeren Stil nur für den Tourismus gebaut wurden,*

---

[29] Wagner, Friedrich A.: „Ferienarchitektur", Studienkreis für Tourismus, Starnberg 1984, Seite 3

[30] Hermelin, Christian: „Animation in einem Feriendorf", aus: Collection „Vivre son temps", Editions Ouvrières, nachgedruckt in „Bits Information", Heft Nr. 8, Brüssel März 1966

[31] Romeiß-Stracke, a.a.O., Seite 142 ff

## b) Architektur

*wurden in Deutschland lange als „Scheinwelten", als Disney-World abgetan. Die „Künstlichen Ferienwelten" waren und sind ein Reizthema. [...] Leider müssen die Kritiker die hohen Auslastungsquoten z.B. von „Center Parcs" oder „Kärntner Bauerndörfern" zur Kenntnis nehmen, von denen z.B. „echte" Mittelgebirgspensionen nur träumen können."*

Wiederum Friedrich A. Wagner[32]:

*„Die Architektur hat eine doppelte Aufgabe: Eine materielle rationale, als Zweckbauwerk, die problemlos durch den Einsatz bekannter und bewährter Techniken erfüllt werden kann und eine immaterielle, emotionale Aufgabe als Umwelt- und Erlebnisraum mit den Ansprüchen auf Naturnähe und mit einer örtlich üblichen traditionellen Bauweise, also einem ausgeprägten individuellen Charakter. Der architektonische Stil, besonders in den Gemeinschaftsräumen und den Spiel- und Unterhaltungseinrichtungen soll zwanglose Kommunikation erleichtern, auch durch außergewöhnliche bauliche oder dekorative Überraschungen durch überschaubare Räume, durch Verschiebung der Ebenen, durch Farbgebung und Dekoration mit Textilien; außerdem durch Zimmer, die gemütlich und freundlich sein müssen, damit man gern in ihnen verweilt....."*

Trotz Weitläufigkeit bietet ein solches Dorf für den weitgehend urban lebenden Urlauber eine kleine, überschaubare, in sich abgeschlossene Einheit, die als Urlaubsstätte das Gefühl einer überschaubaren, geordneten Welt assoziiert. Dieses Element „Dorf" führt allein durch seine Struktur und durch seine bauliche Konzeption bereits zu einem grundlegend freieren, offeneren Urlaubsstil.

Aber für die Urlaubs- und Ferienarchitektur hat auch außerhalb der Dorfstrukturen ein bestimmtes Prinzip zu gelten. Paul Rieger schreibt 1972 in seiner Beobachtungsstudie „Urlaub in Heiligenhafen":[33]

*„Der Ferienpark stellt ein in sich geschlossenes und technisch einwandfrei funktionierendes Urlaubsareal dar, das die wesentlichsten Bedürfnisse der Urlauber berücksichtigt und befriedigt. Ein Ferienpark der kurzen Wege, mit städtischer Atmosphäre und einem abgerundeten Angebot an Unterhaltung [...] Jedoch wirken die Oberflächenstrukturen noch zu alltagsbezogen, zu ernst, um unmittelbare Ferienstimmung aufkommen zu lassen....."*

Friedrich A. Wagner[34] sagt:

*„Es fehle der Sinn für eine Architektur der Phantasie" und in bezug auf die Animateure und ihre Ziele und Tätigkeit: „Ihr Bemühen freilich wird schwierig oder gar vergeblich, wenn sie gegen eine Architektur ohne Heiterkeit und ohne Atmosphäre angehen müssen. Die Planer von Ferienzentren waren im Irrtum, als sie*

---

[32] Wagner, a.a.O., Seite 49
[33] Rieger, Paul: „Urlaub in Heiligenhafen", Beobachtungen in einem Ferienzentrum an der Ostsee, Materialien für Tourismusforschung; Studienkreis für Tourismus, Starnberg 1972
[34] Wagner, a.a.O., Seite 70

*auf die Funktionalität ihrer Bauten so viel Vertrauen setzten und zu wenig an die Träume vom Glück, des Spielens und Frei seins im Urlaub dachten."*

Aus unserer Sicht lassen sich für die Ferien- und Urlaubsarchitektur einige Elemente als notwendig definieren, von denen sich die verschiedensten Funktionen ableiten lassen, die aber zunächst einmal von den baulichen Gegebenheiten ausgehen sollten:

**Die „Zuhause-Funktion"**

Die Ferien- und Urlaubsarchitektur sollte mehr als nur ein Gefühl der vorübergehenden Unterbringung hervorrufen, sondern vielmehr für die Dauer des Aufenthaltes tatsächlich ein „Zuhause-Gefühl" ermöglichen. Einer der inzwischen erkannten Faktoren in diesem Zusammenhang ist die Zimmergröße, die es auch Familien mit Kindern ermöglicht, ohne drangvolle Enge und ohne sich gegenseitig auf die Nerven zu gehen wirklich in ihrem Urlaubsquartier zu wohnen. Dazu gehören auch Lösungen von nebeneinander liegenden Zimmern mit Verbindungstüren.

**Die „Piazza-Funktion"**

Die Urlaubsarchitektur sollte, unabhängig von der baulichen Gestaltung, Kontaktmöglichkeiten, Chancen der Bewegung, Ablenkung und Entdeckung in Form einer „Halböffentlichkeit" bieten: Das kann eine attraktive Halle mit Bar in einem Hotel sein, das kann ein regelrechter Marktplatz in einem Feriendorf sein oder ein „Boulevard", eine Promenade im Rahmen eines Ferienzentrums oder Ferienortes.

Ganz typisch für diese „Piazza"-Funktionen sind in vielen Clubdörfern des Club Méditerranée die Bars, die so geschickt durch ihre Bauweise und ihre Lage innerhalb des Feriendorfes angelegt sind, daß man sich zu bestimmten Tageszeiten gern dort einfindet und mit Sicherheit eine große Zahl von direkten und indirekten Kontaktmöglichkeiten vorfindet. Eine solche „Piazza" in einem Urlaubsort sollte nicht zugig sein, sie sollte ruhige Ecken haben und „Betriebs-„ Ecken, unter Umständen mobile Sitzplätze, um Eß- und Trinkmöglichkeiten variabel zu gestalten, sie sollte Vereinzelungstendenzen verhindern, aber auch Elemente, wie Feuer (Kamin, offener Rost) und Wasser (Springbrunnen, Planschbecken, usw.) integrieren können. Wesentliche Kriterien für diese „Piazza" im architektur-psychologischen Sinne sind:

a) ihre Attraktivität, damit sie von den Gästen und Urlaubern tatsächlich als Ort mit Kontaktfunktion akzeptiert wird;

b) ihre zentrale Lage, die dem Verkehrsstrom, der natürlicherweise innerhalb des Urlaubsgeschehens existiert, auch entgegenkommt.

Dazu wieder Friedrich A. Wagner:[35]

*„Die Architektur für die Ferien [...] reicht längst über die nur zweckgebundene und einspurige Funktion hinaus, Schlafstätten und Wohnappartements für Urlauber zu stellen. Sie schließt weitergehende Aufgaben ein, wie sie Epochen der Vergangenheit entweder noch gar nicht kannten oder unter ganz anderen sozia-*

---

[35] Wagner, a.a.O., Seite 157

## b) Architektur

*len Bedingungen und Voraussetzungen er füllen mußten: Marktplätze für Müßiggänger, Kommunikationszentren für Freizeitgenießer, Schwimmlandschaften für das Badevergnügen, Hallen für Tennis und Reiten, Mari nas für den Sport auf dem Wasser..."*

**Die „Ambiente"-Funktion**

Darunter ist vor allen Dingen die Struktur und die Bauweise von Ferienarchitektur zu verstehen, die unzähligen Möglichkeiten der Gestaltung, Gliederung, Form und Farbe, aber auch die Ausführung in Details, bis hin zu Hausordnungen und Benutzungsvorschriften, die in ihrer Lockerheit oder Strenge ganz bestimmte Auswirkungen auf das Urlaubsklima, auf das „Ambiente" haben. Die große Zahl architektonischer Elemente, die sich von der Großgestaltung bis in die Details hinein in ihrer Wirkung ergänzen, können zur Schaffung einer urlaubsgemäßen Atmosphäre beitragen.

Ein typisch negatives Beispiel für die „Ambiente"-Funktion von äußerer und innerer architektonischer Gestaltung sind sehr oft Hotelhallen, die von ihrer sachlichen Funktion her zunächst einmal Durchgangsstation für die Gäste sind, schlimmstenfalls also „Wartesaal" für ankommende Gäste und „Wartehalle" für abreisende Gäste, die noch auf ihren Koffern sitzen. Man kann immer wieder auf Hotelhallen treffen, die trotz aller innenarchitektonischen Gestaltung zumeist leer und im Rahmen des Urlaubstages ungenutzt bleiben, also nicht „angenommen" werden. Typische Beispiele dafür sind die zum Teil marmornen Prachthallen griechischer Strandhotels, die zwar jedem Stadthotel zur Ehre gereichten, die aber außer kalter Pracht nichts Urlaubsgemäßes bieten können. Hier hätten innenarchitektonische Gestaltungen eine außerordentliche Vielzahl von Möglichkeiten, die Grundlagen für animative Atmosphäre, für die Animation im Urlaub überhaupt, zu schaffen.

**Die „Weg-vom-Alltag"-Funktion**

Ein weiteres Prinzip der Urlaubsarchitektur betrifft das Spannungsverhältnis zwischen dem Maß an Vertrautheit und dem Maß an Neuartigkeit und Abwechslung, welches die architektonische Gestaltung des Urlaubszieles bietet:

a) Der Neureiz einer Urlaubsarchitektur sollte nicht allzu stark sein, sowohl im Großen als auch im Kleinen, um Anpassungsschwierigkeiten zu vermeiden („*Das sieht aber komisch aus!*", „*Wie funktioniert das denn?*"). Ratlosigkeit und Orientierungsschwierigkeiten dürfen durch allzu extreme Urlaubsarchitektur nicht ausgelöst werden.

b) Trotz allem soll aber die Abwechslung als Urlaubselement auch durch architektonische Gestaltung gesichert bleiben, um das Gefühl des „Weg von zuhause", „Weg aus der Stadt", „Weg aus dem Alltag" zu unterstützen.

Hierzu gehört auch die **Koppelungsfunktion**, wie wir sie bezeichnen wollen: d.h., die Ferienarchitektur liefert dem Urlauber wohlbekannte Elemente (Restaurant, Grünanlagen, Hallenbad, usw.), die der Gast aus dem Alltag in ihrer jeweiligen Einzelfunktion kennt und die ihm auch vertraut sind.

Diese Einzelelemente werden nun in einer bequemen, urlaubsgemäßen Koppelung zu einem mehr oder minder neuartigen Freizeitsystem zusammengebunden. Ein typisches Beispiel sind die großen Ferienzentren, aber auch Clubdörfer oder die

„All-inclusive"-Hotels. Damit gelingt es der Ferienarchitektur, Freizeiteinrichtungen erreichbar zu machen, die im Alltag schwer oder gar nicht miteinander zu kombinieren sind.

**Die „Animations"-Funktion**

Die Einrichtungen, die für die Urlaubsgestaltung errichtet werden, müssen unter Strukturgesichtspunkten so geplant und plaziert werden, daß sie ohne große Information vom Gast gefunden werden können; z.B. an einem Platz, an dem man während des Urlaubstages sowieso vorbeikommt. Man sieht andere Urlauber dort etwas tun, z.B. Tischtennis spielen oder Minigolf und bekommt dadurch Lust, dasselbe zu tun. Sind diese Einrichtungen zu weit entfernt, so daß man nur durch schriftliche oder mündliche Information evtl. sogar erst durch mehrfaches Nachfragen und Abgabe von komplizierten Erklärungen von diesen Installationen erfährt, dann verlieren sie ihren eigenen Aufforderungscharakter und ein wesentlicher Punkt der Animation geht verloren.

Ähnliche Gesichtspunkte gelten für die Räume und Räumlichkeiten, in denen etwas geschehen soll. Die Animation muß Räume in erster Linie danach aussuchen, daß sie von außen her einsehbar sind (z.B. große, geöffnete Türen, durch Glasscheiben, etc.). Attraktive Angebote, die nicht schwer anzunehmen sind, so daß der Urlauber sogleich ein Erfolgserlebnis bekommt, sollten möglichst nahe am Eingang oder sogar noch vor der Tür plaziert werden, um den Gästen die Hemmung zu nehmen, einzutreten. Hobbyateliers in Ferienclubs werden nach diesen Methoden eingerichtet und auch im Urlaubsalltag betrieben.

Aus einem Bericht von Jochen Feige[36] aus Schleswig-Holsteinischen Ferienzentren:

*„Die äußerliche Gestaltung, die Offenheit und die Lage sind die wichtigsten Faktoren.*

*Unser Animationszentrum liegt in der Saison unwahrscheinlich günstig: Es ist das letzte Gebäude vor der Brücke, über die man gehen muß, wenn man zum Strand will; alle Gäste, die aus dem Ferienzentrum und auch aus den angrenzenden Teilen des Ortes kommen, müssen also dort hindurch, um an den Strand zu kommen.*

*Vor unserem Laden haben wir große Papierrollen auf den Steinplatten ausgerollt, so daß Groß und Klein mit Fingerfarben – wie im Vorbeigehen -ihre Malkünste erproben konnten. Ein Zeichenpendel, welches direkt am Eingang, noch fast von außen, betätigt werden kann, ermutigt die Gäste, das Zentrum auch wirklich zu betreten und sich darin vielfältiger zu betätigen.*

*In einem anderen Ferienzentrum haben wir uns sehr genau überlegt, welchen der neuen Basare am Marktplatz wir nehmen wollen. Unsere Entscheidung wurde dadurch bestimmt, daß wir einen Animationsbazar gefunden haben, auf den die Gäste direkt zulaufen, wenn sie vom Strand her zwischen Schwimmbad und Supermarkt hindurchgehen.*

---

[36] aus „Animation im Urlaub", Erste Auflage 1975, Seite 297

## b) Architektur

*In einem weiteren Ferienzentrum liegt unser Animationszentrum genau zwischen Schwimmbad und der Bank und gegenüber dem Restauranttrakt, in dem alle Restaurants zusammengefaßt sind."*

Diese wenigen Beispiele zeigen, wie außerordentlich bedeutsam die äußere Gestaltung und die Infrastruktur für die Grundlagen der Urlaubsanimation sind und wie wichtig die Berücksichtigung dieser Gesichtspunkte durch die architektonische Gestaltung im weitesten Sinne werden muß.

Felizitas Romeiß-Stracke fasst ergänzend in unserem Sinne zusammen:[37]

*„Kriterien für gute Freizeit- und Tourismusarchitektur sollten aus den Wahrnehmungsweisen und Bedürfnissen der Menschen, die sich in ihr wohlfühlen sollen, abgeleitet werden."* [...]

*„Tourismusarchitektur sollte sich durchaus zur „Inszenierung" bekennen. Inszenieren heißt „in Szene setzen", eine Szene mit ihren Darstellern und ihren Handlungsabläufen genau durchdenken, eine Situation ermöglichen. Inszenieren heißt, Form und Funktion in einen harmonischen, ästhetischen Einklang zu bringen.*

*Funktion bedeutet: Räume und Bauten müssen den spezifischen Tages- und Handlungsabläufen des jeweiligen Urlaubertyps, seinen funktionalen Erwartungen an die Urlaubssituation entsprechen.*

*Form heißt: die ästhetische Symbolwelt der Urlaubertypen aufnehmen und in den Räumen und Bauten spiegeln.*

*Wie immer sie dann ausfällt, perfekt ist die Situation nur, wenn folgende Dinge beachtet werden und im richtigen Verhältnis zueinander stehen:*

- *Topographie und Struktur des Raumes,*
- *Zuordnung von Funktionselementen,*
- *Verhältnis von natürlichen und gebauten Elementen,*
- *Bezug von offenen und geschlossenen Räumen zueinander,*
- *Proportionen,*
- *Materialien und Oberflächentextur,*
- *Farben,*
- *Licht und Lichtführung,*
- *Luft, Gerüche, Mikroklima,*
- *Geräusche, Beschallung, Musik,*
- *Möblierung,*
- *Dekoration und Accessoires,*
- *Natur und Kunst.*

---

[37] Romeiß-Stracke, a.a.O., Seite 141ff

*Wenn diese Bestandteile einer Situation „stimmen", dann ergibt sich das Empfinden von Harmonie und Schönheit. Das Befinden der Menschen in dieser Situation ist gut und sicher,*

- *weil sie sich physisch wohlfühlen, z.B. weil die Temperatur in dem jeweiligen Raum der Tätigkeit angemessen ist, weil es gut riecht, weil das Licht den Augen nicht weh tut, weil sie bequem sitzen;*
- *weil sie sich leicht im Raum orientieren können (optimal auch ohne Schilder), weil sie sich nicht vor Unfällen oder anderen Menschen fürchten müssen;*
- *weil sie ihr Bedürfnis nach Kommunikation und Nähe ohne Zwang erfüllen können, d.h., dass unauffällige Gelegenheiten der Begegnung und der gegenseitigen Beobachtung gegeben sind;*
- *weil aber genauso das Bedürfnis nach Distanz, nach Rückzug nach zeitweiliger Isolation erfüllt wird.*

*Und da zeigt sich: dies sind fundamentale Grundsätze des Bauens allgemein! Denn gute Architektur „inszeniert" jeglichen Raum, ab Wohnung, Büro, Straße oder Platz immer in gewisser Weise. Warum also soll man sie nicht auf die Urlaubssituation anwenden? Warum soll Perfektion hier negativ sein, wo sie in anderen Architektursektoren als professionell gilt?*

*Nimmt man die Menschen ernst, die in solche „künstliche Ferienwelten" fahren, so muss man feststellen, dass sie hier offensichtlich etwas finden, das sie woanders nicht bekommen: ein funktionierendes, auf Ihre jeweiligen Bedürfnisse zugeschnittenes Ambiente. Also: warum analysieren Architekten nicht diese Erfolgskonzepte und versuchen sie zu übertragen – in bessere Architektur? Das hieße in der Tat, sich zu öffnen für die moderne Gesellschaft, und den Käfig des elitären Ästheten zu verlassen."*

Zum Abschluß nochmals Friedrich A. Wagner:[38]

*„Im Urlaub, in der Freizeit, ist der Mensch geneigt, sich einer kurzen Periode der Illusion vom verlorenen Paradies und dem Traum vom Glück hinzugeben, auch wenn er weiß, daß es nur schöner, unvergänglicher Schein ist, was er ersehnt und was er in der Wirklichkeit vorfindet.*

*Die Architektur der Freizeit, die neue Bauaufgabe der Industriegesellschaft, die allzu oft eine Architektur ohne die Kühnheit der Utopie ist, wird ihm solche Träume dann erfüllen, wenn sie eine Atmosphäre des befreienden Erlebens und ein Ambiente der Phantasie schafft, also eine Architektur der Poesie und nicht des bloßen Zwecks."*

---

[38] Wagner, a.a.O., Seite 160

## c) Planerische Prinzipien der Animation

Die planerischen, organisatorischen, und betriebswirtschaftlichen Prinzipien, die wir nun beschreiben, richten sich nicht in erster Linie an den Praktiker vor Ort, d.h. in diesem Falle nicht so sehr an den Animateur, der im Urlaubsfeld tätig ist, sondern eher an den <u>Planer</u>, der in der Zentrale eines Unternehmens oder eines Fremdenverkehrsverbandes tätig ist, an den <u>Hotelier</u> oder an andere <u>Verantwortungsträger</u>, die in ihrem Bereich für die Animation eine Konzeption erstellen wollen.

Ebenso wenden sich die drei folgenden Unterkapitel an Chefanimateure und Leiter der Animation, die z.b. als Schulungsleiter oder Ausbilder ihre Mitarbeiter und Animateure auf die Arbeit vorzubereiten haben.

Bevor Animationsprogramme detailliert organisiert, also in die Zeitplanung und damit in die Urlaubswirklichkeit umgesetzt werden können, (wie später unter „Organisatorische Prinzipien der Animation" mit Begriffen wie „Drehbuch" und „Inszenierung" ab Seite 259 beschrieben wird), ist für den gesamten Urlaubsbereich, für den geplant werden soll, eine grundlegende **Schwerpunkt-Planung** durchzuführen, also z.B. für

- ein Feriendorf,
- einen Kurort,
- ein Ferienzentrum,
- ein Hotel,
- ein Bungalow-Dorf,
- einen Club,
- etc.

Die wesentlichen Voraussetzungen dafür sind:

1. <u>Animation wird gewollt</u>. Sie wird von den Entscheidungsträgern, dem Mangement, uneingeschänkt gewollt als Erhöhung der Attraktivität und Erlebnis-Intensität für den Gast, als verbessertes Produdkt-Potential auf dem Markt und als Chance auf mittelfristige Ertragsverbesserung.

2. Im weitesten Sinne zur Animation gehörende örtliche Möglichkeiten, bereits vorhandene Infrastruktur, müssen erfaßt und den erwähnten inhaltlichen Animationsbereichen zugeordnet werden, um sie später in ein einheitliches Animationssystem integrieren zu können.

3. Die spezifischen Möglichkeiten müssen exakt geprüft werden. Darunter verstehen wir die große Zahl aller klimatischen, geographischen, personellen, wirtschaftlichen u.a. Faktoren, die die Realisierung von unterschiedlichsten Animationskonzepten bedingen.

Dazu gehören besonders:
- Projektspezifisch:
Geographie, Klima, bauliche Voraussetzungen, Landschaft, usw.
- Finanziell:
Investitionsmittel, Finanzierungsmöglichkeiten, z.B. über den Reisepreis, Zuzahlung am Ort, Kostenquote pro Gast, usw.
- Gästespezifisch:
Zielgruppen, soziologische Schichtung, Alter, Interessen, finanzielle Möglichkeiten, usw.
- Personell:
Wieviele potentielle Mitarbeiter, welche Qualifikation, Arbeitsmarktsituation, Schulungsprobleme, usw.
- Materiell:
Welche Anlage, welche Ausrüstungen, welche Installationen, Stückzahl, Kapazität, Alter, Attraktivität, usw.

Erst nach Prüfung all dieser Voraussetzungen kann man sich für bestimmte, optimale Animationsschwerpunkte entscheiden. Diese Schwerpunkt-Planung sollte stets der erste Schritt bei Beginn einer Animationsplanung sein.

Da die Strukturunterschiede bei der außerordentlichen Vielfalt des touristischen Angebots im Einzelfall eine so weitgehende Spezialentscheidung erfordern, können hier nur ganz allgemeine Gesichtspunkte angegeben werden. Wir glauben aber, daß mit den vorgeschlagenen Entscheidungsschritten genügend brauchbare Kriterien zur Verfügung gestellt werden, um den Zuschnitt auf den speziellen Einzelfall im Zuge der Planung eines Animationsprogrammes zu ermöglichen:

Nach der Bestandsaufnahme und der Durchführung der Schwerpunkt-Planung sollte als nächster Schritt im Stile eines morphologischen Kastens eine Planungs- und Bewertungsliste erstellt werden, siehe Schema Tabelle „A" (als Kopier-Vorlage[39]) und ein ausgefülltes Muster auf den nächsten Seiten.

Diese Planungs- und Bewertungsliste ermöglicht es, nach einer sorgfältigen Bestandsaufnahme des vorhandenen Animationspotentials, alle weiter darüber hinausgehenden geplanten Maßnahmen der Animation sowohl von ihrem Aufwand her als auch von der Wirkung auf die Gäste einzuschätzen, also eine Kosten-Nutzen-Analyse anzustellen bzw. einen Vergleich zwischen Aufwand und „Ertrag" beim Gast ( = Animations-Effekt).

Mit diesen beiden Dimensionen („Mindeststandard-Programm" und „Ideal-Programm") sind die Grenzen einer Animationsplanung abgesteckt und machen dadurch den Beginn und die einzuschlagende Richtung bei Ausbau und Erweiterung des Programmes überschaubar. Damit ist auch gleichzeitig eine stetige Anpassung der Animation als Service an die Entwicklung und stetige Veränderung der Gästewünsche vorgezeichnet.

---

[39] Sinnvoll ist eine Vergrößerung beim Kopieren auf 144 %, um ein DIN A-4-Format zur praktikablen Nutzung zu erreichen.

c) Planerische Prinzipien der Animation

**Tabelle „A"**
(als Muster ausgefüllt)

| Animations-bereich | Aufwand (Investition) ||||||| Ertrag (Effekt) |||||||||
|---|---|---|---|---|---|---|---|---|---|---|---|---|---|---|---|
| | Zeit || Installation || Personal || Attraktivität || Schwierigkeit || Kapazität Teilnahme (Zahl) || Erlebnis || Einnahmen Umsätze ||
| | wenig bzw. beliebig | viel bzw. bestimmter Mindest-Aufwand | keine bzw. minimal | viel | kein bzw. „nebenbei" | viel bzw. speziell, qualifiziert | niedrig | hoch | niedrig | hoch | niedrig bzw. begrenzt | hoch | alltäglich | intensiv außergewöhnlich | niedrig bzw. ohne | hoch |
| **„Bewegung"** **BEWEGUNG IM HAUS** | | | | | | | | | | | | | | | | |
| Kegeln | X | | | X | X | | | | X | | X | | (X) | | | X |
| Gymnastik | X | | X | | X | | X | | X | | | X | X | | X | |
| Yoga | X | | X | | | X | | X | | X | X | | | X | (X) | |
| Trampolin | X | | | X | X | | | X | | X | X | | | X | X | |
| **GESELLIGKEIT** | | | | | | | | | | | | | | | | |
| Wanderung | | X | X | | X | | | X | X | | X | | | X | X | |
| Picknick | | X | X | | X | | | X | X | | (X) | | X | | X | |
| Spaziergang | X | | X | | X | | X | | X | | | | X | | X | |
| **IM FREIEN** | | | | | | | | | | | | | | | | |
| Schwimmen | X | | X Meer / X Pool | | X | | | X | X | | | X | | (X) | X | |

## Animations-Programme

### Planungs- und Bewertungsliste

### Tabelle „A"

| Animations-bereich | Aufwand (Investition) | | | Ertrag (Effekt) | | | | |
|---|---|---|---|---|---|---|---|---|
| | Zeit | Installation | Personal | Attraktivität | Schwierigkeit | Kapazität Teilnahme (Zahl) | Erlebnis | Einnahmen Umsätze |
| | wenig bzw. beliebig : : : viel bzw. bestimmter Mindest-Aufwand | keine bzw. minimal : : : viel | kein bzw. „nebenbei" : : : speziell, qualifiziert | niedrig : : : hoch | niedrig : : : hoch | niedrig bzw. begrenzt : : : hoch | alltäglich gewohnlich : : : intensiv außer- | niedrig bzw. ohne : : : hoch |
| | .. .. .. .. .. .. .. .. .. | .. .. .. .. .. .. .. .. .. | .. .. .. .. .. .. .. .. .. | .. .. .. .. .. .. .. .. .. | .. .. .. .. .. .. .. .. .. | .. .. .. .. .. .. .. .. .. | .. .. .. .. .. .. .. .. .. | .. .. .. .. .. .. .. .. .. |

## c) Planerische Prinzipien der Animation

Die nächste Stufe der Planung muß sich dann zwangsläufig vor allem auf die einzelnen Animationsbereiche beziehen. Die detaillierte Realisierung solcher Planungsmodelle (siehe Tabelle „B" auf der übernächsten Seite) soll an einem konkreten Beispiel gezeigt werden:

Wir gehen von folgendem Fall aus:

Für ein Hotel, am Strand, an einer Küste des Mittelmeeres, mit einer Kapazität von 600 Betten in gehobener Mittelklasse, soll ein Animationsprogramm realisiert werden.

Diese Tabelle „B" (div. Programme) zeigt typische Beispiele für eine detaillierte Bereichsplanung und ermöglicht in diesem Stadium eine bereits sehr exakte Kalkulation der Kosten für Material, Personal und für den laufenden Betrieb dieses Animationsprogrammes.

Diese Übersicht zeigt (wenn auch schematisch) die Relation zwischen möglicher Gäste-Kapazität (bis zu 50% aller Hotelgäste) und notwendiger Zahl von Animations-Mitarbeitern (minimal – optimal). Der operative Bereich des Hotels wird wesentlich mit einbezogen.

Bei stärker infrastrukturellen Einrichtungen, die also „materialintensiv" sind, lässt sich der personelle Aufwand an qualifiziertem Animationspersonal relativ niedrig halten; dafür ist aber der „partizipative" Einsatz anderer Hotelmitarbeiter[40] und der Aufwand an Pflege und „Maintenance" etwas höher.

Das Modell der partizipativen Animation in Kapitel VII. zeigt, wie mittelständische, familiengeführte Häuser durch Integration ihrer eigenen Mitarbeiter die Chance haben, eine lebendige, engagierte und unnachahmliche Animationskultur zu entwickeln. Die positiven Effekte der Animation sind so zu realisieren, ohne daß zusätzliches Personal eingestellt werden muß.

Einen positiven Nebeneffekt hat diese Arbeitsweise, gerade angesichts der Tatsache, daß die Hotellerie erhebliche Probleme bei der Suche nach geeigneten und qualifizierten Mitarbeitern hat: ganz offensichtlich empfindet der Mitarbeiter, der direkt in die Aktivitäten mit den Gästen einbezogen ist, seinen Arbeitsplatz als besonders attraktiv, er findet mehr Befriedigung und Selbstbestätigung bei seiner Tätigkeit. Deshalb ist in solchen Häusern die Personalfluktuation wesentlich niedriger als in vergleichbaren Häusern ohne dieses integrative Konzept.

Immerhin eine Möglichkeit für viele Hotels, bereits bei der Planung von Animationsprogrammen derartige Gesichtspunkte von Beginn an einzubinden..

Bei anderen Aktivitäten und Angebots-Schwerpunkten (z.B. Wassersport) verschieben sich diese Relationen natürlich zum Teil erheblich.

1. In der äußersten linken Spalte dieser Liste läßt sich jede beliebige Einzelaktivität eines Animationsprogrammes eintragen; z.B. im Bereich Bewegung jede einzelne, nur denkbare Form der sportlichen Betätigung (Gymnastik, Joga, Trampolinspringen, Kegeln, u.a.) oder der Geselligkeit, wie etwa Picknick,

---

[40] Siehe Kapitel VII., ab Seite 275

Spaziergang, Wanderung, Kostümfest oder der Bildung, wie z.b. Ausflug, Diavortrag, Besichtigung usw.

2. Als nächster Schritt kann jede Einzelaktivität aufgrund der örtlichen Gegebenheiten und aufgrund ihres speziellen Charakters von ihrem Aufwand her nach Kriterien wie:

   Zeit – Installation – Personal – Attraktivität – Schwierigkeit etc.

   eingestuft und von ihrem Effekt gegenüber den Gästen ebenfalls beurteilt werden.

3. Die Aufwand-Spalte dieser Liste ermöglicht den Einsatz von betriebswirtschaftlichen Größen, um die Höhe der Investitionen und die laufenden Betriebskosten für ein derartiges Animationsprogramm vom zeitlichen, materiellen und auch vom personellen Aufwand her relativ exakt einzuschätzen.

4. Wenn dieser Aufwand dann in Relation gesetzt wird zum erwarteten oder abgeschätzten Effekt bei den Gästen, dann ist damit ein zumindest vorläufiges Entscheidungsinstrumentarium gegeben, welches schließlich die Formulierung des sogenannten **Mindest-Standard-Programms** ermöglicht:

Das Mindeststandard-Programm wird von seinem Umfang her bestimmt durch

1. die Investitionsmittel, die auf jeden Fall zur Verfügung stehen und
2. durch seine Außenwirkung.

Es sollte mindestens so viel bieten und so gut sein, wie bei den Mitbewerbern zum Zeitpunkt der Entscheidung bereits geboten oder konkret realisiert wird.

Eine Anmerkung muß hier noch gemacht werden:
In diesem Planungsstadium bereits hat das Animationsprogramm wesentliche Auswirkungen auf andere Planungsbereiche, insbesondere auf die Planung der Architektur und der entsprechenden Infrastruktur.
Das bedeutet: Animationsplanung muß so frühzeitig erfolgen, daß ihre Konsequenzen rechtzeitig und in der notwendigen Breite bereits in die Planung der Architektur, der Infrastruktur, Raumprogramme usw. einbezogen werden können. Nur dadurch läßt sich letzten Endes sicherstellen, daß Animation später ein integraler Bestandteil des gesamten Urlaubsgeschehens sein kann.
Parallel dazu sollte gleichzeitig – mehr oder minder fiktiv – ein „**Ideal-Programm**" entwickelt werden, welches unter Berücksichtigung sämtlicher örtlicher und anderer Gegebenheiten das Maximum des überhaupt Möglichen beinhaltet. Die Formel dafür: Was ist überhaupt denkbar, wie und wo machbar?
Dieses Idealprogramm dient als Ziel einer Perspektivplanung und markiert gleichzeitig die Aufbau- und Entwicklungsrichtung bei zukünftigen Erweiterungen des Animationsprogrammes.

c) Planerische Prinzipien der Animation 249

## Bereichs-Planung (Beispiel) Tabelle „B"

Animationsmitarbeiter: Zahl in Klammern heißt: nicht unbedingt ein „hauptamtlicher" Animateur, sondern jeder talentierte Mitarbeiter, der Freude am Gästeprogramm findet.

| Animations-Programm (Beispiele) | Animations Mitarbeiter | Material | Kapazität (Gäste) | Personal Haupt- | Personal Hilfs- | Bemerkungen |
|---|---|---|---|---|---|---|
| Kinder-Spielplatz „Mini-Club" | 1 + 1 | Spielzeug, Sportmaterial, Puppen, Farben etc. | 5 - 30 | (1) | 1 - 2 | „Full-time-job", 1 Kinderanimateurin (qualifiziert), Aushilfen je nach Gruppengrößen |
| Abenteuer-Spielplatz (sog. „Bau"-Spielplatz) | 2 + 1 | Materialien aller Art, Holz, Werkzeug etc. | 5 - 50 | (2) | 1 - 3 | dto. wie oben; Wichtig: mind. 1 männlicher Betreuer |
| Wandern | 1 | Rucksack, Karten, Erste-Hilfe-Ausrüstung | 5 - 30 | 1 | - | „Neben"-Job, umschichtig ein- bis zweimal pro Woche, möglichst mit Spezialkenntnissen |
| „Radl-Tour" Kleine Ausflüge | (1) | (Fahrräder) | 5 - 30 | 1 | evtl. ein Fahrer | Zahl der Begleiter abhängig von Gruppengröße; bei regelmäßiger Wiederholung ein „full-time-job". |
| Picknick, Barbecue u.ä. | 1 | Grill, div. Material, Essen und Trinken, Transportmittel | 10 - 100 | 1 | 3 - 6 Küche, Service | „Haupt"-Animateur leitet Programm, Hilfe durch Sportlehrer u.ä. |
| Boccia/Boule, Crocket, Minigolf, Federball, Shuffleboard, Indiaca | (1) | Spielfläche, Spielgeräte, evtl. Ausrüstung | 3 - 20 | - | 1 - 2 (Hotel) | Jemand muß die Spiele erklären, Mitspieler ermutigen und in Aktivität Gang bringen. |
| Volleyball, Tischtennis, Wasserball etc. | (1) | Plätze, gute Ausstattung und Ausrüstung | 2 - 25 | (1) | 1 (Hotel) | Einfache Spielregeln erfordern keinen Sportlehrer; Mannschaftsbildung anregen. |
| Summen | 7 - 10 | | 30 - 300 | 3 - 7 | 7 - 15 | |

Die Ergebnisse dieser Bereichsplanung ermöglichen dem für die Animation verantwortlich Zuständigen erstmals die grundlegende Erstellung des sogenannten Animations-„Drehbuches", wie es in unserem Abschnitt „Organisatorische Prinzipien der Animation" beschrieben wird. Dieses Drehbuch muß die grundlegende Programmstruktur enthalten und muß verschiedene, variable Zeiträume umfassen, also z.B.

- 1-Wochen-Programm
- 2-Wochen-Programm
- 3-Wochen-Programm

Wenn das Drehbuch erstellt ist, kann schließlich der letzte Planungsschritt erfolgen: Die Planung der einzelnen Animationsprogramme, die „Inszenierung".

Die schematische Gliederung zur Beschreibung einzelner Animationsprogramme ist eine gleichzeitig mehr oder minder universell anwendbare Planungshilfe für die Realisierung einzelner Animationsprogramme:

Wenn bei der Vorbereitung von Einzelprogrammen systematisch alle im „Planungsschema"[41] aufgeführten Punkte berücksichtigt und in die organisatorischen Vorbereitungen exakt einbezogen werden, läßt sich für jede nur denkbare Form von Animationsprogramm jede Alternative einkalkulieren. Bei der Detailplanung von Einzelprogrammen besteht also die Möglichkeit, mit Hilfe der in unserem Schema aufgeführten elf Punkte jedes Animationsprogramm tatsächlich mit allen nur denkbaren Gesichtspunkten zu erfassen und zu realisieren.

Aufgrund der vielfältigen Animationserfahrungen seit 1973 können hier auch zwei konkrete Kennziffern benannt werden, die sich inzwischen im Tourismus herauskristallisiert haben:

## *1. Personal-Kennziffer Animation*

Für verschiedene Bereiche der Ferienhotellerie haben sich folgende zahlenmäßige Relationen zwischen Animateuren und Gästen herauskristallisiert:

- Club Méditerranée (G.O.-System) 1 : 10 (z.T. sogar 1:5 d.h. 120 G.O.'s in einem Club mit 600 Betten!)
- Deutsche Ferienclubs (Aldiana, Robinson, etc.) 1 : 30
- Ferienhotel am Meer 1 : 60 bis 1 : 100

Interessanterweise stehen diese Werte zahlenmäßig in der gleichen Größenordnung wie die Idealwerte von Gruppengrößen, für die ein Reiseleiter (je nach Spezialisierung) sinnvollerweise tätig sein kann. Sinngemäß entspricht die Relation in den reinen Ferienclubs etwa der Gruppengröße bei spezialisierten Studienreiseleitern.

Wenn wir davon ausgehen, daß die Aufgabenstellung eines Jugendreiseleiters oder des Reiseleiters in einem Bus der des Animateurs sehr ähnlich, um nicht zu sagen, direkt vergleichbar ist, dann erscheint uns der zahlenmäßige Zusammenhang in

---

[41] aus Kapitel IV., Seite 111 f, nochmals zur Übersicht im Anhang Seite 319 abgedruckt

c) Planerische Prinzipien der Animation 251

Bezug auf die Relation zwischen Animationspersonal und Gästezahl nicht rein zufällig. Die vielfache praktische Erfahrung bestätigt, daß eine Person sinnvollerweise nur für maximal 30 - 60 Gäste zur Bezugsperson werden kann, ohne ihre eigene Persönlichkeit allzusehr zurückstellen zu müssen bzw. ohne problematische Erscheinungen der Überlastung und Resignation an den Tag zu legen.

**2. Kosten-Kennziffer**

Die Kosten für die Animation, d.h. also Personal, laufende Kosten, Groß- und Klein-Inventar (allerdings ohne Grundinvestitionen, wie Anlage von Sportplätzen, Segelschulen, etc.) bewegen sich zwischen 1,5 % und 5 % des Brutto-Logis-Umsatzes (auf der Basis Halb- oder Vollpension).

Die untere Grenze wird bei größeren Ferienhotels zu erreichen sein (600 - 800 Betten), welche ein Team von 6 - 10 Animateuren beschäftigen, die höchsten Kosten sind einleuchtenderweise im Bereich des Cluburlaubs zu sehen, wo mit mindestens 5 % vom Umsatz für den Kostenaufwand der Abteilung Animation zu rechnen ist.

Es handelt sich hierbei um lediglich ungefähre Richtwerte, die von einer Vielzahl von Faktoren (Preisniveau, durchschnittliche Aufenthaltsdauer, Höhe der Fremdkosten, etc.) abhängig sind. Immerhin geben diese Kennziffern einen gewissen Richtwert als Ausgangspunkt für zukünftige Kalkulationen.

Der gesamte Planungsablauf läßt sich in folgendem Schema darstellen:

**Planung der Animation**

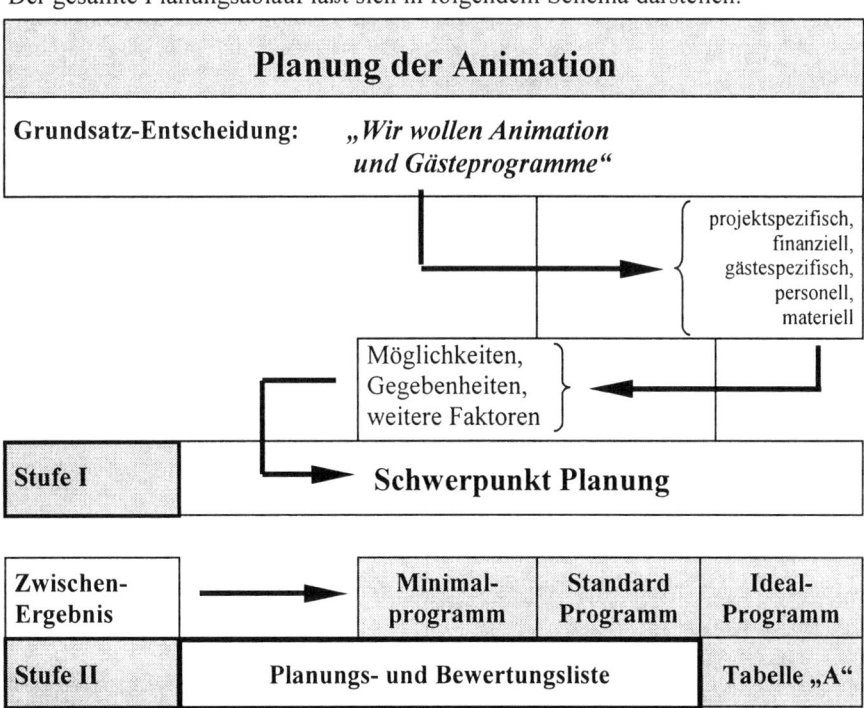

Grundsatz-Entscheidung: *„Wir wollen Animation und Gästeprogramme"*

projektspezifisch,
finanziell,
gästespezifisch,
personell,
materiell

Möglichkeiten,
Gegebenheiten,
weitere Faktoren

Stufe I — **Schwerpunkt Planung**

| Zwischen-Ergebnis | Minimal-programm | Standard Programm | Ideal-Programm |
|---|---|---|---|
| Stufe II | Planungs- und Bewertungsliste | | Tabelle „A" |

Abbildung VI - 3.1  Planungsschema zur Einführung der Animation

## Planung der Animation

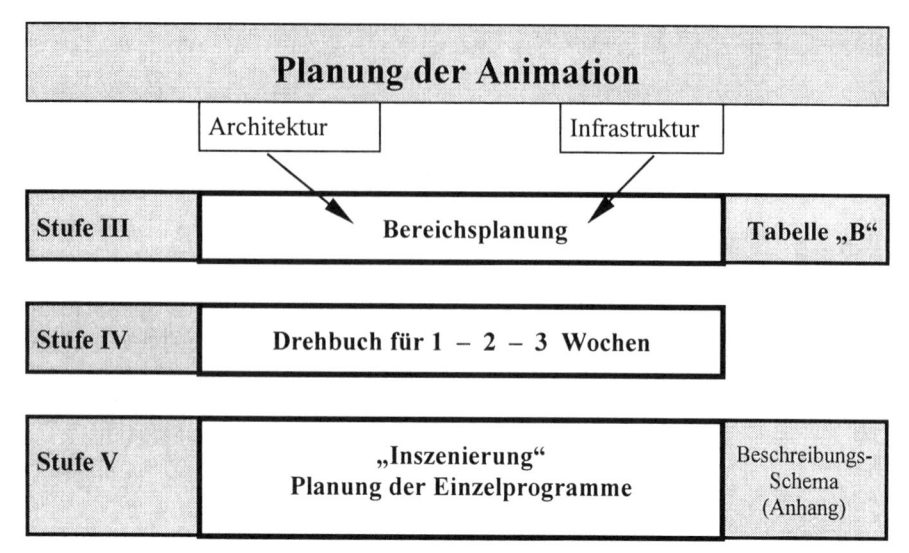

| | Architektur | | Infrastruktur | |
|---|---|---|---|---|
| **Stufe III** | | Bereichsplanung | | Tabelle „B" |
| **Stufe IV** | Drehbuch für 1 – 2 – 3 Wochen | | | |
| **Stufe V** | „Inszenierung" Planung der Einzelprogramme | | | Beschreibungs-Schema (Anhang) |

**Abbildung VI - 3.2 Planungsschema zur Einführung der Animation** (Forts.)

Diese wenigen, hier gezeigten Beispiele sollen einmal den Umgang mit dem von uns vorgeschlagenen Planungssystem erleichtern, auf der anderen Seite aber die eingangs gemachte Feststellung bestätigen, daß Animation als langfristige Investition unter keinen Umständen halbherzig oder nebensächlich gehandhabt werden darf.

Nur eine durchgreifende Planung und systematisch konsequente Durchführung in Organisation und Investition verwirklicht tatsächlich den angestrebten Zweck der Erweiterung des Angebots und der Intensivierung des Urlaubs für eine Vielzahl von Gästen und gewährleistet erst danach die langfristigen, wirtschaftlichen oder sozialkommunikativen Auswirkungen, nämlich

- die Erhöhung der Attraktivität,
- die Verbesserung der Nebenumsätze,
- die Vermehrung der Zahl von Stammgästen,
- die Sicherung und Erhöhung der Belegung.

### d) Organisatorische Prinzipien der Animation

Die Animation – obwohl sie leicht, spielerisch und urlaubsgemäß wirken soll – hat selbstverständlich ganz bestimmte organisatorische Prinzipien.

### d) Organisatorische Prinzipien der Animation

Christian Hermelin[42] schrieb schon 1966:

„*Animation ist unmöglich, wenn nicht der technische Apparat bis auf das i-Tüpfelchen perfekt funktioniert. Dieser Gesichtspunkt betrifft vor allen Dingen alle Bereiche der Hoteltechnik: Wenn die alltäglichen, sozusagen materiellen Probleme nicht gelöst sind – und jeder weiß, wie komplex diese Probleme sind – dann ist keinerlei Animation möglich. Darüber hinaus hängt es auch immer von der Art und Weise ab, wie die technischen Probleme angegangen werden, ob die Animation begünstigt oder beeinträchtigt wird (z.B. die Gestaltung der Hausordnung, die alle Gäste betreffenden Regeln in mehr oder minder restriktiver oder liberaler Form darstellen kann). Die allgemeine Einstellung gegenüber den notwendigen Formalitäten (z.B. die organisatorische Form der Zimmerverteilung am Tage der Ankunft). All diese Dinge schaffen oder beeinträchtigen das Klima, in dem Animation möglich ist. An diesem Punkt kommen dann selbstverständlich auch die entsprechenden personellen Bedingungen ins Spiel, also die Fähigkeiten des Direktors und seiner Angestellten. Ohne deren Qualifikation und Engagement ist wenig Animation möglich.*"

Es kann also hier wieder nur betont werden, daß die Animation sich nicht auf die Arbeit des Animateurs beschränkt, oder anders ausgedrückt: Die Grundleistungen, Unterkunft und Verpflegung als Serviceleistungen, als Dienstleistungsformen des Urlaubs, müssen zunächst einmal absolut einwandfrei gewährleistet sein, wenn auf deren Basis erfolgreiche Animation wirksam werden soll. Animation hat keinesfalls die Aufgabe, Leistungsmängel dem Urlaubsgast gegenüber zu kaschieren und zu überspielen. Animation ist niemals Lückenbüßer, Notnagel oder gar Krisenfeuerwehr, erst recht nicht in Phasen wirtschaftlicher Schwierigkeiten.

Die wesentlichen Gesichtspunkte bei Animationsprogrammen, sowohl was Installation angeht, als auch die personelle Ausstattung, sind:

<u>Kapazität und Qualität</u>

Eine zu geringe Kapazität verhindert im Regelfall die Freisetzung der vorhandenen und angesprochenen Aktivitätsbedürfnisse bei den Gästen. Regel: Resignation vernichtet Initiative („*Wenn man Schlange stehen muß, macht es keinen Spaß!*").

Eine ganz leichte, sozusagen „kalkulierte Verknappung" der Kapazität kann möglicherweise die scheinbare Attraktivität eines Animationsangebotes erhöhen. Ein halb leerer Saal wirkt müde, eine Kneipe, in der sich die Menschen drängen, wirkt lebendig und attraktiv.

Mangelnde und unzureichende <u>Qualität</u> von Ausrüstung und Installation im Rahmen des Animationsangebotes hat im Grunde den gleichen negativen Effekt wie

---

[42] Hermelin, Christian: „Animation in einem Feriendorf", aus: Collection „Vivre son temps", Editions Ouvrières, nachgedruckt in „Bits Information", Heft Nr. 8, Brüssel März 1966

mangelnde Kapazität („*Wenn dauernd etwas kaputt ist, macht das ja keinen Spaß mehr!*").

Personal

Jeder Art von Service und ganz besonders der personelle Service (die Animation ist unserer Definition zufolge eine personell sehr stark geprägte Dienstleistung) ist außerordentlich empfindlich gegenüber Unzulänglichkeiten, insbesondere was die Anzahl, die Qualifikation und die Motivation der Mitarbeiter betrifft.

Beispielsweise sind entweder zeitlich oder arbeitsmäßig überforderte Animateure verständlicherweise schlecht gelaunt, unlustig und vor allen Dingen ohne Geduld, d.h. also, ohne die Form der unbegrenzten Freundlichkeit, die das Wesen der Animation im Urlaub ausmacht. Unter diesen Bedingungen müssen die Animateure zwangsläufig die Erwartungen des Urlaubers enttäuschen und können damit den angestrebten Zielen der Animation nicht gerecht werden.

Diese organisatorischen Gesichtspunkte fordern also sowohl von der Seite des Trägers der Animation als auch von den Animateuren selbst ein erhebliches Maß an rationeller Planung und Vorbereitung und an organisatorischen Fähigkeiten.

**Einführung der Animation**

In vielen Fremdenverkehrsbereichen wird auch heute noch über die Einführung der Animation als Service nachgedacht: Einerseits aus Konkurrenzgründen, weil „andere es auch tun", aus anscheinend „modischen" Gründen, oder – im ungünstigsten Falle – weil die Wirtschaftsergebnisse des Betriebes nicht in Ordnung sind und man sich von der Animation kurzfristig wahre Wunderdinge verspricht.

Dabei wird meist nach einem einfachen Schema verfahren. Es genügt, eine grundlegende Frage zu klären, der Rest kommt dann schon irgendwie. Die Grundfrage:

**Wo bekomme ich Animateure her?**

Man versucht dann mit Hilfe von Anzeigen, oder durch gezielte Abwerbung einen Animateur anzuheuern, einzustellen und ihn mehr oder minder unvorbereitet auf die Gäste loszulassen.

Oder aber man befürchtet zu hohe zusätzliche Personalkosten und versucht nicht, das Produkt, das Angebot gegenüber dem Gast zu verbessern, sondern flüchtet in zusätzliche Werbung und Marketingmaßnahmen.

Der denkbar ungünstigste Weg ist eine willkürliche Anstellung von Animateuren mit mehr oder minder fragwürdiger „Club-Erfahrung", weil zumindest zwei wesentliche Kriterien einer guten Animation nicht erfüllt sind:

a) Integration in den eigenen Betrieb oder Fremdenverkehrsort

b) Identifikation des Animateurs mit dem „Produkt", mit dem Hotel, mit dem Ort

Der einzig seriöse, wenn auch mühsame, aber mittelfristig erfolgreiche Weg ist ein mehrstufiges Vorgehen:[43]

---

[43] siehe auch Kapitel V. „Stufen der Einführung der Animation in der Ferienhotellerie"

## d) Organisatorische Prinzipien der Animation

1. Bestandsaufnahme – Was haben wir? Welche animativen Angebote an den Gast sind bereits vorhanden (zunächst einmal ohne Berücksichtigung der Qualität)
2. Welche Möglichkeiten haben wir? (Umgebung, Infrastruktur, Räume, Material, Personal, Technik, Musikanlagen, etc.)
3. Was wollen unsere Gäste? Was wollen wir?

Diese drei Fragestellungen, die gelöst sein müssen, bevor ernsthaft an die Integration und den Aufbau eines eigenen Animationsprogramms gedacht werden kann, sollten von einer professionellen, erfahrenen und seriös arbeitenden Beratung geleistet werden.

Beratungsunterstützung findet sich heutzutage in vielerlei Bereichen, vor allen Dingen bei den regionalen Hotel- und Gaststättenverbänden, bei den Wirtschaftsförderungsinstituten in Österreich und bei ähnlichen Institutionen und Betriebsberatern in verschiedenen Ländern.

Darüber hinaus gibt es inzwischen eine Reihe von Beratungsunternehmen, die ausdrücklich keine Personalvermittlungsagenturen sind, sondern die Fremdenverkehrsbetriebe, Hotelgesellschaften und Fremdenverkehrsorte unterstützend beraten: beim Aufbau einer eigenen Animation, eines eigenen Programmes, eines eigenen Stabes von Mitarbeitern. Dabei handelt es sich in vielen Fällen auch um Personalschulung und Trainingsmaßnahmen.[44]

Hier fällt dann auch die Entscheidung, ob man überhaupt <u>zusätzliche</u> Mitarbeiter braucht oder ob es nicht der bessere Weg ist, aus den vorhandenen Mitarbeitern die geeigneten Interessenten und Talente[45] auszusuchen und ihnen Teilaufgaben der Gästeprogramme und des Animationsangebotes zu übertragen, indem man sie von anderen Aufgaben innerörtlich oder innerbetrieblich entlastet. Eine Umstrukturierung und Neuorganisation von Arbeitsabläufen innerhalb eines Fremdenverkehrsortes oder eines Fremdenverkehrsbetriebes ist hier oft der bessere Weg.

**Regel 1:**
Die Einführung der Animation kostet zunächst einmal nicht grundsätzlich zusätzliches Personal!

**Regel 2:**
Animation ist nur glaubwürdig und damit auch für den Gast akzeptabel und befriedigend, wenn sie in das Produkt integriert ist und damit auch zur Attraktivität des Produktes Fremdenverkehr/Urlaub beiträgt.

---

[44] Beispiele: **animation consult** im Internet: www.animation.de www.animationservice.com; www.animateure.de und andere

[45] Die dazu nötigen Checklisten lassen sich bei animation.de aus dem Internet als Dokumente herunterladen.

**Regel 3:**

Animation ist zwar eine mittelfristige Investition, die in jedem Falle Anstrengung, Einsatz, Phantasie und menschliche Arbeitskraft kostet, aber erst in zweiter Linie Geld.

Es ist nicht damit getan, Animationsprogramme aufzubauen. Als Voraussetzung ist genauso wesentlich, daß alle anderen Mitarbeiter eines Fremdenverkehrsortes, eines Betriebes, einer Hotelgesellschaft auf diese Formen von zusätzlichen Animationsprogrammen mentalisiert werden. Entscheidend ist also das Verständnis aller Beteiligten vom Generaldirektor bis zum kleinsten Angestellten, denn nur dadurch ist sichergestellt, daß die Animation als integriertes Angebot einer Fremdenverkehrsdienstleistung von allen mitgetragen wird. Das schlägt sich im Stil nieder, das schlägt sich in der Art des Umgangs mit dem Gast nieder, letztlich also in der gesamten Urlaubsatmosphäre. Die gastorientierte Arbeitsweise ist hier eine bindende und zwingende Voraussetzung.

**Die Position des Animateurs**

Zu den organisatorischen Grundlagen der Animation gehört die exakt definierte und von allen Beteiligten einzuhaltende Festlegung der Position und der Kompetenz des Animateurs bzw. des Animationsteams innerhalb des gesamten Dienstleistungsbereichs eines Ferienhotels, Ferienortes oder Clubdorfes.

Am Beispiel eines Ferienhotels läßt sich diese Position wie folgt beschreiben:

Der Animateur ist oft (vom Direktor abgesehen) der einzige Angestellte, der „jenseits der Barriere", unter den Gästen, Dienst tut. Jeder andere Mitarbeiter – Küche, Rezeption, Restaurant, Bar, usw. – ist entweder durch besondere Kleidung (Uniform) oder durch seinen Standort (hinter der Bar, an der Rezeption) als Mitarbeiter sofort erkennbar. Der Animateur arbeitet „zivil", wie ein „Gast unter Gästen", wie ein „idealer Miturlauber".

Hier wird bereits erkennbar, daß der Animateur eine ganze Reihe von sehr unterschiedlichen Funktionen gleichzeitig wahrnimmt. Das macht seine Aufgabenstellung manchmal kompliziert und auch konfliktreich.

Hier ist auch deutlich erkennbar, daß der Animateur, wenn er mit Gästen an die Bar geht, sich auf keinen Fall wie ein Gast verhalten darf, denn der Kellner hinter der Bar ist in erster Linie einmal sein **Kollege**. Gleichzeitig aber nimmt er eine Gastgeberfunktion wahr, indem er die Gäste vielleicht zu einem Getränk einlädt und sich mit ihnen z.B. über ihre Erlebnisse oder zukünftigen Ferienwünsche unterhält.

### d) Organisatorische Prinzipien der Animation

Das folgende Schema soll diese Zusammenhänge zeigen:

**Der Animateur**
Funktions-Schema

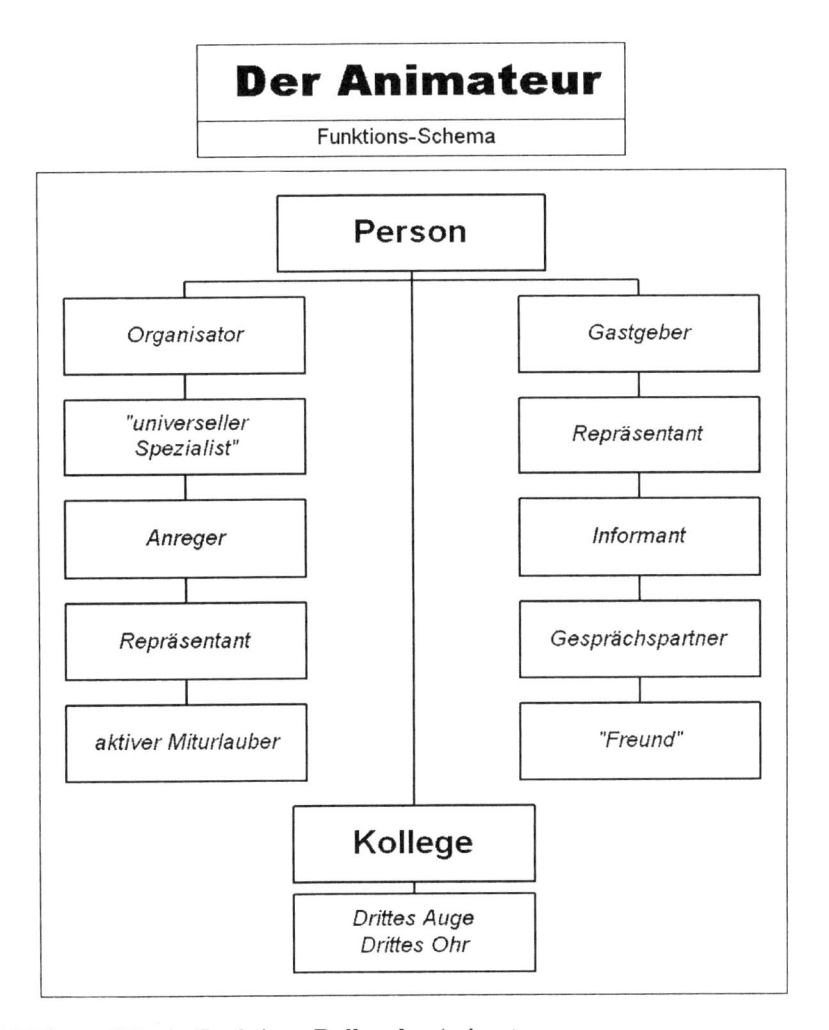

Person
- Organisator
- "universeller Spezialist"
- Anreger
- Repräsentant
- aktiver Miturlauber
- Gastgeber
- Repräsentant
- Informant
- Gesprächspartner
- "Freund"

Kollege
- Drittes Auge
- Drittes Ohr

**Abbildung VI - 4  Funktions-Rollen des Animateurs**

Im guten, direkten und permanenten Gästekontakt ergeben sich eine Vielzahl von Gesprächsmöglichkeiten, die weit über den „offiziellen" Kontakt zwischen Urlaubsgästen und normalem Hotelpersonal hinausgehen. Auf diese Weise erfährt ein aufmerksamer Animateur wesentlich mehr über die Wünsche, die Bedürfnisse, aber auch über die kleinen und großen Kritiken und Reklamationen der Gäste, über kleine und große Mängel oder über Verbesserungsvorschläge von seiten der Gäste. Insgesamt erhält er also im Rahmen der direkten Kommunikation eine ganze Menge an Bewertung der Gesamtleistung des Hotels und damit Informationen, die am normalen Geschäftsweg der „offiziellen Reklamation" vorbeigehen und ansonsten niemals als wichtige Information den Direktor oder die Abteilungsleiter des Hotels erreichen würden. Insofern ist der Animateur auch das „dritte Ohr" des Direktors und genauso das „dritte Auge", weil er sich in viel stärkerem Maße mit den Gästen in verschiedenen Teilen des Hotelbetriebs und im Hotelgelände aufhält und als aufmerksamer Mitarbeiter wesentlich mehr sieht an Details und Kleinigkeiten, die beachtenswert oder verbesserungswürdig sind.

**Die hierarchische Position:**

Die Position der Animation muß innerhalb des Betriebes hierarchisch eingegliedert sein:

Entweder in Stabsfunktion –

- Animation als eigene Abteilung,
- der Chefanimateur als Abteilungsleiter;

Oder in Linienfunktion -

- direkt dem Direktor unterstellt (z.B. als Direktions-Assistent)

Diese besondere Funktion der Animation innerhalb des Hotelbetriebes muß eindeutig geklärt sein als notwendige Grundlage einer sinnvollen Arbeit. Die spezifische Arbeitsweise der Animateure führt jedoch auch zu besonderen Problemen:

- Bei der Arbeit wie ein „Gast unter Gästen" schwindet leicht das Bewußtsein, Träger einer Dienstleistungsrolle zu sein, also Angestellter des Hotels.
- Das Kollegenbewußtsein muß stets wach bleiben (siehe Funktionsschema). Der Kellner, der den Animateur wie einen Gast bedient, ist Kollege und nicht „Dienender".
- Bei einem engen Kontakt mit Gästen ist der Animateur oft in der Versuchung, sozusagen die „Fronten" zu wechseln und sich als Hotelangestellter zu stark auf die Seite der Gäste zu schlagen, besonders bei Problemsituationen im Hotel. (Loyalitätskonflikt)
- Der Animateur läuft besonders Gefahr, einen zu starken, persönlich und emotionell geprägten Kontakt zu einzelnen Gästen aufzunehmen. (Siehe „Zehn Gebote" des Animateurs, Kapitel V, Seite 185)
- Die Arbeit des Animateurs ist gegenüber der Arbeit seiner Kollegen im Betrieb scheinbar angenehmer als jede andere: *„Der Animateur tut nur das, was ihm und den Gästen Spaß macht. Etwas Volleyball spielen und dann an der Bar die Gäste zu einer Runde einladen, das ist doch keine Arbeit!"*

Der Animateur muß also auch betriebsintern stets für Verständnis werben, Verständnis für die Eigenart seiner Arbeit und das Ausmaß seiner eigenen Arbeitsleistung.

Die Form der personell geprägten Dienstleistung, wie wir die Animation verstehen, schließt eine geregelte Arbeitszeit und den eigentlichen „Feierabend" aus. Sobald der Animateur sein Zimmer verläßt, ist er im Dienst; eine private, außerdienstliche Zeit in der Öffentlichkeit, unter den Gästen[46], ist ein Widerspruch in

---

[46] Deswegen wird Clubanimateuren dringend geraten, ihren freien Tag außerhalb des Clubs zu verbringen, oder aber ihr Zimmer nicht zu verlassen!

### d) Organisatorische Prinzipien der Animation

sich. Die Gefahr besteht, daß der Animateur entweder seine eigenen Grenzen (physisch und psychisch) nicht kennt und sich daher verschleißt, oder daß er aus Mangel an Engagement und direkter Kontrolle in seiner Arbeit nachlässig, gleichgültig und eher lustlos wird. Die Gefahren seiner „Emotionsarbeit" wurden in Kapitel V. stichwortartig geschildert.

Es wird Aufgabe der jeweiligen Führungsorganisation sein, hier sinnvolle Kontroll- und Regelmechanismen zu finden. Elemente, wie Einsatzberatung, Supervision, „Training on the job" und eine laufende Motivation während der Arbeit (durch Chefanimateur, Vorgesetzte, Direktor, etc.) spielen hier eine besondere Rolle.

Die Praxis zeigt, daß die Gäste selbst auf der Einhaltung einer gewissen Distanz sowie eines gewissen Niveaus und eines bestimmten Umfanges der Animationsprogramme bestehen, sobald diese einmal in einem bestimmten Volumen und Standard eingeführt sind. Allerdings ist durch den Wechsel der Gäste bald eine Abschleifungstendenz dieses natürlichen Kontrollmechanismus zu beobachten, da die neuen Gäste das vorhergehende Niveau und den Umfang der Animation nicht immer kennen und daher auch keine gezielten Forderungen an die Animateure stellen.

**Arbeitsinstrumente des Animateurs:**

Drehbuch – Inszenierung – Kartei – Handbuch

Von den grundlegenden planerischen Prinzipien (siehe voriges Unterkapitel) einmal abgesehen, sind für die Detailplanung durch das Animationsteam und die in der Durchführung betroffenen Abteilungen ganz bestimmte Arbeitsmethoden anwendbar:

Zur <u>Rahmenplanung</u> läßt sich das Modell eines „Drehbuches" verwenden: Voraussetzung: Ein Animationskonzept einschließlich aller notwendigen finanziellen, materiellen und räumlichen Gegebenheiten ist festgelegt.

<u>Drehbuch</u>: Das Animationsteam oder der Animateur legt in Zusammenarbeit mit den entsprechenden betroffenen Stellen (Kollegen, andere Abteilungen, etc.) das Animationsprogramm über einen Zeitraum von 2 - 3 Wochen so detailliert wie möglich fest (Programmschema, 3-Wochen-Rhythmus). Dabei wird zunächst der zeitliche, personelle und materielle Aufwand fixiert: das „Drehbuch".

<u>Inszenierung</u>: Das Drehbuch bzw. Programmschema ist die Grundlage für die Detailplanung:

Unter Benutzung eines Beschreibungsschemas (siehe Anhang) wird für jedes einzelne Animationsprogramm eine möglichst exakte Inszenierung niedergelegt, die dann (wie in unseren detaillierten Beispielen der Beschreibung einzelner Animationsprogramme gezeigt) die exakte Einschätzung aller nur denkbaren Faktoren und Anforderungen ermöglicht. Es versteht sich von selbst, daß diese Inszenierungsanweisungen je nach Situation und örtlicher Gegebenheit außerordentlich unterschiedlich ausfallen. Das Beschreibungsschema jedoch und die einzelnen Gesichtspunkte, nach denen vorgegangen werden kann, bleiben aber im Prinzip auf alle nur denkbaren Fälle anwendbar.

## VI. GRUNDLAGEN UND PRINZIPIEN DER ANIMATION

<u>Animationskartei/Handbuch</u>: Es besteht jetzt die Möglichkeit, diese inszenatorischen Anweisungen in Form von großformatigen Karteikarten anzulegen, um damit eine Animationskartei aufzubauen. Eine andere Möglichkeit ist eine Loseblattsammlung in einem Aktenordner. Dabei entsteht ein sogenanntes „Animations-Handbuch".[47]

Die Anlage einer Animationskartei bzw. eines Animationshandbuches erleichtert die Planung für zukünftige Programmschemata bzw. Drehbücher, ermöglicht Variationen, Ergänzungen und neuartige Kombinationen.

Sie stellt gleichzeitig eine unschätzbare Sammlung des Animations-Know-how dar; vor allem zur Weitergabe an neue oder jüngere KollegInnen.

Die wesentlichen Gesichtspunkte für die Zusammenstellung eines solchen Drehbuches sind folgende:

- Programmplanung für etwa 3 Wochen;
- Wiederholung und Abwechslung von Großveranstaltungen;
- Höhepunkte (z.B. ein- oder zweimal wöchentlich);
- Pausen, ruhigere Tage;
- Abgrenzung von Aktivitäts- und Ruhezonen im Gelände;
- Veranstaltungen für spezielle Teilgruppen von Gästen;
- Veranstaltungen für große Gästezahlen.

Diese Andeutungen hier zeigen bereits, daß die Durchführung von Animationsprogrammen ein erhebliches Maß von Planung und Überlegung erfordern.

Vor allen Dingen bei Programmen, bei denen die Animateure selbst stark integriert sind, muß unter Umständen die Form des Angebots und die Art der Durchführung in jedem einzelnen Fall durchdacht werden.

Diese sorgfältige Planung zwingt sämtliche Beteiligten, die Animateure selbst, und auch alle anderen Abteilungen oder alle anderen Personen, die im weitesten Sinne an der Planung und Durchführung des Programms beteiligt sind, zur Koordination und Organisation, nicht nur der materiellen Seite der Animation, sondern auch vor allem des personellen Sektors. Dieser Gesichtspunkt sollte unter keinen Umständen unterschätzt werden.

Hier läßt sich die Animation als ein integriertes System installieren:

- Schulung und Führung der Animateure,
- Abgrenzung von Funktion und Kompetenz im Bereich des Urlaubsgeschehens,
- regelmäßige Teambesprechungen innerhalb der Animationsequipe auf der einen Seite und
- mit allen betroffenen Servicestellen auf der anderen Seite

---

[47] Ein typisches Beispiel für derartige Handbuchseiten ist die stichwortartige Beschreibung des Programmes „Rallye"; siehe Kapitel IV., Seite 151 ff

werden auf diese Weise institutionalisiert und ihre Einhaltung damit auch besser kontrolliert.

Darüber hinaus sollte eine möglichst intensive Auswertung nach jeder Veranstaltung und wenn nötig, mit anderen entsprechenden Personen außerhalb des Animationsbereichs, zur Regel gemacht werden. Damit wird einerseits die selbstkritische Einschätzung der geleisteten Arbeit ermöglicht, auf der anderen Seite werden diese Auswertungssitzungen zur Quelle neuerlicher Motivation und gleichzeitig zur Brutstätte neuer Ideen, der Innovation.

Für die Auswertung von Animationsveranstaltungen sind verschiedene Fragestellungen vorstellbar. Wir stellen hier ein mögliches Raster dieser Auswertung vor:

1. Wer wurde angesprochen?
2. Was wurde von dem, was man erreichen wollte, geschafft?
3. Welche Fehler wurden von den Animateuren gemacht?
4. Welche Fehler wurden vom anderen Personal gemacht?
5. Welche Fehler sind ortsspezifisch?
6. Der besondere Charakter der Veranstaltung?
7. Reaktionen der Gäste?
8. Wiederholung?
9. Änderungen?
10. Fazit und Konsequenzen?

Die wesentlichen organisatorischen Elemente der Animation im Urlaub sind also

- Präzise Planung,
- allseitige Kooperation,
- Teamarbeit und
- laufende kritische Auswertung.

## e) Ökonomische Prinzipien der Animation

In Anbetracht der außerordentlich unterschiedlichen wirtschaftlichen Verhältnisse in den verschiedensten Bereichen des Fremdenverkehrs ist hier eine allgemeine Aussage über wirtschaftliche und ökonomische Gesichtspunkte im Zusammenhang mit der Animation nur schwer möglich. Wir beschränken uns im Rahmen dieser Studie auf zwei grundlegende Hinweise:

### *Animation als Investition*

Wir definieren Animation als eine mittelfristige Investition in einem service-intensiven Bereich zugunsten der Gäste.

Dieser Investitionsgesichtspunkt ist unabhängig davon, wer der eigentliche Träger der Animation ist, also z.B. ein Reiseveranstalter, eine Hotelgesellschaft, ein Fremdenverkehrsort oder neutrale Träger (Kirchen, Gewerkschaften).

Es muß außerdem betont werden, daß Animation in diesem Sinne eine indirekte Investition ist, die nicht sofort und nicht direkt mit wirtschaftlichen Ertragssteigerungen zu korrellieren ist. Anders ausgedrückt: Animation muß zunächst einmal als eine Investition betrachtet werden, von der kurzfristig und in erster Linie ausschließlich die Gäste profitieren.

Ihr Effekt ist aber mittelfristig gesehen folgender:

Wenn es gelingt, mit Investitionen auf dem Animationssektor die Gästezufriedenheit zu erhöhen und die Werbe-und Marketingmöglichkeiten zu verbessern (Mundpropaganda), dann sind längerfristig auf drei Ebenen wirtschaftliche Erfolge meßbar.

1. Erhöhung der Nebenumsätze. Wenn die Atmosphäre in einem Fremdenverkehrsort, in einem Hotel, in einem Bungalowdorf gut ist, wird mehr verzehrt. An der Bar, wo die Stimmung „stimmt", wird mehr getrunken, die Gäste gehen nicht so frühzeitig ins Bett.

2. Die Zahl der Stammgäste steigt, denn nur zufriedene Gäste werden Stammgäste und sie erzählen es anderen. Und Stammgäste wiederum sind nach wie vor das Kriterium für Qualität und Erfolg eines Wirtschaftsunternehmens im Service- und Dienstleistungsbereich.

3. Durch zusätzliche PR- und Werbemöglichkeiten ist auch die Attraktivität des Angebots merkbar zu verbessern. Untersuchungen aus der Werbewirtschaft belegen, daß ein großer Teil der Urlaubsentscheidung auf der Basis von Mundpropaganda, von Berichten und Erzählungen, aus dem Freundes-, Bekannten- und Arbeitskollegenkreis entstehen. Zufriedene Gäste, die Animation positiv erlebt haben, werden damit zu einem außerordentlich wichtigen Werbeträger[48] und Entscheidungshelfer für die Urlaubsentscheidung anderer. Dieser langfristige Effekt der Animation wird meist unterschätzt, denn er verbessert und sichert auch in Zukunft die Durchschnittsbelegung eines Hotels oder Ferienzentrums.

Diese Investitionsgesichtspunkte müssen in allen Bereichen eines Unternehmens, welches sich entschließt, Animation in sein Serviceangebot aufzunehmen, einwandfrei verstanden werden. Am Beispiel eines Hotels bedeutet das, daß der Hoteldirektor und die Abteilungsleiter der einzelnen Betriebsabteilungen sich über die Wichtigkeit der Animation als mittelfristige Investition eindeutig im klaren sein müssen.

Im gleichen Sinne gilt für die Animation, daß es sinnlos ist, an der falschen Stelle zu sparen, in der Hoffnung, den gleichen Erfolg wie mit vollem Engagement erzielen zu können. Animation ist kein „Trouble-shooter" für schlechte Belegung, schlechte Barumsätze und schlechtes Image. Eine mehr oder minder halbherzige

---

[48] Die Hotel-Pension „Gemma" im Kleinen Walsertal hatte am 18. Januar 2000 (im sog. „Jännerloch") das Haus vollbelegt und erreichte im Winter 2001/2002 eine durchschnittliche Auslastung von über 80%. Grund: Mundpropaganda durch Stammgäste, die die herzliche, persönliche Gastfreundschaft und die vielen Animationsaktivitäten des Besitzers Klaus Peter und seiner Mitarbeiter so hoch schätzen. URL: www.gemma.at

e) Ökonomische Prinzipien der Animation

Investition in diesem Dienstleistungsbereich führt mit aller Wahrscheinlichkeit zum Mißerfolg und macht die unter Umständen richtigen Ansätze erst recht fragwürdig.

Zusammenfassend heißt das:

Animation im Urlaub ist von seiten des Leistungsträgers her als langfristige und konsequente Investition in „sein Produkt" anzusehen. Nur damit kann sich ein Erfolg durch Verbesserung der Gästezufriedenheit und der prozentualen Gästebelegung insgesamt sowie der Erhöhung der Zahl der Stammgäste (d.h. also der Zahl der Gäste, die ein zweites und drittes Mal im gleichen Objekt ihren Urlaub verbringen) einstellen.

*Finanzierung der Animation*

Das Verständnis der Animation als mittel- oder sogar langfristige Investition ermöglicht ganz bestimmte Folgerungen für ihre Finanzierung. Dabei ergeben sich fünf mehr oder minder miteinander zusammenhängende Möglichkeiten:

1. Finanzierung im Rahmen der Gesamtinvestition (Bau und Einrichtung) eines Ferienprojektes. Hierbei soll besonders daran erinnert werden, daß die Animationsplanung im Idealfall die gesamte Bau- und Raumplanung eines Ferienprojektes einschließen soll (siehe „Planerische Prinzipien der Animation"), womit sich die Möglichkeit ergibt, sämtliche nur denkbaren Installationen, Einrichtungen und vorhersehbare Notwendigkeiten der Animation bereits in die Gesamtfinanzierung eines Urlaubsprojektes einzubeziehen, genauso wie sonstige Gebäudeeinrichtungen, Technik und andere Anlagen.

2. Eine weitere Möglichkeit der Finanzierung steht im Rahmen des Marketing- und Werbeetats bzw. des PR-Budgets zur Verfügung. Da Animation im weitesten Sinne (durch ihre Auswirkung) zum Werbemittel werden kann, ist eine zumindest teilweise Finanzierung aus den Mitteln, die für Marketing, Werbe- und PR-Maßnahmen zur Verfügung stehen, durchaus denkbar.

3. Die am weitesten verbreitete Form der Finanzierung ist die Einbindung der Animation in die allgemeine Preiskalkulation für Serviceleistungen. Der Aufwand für das Animationspersonal wird in das allgemeine Personalbudget eines Urlaubsprojektes einkalkuliert.
Die laufenden Kosten der Animationsprogramme lassen sich – am Beispiel eines Hotels – in einen bestimmten Prozentsatz des Bruttopreises für den Aufenthalt der Gäste kalkulieren. Die Kosten für Ersatzbedarf an Groß-und Kleininventar werden genauso kalkuliert wie für alle anderen Betriebsabteilungen (z.B. Küche, Service, Verwaltung) auch. Unter diesem Gesichtspunkt ist also die Animation ein kalkulatorischer Faktor genauso wie Verpflegung, Unterbringung oder Personalkosten, der in der Gesamtkalkulation des Verkaufspreises seinen Niederschlag findet.

4. Eine weitere Möglichkeit der Finanzierung besteht in Form der Kooperation mit Subunternehmern: Am besten ist dies am Beispiel von Spezialangeboten im Animationsbereich zu zeigen, z.B. einer Tauchschule bzw. Segelschule, wo durch den Subkontrakt das gesamte Animationsprogramm, Tauchen bzw. Se-

geln, einem Spezialunternehmen übertragen wird, welches mehr oder minder exklusiv Gästen des Ferienzentrums, Hotels, o.ä. zur Verfügung steht. Dabei sind sowohl die Personalkosten, die Probleme der Personalbeschaffung als auch die Materialkosten in Form von vorab vereinbarten Pauschalen gegenüber dem Subunternehmer abzurechnen und werden aus laufenden Einnahmen von seiten der Gäste finanziert, ohne für das Dienstleistungsunternehmen selbst Investitionsmittel zu binden. Es ist heutzutage durchaus üblich, daß ein Hotel am Mittelmeer gegen einen festen Pauschalpreis seinen Gästen sozusagen exklusiv die Leistungen einer örtlichen Tauch- oder Segelschule anbietet, womit die Teilnehmergebühren für diese Wassersportprogramme in der Kalkulation des Hotels lediglich als durchlaufende Posten auftauchen, aber nicht unnötige Liquidität für Investition und Betrieb binden. Ein hervorragendes Beispiel sind viele Tennisschulen; in vielen anderen Sportbereichen in der Ferienhotellerie in zahlreichen Ländern Europas z.B. das Schweizer Spezialunternehmen „Club Intersport".

5. Die letzte Möglichkeit der Finanzierung ist die Form der <u>Direktfinanzierung</u> durch Teilnehmerbeiträge von seiten der Gäste. Dieser Weg wird insbesondere bei speziellen Aktivitäten beschritten, wie z.B. Reiten oder bei besonderen Anlässen, wie Ausflügen oder Picknicks. Selbst beim Club Mediterranée, wo generell alle Leistungen im kalkulierten Aufenthaltspreis eingeschlossen sind, wird in einigen Clubs beispielsweise für besonders teure Sportarten wie Reiten ein zusätzliches Entgelt bzw. eine Gebühr erhoben, die spezielle Investition und Service in direkter Form durch Teilnahmebeiträge der Gäste refinanziert.

Je nach den Gegebenheiten des einzelnen Urlaubsprojektes wird im allgemeinen keine der hier vorgeschlagenen Finanzierungsmöglichkeiten isoliert genutzt werden können, sondern vielmehr werden fast immer die unterschiedlichsten Mischformen angewandt, um die notwendigen Investitionen und auch die direkten und laufenden Kosten für die Animation abzudecken.

Es ist aber zu beobachten, daß eine Trübung der Urlaubsfreude allein dadurch eintritt, daß die Gäste gezwungen sind, aus den verschiedensten Anlässen heraus immer wieder Gebühren zusätzlich bezahlen zu müssen („*hier muß man ja dauernd und für alles bezahlen*"). Die Entscheidung, ob man für die eine oder andere Aktivität Geld auszugeben bereit ist oder nicht, stellt Gäste vor finanzielle Probleme der Auswahl, die an und für sich den ursprünglichen Zielen der Animation zuwiderlaufen. Das erklärt zum Teil die außerordentlichen Erfolge von „All-Inclusive"-Angeboten.

Die hier gegebenen Hinweise sollten genügen, um entsprechende Finanzierungsmodelle frühzeitig in die Gesamtplanung einzubeziehen und bei der Realisierung der Animationsprogramme zu berücksichtigen.

## f) Didaktik der Animation

Wie schon an mehreren Stellen dieser Studie bekräftigt, ist Animation im Urlaub kein Selbstzweck, sondern einzig und allein auf die Bedürfnisse und Wünsche der

## f) Didaktik der Animation

Gäste ausgerichtet; und auf ihre Befriedigung im Sinne einer Intensivierung des Urlaubserlebnisses.

Unter dieser Voraussetzung wird hier ganz bewußt der Begriff „Didaktik" benutzt, da als erstrebenswertes Ziel der Animation der Wert für den Gast **während** seines Urlaubs zu sehen ist. Eine indirekte Bestätigung für diese Haltung findet sich bei Harald Michels[49], der über eine kritische Analyse eines anderen Autors[50] schreibt: „*die Analyse dieser spaßbezogenen Kommunikation und Animation im Clubtourismus skizziert anschaulich die Konstruktionsbedingungen dieser „Gegenwelt" zum Alltag, in der Animation in den Dienst der Nachfrage nach Expressivität, Spontanität, Fröhlichkeit, Unbeschwertheit und Körperlichkeit gestellt wird.*"

Die durch die Animation ausgelösten Lernprozesse, die nach unserer Erfahrung durchaus noch in das Freizeitverhalten auch im Alltagsbereich (Tagesfreizeit, Wochenendfreizeit) hineinwirken, werden hier als positive Prozesse der Urlaubsanimation aufgefaßt, im größeren Rahmen der soziokulturellen Animation.

Darum hier noch ein Hinweis auf erfolgreich praktizierte Methoden und Möglichkeiten didaktischer Art für die Verwirklichung in der Animation im Urlaub:

- Aktive Kontaktaufnahme
- Freiwilligkeit
- Wahlmöglichkeit
- Nachahmung
- Talentsuche
- Verbündete
- Ritualisierung

**Aktive Kontaktaufnahme**

Animation baut auf dem engen Kontakt zu Gästen auf. Viele junge Animateure, aber auch Hoteliers und andere Servicemitarbeiter, stehen jedoch oft vor der zunächst trivial erscheinenden Frage „Wie stelle ich eigentlich diese Kontakte her? Wie mache ich das konkret und praktisch?". Behilflich dabei sind die bereits erwähnten Seiten eines „Animationshandbuches", welche praktische Arbeitsanleitungen für alle denkbaren Bereiche enthalten, also nicht nur Programm- und Organisationsanleitungen, sondern auch Hinweise für grundlegende Verhaltensweisen.

---

[49] Michels, Harald: „Animation im Freizeitsport", Rekonstruktion und Analyse freizeit- und sportwissenschaftlicher Theoriebildung, Edition Sport und Freizeit, Band 5, Meyer & Meyer Verlag, Aachen 1996, Seite 201 (Übrigens ein wissenschaftlich-analytisches Buch, keine Anleitung zur Sport-Animation, wie der eher reißerische Verlags-Titel vermuten läßt!)

[50] Bette, Karl-Heinrich: „Körperspuren," Zur Semantik und Paradoxie moderner Körperlichkeit, Habilitationsschrift an der Deutschen Sporthochschule Köln, Verlag de Gruyter, Berlin 1989

Der Anschaulichkeit halber zitieren wir hier aus den entsprechenden Arbeitsunterlagen für Animateure im Hotel:[51]

## KONTAKT

*Wir wiederholen: Animation im Urlaub ist kein Selbstzweck, sondern sie ist ein Ziel; auf die Bedürfnisse und Wünsche der Gäste im Sinne einer Intensivierung des Urlaubserlebnisses ausgerichtet.*

*Eines der Hauptbedürfnisse unserer Gäste ist* **KONTAKT**; *doch auch für viele Menschen im Urlaub am schwierigsten zu verwirklichen.*

*Damit ist die Herstellung von Kontakten das Hauptanliegen der Animation. Das Ziel der Animationsarbeit ist es, diese Kontaktbedürfnisse zu akzeptieren und die entsprechenden Programme zu realisieren. Diesem Ziel ordnen sich die kommunikationsorientierten Animationsaktivitäten unter.*

*Stellen Sie sich immer wieder folgende Fragen:*
- *Welche Art von Gästen haben wir?*
- *Welche Bedürfnisse haben diese Gäste?*

*Bemühen Sie sich immer wieder darum, diese Bedürfnisse herauszufinden.*

*Die Grundbedürfnisse unserer Gäste sind:*
- *Ruhe und Erholung*
- *Kontakt („Neue, nette Menschen kennenlernen")*
- *Freizügigkeit*
- *Anerkennung*

*Sie haben aktive und passive Gäste. Bei den aktiven Gästen müssen Sie evtl. eingreifen: Bereitschaft steuern, Kontakte lenken. Bei den passiven Gästen müssen Sie als Animateur mit Sicherheit aktiv werden: Bereitschaft wecken, Kontakte schließen, Ermutigung geben, Erfolgserlebnisse vermitteln.*

1. *Aktive Kontaktaufnahme (auf den Gast zugehen)*
2. *Offen, freundlich, herzlich, Lächeln*
3. *Blickverbindung, Lächeln:*
   *„Prinzip der unbegrenzten Freundlichkeit"*
4. *Sich selbst vorstellen („Ich bin ...; Ich heiße ...")*
5. *Verhalten, Position (Exponierung, Beispielfunktion)*
6. *Kleidung, äußere Erscheinung*
7. *Ruhe, Sicherheit, Gelassenheit*

---

[51] Schulungsunterlagen von *„animation consult"*

## f) Didaktik der Animation

*KONTAKT-SCHRITTE*

*Die Kontaktaufnahme von seiten der Animateure geht in einer Anzahl von Kontakt- Schritten vor sich, die wir hier darstellen. Die Kontaktaufnahme ist demnach kein einmaliger Prozeß, sondern eine andauernde, schrittweise Annäherung an immer neue Gäste:*

* *Vorstellung: „Ich heiße Helga", „Ich bin ..."*
* *Angebot, Einladung, Aufforderung: „Wir haben für Sie vorbereitet; wenn Sie Lust haben, machen Sie mit; wir laden Sie ein, teilzunehmen".*
* *Zur Verfügung stellen: Service-Angebot „Wir sind für Sie da! Sie stören uns nicht!"*
* *Freundlichkeit: Gruß, Frage, Wunsch – Herzlichkeit, von Herzen kommend; dem Gast zeigen, daß man ihn mag – Sympathie. Die Haltung der „unbegrenzten Freundlichkeit" muß zur Gewohnheit eines jeden Animateurs werden.*
* *Gastgeber: Zu einem Rundgang einladen, dem Gast das Gefühl geben, er ist willkommen, er ist zu Hause.*
* *Auf den Gast zugehen: auf Einzelgäste und Kleingruppen eingehen, sie direkt ansprechen, deren Schüchternheit und Kontaktschwelle ist höher als die des Animateurs.*
* *Nach allen Seiten offen sein: nicht durch Partner oder Cliquen blockiert sein, oder nur für bestimmte Gäste erreichbar !*
* *Zeit haben – sich Zeit nehmen: ein Animateur ist kein gehetzter Programm-Manager, sondern er ist in erster Linie als Person nur für die Gäste da, anwesend, erreichbar und ansprechbar. Entschuldigen Sie sich nie mit der Ausrede: „Ich habe im Moment keine Zeit", wenn ein Gast Sie anspricht.*
* *Ruhe ausstrahlen: ein nervöser, gehetzter Animateur wirkt unpassend, steckt evtl. andere mit seiner Unruhe an.*
* *Zuhören*
* *Verständnis zeigen, Sympathie zeigen; zeigen, daß man die Menschen mag.*
* *Helfen und um Hilfe bitten: „Helfen Sie uns, Ihren Urlaub netter zu gestalten."*
* *Etwas tun: nichts ist für den Gast auffallender als der Eindruck eines müden oder trägen Animateurs, der sich nicht in Bewegung setzt.*

## Wahlmöglichkeit

Wenn wir davon ausgehen, daß jeder Mensch, auch im Urlaub, eine ständige Flut von Impulsen, Anregungen, Nachahmungsbeispielen und Informationen benötigt und erwartet, dann ist es das legitime Recht der Animation, diese Impulse zu liefern. Anders ausgedrückt: Animation sollte stets ein vielfältiges Angebot vorstellen, das dem Gast auch tatsächlich die Möglichkeit zur Wahl gestattet. Dazu gehören besonders auch Alternativprogramme und Angebote für Minderheiten bzw. spezielle Interessengruppen unter den Gästen.

Die Wahlmöglichkeit schließt vor allen Dingen auch die Nichtbeteiligung ein; d.h., Animation akzeptiert, daß der Urlauber auch die Inaktivität wählt. Müller und Wiechmann[52] haben das so ausgedrückt:

*„Animation toleriert ein Minimum an Kontinuität der Teilnahme und akzeptiert bewußt die Bedürfnis- und Motivations-Diffusität der Urlauber."*

## Freiwilligkeit

Ein weiteres wesentliches didaktisches Prinzip der Animation ist die Respektierung der Freiwilligkeit, der Freiheit des Individuums und der Unabhängigkeit seiner Entscheidungen. Das bedeutet in der Praxis: Animation ist niemals aufdringlich, nötigt nichts auf, sondern macht im Grunde „offene" Angebote. Der Gast kann entscheiden, ob er und wann er ein Fahrrad mieten, einen Tennisplatz belegen will. Er kann seinen Urlaubstag individuell gestalten. Auch das ist ein Teil der Urlaubsfreiheit.

Der schon mehrfach zitierte Ch. Hermelin schreibt dazu:[53]

*„Die Animation trägt zum Erfolg des Urlaubs vor allen Dingen auch dadurch bei, daß sie nicht die Freiheit des Individuums und die Unabhängigkeit der Entscheidung beeinträchtigt. Ein Animateur sollte sich vor allen Formen der Druckausübung hüten, um die Gäste zur Teilnahme an irgendwelchen Abendveranstaltungen oder organisierten Programmen zu veranlassen. Er sollte ganz besonders mißtrauisch sein gegenüber wortreichen Überredungsversuchen, denn durch seine Position und seine Aufgabe übt er bereits genügend Einfluß und Beeinflussung aus."*

Unserer Meinung nach ist es allerdings durchaus legitim, wenn die Animation sich bestimmter didaktischer Hilfsmittel bedient, um z.B. den Urlaubern zu helfen, ihre eigenen Interessen, Motive und Bedürfnisse überhaupt erst bewußt zu erleben. Dazu gehören Anreize, wie Neugier oder Wettbewerb oder die Aussicht, im Rahmen eines Spieles einen Preis zu gewinnen und dergl. mehr. Unserer Meinung nach ist durch diese Mittel die Freizügigkeit, die Freiheit der Entscheidung im Urlaub im Prinzip nicht eingeschränkt. In dem Thesenpapier von Müller und

---

[52] Thesenpapier zum Gemeinschaftsreferat auf dem 2. Deutschen Freizeitkongreß, Dezember 1970 in: „Der Freizeitberater", Walter Rau Verlag, Düsseldorf 1973, Seite 131

[53] Hermelin, a.a.O., Seite 32

## f) Didaktik der Animation

Wiechmann wird diese Tendenz als „*Maximum an einladender Ermutigung*" bezeichnet.

Zur Freiwilligkeit als grundlegendes Prinzip gehört auch die Tatsache, daß der Animateur die Bedürfnis- und Motivations-Diffusität seiner Urlaubsgäste als Tatsache akzeptiert. In den Bereich dieser Vielfalt an Bedürfnissen und Motivationen gehört grundsätzlich auch der Wunsch nach Ruhe, nach Passivität, nach Nichtstun. Diese Akzeptanz von seiten des Animateurs heißt auch, daß er aus der Nichtteilnahme keine Enttäuschung oder innerliche Wutreaktion („diese trägen Gäste!") gegenüber passiven Gästen aufkommen läßt.

Geringe Gästeresonanz, geringe Teilnehmerzahlen sind meist ein Zeichen unzureichender oder falsch geplanter Animationsangebote (z.B. einfach nur die falsche Tageszeit), mangelnder „ermutigender Aufforderung" durch den Animateur. Es fehlt oft nur die persönliche Identifikation des Animateurs mit seinem eigenen Programm. „Es kommt doch niemand" darf für keinen Animateur die Entschuldigung für den Ausfall eines Programmes sein.

Animation sollte – wie beschrieben – auch zur Ruhe, zur Besinnung anleiten und neben den Zonen der Aktivität im Urlaub gleichzeitig Zonen der Ruhe, der Inaktivität, der Besinnung schaffen, wie z.B. durch Joga-Kurse, Gesprächsabende, usw. Damit erhält die Animation einen ambivalenten Charakter. Diese Ambivalenz stellt keinen Widerspruch dar zwischen unserer Forderung, daß Animation auch zur Ruhe führen soll und andererseits ihrem von uns definierten Wesen, nämlich Anregung zu sein.

**Nachahmung**

Zu den didaktischen Prinzipien der Animation gehört die Nutzung des Nachahmungstriebes. Gewisse Formen der Animation, vor allen Dingen aus dem Bereich der Bewegung, aber auch aus dem Bereich des Abenteuers, sind von ihrem informatorischen Reiz her zunächst nicht geeignet, größere Gästezahlen in das Programmangebot mit einzubeziehen. Das gilt insbesondere für neuartige Aktivitäten. Bei solchen Gelegenheiten ist die Nutzung des Nachahmungstriebes eine durchaus geeignete Lösung: Die Animateure selbst unternehmen etwas und erzählen bei ihren Kontakten mit den Gästen darüber.

Oder die Animateure veranstalten im kleinen Kreis ein Programm, welches von anderen Gästen beobachtet werden kann und erreichen damit, daß der Nachahmungstrieb – auch im Sinne der Stilbildung – geweckt wird. Die Gäste sehen, wie man z.B. im Schatten der Bäume nachmittags auf der Liegewiese eine Hängematte improvisiert, wie man ein lustiges Gymnastikprogramm im flachen Wasser am Strand durchführt, wie im Wasser Pyramiden gebaut oder Hahnenkämpfe ausgetragen werden oder auch nur, wie man in der Landessprache einen Kaffee bestellt. Einige Gäste versuchen, diese Dinge dann selbst zu tun.

Animation kann also in gewissen Fällen auch in beispielhaftem Vormachen bestehen, in stilbildendem Verhalten bei ganz bestimmten Situationen und damit den Nachahmungstrieb der beobachtenden Gäste wecken und eine Form der Anregung geben, die wirkt, ohne sich direkt an bestimmte, individuelle Gäste zu wenden.

**Talentsuche und Verbündete**

Die Technik der Talentsuche kann ebenfalls eine Form der Animationsdidaktik sein:

Durch gezielte Informationen an die Gäste, durch Rückfragen und Gespräche mit den Gästen lassen sich gleich zu Beginn des Urlaubs

- eine Reihe von Interessengruppen bilden,
- die aufgrund ihrer übereinstimmenden Wünsche in bezug auf ein spezielles Hobby oder
- auf eine bestimmte Form der Geselligkeit („Wer tanzt gerne?")

für entsprechende Animationsangebote sehr viel leichter ansprechbar sind, als Gäste, deren Interessen dem Animateur noch unbekannt sind.

Darüber hinaus bilden sie evtl. als Folgewirkung möglicherweise Kerngruppen, die von sich aus Animationsinitiativen realisieren und damit wiederum andere Gäste zum Mittun und Miterleben anregen (gute Beispiele dafür sind Tenniscliquen, Kartenspielgruppen oder Interessengruppen von Wanderern, usw.).

Mit der Talentsuche hängt die Suche nach Verbündeten innerhalb der Gästegruppe zusammen. Unter der Voraussetzung, daß die Animationsequipe
über ein gesundes Maß an Binnenkontakten innerhalb der Urlaubsgäste verfügt, wird sich zwangsläufig – aufgrund ihrer exponierten Stellung und aufgrund der Attraktivität ihrer Funktion und Position – ein gewisser loser Kreis von „Fans" um das Animtionsteam scharen (besonders typisch dafür sind Teenager). Diese oft zu beobachtende, gruppendynamische Entwicklung ist an und für sich ein außerordentlich positiver Prozeß, solange einzelne Animateure nicht durch „Privat-Affairen" blockiert werden, die ihre Verfügbarkeit für die Gesamtzahl der Urlauber einzuschränken drohen oder gar unmöglich machen.

Diese lose Gruppe von „Fans" kann für die Animateure eine außerordentlich wichtige Funktion in der Realisierung von Animationsprogrammen haben, indem sie nämlich (aus den verschiedensten Motiven heraus) sehr viel eher bereit ist, aktiv mitzumachen, Programme zu beginnen, sich im Rahmen der angestrebten Aktivität unter die Gäste zu mischen und damit sozusagen einen „Multiplikatoren"-Effekt im Sinne des Animationsteams zu erzeugen: Das gilt im Grunde genommen für alle Formen von Animationsprogrammen, bei denen die aktive Partizipation der Gäste gefordert ist, im besonderen bieten sich in diesem Sinne vor allem aber die Programme der Sportanimation an: Der Tauchlehrer wird mit seinen Tauchschülern einen relativ engen Kontakt haben und damit auch zu anderen Anlässen, z.B. bei abendlicher Geselligkeit, eine Aktivgruppe bilden, die in der Lage ist, wiederum weitere Gäste zu informieren, anzuregen und mitzureißen.

Diese gruppendynamischen Vorgänge innerhalb von Urlaubergruppen sollten nach Möglichkeit durch die Animationsmitarbeiter genutzt werden, indem sie zu möglichst vielen verschiedenen Gruppierungen möglichst intensiven Kontakt halten. Durch diesen Kontakt mit den einzelnen Urlaubercliquen und -gruppierungen, d.h. also im relativ kleinen, überschaubaren Kreis, können Anregungen und Akti-

### f) Didaktik der Animation

vitäten leichter und direkter initiiert werden, die u.U. dann auf größere Urlaubergruppen bei entsprechenden Gelegenheiten übergreifen.

Zum Phänomen der Bildung derartiger Gruppen in der Urlaubswelt hat H. Raymond[54] interessante Beobachtungen beschrieben:

*"Aktivitäten mit starkem technischen Charakter fördern die Bildung von recht großen Gruppen, die hierarchisch geordnet sind nach dem Grad der Beherrschung der entsprechenden Freizeittechnik.*
*Die Technik hat also integrierenden Charakter, denn z.B. Segeln, Tauchen, Wasserski, können nicht ohne vorherige Schulung – in Gruppen – praktiziert werden. Man muß Geräte benutzen und gewisse Regeln und Methoden beachten. D.h. also, Technik und Integration sind zwei Variablen bei der Gruppenbildung auch im Urlaub. Sie beeinflussen auch die soziale Zusammensetzung der Gruppe, die die entsprechende Aktivität betreibt."*

*"In Palinuro[55] zieht der Segelsport Aktive und Neulinge an. Die Aktiven benutzen das Segelboot auch zu Hause in ihrer Freizeit während des Alltags. Die Neulinge segeln gewöhnlich nicht, fühlen sich aber durch die sozialen Beziehungen in der Seglergruppe angezogen: Die Technik, die Sprache, das Prestige. Diese beiden Gruppen (Neulinge und die Aktiven) unterscheiden sich ziemlich deutlich in der Sprache voneinander. Wir haben beobachtet, daß in der Gruppe der Segler die Aktiven ihre Unterhaltung mit Fachausdrücken aus der Seglersprache durchsetzen, während die Neulinge diese Ausdrücke zwar verstehen, sie aber selbst zunächst nicht benutzen. Nach und nach aber werden die Neulinge durch die Integration in diese Gruppe hoher technischer Aktivität ebenfalls zu Aktivisten. Ganz besonders deutlich läßt sich das bei den weiblichen Mitgliedern dieser Gruppe beobachten, die zunächst mehr oder minder wie „Dekorationsstücke" fungierten, nach und nach aber durch ihre aktive Teilnahme zu akzeptierten Mitgliedern der Seglergruppe wurden und sich auch die entsprechenden Ausdrücke in ihrem Sprachschatz während des Urlaubs aneigneten.*
*Es sind also die Aktivitäten mit hohem technischem Charakter, die zur Bildung von Gruppen aktiver Urlauber in besonderem Maße führen. Diese Aktivisten bilden die Basis der sozialen Strukturierung des Dorfes. Sie sind im Hinblick auf die Übereinstimmung ihres sozialen Lebens relativ homogen und bilden eine dominante Gruppe im Urlaubsbereich.*
*Wir haben diese Gruppen von Aktivisten als „Olympier" bezeichnet. Die soziale Funktion dieser „Olympier" ist es, als Akteure wahrgenommen zu werden. [...]*
*Diese „Olympier" sind das Zentrum der sozialen Aktivität des Clubdorfes. [...] Dieses soziale Zentrum ist jedem anderen Gast spontan zugänglich. Allerdings hat die spontane Zugänglichkeit nicht für jeden Gast den gleichen Sinn: Für die*

---

[54] Raymond, Henry: „Recherches sur un village de vacances", in: „Revue Française de Sociologie", Paris 1960
[55] Damals ein italienisches Dorf des Club Méditerranée, welches Raymond beschreibt.

*einen ist sie die Mitwirkung in einer Gruppe. Diese Gruppe nimmt den zentralen Raum, die ‚Szene', ein. Sie verarbeitet und verbreitet Nachrichten, sie wird gesehen. Für die anderen ist diese Gruppe lediglich ein Schauspiel, vielleicht auch eine Projektion. Die anderen Gäste sind relativ weit von dieser Gruppe entfernt, sie sind passiv, sie empfangen bestenfalls Nachrichten, sie assistieren."*

Dieses ausführliche Beispiel von Raymond zeigt die Mechanismen, die sich gerade bei der Ausführung von technischen Animationsprogrammen entwickeln und die von aufmerksamen Animateuren durchaus in anderen Animationsbereichen ebenfalls genutzt werden können:

Wenn es gelingt, eine größere Zahl verschiedenartiger Gruppen dieser Art zu initiieren, zu denen die Animateure gleichbleibend intensiven Kontakt haben sollten, dann bekommt das gesamte Urlaubsleben eine Struktur, die sehr stark von den aktiven Gästen geprägt ist, die die Realisation von Animationsprogrammen wesentlich erleichtert und die die Basis der Animation erheblich erweitert und verbreitet.

**Ritualisierung**

Als letzte der didaktischen Möglichkeiten für die Animation soll die Technik der Ritualisierung aufgeführt werden:

Wenn an anderen Stellen immer wieder von Urlaubsstil, von ausgeprägter Atmosphäre, von charakteristischem Klima am Ferienort gesprochen wird, dann besteht die Möglichkeit, mittels ganz bestimmter „Rituale" die Entstehung dieser Atmosphäre zu fördern.

Das klassische Beispiel für die Ritualisierung ist der polynesisch inspirierte Empfang der neuen Gäste in den Clubdörfern des Club Méditerranée: Jeder Gast erhält einen Blumenkranz über den Hals gestreift und von den bereits anwesenden Gästen mit lautstarker Fröhlichkeit ein Getränk als Begrüßungsschluck überreicht.

Auch an anderen, charakteristischen Punkten des Urlaubsgeschehens sind Möglichkeiten für die Ritualisierung des Urlaubsprogramms gegeben: Ausgehend von Anregungen aus dem Clubbereich sind sie inzwischen vielfach in die Ferienhotellerie aller Bereiche übernommen worden.

Je nach Phantasie und örtlichen Umständen lassen sich z.B. der Abschied von den abreisenden Gästen oder der Beginn bestimmter, regelmäßig wiederkehrender Veranstaltungen durch Rituale in ganz bestimmter Form urlaubsgemäß beeinflussen:

Der Charakter des Lustbetonten, Spielerischen, Alltagsfernen wird durch Ritualisierung sehr viel schneller erzeugt, als etwa durch andere Methoden der Animation. Darüber hinaus ermöglicht die Ritualisierung als „Kunstform", daß ganz bestimmte Elemente der traditionellen Umgangsformen innerhalb der Urlaubergesellschaft für einen kurzen Zeitraum nicht beachtet zu werden brauchen; z.B. wird man innerhalb des Hotels gegrüßt, auch von Personen, die man nicht kennt. Oder man kann jeden anderen Gast ansprechen, auch wenn man sich nicht offiziell vor-

## f) Didaktik der Animation

gestellt wurde, man kann die übrigen Urlauber sogar beim Vornamen anreden, wenn man diesen zufällig gehört hat und den Nachnamen nicht kennt. Dieser Kunstgriff – der allerdings vom Animateur außerordentlich geschickt gehandhabt werden muß – nämlich bestimmte Rituale einzuführen, erleichtert unter Umständen die Intensivierung von Kontaktmöglichkeiten und die schnellere Integration von unterschiedlichen Gästegruppen.

Christoph Hennig[56] widmet dem Thema „Tourismus und Ritual" ein ganzes separates Kapitel:

*Reisen, Ritual und religiöse Erfahrung stehen in einer systematischen Beziehung. Sie rührt aus dem Bruch mit dem gewöhnlichen Leben her, der gleichermaßen die Reise wie das spirituelle Erleben kennzeichnet. In beiden Formen wird der Alltag transzendiert und im Licht einer anderen Weltsicht neu interpretiert. Die Phasen der Übergangsrituale [...] lassen sich formal umstandslos auf das Reisen übertragen: Auf die Trennung folgen Übergang/Umwandlung und Wiedereingliederung. Vor allem in der Umwandlungsphase sind die Regeln des normalen Alltagsleben aufgehoben; oft geht sie mit einer physischen Trennung vom gewohnten Ambiente einher. Sie ist die Zeit der grundlegend anderen, das gewöhnliche Leben übersteigenden Erfahrung – ein Zwischenstadium jenseits der üblichen Rollen, Normen und Identitäten. Es stellt sich größere Nähe und Gleichheit ein als in der Normalwelt; Statussymbole verlieren ihre Bedeutung. In dieser Periode des Rituals sind die Menschen befreit von den üblichen Verpflichtungen; es werden Faktoren oder Elemente der Kultur auf vielfältige, oft groteske Weise neu kombiniert; die Menschen „spielen" mit den Elementen des Vertrauten und verfremden sie.*

*Zugleich übernehmen Urlaubsreisen, jedenfalls partiell, auch die soziale Funktion der Pilgerfahrten: die Umwandlung gewöhnlicher Regeln und gleichzeitig die Stärkung des Zusammenhalts durch gemeinsame Erfahrung. Sichtweisen und Impulse des Tourismus drücken den mächtigsten und verbreitetsten modernen Konsens aus: Über alle ideologischen und sozialen Differenzen hinweg sind Menschen sich darüber einig, was sehenswert ist und wie man sich angesichts des Sehenswerten verhält. Die Hierarchie der „Sights" – gleichzeitig eine Hierarchie kultureller Werte – und die gemeinsame Erfahrung des Reisens wirken sozial integrierend.*

*Die Parallelen von Ritual und Reise sind offenkundig. Trennung von der gewohnten Umgebung, neue Verhaltensregeln, Tendenz zu Nähe und Gleichheit, Schwächung der üblichen Identitäten, andere Anordnungen vertrauter Elemente – all diese Momente gehen mit dem Reisen in mehr oder minder ausgeprägter Form einher.*

---

[56] Hennig, Christoph: „Reiselust", Suhrkamp Taschenbuch, Suhrkamp Verlag Frankfurt 1999, Seite 78ff

Felizitas Romeiß-Stracke[57] beobachtet:

*„Die meisten Urlaube sind nichts anderes als ein Aufstellen und Abarbeiten solcher Rituale. [...] Zum Leben auf der Ski-Piste gehört der ritualisierte „Einkehr-Schwung". Allerdings ist nur die Besichtigung von Sehenswürdigkeiten ein sozial anerkanntes Urlaubs-Ritual, alle anderen gelten als banal. Man sollte nicht davor zurückschrecken, der Ritualbildung im Angebot ein wenig nachzuhelfen. Der Club Med hat das schon sehr früh erkannt: Der Club-Song, nach dem ein bestimmter Tanz von Gästen und GO's täglich mehrmals getanzt wird, ist ein verbreitetes Ritual, das sofort soziale Gegensätze schmälert und die Herzen verbindet. Auf CD mit nach Hause genommen, kann man das Ritual noch lange in Gedanken nachvollziehen."*

---

[57] Romeiß-Stracke, Felizitas: „Vom Urlaubs-Traum zum Traum-Urlaub: die Traumfabrik Tourismus" in: Der Tourismusmarkt von morgen – zwischen Preispolitik und Kultkonsum, ETI-Texte Heft 10, Europäisches Tourismus Institut Trier 1996

# VII. SYSTEMBESCHREIBUNGEN – BEISPIELE REALISIERTER ANIMATION

## 1. Vorbemerkung

Nachdem die inhaltlichen Bereiche sowie die Prinzipien und Grundlagen der Animation im Urlaub beschrieben wurden, folgen hier einige Beispiele der realen Umsetzung dieser Animation, die ja im heutigen Tourismus an zahlreichen, sehr unterschiedlichen Stellen geschieht.

Die Beispiele, die einerseits die Breite von realisierten Animationskonzepten zeigen, sind durch ihren Modellcharakter andererseits auch übertragbar auf ähnliche Betriebsformen oder Fremdenverkehrsorte.

## 2. Fremdenverkehrsorte

### a) Kurort Lage-Hörste

Die Situation des staatlich anerkannten Luftkurortes Lage-Hörste in Ost-Westfalen ist charakteristisch für die generelle Situation im deutschen Fremdenverkehr, insbesondere im Kurbereich nach der Gesundheitsreform, die Konzeption zeigt aber, welche Möglichkeiten bestehen, durch Animation neue Gäste zu gewinnen.[1]

**Vorbemerkung:**
Seit dem Anfang der 90er Jahre wird von einer „Krise" der Kur- und Erholungsorte gesprochen. Diese Krise erweist sich immer mehr als eine „Gästekrise". Der Grund: Der touristische Sektor hat einen grundlegenden Wandel vom Verkäufermarkt zum Käufermarkt erfahren. Eine erste Analyse dieses Problems macht deutlich, daß die Gewinnung neuer Gästegruppen nur mit einem veränderten Kurkonzept für Kur- und Erholungsorte erfolgen kann. Kernstück dieses neuen Konzeptes ist die „Gästebetreuung".

Das alte, traditionelle Kurkonzept war vor allem allzu ausschließlich auf die Therapie abgestellt.

Ein neues, an der Gästebetreuung orientiertes Konzept, muß dagegen viel stärker die Freizeit- und Kulturbedürfnisse der Gäste sowie auch der Einheimischen berücksichtigen.

Gesundheitsförderung und Freizeitaktivierung, Kur und Kultur müssen eine neue Verbindung eingehen. „Gästebetreuung" als Freizeitaktivierung und kreatives Gestalten, als Freizeitpädagogik und Kulturarbeit erhält in diesem neuen Konzept eine zentrale Bedeutung.

---

[1] Wir verdanken diese Unterlagen Wolfgang Thevis, dem Leiter des Fremdenverkehrsamtes der Stadt Lage.

**Definition der Gästebetreuung:**

Unter Gästebetreuung sollen alle Aktivitäten für Gäste von seiten eines Kur- und Erholungsortes verstanden werden, die über Unterkunft, Verpflegung und Therapie (im engeren medizinischen Sinne) hinausgehen.

Unter ökonomischen Aspekten dient die Gästebetreuung der Sicherung der Belegung und der möglichen Vergrößerung der Anzahl der Gäste. Dadurch sollen die Gesamteinnahmen eines Ortes erhalten oder vermehrt werden. Gästebetreuung dient somit auch der Existenzsicherung der Ortsbewohner, der Erhaltung bzw. Schaffung von Arbeitsplätzen. Da die Gästebetreuung ein Teilprodukt des ökonomischen „Betriebes Kurort" darstellt, muß sie sich auch an den Kriterien des ökonomischen Erfolges messen lassen, d.h. Modelle der Gästebetreuung müssen auch einen ökonomischen Erfolg haben.

Zugleich ist an die Gästebetreuung auch ein qualitativer Anspruch zu stellen, d.h. eine möglichst hohe Qualität muß kostengünstig anzubieten sein.

**Interessengruppen:**

Es ist davon auszugehen, daß in einem Kur- und Erholungsort unterschiedliche Gruppen mit unterschiedlichen Interessen existieren. Dieses breite Interessenspektrum beeinflußt natürlicherweise die Zielbestimmung, die Zielgruppenauswahl und damit auch die Struktur der Gästebetreuung.

Zu den Interessengruppen gehören: Einwohner, Vermieter (Pensionen, Gastwirte), Kurverwaltung und Verkehrsamt, Fremdenverkehrsverein, kulturelle Gruppen, Vereine und Verbände (Sport, Musik, Landschaft, Geschichte, usw.), Versicherungsträger, Gästebetreuer u.a.

**Modellprojekt im Luftkurort Lage-Hörste**

Zur Entwicklung eines geeigneten Kurkonzeptes mit dem Schwerpunkt der „Gästebetreuung" wurde bereits im Jahre 1983 von der Stadt Lage, gemeinsam mit der Universität Bielefeld, ein Projekt mit folgenden Zielen durchgeführt:

1. Erhöhung des Freizeitwertes und der Attraktivität des Ortes
2. Vergrößerung der Zufriedenheit sowohl von Gästen als auch von Einwohnern
3. Zunahme der Übernachtungen (d.h. Erhöhung der Gästezahl und Verlängerung der durchschnittlichen Aufenthaltsdauer)

Ein wichtiges Ergebnis einer Vorstudie war, daß nur durch eine Verbesserung der Gästebetreuung die obigen Ziele erreichbar sind. Dazu gehört insbesondere die Differenzierung des Programmangebotes durch:

- Öffnung des „Haus des Gastes" auch in den Abendstunden und am Wochenende
- Erweiterung des Kreativangebotes
- Einbeziehung von Tagungsteilnehmern und Tagungen
- Kooperation mit den örtlichen Vereinen, Verbänden und Institutionen
- Stärkere Beteiligung von Einwohnern als Teilnehmer und Anbieter

## 2. Fremdenverkehrsorte

- Erweiterung der Altersstruktur, z.B. durch Kinder- oder Jugendprogramme
- Aktivierung der umliegenden Grünflächen

Seit 1984 wurde ein Freizeitpädagoge ganzjährig eingestellt, um diese Ergebnisse umzusetzen.

**Das Freizeitprogramm:**

Diesem Programm liegen folgende Überlegungen zugrunde:

1. Die Attraktivität des Luftkurortes Hörste für Gäste sowie sein Freizeitwert für die Bewohner kann durch eine quanitative wie qualitative Entwicklung der Freizeitgestaltung und Gästebetreuung erhöht werden.
2. Neue Modelle der Freizeitgestaltung können (ebenfalls) der Entwicklung der Gästebetreuung dienen.
3. Neue Modelle der Freizeitgestaltung können insbesondere über das „Haus des Gastes" eingeführt werden.
4. Für Freizeitangebote im „Haus des Gastes" ist von fünf potentiellen Teilnehmergruppen auszugehen:
   a. Erholungsuchende, die in Hörste für längere Zeit ihren Urlaub verbringen (mindestens 2 Tage bis zu 4 Wochen)
   b. Tagungsgäste
   c. Tagesgäste und Bewohner umliegender Ortschaften (Ausflügler)
   d. Wochenendgäste
   e. Bewohner des Ortes
5. Durch Freizeitangebote im „Haus des Gastes" können sowohl Gäste als auch Einwohner des Ortes angesprochen werden.
6. Durch Freizeitangebote kann die Zufriedenheit sowohl der Gäste als auch der Einwohner erhöht werden.
7. Durch Freizeitangebote im „Haus des Gastes" ist es längerfristig möglich, Bürger wie Kurgäste zu selbständigen, schöpferischen Aktionen sowie zur Mitgestaltung der Freizeitangebote anzuregen.
8. Mit einer höheren Attraktivität des Ortes steigt die Zahl der Übernachtungen.
9. Die Gewinnung neuer Gästegruppen ist nur möglich, wenn neben einer Entwicklung (Verbesserung und Veränderung) der Freizeitgestaltung auch die allgemeinen Bedingungen des Luftkurortes in seinen Angeboten auf neue Besuchergruppen eingestellt werden.
10. Die Entwicklung der Freizeitgestaltung ist an die optimale Kooperation aller an der Gästebetreuung beteiligten Personen und Institutionen gebunden.

Die Zahl der Freizeitangebote betrug im ersten Jahr insgesamt 32 Programme mit insgesamt 2.225 Teilnehmern und steigerte sich innerhalb von 6 Jahren auf 406 Angebote mit insgesamt 15.303 Teilnehmern.

Zu Beginn verteilte sich das Veranstaltungsangebot noch auf nur fünf(!) Arten von Veranstaltungen, wie Kurkonzerte (9), Ausflugsfahrten (9), Diavorträge (4), Kaffeestunden mit Musik (9) und eine Pilzwanderung.

Seit dem Jahre 1987 hingegen ist das Gästeprogramm eine sehr umfangreiche und vielseitige Liste von Veranstaltungen, die von Filmabenden und Ausstellungen, Spielen in der Spielstube und Grillabenden mit Musik über historische Wanderungen, Kräuterwanderungen und sonstige Wanderungen bis zum Theaterbereich, Modenschau, Festen mit Gästen, Kreativ- und Sportangeboten reicht, darüber hinaus noch ergänzt wird durch literarische Veranstaltungen, durch Angebote wie autogenes Training, Kinderfeste, Spielseminare, Jugenddiskotheken, Geschichtsspiele, Ortserkundungsspiele, Stadtspiele, Quiz-Veranstaltungen und Basare.

Der Umfang der Programmangebote im Bereich der Gästebetreuung zeigt, daß nicht nur eine Differenzierung des Programmangebotes vorgenommen wurde, sondern auch eine qualitative Entwicklung.

Beispiele dafür sind:

- Historischer Wanderweg
- Hörster-Woche des Spieles
- Hörster-Woche des Buches
- Kinder-Kultur-Woche
- Poetenweg
- Projekt Kurgast-DichterIn
- „Spielothek"
- Entwicklung eines speziellen Kinderprogrammes für die Ferien
- Kurgasttreff
- Ausflugsfahrten, die mit Diavorträgen gekoppelt werden
- Ortserkundungsspiel
- Lipperland-Entdeckungsspiel
- Geschichtsspiel für Kinder

Bei zahlreichen Gästeprogrammen wurde davon ausgegangen, daß ein Teil der Veranstaltungen die Familie insgesamt ansprechen sollte und besonders der Bereich der kreativen Angebote wurde so gestaltet, daß alle Altersgruppen gleichzeitig daran teilnehmen konnten. Bei diesem Angebot war interessant festzustellen, daß die Senioren den Kindern mit Rat und Tat zur Seite standen. Die weit verbreitete Meinung, daß Veranstaltungen für Kinder und Senioren getrennt werden müssen, hat sich nach den bisherigen Erfahrungen nicht bestätigt.

Im kulturellen Bereich wurden Autorenlesungen für Kinder angeboten, um ein Gegengewicht zum massiven Fernsehkonsum zu setzen. Der Autor zum „Anfassen" war nicht nur für viele Kinder, sondern auch für viele ihrer Eltern, eine völlig neue Erfahrung.

## 2. Fremdenverkehrsorte

Zum Kennenlernen des Ortes und der Region wurden verschiedene Spiele entwickelt, z.B. das Ortserkundungsspiel. Ziel dieser Spiele ist, durch eigene Beteiligung einen Bezug zum Ort und zur Region herzustellen.

**Fazit**

Die Attraktivität eines Luftkurortes, sein Freizeitwert, kann als die Eigenschaft bezeichnet werden, die Gästegruppen zum Kommen und Wiederkommen veranlaßt. Gespräche mit Gästen haben ergeben, daß in diesem Zusammenhang Freizeitgestaltung und Animation einen wichtigen Faktor zur Erhöhung der Attraktivität darstellen. Neue Modelle der Gästebetreuung können der Entwicklung des Kurortes in doppelter Weise dienen:

Sie sprechen einerseits neue Gästegruppen an, andererseits erhöht sich über sie (die Animation) die Mitwirkung der Gäste wie der Einwohner an der Entwicklung des Freizeitprogrammes.

Die erprobten Freizeitangebote zeigen, daß das Haus des Gastes zu einem wichtigen Integrationsfaktor für Gäste und Einwohner geworden ist. Einwohner werden dabei zu ehrenamtlichen(!) „Freizeitberatern" für Gäste und verstärken damit die Attraktivität und den Freizeitwert des Ortes. Besonders das inzwischen so erfolgreiche Konzept der Verbindung von Kultur und Tourismus soll in Zukunft weiterentwickelt werden.

Außerordentlich zustimmende Reaktionen der Gäste auf die neuen Angebote beweisen, daß ein verbessertes Freizeitangebot langfristig auch die Zahl der Übernachtungen in Hörste beinflusst. Viele ältere Urlauber, die bereits seit Jahren Hörste besuchen, äußerten sich dahingehend, daß die neuen Freizeitangebote die Attraktivität des Ortes erhöhen; sie waren vor allem darüber erfreut, daß schon in der Vorsaison ein abwechslungsreiches Programm geboten wurde.

Insgesamt gesehen, kann man festhalten, daß durch die neue Konzeption der Freizeitwert des Luftkurortes Lage-Hörste qualitativ und quantitativ entwickelt wurde. Durch die intensive Gästebetreuung hat hier die Zufriedenheit ganz enorm zugenommen.

### *b) Familienurlaub in Schönwald, Esens-Bensersiel und Butjadingen*

Schönwald

Auch kleine Fremdenverkehrsorte können eine Fülle von Angeboten für Urlauber bieten. Der Ort Schönwald (im Schwarzwald) mit lediglich 2400 Einwohnern soll hier als Beispiel für viele andere dienen:

Für das Urlaubsprogramm wurde ein Lehrer angestellt, der die Veranstaltungen zum Teil durchführt, zum Teil aber vor allem die Organisation, Koordination und Vorbereitung übernimmt.

Auf dem Programm stehen:

- In der Werkstatt des Holzschnitzers;
- In der Uhrmacherwerkstatt;
- Auf dem Bauernhof;

- Hobbykurs: Rupfenpuppe in Schwarzwaldtracht;
- Fußgängerrallye;
- Besichtigung eines 300 Jahre alten Schwarzwaldhofes;
- Mit dem Förster unterwegs;
- Foto-Rallye;
- Schnitzkurs;
- Grillwanderung;
- Trachtentanzkurs für Groß und Klein;
- „wenn der Vater mit dem Sohne" .... einen Schnitzkurs macht;
- Kinderkegeln;
- Fahrradgeschicklichkeitsturnier;
- Besichtigung einer Bäckerei;
- usw.

Beendigung aller Abendveranstaltungen spätestens um 22.00 Uhr, damit die Kinder mitmachen können und die Eltern danach noch Gelegenheit haben, gemütlich auszugehen.

Für kleinere Fremdenverkehrsgemeinden gibt es noch weitere Beispiele brauchbarer und realisierbarer Ideen:
- Ortserkundungsspiel,
- Geschichtsrallye,
- Bildersuchwanderung,
- Vergabe einer Tourennadel;
- Sportturniere: Väter gegen Söhne, Gäste gegen Einheimische, speziell für Jugendliche;
- Sportgesundheitsprogramm für 2 Wochen zum Pauschalpreis für Familien.
- Bastelnachmittage für Eltern mit kleinen Kindern, damit zuhause die Eltern gemeinsam mit den Kindern weiterbasteln können;
- Bastelnachmittage für Eltern und Kinder/Jugendliche getrennt.

Ein wesentlicher Arbeitsansatz besonders in kleineren Gemeinden: Kooperation und Koordination von Großveranstaltungen mit Beteiligung und Förderung der gemeinsamen Initiative aller Einheimischen und aller Urlauber in der Planung, Vorbereitung, Organisation, Durchführung und Nachbereitung von Veranstaltungen jeglicher Art.

## 2. Fremdenverkehrsorte

Schwerpunkt-Veranstaltungswochen in Schönwald:
- Kinderkulturwoche im Mai,
- Woche des Spiels im Herbst,
- Buchwoche für Familien mit Kleinkindern im November,
- Ferien mit Kind vom Kind (für Alleinerziehende).

Esens-Bensersiel

Ein gutes Beispiel eines anderen Ferienortes soll stellvertretend etwas ausführlicher dargestellt werden. Es zeigt nicht nur die verschiedenen Angebote eines Ortes, sondern auch die Kooperation mit dem Kirchenverein und die Berücksichtigung der Bedürfnisse der Einheimischen:

In Esens-Bensersiel gibt es anstelle eines „Haus des Gastes" drei Häuser, deren phantasievolle Namen schon Ferienstimmung verbreiten können:

Da ist zunächst „Haus Kunterbunt" am Strand. Dort können sich Kinder austoben. In dem flachen Gebäude gibt es innerhalb eines einzigen großen Raumes verschiedene Ebenen, auf denen Kinder ungestört von den andern ihren jeweiligen Spielen nachgehen können. Nur zwei kleine Räume sind abgetrennt (mit einem kleinen Fenster in der Tür, damit Eltern ab und zu einen Blick hineinwerfen können), um den älteren Kindern oder den Jugendlichen die Möglichkeit zu geben, sich zurückzuziehen, zum Karten- oder Brettspiel, zum Musikhören oder auch nur zum Klönen mit Gleichaltrigen; und um den ganz Kleinen einen ungestörten Spielraum zu ermöglichen.

Die Spielsachen sind besonders sorgfältig ausgesucht, zum Teil nicht einmal in Deutschland erhältlich und auf internationalen Spielwarenmessen entdeckt. So stammen z.B. große Bausteine aus Israel. Sie sind aus Plastik und daher besonders leicht, auch für Dreijährige geeignet, um Häuser zu bauen. Die Steine sehen aus wie neu, wurden jedoch schon vor zehn Jahren erworben. Gepflegt werden sie – wie die übrigen Sachen – von einem jungen Mann, der sie jeden Abend abwäscht und mit Wachs bohnert. Er ist der einzige Angestellte im Haus Kunterbunt, ohne besondere Ausbildung, jederzeit bereit, bei evtl. Streitigkeiten schlichtend einzugreifen. Pädagogisches Personal ist unnötig, die Kleinen spielen mit ihren Eltern, größere Kinder kommen alleine. Die Spielgeräte, die verschiedenen Ecken und Ebenen sind so animativ, daß es keiner weiteren persönlichen Anleitung und Betreuung bedarf.

Geruhsamer geht es im Ort im „Haus Regenschirm" zu, das bei jedem Wetter für die ganze Familie geöffnet ist. In der Kinderstube können Kinder ungehemmt von Verboten und ohne Erwachsene ihre Kreativität an ausgesuchten Spielsachen erproben. Für die Kleinsten gibt es eine Kuschelecke, die „Wolkenstube". Die Größeren und die Eltern basteln gemeinsam oder an verschiedenen Dingen: Keramikarbeiten, Lederarbeiten, Batiktücher oder z.B. eine Tiffany-Lampe. Tee wird dazwischen gereicht, vom Pfarrer oder einigen Gemeindemitgliedern, an manchen Tagen auch von der Frau des Kurdirektors. Die Pausen dienen dem gegenseitigen Kennenlernen, dem Gespräch.

Am Ortsrand liegt die „Tummel-Kiste", eine Sport- und Spielhalle für die Jugendlichen, die kostenlos Tischtennis spielen, oder an anderen Tagen – wenn die Platten zur Seite geräumt werden – Rollschuh oder Skatebord fahren können.

Die Einheimischen bauten sich ihre eigenen Häuser, um trotz der großen Zahl von fremden Gästen unter sich sein zu können. Aber auch im „Männerhaus" oder für die Frauen im „Teehaus Waterkant" sind die Urlauber bei Festen willkommen und werden zu Tee und Kuchen eingeladen.

Die Philosophie dieses wohldurchdachten Ferienkonzeptes ist es, Familien die Möglichkeit zu kreativem Spiel zu geben und sie anzuregen, ihre Sinne neu zu erfahren und an sich selbst neue Fähigkeiten zu entdecken. Dies gelingt über viel persönliches Engagement der Mitarbeiter des Kurvereins und über den Einsatz kreativitätsfördernder Spielgeräte und Programme.

Hier ist ein Beispiel für ein sehr gut umgesetztes Ferien- und Freizeitkonzept der Animation. Die Entdeckung eigener Kreativität, die Lust zu spielen, die Lust, im Urlaub aktiv zu werden, nehmen viele Familien aus den Ferien mit nach Hause.

Butjadingen

Einen anderen, nicht minder erfolgreichen Weg auf der Basis einer gemeindeübergreifenden Kooperation geht die Ferienregion Butjadingen[2], zusammengesetzt aus eine Anzahl kleiner Ferienorte auf einer Halbinsel westlich von Bremerhaven, mit ihrem „Animax"-Konzept.

In der Fachpresse erregten die Anzeigen „watt bewegen", mit denen Animateure/innen gesucht wurden, bereits beträchtliches Aufsehen.

Mit Schlagworten wie „Animax", „SportMax", „Spiel- und ShowMax" oder „Minimax for Kids" und vor allem durch die Errichtung einer über 3.000 m² großen zentralen Sport-, Spiel- und Veranstaltungshalle, der „Spielscheune", wird ein gezielt auf Familien mit Kindern und Jugendlichen ausgerichtetes Attraktionsprodukt für ganzjährige Ferien an der Nordsee geschaffen. Diese zentrale Anlaufstelle ist an sieben (!) Tagen in der Woche geöffnet, z.T. bis 20.00 Uhr und natürlich länger bei Veranstaltungen.

Die Formel „Animax macht Leute munter" enthält eine große Zahl von Angeboten für alle Gäste, ob groß, ob klein.

---

[2] Im Internet: www.butjadingen-info.de und www.spielscheune.com

## 2. Fremdenverkehrsorte

Animax bietet:

| Kindern | Jugendlichen | Erwachsenen | Senioren |
|---|---|---|---|
| • Actionspiele | • Teenietreff z.B. mit Tanz- und Theaterworkshop | • Jogging | • Walking |
| • Frühsport | | • Quiz- und Wettspiele für die ganze Familie | • Bingo |
| • Rallyes | | | • Frühschoppen |
| • Malen mit Musik | • Dart-, Volleyball-, Hockey- oder Streetballturniere | • Turnier der Woche | • Musik |
| • Motto-Spaßtage mit z.B. Zirkus oder Piraten | • Inliner | • Fitnesskurse wie Aerobic, Stepaerobic, Rückenwellness, Body Shaping | • Wassergymnastik |
| | • Tischtennis | | • Dart-, Boccia- oder Skat-Turniere |
| • Kinderdisco | • Badminton und Fußballtennis | | • Heimatvorträge |
| • Nachtwanderungen | | • Wellnessangebote wie Yoga oder Fußreflexzonen-Massagen | • Alles um Gesundheit und Familie |
| • Maskenball und Gruselstunde | • Spielertreff am Infoboard | | |
| • Kinderfilme und Kindershows | • Internet-Café | • Kreativkurse wie Windowcolor oder Seidenmalerei | |
| | • Wochen-Turniere | • Familien-Olympiade | |
| | | • Abendveranstaltungen wie Sketche, Musicals, Disco, Bingo- oder Quizshows | |

### c) *Fremdenverkehrsort Kaprun – Das Kapruner Modell*

Die Diskussion um die Krise im Sommertourismus, besonders in Österreich, geht nun schon einige Jahre. Gefragt ist offensichtlich <u>nicht</u>

- mehr Werbung,
- mehr Marketing,
- mehr Infrastruktur,

sondern im Kern ein mehr <u>gastorientiertes</u> Arbeiten.
Gottfried Huber, damals Deutschland-Direktor der ÖFVW, sagte bereits bei der Vorstellung der Studie „Deutschland 1990":

„*Wir würden Österreich subjektiv vielen Gästen interessanter machen, wenn es uns gelänge, Langeweile von ihnen fernzuhalten. Dazu brauchen wir ein Kommunikationssystem zwischen dem Ferienort und seinen Gästen.*"

„*Als Ergebnis des vorher Gesagten scheint klar, daß es in Zukunft wesentlich sein wird, daß sich Österreichs Orte viel mehr als bisher als <u>Gesamtunternehmen</u> begreifen müssen, daß man Arbeitsaufteilung untereinander wird pflegen müssen, statt in erster Linie Konkurrenzdenken. Denn Österreichs Fremdenverkehrsangebot kann sich nur ändern, wenn es in den <u>Orten</u> geändert wird.*"

Der Fremdenverkehrsausschuß des Fremdenverkehrsverbandes Kaprun hatte ein gemeinsames Sommerprogramm entwickelt und dieses Sommerprogramm einer örtlichen Sportschule übertragen, welche die Programme übernahm und die Durchführung den Gästen anbot. Dieser Versuch hatte eine zu geringe Resonanz und Akzeptanz, das Sportprogramm wurde nach einem Jahr wieder beendet. Etwa zur gleichen Zeit stellte Zell am See einen eigenen Animateur des Verkehrsvereins ein. Auch diese Aktion erwies sich im Endeffekt als Mißerfolg.

Die entstandene Frustration war letztlich der Auslöser für einen Artikel in der „Salzburger Wirtschaft",[3] in dem der Kapruner Landtagsabgeordnete und Hotelier Gottfried Nindl Anregungen aus Hubers Analyse aufgriff:

*„Neue Formen betrieblicher Zusammenarbeit"*

*Die Belebung der Sommersaison erfordert eine Neugestaltung des Angebotes auf Betriebs- und Ortsebene. Ein Fremdenverkehrsort sollte sich in Zukunft als ein „Unternehmen" betrachten und nicht als die bloße Summe von Konkurrenzbetrieben. Für die neue, auch jüngere Gästegeneration bedarf es im Sommer attraktiver Angebote im Erlebnisbereich, die nicht ein Betrieb allein tragen kann. Meist aber auch nicht der Verkehrsverein. Das Ziel: Kooperation mehrerer gleichartiger Betriebe. Freilich muß man dazu den betrieblichen Egoismus überwinden und Scheuklappen ablegen."*

Ohne grundsätzliche Veränderungen in der Arbeitsweise und der Kooperationsbereitschaft war offensichtlich keine erfolgreiche Veränderung möglich. Programme, die „von oben her", also z.B. durch den Verkehrsverein auf den Ort „aufgepfropft" wurden, erwiesen sich immer wieder als Fehlschläge. Es ging hier offensichtlich darum, <u>Einstellungen</u> zu verändern, <u>Überzeugungen</u> zu schaffen, <u>Bereitschaft</u> und <u>Offenheit</u> in Gang zu bringen oder wie es in dem Zeitungsartikel von Gottfried Nindl heißt, *„Scheuklappen"* abzulegen.

Also wurden auf einem Workshop gemeinsame Projekte entwickelt; ein Resultat sei hier als Beispiel dargestellt:

Am Freitag nachmittag trifft sich Josef, Hotelier des „Falkenstein", mit seinen Gästen und macht sich auf den Weg zur Burg Kaprun. Eine fröhliche Gruppe steht da zusammen, trinkt noch einen Marillenschnaps; seine Armbrust samt den Zielscheiben und seine 'Quetsche' – sein Akkordeon – hat 'Pepi', wie ihn seine Gäste nennen, auch eingepackt.

Bei Ankunft auf der Burg treffen sie mit fröhlichem Hallo auf andere Hoteliers, Gastronomen und Vermieter, die sich ebenfalls gemeinsam mit ihren Gästen gutgelaunt auf den Weg gemacht haben.

Der Kapruner „Håg-Moar", eine Art von Pinzgauer Traditions-„Olympiade", beginnt, – ein attraktiver, abwechslungsreicher und origineller Familiennachmittag für Alt und Jung, an dem die einheimischen Gastgeber und ihre Gäste gemeinsam feiern, spielen, kämpfen und gewinnen. Das geht soweit, daß persönliche Freund-

---

[3] Quelle: „Salzburger Wirtschaft" Nr.7, Supplement der „Salzburger Nachrichten" vom 13.02.1986

schaften geschlossen werden, daß man sich auf ein Bier am Abend verabredet, daß man andere Gäste und andere Hoteliers kennenlernt.
Eine Veranstaltung dieser Art ist Animation im reinsten Sinne:
* der Hotelier animiert und aktiviert seine Gäste,
* er lädt sie ein,
* er nimmt sie mit,
* er ist beteiligt.

Spaß – Erlebnis – Vergnügen – Freundschaft – das sind alles Elemente, die hier durch die gemeinsame Aktion der an sich konkurrierenden Hoteliers mit ihren Gästen zur Urlaubsrealität werden.
Und der wesentliche Effekt:
° Der Gastgeber – im besten Sinne des Wortes – fordert seine eigenen Gäste auf,
° mit ihm gemeinsam und
° gemeinsam mit anderen Gästen von anderen Hotels und
° gemeinsam mit deren Besitzern und Gastgebern
° eine gemeinsame Veranstaltung durchzuführen:
° Ein gemeinsames Urlaubserlebnis zu gestalten.

Animation durch Kooperation ist der Kern der gastorientierten Arbeitsweise der Zukunft.

## 3. Fremdenverkehrsbetriebe

### a) *Animationsangebote in kleinen Beherbergungsbetrieben*
**Familienferien auf dem Bauernhof**
„Urlaub auf dem Bauernhof" hat sich zu einem nicht zu unterschätzenden Faktor des mittelständischen Fremdenverkehrs in Deutschland, aber auch in den angrenzenden Nachbarländern wie Österreich, Schweiz oder Süd-Tirol und als „Rural Tourism" weltweit entwickelt. Strukturförderungsprogramme des Bundes-Landwirtschaftsministeriums sowie eine starke öffentliche Promotion dieser Urlaubsform z.B. durch die Automobil-Clubs (ADAC) haben zum Erfolg dieses Urlaubstyps beigetragen.
Landwirtschaft, „Landluft" und gutes Essen allein vermochten allerdings dieser Urlaubsform keinen ausreichenden Erfolg bescheiden. „Ein Appartment und ein paar Viecher reichen nicht auf Dauer" sagte ein Vertreter des SBB[4], des Südtiroler Bauernbundes, der die Angebote der Region vermarktet und seit Jahren Animations-Seminare für seine Mitglieder veranstaltet. Es bedurfte auch beim „Besuch" auf dem Bauernhof seit den 90er Jahren deutlich animativer Elemente, um aus

---
[4] Südtiroler Bauernbund, Weiterbildung, Dr. Ulrich Höllrigl, www.sbb.it

dem Aufenthalt ein Urlaubserlebnis, ganz besonders für die ganze Familie, zu entwickeln. Gastorientiertes Gastgeberverhalten war hier ebenfalls der Schlüssel zum Erfolg, die Wiederentdeckung alter, bäuerlicher Gastfreundschaft.

Hier ein charakteristisches Beispiel, das typisch ist für die innere Einstellung und Arbeitsweise auf den unzähligen Bauernhöfen, auf denen Familien mit Kindern ihren Urlaub verbringen. Wichtig sind an diesem Beispiel vor allem auch die grundsätzlichen Vorüberlegungen.[5]

*"Wenn ich ein familienfreundliches Angebot abgebe, muß ich wissen, ob meine eigene Familie dies voll akzeptiert; Urlaubsfamilien mit vielen Kindern bringen Unruhe in Haus und Hof und die Einrichtungen werden nicht immer pfleglich behandelt. Wir müssen nervlich auf der Höhe sein und oftmals tolerant gegenüber diesen Gästen.*

*Um Schwierigkeiten zu vermeiden, nehmen wir in der Pension (das ist das eigentliche Bauernhaus) nur im Juni und zu den Ferienzeiten, Ostern, Sommer, Herbst, Gäste mit Kindern auf.*

*Dagegen können in den sieben Ferienwohnungen Familien auch in der übrigen Zeit wohnen, da diese in separaten Häusern liegen, die eigene Spielplätze und Sandhaufen mit reichlichen und vielseitigen Geräten direkt vor der Türe haben.*

*In der Pension hat jede der vier Familien ihren Tisch im Eßraum, in dem nicht geraucht werden darf. Da Kinder nicht so lange wie die Eltern am Tisch sitzen wollen, bietet ein ans Eßzimmer angrenzender Kinderspielraum vielfältige Beschäftigungsmöglichkeiten, diverse Spielsachen, die erst abends wieder in die Kiste eingesammelt werden – was allerdings nicht immer von den Kindern oder den Eltern gemacht wird, sondern oft von uns selbst getan werden muß. Puzzles und gute Spiele für die Großen sind unter Verschluß.*

*Daß auch der Fernseher dort (im Spielraum) manchmal zu leiden hat, muß mit einkalkuliert werden, er ist aber notwendig, da auch größere Kinder und Jugendliche abends diesen Hobbyraum mit zum Fernsehen benutzen, um sich in den älteren Sesseln dort richtig „herumflegeln" und ein eigenes Programm wählen zu können.*

*Dafür haben die Erwachsenen unser Wohnzimmer als Aufenthaltsraum mit Fernseher zur Verfügung, als „Ruhepol", was besonders bei Regenwetter wichtig ist. Wer aber zusammen mit seinen Kindern sitzen und spielen will, hat genug Platz am Eckbanktisch im Eßzimmer. Alkoholfreie Getränke stehen zum Selbstkostenpreis zur Verfügung.*

*Als besonderer Tummelplatz gilt unsere ehemalige Viehscheune, nachdem die Kühe seit Jahren unrentabel sind. So ist der Kuhstall jetzt Stellplatz für Fahrräder, die hier fast von jedem Gast benutzt werden – schon wegen der flachen*

---

5   Diese sehr plastische Beschreibung verdanken wir Karin Prange von der „Presener Deichkrone" auf der Insel Fehmarn.

*Landschaft und den vielen Feldwegen. Fünf Kinderfahrräder stehen ebenfalls zur freien Verfügung.*

*In der Scheunendiele stehen zwei Tischtennisplatten und im ehemaligen Bullenstall findet sich ein Poolbillardtisch (kostenlos), an den allerdings erst Jugendliche ab 14 Jahren dürfen.*

*Die anderen Ställe sind mit Stroh gefüllt und dienen den Kindern zum Toben. Hinweisschilder machen auf Gefahren aufmerksam (z.B. Besteigen des Heubodens). Im ehemaligen Jungrindstall befinden sich Tische und Bänke zur ständigen Benutzung. Schön gedeckt dienen sie alle zwei Wochen für Kinderfeste mit Kaffee und Kuchen, woran auch alle Eltern teilnehmen.*

*Wenn es regnet, können in der Scheunendiele Spiele, wie Topfschlagen, Eierlaufen, Sackhüpfen, usw., durchgeführt werden. Die dazugehörenden Sachen sowie Preise müssen also stets vorhanden sein.*

*Abends wird gegrillt, für die Kinder gibts Würstchen und Saft, für die Erwachsenen Koteletts und Bier vom Faß. Wer unsere Gitarre spielen kann, sorgt für Stimmung, Liederbücher sind vorhanden.*

*Wichtig für die Kinder sind die beiden Ponys zum Reiten. Wer's kann, darf alleine ausreiten und führt dafür später die kleinen Kinder, die jeden Abend mit Brotkanten warten und reiten wollen. Sind Brotreste übrig, werden die Hühner damit gefüttert, die extra nur für die Kinder gehalten werden. Ebenso die vielen Katzen, die sich gerne streicheln lassen und der zahme Schäferhund, der sich freut, wenn Gäste ihn ausführen.*

*Der Wasserhahn in der ehemaligen Milchkammer dient nicht nur zur Reinigung der Gummistiefel, er füllt auch die Gießkannen der Kleinen zum Kuchenbacken im Sandhaufen.*

*Durch die vielen Beschäftigungen schlafen alle Kinder nachts gut und meist auch lange, zum Wohle der Familien, die bis 12.00 Uhr frühstücken können.*

Ein anderes Beispiel: Familie Martin[6] hat am Attlesee bei Nesselwang im Allgäu auf dem eigenen Bauernhof eine Anzahl von komfortablen Ferienwohnungen gebaut. Neben vielen Aktivitäten der einzelnen Familienmitglieder gemeinsam mit den Gästen, wie abendliche „Stubenmusi", Einwandern, Kutschfahrten, Ponyreiten gibt es seit 2001 die wohl einzigartige Möglichkeit, auf einem Bauernhof Golf-Schnupperkurse zu machen.

*Fazit:*
*Wir leben mit unseren Gästen, wir erläutern das, was wir tun und warum wir es tun. Wir bringen damit unseren Gästen unseren Berufsstand, die Tiere und die Vielfalt in der Natur näher. (Zitat Karin Prange)*

---

[6] Alpenseehof, Familie Martin, Attlesee 14, 87484 Nesselwang

## b) Animation in einem First-Class-Hotel

Das Hotel „Vier Jahreszeiten" in Schluchsee war eines der ersten Häuser der obersten Kategorien in der Bundesrepublik, welches in den 70er Jahren (damals als „Hetzel-Hotel") mit dem Aufbau einer eigenständigen Animation begann.

Interessant dabei ist, daß von Beginn an ein Hoteldirektor aus der französischen(!) Schweiz und ehemalige Club-Animateure(!) beteiligt waren und hiermit die notwendigen Impulse setzten.

Heute ist ein permanentes Team von etwa sieben Animateuren (einschließlich Kinderanimateur) im Hotel tätig; die Animation ist eine eigene Betriebsabteilung; bei entsprechender Qualifikation hatte der Chef-Animateur sogar die Position eines stellvertretenden Direktors bzw. Direktionsassistenten.

Die Programme sind sehr vielseitig in Form eines täglichen und eines Dreiwochen-Programmes aufgebaut:

Das beginnt mit Aktionen im Hallenbad (Wassergymnastik, Wasserbasketball) über vielseitige, aber bequeme und familienfreundliche Wanderungen, aber auch Hausführungen („Blick hinter die Kulissen").

Das Angebot enthält weiter auch Tenniskurse, ganzjährig und Ski- und Langlaufkurse im Winter bis hin zu einem kleinen hausinternen Radio- und Informationsprogramm und einem täglichen Abendprogramm, das in der für diese Zwecke sehr vielseitig gestalteten großen Hotelhalle stattfindet.

Dazu gehören thematische Abende, wie

- Wildwestabend,
- Modenschauen,
- Kostümabend mit dem Thema „Weiße Nacht",
- „Kasinoabend"
- aber auch Nachtkutschenfahrten oder
- der sogenannte Sportlerstammtisch
- und natürlich Playback-Shows für Erwachsene:
  „Showtime:Die Mitarbeiter des „Vier Jahreszeiten" haben für Sie eine Show aus Musical, Sketchen, Parodien und Tanzszenen zusammengestellt..."
- und ebenso selbstverständlich auch für Kinder (Kindershow).

Dazu zusätzliche Veranstaltungen wie

  ◦ ein kleiner Dorfjahrmarkt oder
  ◦ „Kirmes" in der Empfangshalle und
  ◦ Arbeiten im Bastelraum (Seidenmalerei, Hinterglasmalerei).

Die Philosophie des Hotels ist es, möglichst die ganze Familie im Urlaub beisammen zu haben und jedes Mitglied individuell so zu betreuen, daß der Urlaub für jedes einzelne Familienmitglied zur vollsten Zufriedenheit ausfällt und die Familieneinheit trotzdem gewahrt bleibt, d.h. die Eltern können sich entspannen, sich ihren Hobbys widmen, nur mal zu zweit sein, mit dem beruhigenden Gefühl, daß die Kinder bestens aufgehoben sind. Andererseits freuen sich die Kinder, am selben Ort wie die Eltern zu sein, aber nicht immer mit den Eltern zusammensein zu müssen.

Außerdem bietet die Animation Anregungen zum gemeinsamen Familienerlebnis der Eltern mit den Kindern (Eintopfwanderung, Radtour etc.) bis hin zum stolzen Erfolgserlebnis und zur Anerkennung anläßlich der Kindershow, des Kinderzirkus oder des Baus einer Waldhütte.

Die Kinderprogramme sind auch hier altersgemäß aufgeteilt:

- Für die Allerkleinsten kann ein Babysitter organisiert werden.
- Für die Kleinen ab 3 Jahren ist der „Spatzenclub" durchgehend von 10.30 bis 16.00 Uhr geöffnet.
- Für Kinder ab 6 Jahren veranstaltet ein Animationsteam verschiedene Programme und um 18.00 Uhr treffen sich dann die Kinder zum gemeinsamen Abendessen ohne Eltern.
- Für Jugendliche ab 12 Jahren gibt es tägliche Treffs mit viel Sport oder z.B. abendlichen Survival-Wanderungen.

Dieses Kinderprogramm wird allerdings nur zu bestimmten Terminen (meist in den Schulferien) angeboten.

Die große Familienfreundlichkeit wird auch durch den großen Stab junger und aufgeschlossener Mitarbeiter im Hotel unterstützt, die mit Kindern gut umzugehen wissen. Animation als eigene Betriebsabteilung ist vollständig in alle internen Abläufe integriert, auch im Verständnis aller Mitarbeiter aller anderen Abteilungen.

Das Animationsprogramm – auch für diesen Kundenkreis der First-Class-Hotellerie – ist seit Jahren derart positiv angenommen worden, daß es heute nicht mehr wegzudenken ist und daß eine große Zahl von Stammgästen und Wiederholern aufgrund dieser Animationsprogramme an das Haus gebunden werden konnten.

Die Initiative eines Einzelhotels zeigt hier, welche langfristigen positiven Auswirkungen eine konsequente, produktorientierte Animation erzielen kann.

### c) Animation im mittelständischen Ferienhotel
**Das partizipative Animationsmodell**

Private Ferienhotels sind zumeist Einzelbetriebe, ohne die Möglichkeiten großer Ketten oder Organisationen. Selbst wenn diese Hotels – wie in unserem Beispiel – von ihrem Standard her in die oberste Kategorie einzuordnen sind, stehen ihnen besonders im Bereich der Animation immer nur beschränkte Möglichkeiten zur Verfügung. Wie diese Möglichkeiten aber dennoch optimal für den Gast genutzt werden können, soll das folgende Beispiel zeigen:

Wir wählen ein Ferienhotel in Österreich aus, das am besten geeignet erscheint, die Möglichkeiten zu zeigen und damit Beispiel und Vorbild zu sein. Es handelt sich um das „Posthotel"[7] von Karl und Karin Reiter in Achenkirch am Achensee.

Das Haus mit inzwischen fast 300 Betten wird von der Besitzer-Familie selbst geführt. Es liegt genau genommen nicht sehr günstig: weder besonders verkehrsgünstig (Achenkirch ist nur über Landstraßen zu erreichen), noch besonders ruhig (direkt unterhalb einer viel befahrenen Bundesstrasse), das Haus liegt nicht direkt am See, sondern etwas abseits im Ortskern; das Wandergebiet im Sommer, aber auch das Skigebiet im Winter ist weder spektakulär noch überregional berühmt.

Allerdings hat das „Posthotel" durch konzeptionelle Anstrengungen und systematische langjährige Aufbauarbeit ein hervorragendes Leistungsniveau erreicht und gehört sicherlich inzwischen zu den besten Ferienhotels in Österreich.

Auffallend ist, daß Häuser diesen Typs in einer bestimmten Weise Erfolg haben:

- Sie zeichnen sich in erster Linie durch den persönlichen Stil aus. Die Besitzer-Familie führt den Betrieb selbst. Dieser ausschlaggebende Faktor wirkt sich in jedem Detail aus.
- Jeder bemüht sich vor allem um den persönlichen Kontakt zum Gast, um sein persönliches Wohlergehen, um intensive, integrative Kommunikation

Der Kommunikation mit dem Gast, der andauernden, kontinuierlichen Aufrechterhaltung der Kontakte, dienen zunächst einmal schriftliche Informationsunterlagen:

- Ein hochwertiges Hotel-Magazin mit dem Saisonprogramm, mit den Highlights des Halbjahres im Sommer oder Winter.
- ein Wochenprogramm mit allen Aktivitäten sowie zum Frühstück meist noch ein kleines mit Grafik, Karikatur und kleinen vergnüglichen oder nachdenklichen Texten versehenes Tagesprogramm auf dem Frühstückstisch.

Das wesentliche ist aber das Vorbildverhalten durch die Besitzer: Karl und Karin Reiter im Posthotel, die am Sonntagabend ihre neuen Gäste zu einem Cocktail einladen, sie informieren, ihnen ihre Führungs-Mitarbeiter vorstellen; am Eingang des Restaurants die Gäste einzeln begrüßen, die wiederum gern auf ein Schwätzchen bei den beiden stehen bleiben.

Durch den Begrüßungscocktail werden sozusagen die Weichen gestellt für die animativen Angebote des „Posthotel", denn jeder Mitarbeiter wird mit seinem Vornamen, mit seinem Tätigkeitsbereich und mit seinen Talenten und Interessen vorgestellt, die für den Gast verfügbar sind. Genau genommen wird damit vom Besitzer bis zum kleinsten Mitarbeiter jeder zum Animateur.

Hotels dieses Typs bieten selbstverständlich ein umfangreiches Aktivitätsprogramm von Tennis, einschl. Tennishallen, über Eisstockschießen, Radfahren, bis hin zu Reiten und Besuchen auf einem Bauernhof. In gleich intensiver Weise wird mit eigenen Kinderbetreuern für ein vollständiges separates Kinderprogramm gesorgt. Dazu gehört natürlich auch die entsprechende Spielstube für schlechtes Wetter und der möglichst abenteuerliche Kinderspielplatz am Hotel.

---

[7] Internet: www.posthotel.at

Hallenbad, Sauna, Massage und Gesundheitseinrichtungen bis hin zur Schönheitsfarm und umfangreichem Wellness-Angebot sind inzwischen in dieser Kategorie ebenfalls vorbildlicher Standard.

Es geht hier allerdings nicht nur um eine große Zahl von Aktivitäts- und Urlaubsangeboten, sondern es steht immer eine Person, ein engagierter Mitarbeiter, hinter dem Angebot. Vorbildliches, täglich gelebtes Gastgeberverhalten und damit ein ebenso vorbildliches Animationsverhalten sind die Folge.

Die Tages- und Wochenprogramme sind sehr vielseitig; eine beliebige, eher zufällige Aufzählung umfaßt folgende Aktionen:

- Führung durch das Hotel;
- ein Spaziergang in die Umgebung;
- tägliche Frühgymnastik;
- kleine Wanderungen in die Nachbarschaft;
- kleine Radtouren in der Nähe des Hauses im Tal;
- kurze, mittlere und etwas schwerere Bergwanderungen mit den Wanderführern des Hauses bzw. sogar mit den Besitzern selbst;
- kulinarische Aktionen vom Apfelstrudelbacken bis zum Tiroler Abend;
- Weinverkostungen mit dem Sommelier des Hauses;
- Abendveranstaltungen, die von lyrisch-literarisch-kulinarischen Abenden bis hin zu Galadiners und Modenschauen reichen;
- dazwischen sind Quiz-, Tanz- und Spielabende dafür eingebaut, daß vor allem auch die Kommunikation unter den Gästen aufrechterhalten wird.

Entscheidend ist aber die Integration der gesamten Mannschaft des Hauses in das Gästeprogramm, in die Kommunikation mit dem Gast. Karl Reiter schreibt in seinem Sommerprogramm 1989:

*„Sportlich ist die gesamte Sporthotel-Crew: Kindergärtnerin Maria unternimmt Radltouren mit kleinen und großen Gästen, Monika vom Service ist bei allen Wanderungen aktiv dabei, Andreas (von der Rezeption) spielt Tischtennis, Kellner Ewald unterstützt locker unseren Tennislehrer Rüdiger, Patissier Heinz ist ein echtes Allround-Talent – bei Kochkursen, Wanderungen und Tennis-Matches verbraucht er etwaige überflüssige Kalorien; Andrea hält's da eher mit Gymnastik, während sich der Reiternachwuchs Melanie zusammen mit Silke auf die Haflinger schwingt und Karin Reiter per Mountain-Bike die Berge unsicher macht. Also Anregungen genug zum selber aktiv werden ...."*

*...und ergänzt im Sommer 2002: Die ganze Woche über stehen Wanderungen auf dem Plan, zum Achensee mit Fritz, zum Ampelsbacher Hof oder zum „Lemperer" mit Karl Reiter, auf die Zöhrer- oder Falkenmoosalm mit Thomas; oder die Sonnenaufgangswanderung mit Andreas. Frühmorgens läßt Romed am Achensee die Kanus zu Wasser; einmal pro Woche begleitet Patissier Heinz die Gäste zum Radausflug um den Achensee.[...]*

Hierbei unterschlägt Karl Reiter, daß er selbst mit Gästen auf seinen hoteleigenen Lippizanern ausreitet und die Gäste bei Besuchen auf dem hauseigenen Bauernhof begleitet, der das Hotel nicht nur mit frischer Ware beliefert, sondern für den Urlauber ein besonderes Erlebnis darstellt und natürlich auch mit den Gästen größere

Bergtouren unternimmt, wo er auf einer Alm die Jause und den Kaiserschmarren selbst gemeinsam mit den Gästen zubereitet.

Dies Beispiel soll zeigen, wie mittelständische, familiengeführte Häuser durch Integration ihrer eigenen Mitarbeiter die Chance haben, eine lebendige, engagierte und unnachahmliche Animationskultur[8] zu entwickeln. Es ist erfreulich, zu beobachten, daß besonders im Alpenraum vielerorts diese Ideen aufgegriffen und weitergeführt werden.

Die positiven Effekte der Animation, insbesondere die erhöhte Kommunikation zwischen Mitarbeitern und Gästen und natürlich vor allen Dingen auch innerhalb des Hotels unter den Gästen, sind so zu realisieren, ohne daß zusätzliches Personal eingestellt werden muß. Die Kundenbindung, die Wiederholerquote von Stammkunden, ist in diesen Häusern erstaunlich hoch. Vorbildlich das tägliche Bemühen jedes Mitarbeiters.

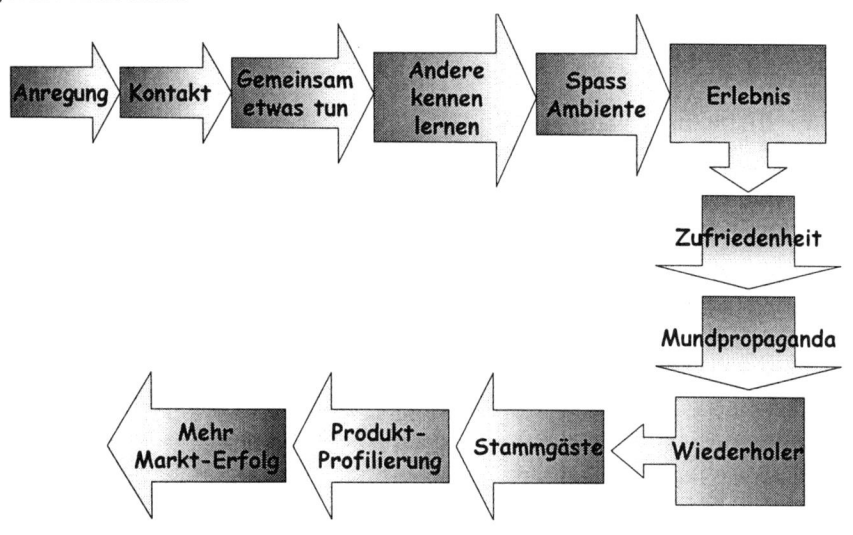

Anregung → Kontakt → Gemeinsam etwas tun → Andere kennen lernen → Spass Ambiente → Erlebnis → Zufriedenheit → Mundpropaganda → Wiederholer → Stammgäste → Produkt-Profilierung → Mehr Markt-Erfolg

**Abbildung VII - 1  Auswirkungen der partzipativen Animation auf Gäste**

Einen positiven Nebeneffekt hat diese Arbeitsweise, gerade angesichts der Tatsache, daß die Hotellerie erhebliche Probleme bei der Suche nach geeigneten und qualifizierten Mitarbeitern hat: ganz offensichtlich ist für den Mitarbeiter, der direkt in die Aktivitäten mit den Gästen einbezogen ist, sein Arbeitsplatz attraktiver, er findet mehr Befriedigung und Selbstbestätigung bei seiner Tätigkeit. Deshalb ist in solchen Häusern die Personalfluktuation wesentlich niedriger als in vergleichbaren Häusern ohne dieses integrative Konzept.

---

[8] Das Konzept der partizipativen Animation liegt für Interessenten bei *animation consult* bereit.

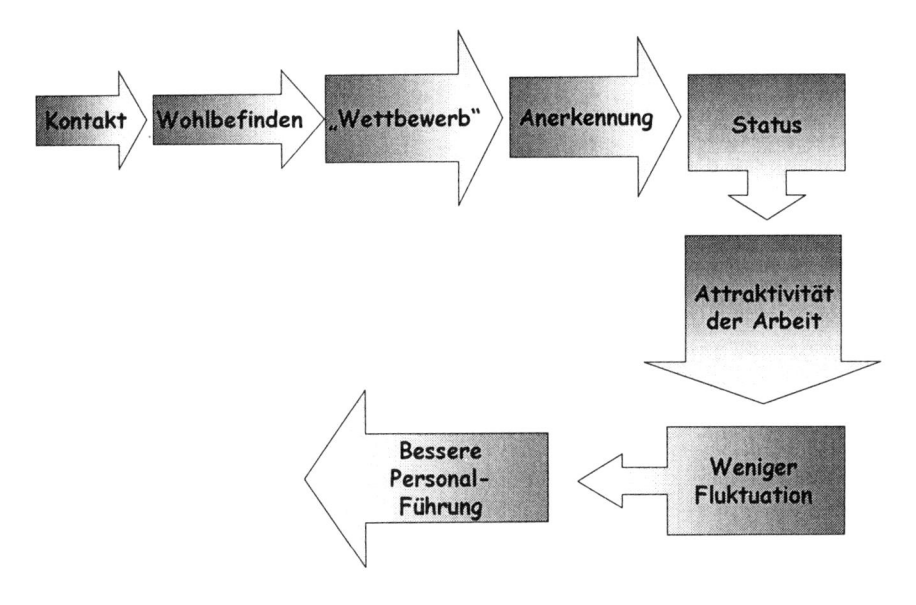

Abbildung VII - 2    Auswirkungen der partzipativen Animation auf Mitarbeiter

Es darf hier nicht unerwähnt bleiben, daß allerdings auch die Früchte dieser Arbeit nicht von alleine zu realisieren sind. In Häusern mit dieser Arbeitsweise wird in erheblichem Umfang in Personalschulung, Personalmotivation und Programmberatung durch qualifizierte Animationberatung investiert. Die Führungsanforderungen steigen.

Das Beispiel zeigt, daß auch die mittelständische Ferienhotellerie gute Marktchancen hat, wenn sie die Idee der Animation in den Betrieb integriert.

Die Chance dieser persönlich geführten Häuser liegt darin, daß sie durch die Person des Besitzers/Direktors und seiner Mitarbeiter immer ein unverwechselbares Pofil gewinnen, gleichgültig, wie äußerlich ähnlich die Gästeprogramme, die Aktivitätsprogramme, auch sein mögen. Das ist die konkrete Form des „Emotional Branding", wie es in Kapitel II. beschrieben wurde. Das persönliche, das emotionale Profil entscheidet und ist eine sehr gute Chance für die Zukunft.

## 4. Jugendreisen

Animation spielte bei organisierten Jugendreisen schon immer eine große Rolle. Im „Bundesforum Kinder- und Jugendreisen e.V." haben sich Dachverbände und große Organisationen in Deutschland zusammengeschlossen, um Qualitätsmaßstäbe zu finden und Leitlinien zu entwickeln. Vier aktuelle Beispiele von Projekten einzelner Mitglieder des Bundesforums sollen veranschaulichen, wie mit guter Ferienanimation auch pädagogische Ziele umgesetzt werden können:

1. Das Projekt „Gut drauf"; eine Jugendaktion der Bundeszentrale für gesundheitliche Aufklärung in Verbindung mit Transfer e.V.[9]
2. Das Projekt „Auf den Spuren der Wikinger", bei dem die Naturfreundejugend[10] Deutschlands sich im Rahmen ihrer Projekte unter dem Oberbegriff „Online mit der Natur" bemüht, den jungen Reisenden den Zugang zur Natur und zur Geschichte des Reisezieles zu erleichtern.
3. „Abenteuer Europa" im KiEZ, dem Kinder- und Erholungszentrum Güntersberge im Harz, hat das Ziel, die Idee eines vereinten Europa zu fördern, indem schon 12 - 14jährige Jugendliche aus 13 Nationen an fremde Sitten und Gebräuche herangeführt werden.
4. Qualitätszertifizierung der Animation in einem KiEZ-Zentrum in Sachsen

## a) Die Modellprojekte „GUT DRAUF auf Jugendreisen"

Will man Verhalten verändern, so geht das am besten, wenn die Gefühlswelt angesprochen wird, man sich über Erlebnisse und Erfahrungen annähert. Und dafür eignen sich Reisen besonders gut. Fern von alltäglichen Tagesabläufen ist man eben offener, schneller bereit, sich auf etwas Neues einzulassen, Erfahrungen zu sammeln. Die fehlende „Routine des Alltags" gibt die Freiheit zum Experimentieren. Die Jugendaktion GUT DRAUF sucht Jugendliche, Pädagoginnen und Pädagogen dort anzusprechen, wo sie zusammen sind. Über die Gestaltung dieses Zusammenseins wird erfahrbar, was jugendgerechte Ernährung, Bewegung und Entspannung sein können. Um die Möglichkeiten der Umsetzung zu erproben, wurden sieben Modellprojekte durchgeführt.

Die Bundeszentrale für gesundheitliche Aufklärung (BzgA) hat als Initiator das Grundlagenkonzept entwickelt und in den vier Interventionsfeldern „Schule", „Reisen", „Sportvereine" und „Jugendhäuser" kompetente Kooperationspartner damit beauftragt, dieses Konzept auf den jeweiligen Bereich abzustimmen und Projektlinien zu entwickeln, die als konkrete Modellprojekte im Feld durchführbar sind.

Als konkretes Resultat ist ein Praxisheft entstanden: Darin finden sich Anregungen, die an ganz verschiedenen Orten entstanden sind: In Zeltlagern an der französischen Kanalküste, einem griechischen Jugendferienclub oder in einer alten Schule im Westfälischen.

---

[9] Planung, Durchführung und Dokumentation dieser Modellprojekte wurde von transfer e.V. (Köln) koordiniert. Transfer, ein „Servicebüro für Internationale Begegnung, Jugendreisen und Anders Reisen", arbeitet seit Jahren im Feld der trägerübergreifenden Aus- und Fortbildung. Der Verein suchte sich für das Projekt GUT DRAUF verschiedene Partner und kooperierte mit Reiseanbietern. Das erwähnte Arbeitsheft und ein Forschungsbericht sind dort erhältlich.
Adresse: Paulshofstraße 11, 50767 Köln; Tel.: 0221 - 95 92 19-0; Fax 95 92 19-3 www.transfer-ev.de

[10] www.naturfreundejugend.de (Untermenü „Projekte")

## 4. Jugendreisen

Jeder, der mit Jugendlichen auf Reisen geht, kann dieses Heft nutzen und gesundheitsfördernde Angebote in sein Reise-Programm integrieren. Das Praxisheft „Jugendreisen" gibt Anregungen und Hilfestellungen besonders für

- Jugendgruppenleiterinnen und Jugendgruppenleiter von freien Trägern,
- Lehrerinnen und Lehrer auf Klassenfahrten,
- „an"-professionalisierte TeamerInnen von Jugendreiseveranstaltern,
- ÜbungsleiterInnen in Sportvereinen und
- MitarbeiterInnen in der schulischen und außerschulischen Bildung.

Aber auch „professionelle" Reiseanbieter profitieren von diesem Heft: Das Kapitel „GUT DRAUF-Jugendreisen: vom Konzept zum Produkt" ist speziell für diejenigen gedacht, die sich mit übergreifenden Planungs- und Gestaltungsfragen von Jugendreisen beschäftigen und nach gesundheitsfördernden Anregungen im GUT DRAUF-Kontext suchen:

*Anders reisen - anders erleben*

- *Reisen bieten Möglichkeiten, langjährig erlernte Gewohnheiten in Frage zu stellen und den tatsächlichen Bedürfnissen auf die Spur zu kommen. Ähnlich wie bei Erwachsenen reichen die Wünsche jugendlicher Urlaubsreisender vom Extrem des „nur ausruhen und faulenzen" bis zum fast stressigen „Neues erleben um jeden Preis".*
- *Essen wird zu einer Inszenierung in Urlaubsatmosphäre und deshalb mehr als Nahrungsaufnahme, es eröffnet zugleich den Zugang zu Land und Leuten. Ähnliche Übertragungsmöglichkeiten werden auch für die Aspekte „Bewegung" und „Entspannung" gesucht sowie für weitere Urlaubsformen wie Campingurlaub oder Winterreisen.*

Der Kooperationspartner „transfer e.V.", ein Service-Büro für Jugendreisen und internationale Begegnungen, setzt auf die gezielte Ergänzung bewährter und bekannter Reisekonzepte. So werden in einem Jugendclub Wege ausprobiert, die auf Konzentration und Ent-Spannung setzen statt auf Leistung und Wettkampf.

**Synergetische Effekte**

„Gut drauf" führt Experten und Praktiker unterschiedlicher Disziplinen und Felder zusammen. Planung und Realisierung von Projekten führt zur zeitgleichen Erarbeitung von Methoden und Medien durch spezialisierte Kooperationspartner der BZgA. Durch ständige und institutionalisierte Kommunikation der Kooperationspartner werden synergetische Effekte genutzt. Das Ziel: Durch gegenseitige Anregungen fachübergreifend verwendbare und übertragbare Ergebnisse.

**Komplexes Netzwerk**

So entsteht ein komplexes Netzwerk von Daten, Meinungen und Konzepten. Eine Qualitätskontrolle prüft die Verwertbarkeit auf der Grundlage verbindlicher Definitionen von Begriffen und Inhalten. Diese Aufgabe wird u.a. von drei Arbeitsgruppen geleistet, die für die Themenfelder „Ernährung", „Bewegung" und „Stressbewältigung" alltagstaugliche Gütestandards entwickeln. Die Einhaltung dieser Standards in den einzelnen Projektelementen wird überwacht. Die Ergebnisse fließen in die Arbeit ein. Ihrer Kontrolle dient auch eine ständig aktualisierte wissenschaftliche Dokumentation und Evaluation.

## b) Auf den Spuren der Wikinger
Modellmaßnahme im Rahmen des Projektes „Online mit der Natur"

Die Grundidee dieser Modellmaßnahme war es, eine Fahrradtour durch landschaftlich reizvolle und vielseitige Regionen Schleswig-Holsteins mit einer Auseinandersetzung mit der Geschichte und Kultur der Wikinger zu verbinden. Bei der Konzeption und Planung der Maßnahme wurde vor allem versucht, das Thema Wikinger über die wenigen noch sichtbaren Reste in der freien Landschaft […] hinaus in die Maßnahme einfließen zu lassen, ohne daraus eine Studienfahrt zu machen. Gleichzeitig vermittelte die eher langsame Art der Fortbewegung per Rad und die zwischenzeitliche Nutzung von Booten und Fußwegen ein Gefühl für die räumlichen und zeitlichen Dimensionen vergangener Zeiten. Durch praktische Inputs, die mit Hintergrundinformationen ergänzt wurden, gelang darüber hinaus der Versuch einer möglichst ganzheitlichen Herangehensweise an das Thema Wikinger[11], ohne den Charakter einer Fahrradtour, bei der schließlich auch das Radfahren Selbstzweck war, zu verlassen. Das Team brachte das Thema Wikinger immer wieder in die Reise ein, ohne dabei mit einem schulischen Anspruch an ein Lernprogramm aufzutreten. Eher wurde ein Stil gewählt, auf interessierte Nachfragen hin das eigene Wissen weiterzugeben oder aber gemeinsam in der mitgenommenen Literatur und in Geschichten auf Entdeckungsreise zu gehen.

Ein kurzer Auszug aus der Ausschreibung: *Auf den Spuren der Wikinger - das heißt, wir begeben uns auf die Reise in eine wenig erforschte Welt voller Abenteuer und Magie! Lernen ihre Götter und Kulte kennen und fahren zu alten Runensteinen und Hügelgräbern. Auf unserer Radtour quer durch Schleswig-Holstein kommen wir auch nach Schleswig, wo die Überreste der Wallanlagen von Haithabu zu sehen sind.*

*Aber keine Bange - es geht nicht um blanke Theorie! Archäologen haben zum Beispiel einige Spiele der Wikinger entdeckt. Von einem Brettspiel konnten sogar die Regeln rekonstruiert werden. Aus Leder und Ton kann sich jeder ein eigenes Spielbrett und Spielsteine herstellen. Natürlich verraten wir euch auch die Regeln!*

*Daneben besteht die Möglichkeit, Schmuck und anderes aus Zinn, Leder und Ton herzustellen. Aus Speckstein lassen sich Formen anfertigen, in denen zum Beispiel Broschen und Kettenanhänger aus Zinn gegossen werden können. Den Zinn werden wir selber in kleinen Tiegeln einschmelzen. Aus Ton lassen sich rote und schwarze Perlen brennen.*

---

[11] Insofern unterscheidet sich die Maßnahme von Wikingerlagern o.ä., in denen für einen begrenzten Zeitraum das Leben der Wikinger nachempfunden oder gar simuliert werden soll; jedoch auch von einer reinen Radtour, die fast ausschließlich auf das heutige Landschaftsbild und seine Reize aufbaut.

*Eurer Kreativität sind (fast) keine Grenzen gesetzt. Auch Leder kann bearbeitet werden. Mit einfachen Techniken lassen sich Muster einstanzen. Dies machen wir uns auch beim Herstellen des Spielplans zunutze."*

**Erfahrungen während der Durchführung der Modellmaßnahme**

Schon bei der Vorbereitung mit den Jugendlichen aus Thüringen, die an der Modellmaßnahme teilnahmen, zeigt sich, dass das Thema Wikinger erwartungsgemäß auf ein großes Interesse stoßen würde. Auch die Ankündigung einer Fahrradtour steigerte die Attraktivität etwa gegenüber einer Wanderung: *„Ich weiß nicht, was einem das bringt, einen Weg abzulaufen, und das vielleicht sogar noch mehrmals ... Fahrradfahren ist doch abgrundtief obergeil, das fetzt mehr als laufen. Wenn dann noch das richtige Fahrrad da ist, könnt' ich Stunden fahren"* (männlicher Teilnehmer, 14 Jahre).

Fahrradfahren war für mehrere der Teilnehmer zwar ungewohnt, aber gerade deshalb auch spannend. Gerade zu Beginn gab es jedoch eine große Unsicherheit darüber, ob man sich die Tour zutraut oder möglicherweise nicht mitkommt und überfordert ist. Diese Unsicherheit wurde gleich zu Beginn der Fahrt angesprochen und verlor sich dann schnell. Schon nach kurzer Zeit wurde deutlich, daß große Problemfälle nicht auftreten und die Kondition der TeilnehmerInnen für die angepeilten Routen genügen würde. Erwartungsgemäß mussten insbesondere einige Jungen gelegentlich gebremst werden, sowohl in Bezug auf ihr Tempo als auch in Bezug auf Verkehrsregeln. Hier versuchte das Team jedoch mit großer Zurückhaltung zu agieren, da es viel Sympathie und Verständnis für die gerade bei gutem Wetter und auf abgeschiedenen Wegen entstehenden Freiheitsgefühle auf dem Fahrrad hatte.

**Das Leben der Wikinger praktisch**

Das Leben der Wikinger wurde vor allem nachmittags und abends nach den Fahrradetappen mit verschiedenen Angeboten weiter veranschaulicht. Bereits am ersten Abend wurden einfachen Brennöfen gefertigt, die für die Tonarbeiten der folgenden Tage (z.B. Herstellung von Spielfiguren für das Brettspiel der Wikinger) Verwendung fanden. In selbst hergestellten Specksteinformen wurde aus geschmolzenem Zinn Schmuck „wie bei den Wikingern" hergestellt.[12]

### c) *Eurocamp für Kids*[13]

„Abenteuer Europa" wurde im Juli 1999 im Kinder- und Erholungszentrum Güntersberge/Harz erstmals realisiert.

---

[12] Ausführliche Beschreibungen dieser praktischen Einheiten finden sich in der Dokumentation des Modellprojektes „Online mit der Natur". Bestelladresse: Naturfreundejugend Deutschlands, Haus Humboldtstein, 53424 Remagen-Rolandseck, Telefon 02228-9415-0, Telefax 02228-9415-22, www.naturfreundejugend.de

[13] Web-Adresse: www.eurocampkids.com

Wir zitieren aus dem Kurzbericht der Veranstalter[14]

*Ziel ist es, die Gedanken eines vereinten Europas über gemeinsame Kinderaktionen, wie zum Beispiel durch verschiedene Workshops im Bereich der bildenden und darstellenden Kunst, sowie durch zahlreiche Aktivitäten, die auf die Probleme der Kinder hinweisen, zu reflektieren.*

*Teilgenommen haben Kinder und Jugendliche aus Bosnien, Bulgarien, Deutschland, Dänemark, Frankreich, Israel, Kosovo, Rumänien, der Russischen Föderation, Südafrika, der Tschechischen Republik, der Ukraine und Ungarn.*

*Der geplante Programmablauf sieht neben individueller Freizeit auch zahlreiche Aktionen vor, bei dem die internationalen Begegnungen verstärkt und ein Zusammengehörigkeitsgefühl der Kinder aus verschiedenen Nationen entwickelt wird. Gemeinsame Stunden am Lagerfeuer, Abendveranstaltungen mit Tanz und Musik, Sport und Spiel im KiEZ; Burgspektakel auf der Burg Falkenstein und vieles mehr unterstützt das gegenseitige Kennenlernen und Knüpfen von Freundschaften.*

*Beim „1. Europakindermarkt"-Treffen unter dem Regenbogen, auf dem Marktplatz von Quedlinburg, konnten die Kinder und Jugendlichen ihren Europapass erwerben. Die dazu benötigten Kenntnisse erlangten sie durch den Besuch einzelner Stationen in Form von individuell gestalteten Pavillons der teilnehmenden Länder. Zum Europäischen Forum unter dem Motto" Kinder haben Rechte und nehmen sie auch wahr" werden die Kinder und Jugendlichen [...] auf ihre Probleme aufmerksam gemacht und können gezielte Fragen stellen. Anhand von Beispielen wird es den Teilnehmern möglich sein, über die Verwirklichung der Rechte der Kinder in ihrem Land zu berichten.*

*Beim großen Kinderjahrmarkt unter dem Motto „Europa - das bin ich" im KiEZ Güntersberge werden Jugendliche aus Europa (internationales Work-Camp mit vier Ländern) den Kindern Europas einen Abenteuerwald für Kids übergeben. [...] Dies bedeutet einen weiteren großen Schritt bei der Entwicklung der „Eurocamp - Idee" für Kinder in vielen Ländern Europas.*

Aus dem Programm 2002:

- *Harzlich Willkommen zum 6. Eurocamp*
- *Sport verbindet*
  *Internationales Sportfest mit vielen Attraktionen, Spiel und Spaß, Erster Spatenstich für Eröffnung einer Sportanlage, Sportlerball mit Siegerehrung.*
- *Schatzsuche im Hexenwald, Hexenabenteuer und Burgspektakel, Hexenspektakel am Lagerfeuer.*

---

[14] Landesverband Kinder- und Jugenderholungszentren Sachsen-Anhalt e.V., Geschäftsstelle, Unter den Eichen 2; 06507 Güntersberge/Harz; Tel.: 03 94 88 - 793 66 Fax 03 94 88 - 793 68; Dachverband: www.kieze.com

- „Künstlerwerkstatt": Kinder und Künstler arbeiten gemeinsam in Workshops
- Tanz um den Hexenkessel mit Hexenelixier und Teufelsgrill
- Europakindermarkt: Treffen unter dem Regenbogen auf dem Marktplatz in Quedlinburg

### d) Qualitätssicherung der Animation

Im Rahmen ihrer Diplomarbeit ist es Sandra Moll gelungen, in einem weiteren Kinder- und Erholungszentrum des KiEZ-Verbandes, im Waldpark Grünheide[15] in Sachsen, die dortige Animationsarbeit grundlegend zu analysieren und mit den Methoden modernen Qualitätsmanagements[16] ein komplettes Animations-System einschließlich des eigenen Animationshandbuches für die Mitarbeiter aufzubauen, verbunden mit der Entwicklung eigener Unternehmensleitlinien und Aufgabendefinitonen der dort beschäftigten Animateure.

Sie analysiert die wesentlichen Aspekte des Qualitätsmanagements, also Zielgruppen, Kundenerwartungen, Marketing- und Kundenbindungsstrategien.

*Die wesentlichsten Zielgruppen des Waldparks Grünheide sind neben Kindern und Jugendlichen Vereine und Familien. Zwischen und innerhalb der Zielgruppen bestehen unterschiedliche Interessen und Ansprüche. So erfordert die Betreuung einer Schulklasse andere Aspekte als die einer zeltenden Jugendgruppe, wobei es sich jeweils um Kinder und Jugendliche handelt. Bei der Programmerstellung im KiEZ wird dies in Betracht gezogen.*

Bei der Einführung der Animation als integrierter Leistung des Ferienzentrums stößt sie auf die nach wie vor allzu oft auftretenden Hindernisse:

*Da die beschriebenen Inhalte einer Animation auf die Abteilung Animation des Waldparks Grünheide zutreffen, ist die 1993 durchgeführte Umbenennung von „Programmgestaltung" in „Animation" gerechtfertigt. Demgegenüber steht jedoch eine mangelnde Identifizierung der Mitarbeiter mit den Bezeichnungen Animation bzw. Animateur. Dies liegt unter anderem an der Unkenntnis der eigentlichen Begriffsbedeutung, die den Mitarbeitern somit überzeugend zu erläutern ist.*

*[...] Aufgrund der werbewirksamen Öffentlichkeitsarbeit großer Ferienclubs, die ausschließlich Clubanimation beinhaltet, und infolge der erst später entwickelten integrativen Animation ist diese unter der Bevölkerung weniger bekannt. Das führt im Waldpark Grünheide teilweise zu Gästewünschen, die nicht erfüllt werden können. So erwarten viele Betreuer/Lehrer von der Animation ein strukturiertes Tagesprogramm, das die Kinder und Jugendlichen ständig beschäftigt und den Betreuern/Lehrern Freizeit und Unterhaltung gewährt. Wie bereits er-*

---

[15] Internet: www.waldpark.de
[16] Moll, Sandra: „Zertifizierung der Qualität im Kinder- und Jugendtourismus – am Beispiel der Animation des KiEZ Waldpark Grünheide/Sachsen"; unveröffentlichte Diplomarbeit am Lehrstuhl Tourismuswirtschaft der Fakultät Verkehrswissenschaften der Technischen Universität Dresden, Dresden 2001

*wähnt, gibt es im Waldpark Grünheide jedoch auch zahlreiche Programme, die lediglich der Betreuer / Lehrer durchführt.*
*Ferner wird vielfach angenommen, daß es sich bei den Mitarbeitern der Animation um Studenten oder Praktikanten ohne qualifizierte Berufsausbildung handelt. In Gesprächen mit den Gästen, über Werbebroschüren und andere Kommunikationsmittel sind diese Mißverständnisse jedoch zu verringern. Zudem tragen positive Mund-zu-MundPropaganda und zufriedene Kunden zur Verbreitung der Begriffsbedeutung Animation bei.[...]*

Ihre Folgerungen sind klar:
*Qualität in der Animation setzt vier wichtige Faktoren voraus:*
*1. Qualifizierte Animateure,*
*2. Infrastruktur und Ausstattung,*
*3. Unternehmensintegration,*
*4. Animationskonzept.*
*Die Qualität der Animationsleistung, d. h. der Programme und Veranstaltungen, hängt in entscheidendem Maße von den besonderen Fähigkeiten und Qualifikationen der Animateure ab. Der persönliche Kontakt zu den Gästen und die damit verbundene direkte Leistungserbringung stellen höchste und vielseitige Anforderungen an die Mitarbeiter. Damit bilden die Animateure die wesentlichste Komponente einer qualitativen Leistungserstellung in der Animation. Im Qualitätsmanagementsystem des Waldparks Grünheide ist diese Erkenntnis mit Hilfe eines geeigneten Personalmanagements zu berücksichtigen.*
An dieser sehr verdienstvollen Arbeit ist erkennbar, dass einer zukunftsorientierten Unternehmensleitung (wie hier der Geschäftsführung des KiEZ Waldpark Grünheide) durch qualitativ hochwertige Animation ein weites Feld der betrieblichen Profilierung und Verbesserung offensteht.

## 5. Club-Urlaub

**Ein ganz spezielles Urlaubs-„Produkt"**

Cluburlaub exisitiert seit den 50er Jahren, ist aber erst seit den 70er Jahren das am stärksten wachsende, spezielle Touristikprodukt, gleichzeitig auch das spektakulärste, was seine Erscheinungsform, seine Medienwirksamkeit angeht. Seine öffentliche Aufmerksamkeit steht in keiner Relation zu seinem tatsächlichen quantitativen Stellenwert im Gesamtrahmen des Tourismus.
„Cluburlaub" meint im Sinne dieser Studie die klassische, „reine" Erscheinungsform des Urlaubsclubs und die authentischen Clubanbieter. Dabei handelt es sich (in alphabetischer Reihenfolge) um:

1. **Club Aldiana**, NUR Neckermann und Reisen/Thomas Cook (seit 1972)
2. **Club Méditerranée** (selbständiger Reiseveranstalter, seit Juni 1950, seit 1998 im deutschen Vertrieb von DER-Tours)

## 5. Club-Urlaub

3. **Robinson Club** (Tochtergesellschaft von TUI und Steigenberger seit 1973, seit 1989 in alleinigem Besitz der TUI)
4. **Valtur** (rein italienischer Club-Veranstalter, seit 1975 mit Beteiligung von 22,5% durch den Club Méditerranée)

Darüber hinaus gibt es einige akzeptable Nachahmer, besonders in Nordafrika, also nach französischem Vorbild, sowie in anderen Mittelmeerländern, wie z.B. den „Club Vacanze" und den „Venta Club" in Italien; „Club Lykia World", ein Ex-Robinson-Club in Fethiye und den Club „Kastalia" in der Nähe von Alanya in der Türkei, die österreichisch-türkische „Magic Life"-Gruppe mit Betrieben vor allem in der Türkei, den österreichischen „Club Papillon" oder den „Interclub Atlantik" auf Gran Canaria.

Die unübersehbare Zahl von Budget-Clubs[17] und all-inclusiv-Angeboten, die verstärkt auf Animationsprogramme setzen und sich das Schild „Club" anheften, stiftet zunehmend Verwirrung und verursacht Entscheidungsprobleme bei den Kunden, macht eine Produkt- und Qualitäts-Abgrenzung schwierig und erfordert im Marketing- und Verkaufsbereich eine steigende Beratungskompetenz.

Zum Begriff Cluburlaub existieren noch immer zahlreiche Mißverständnisse, die sich hartnäckig in der Öffentlichkeit, ja sogar in den Köpfen von Fachleuten halten. Im Rahmen dieser Studie sollen deshalb die wesentlichen Begriffe, Vorurteile und Mißverständnisse klargestellt werden.

**Marktvolumen, Gästezahl**

Die Zahl der „echten" Club-Urlauber wird vielfach weit überschätzt. Cluburlaub erfaßt nur zwei bis fünf Prozent (!) aller deutschen Urlauber (1,3 bis 3 Mio. von 64,1 Mio. im Jahre 2001). Für den gesamten Bereich einschließlich All-inclusiv-Angeboten gibt es noch keine genauen Zahlen.

**Altersgruppen**

Eines der klassischen Mißverständnisse: Cluburlaub sei etwas für junge Leute. In Wirklichkeit spricht Cluburlaub die Altersgruppe zwischen 35 und 65 Jahren an.

Die Gründe: Zunächst einmal die finanziellen Möglichkeiten (Cluburlaub ist ein Hochpreisprodukt), dann auch die Vorstellungen von Urlaub, die in der Altersgruppe der 20- bis 30jährigen gänzlich anders sind als sie der hochorganisierte Cluburlaub zu bieten vermag.

Darüber hinaus sind Ehepaare und Familien erst etwa ab der Altersgruppe um 35 Jahre „aus dem Gröbsten heraus", um gemeinsam mit ihren Kindern die Angebote des Cluburlaubs überhaupt finanziell in Anspruch nehmen zu können.

Die Marktführer planen bereits eine Aufsplittung ihrer Marken in unterschiedliche Preis-Segmente, z.B. bei Robinson die Aufteilung in „Select" und Familien-Clubs; eine „Economy"-Schiene ist angedacht.

Das Durchschnittsalter der Gäste im Robinson-Club liegt z.B. bei ca. 42 Jahren,

---

[17] Beispiele sind „Young & Sports" von Thomas Cook, „1-2-Fly" oder „Family" der TUI, die „Calimera Aktiv Hotels" der ITS oder „Club Alltoura" von Alltours.

bei Club Aldiana nur geringfügig niedriger. Das gleiche gilt ebenso für Club Méditerranée.

**Animation**

Im Cluburlaub wurde die Animation von vornherein als integrierter Leistungsbestandteil des Produktes verstanden und auch praktiziert. Der klassische Club ist ohne Animation undenkbar. Wer in einen Ferienclub reist, erwartet Animation und will Animation.

**Zwang**

Es gehört zu den klassischen Vorurteilen, man sei im Club – ganz besonders beim Club Méditerranée – zum Mitmachen gezwungen bzw. die Animation übe direkt oder indirekt Zwänge zum Mitmachen aus. Das populistische Stichwort in den Medien und der Kulturkritik ist „Zwangsbeglückung". Das schlägt sich besonders bei den Klischees über den Club Méditerranée in Begriffen wie „*Zwanghaftigkeit, Überreizung, Übertreibung, Katzenjammer*"[18] nieder.

Sicherlich entwickeln die Aktivitäten der Animation und die Beteiligung der Gäste eine bestimmte Form von Eigendynamik, die sich in einer aktiven, angeregten Atmosphäre niederschlagen und unter bestimmten Umständen einen gewissen Gruppendruck entstehen lassen, dem vor allen Dingen sensible Gemüter kaum Widerstand entgegenzusetzen haben. Es entsteht zuweilen das Gefühl, diskriminiert zu werden, wenn man nicht mitmacht. Dieser gruppendynamische Effekt ist aber ursächlich nicht der Animation vorzuwerfen.

Die Clubanbieter reagieren seit Jahren mit dem Begriff der „sanften Animation" auf diese Vorwürfe; dabei handelt es sich im Kern genau darum, wofür hier in dieser Studie stets eingetreten wird.

**Sport**

Den meisten Menschen fällt zum Begriff „Animation" zunächst nur „Sport" ein, oft beschränkt sich die Gesamtvorstellung von Animation auch nur auf den sportlichen Bereich. Das Sportangebot ist – ebenso wie die Animation – integrierter Bestandteil des Clubproduktes, und zwar im umfassenden Sinne. Das breite, im Regelfall sowohl von der Ausstattung als auch von dem Lern- und Lehrangebot her hochqualifizierte Sportangebot gehört zum Club. Wer dieses Angebot nicht oder nur gering nutzt, für den ist Cluburlaub unnötig teuer.

Unterschieden werden muß zwischen Inclusiv- und Exclusivangeboten:

- Der Club Méditerranée (auf der französischen Mentalität aufbauend) hat stets alle Sportangebote, auch kostenaufwendige Sportarten wie Wasserski oder Segeln, im Preis mit einkalkuliert. Das führt oft noch immer zu dem Irrtum, der Sport sei kostenlos.
- Die deutschen Clubanbieter gingen von vornherein den anderen Weg, daß das Grundangebot an sportlichen Spielen im Preis inbegriffen, die teuren

---

[18] aus einem unveröffentlichten Manuskript des „Verein zur Förderung der Animation", Innsbruck Januar 1989

## 5. Club-Urlaub

personal- und materialaufwendigen Sportarten nur von denjenigen Gästen zusätzlich zu bezahlen sind, die sie auch tatsächlich wahrnehmen.

- Der „Club Aldiana" bemüht sich hier um ein zusätzliches Marktprofil – durch weitere qualitative Steigerung nicht nur im Bereich des Sportequipments, sondern vor allen Dingen auf dem Feld der Schulungs- und Lehrangebote durch besonders hochqualifizierte Sportlehrer und Animateure.

**Eigenarten**

Cluburlaub ist eine hochspezialisierte Urlaubsform, die sich nur für bestimmte Urlauber und für bestimmte Urlaubsvorstellungen eignet. Diese spezifischen Eigenarten, die in dieser Summe, Vielfalt und Kombination nur im Cluburlaub angeboten werden, lassen sich mit folgenden Stichworten beschreiben:

Cluburlaub braucht den „Clubgast":

- Aktiver Gast, sportlich, hohes Maß an Eigeninitiative.
- Höheres Einkommen (Cluburlaub ist ein Hochpreisprodukt).
- Der Club braucht kommunikationsfähige und kommunikationsbereite Gäste. Der Club ist kein Angebot für Kontaktarme[19]; kein Problemlöser der „privaten Krisen".
- Extrem kinderfreundlich und kindergeeignet. Ideal für Paare und Familien mit und ohne Kindern. Gut für alleinerziehende Eltern mit Kindern.
- Weniger geeignet für Singles und Einzelreisende: Sie haben oft erhebliche Akzeptanzprobleme (insbesondere bei Paaren), es sei denn, sie sind ungewöhnlich integrativ veranlagte Charaktere. Hier liegt nach wie vor eines der großen Missverständnisse in der öffentlichen Meinung: vielfach wird Cluburlaub als „ideal" für Singles aufgefasst.
- Vom Gast wird Initiative erwartet; die Animation lädt ein, ermutigt, fordert auf, erwartet aber, daß der Gast sich beteiligt, partizipiert.

**Sonstige Eigenheiten**

- Typisch für den Ferienclub sind <u>Animationsteams</u>, deren Größe sich je nach Konzept zwischen 20 Animateuren in deutschen Clubs und 150 G.O.'s beim Club Méditerranée bewegt, entsprechend die Relation zwischen Gästen und Animateuren: ein G.O. auf ca. zehn Gäste bei „Club Méditerranée und ein Animateur auf ca. 50 Gäste bei Aldiana/Robinson.
- Scheinbare <u>Gettobildung</u>: Die Gettobildung ist keinesfalls beabsichtigt, aber unvermeidlich, weil der Club seine umfassende, im wesentlichen im Preis eingeschlossene Serviceleistung für die eigenen Gäste gegen „Schnorrer" von außen absichern, also „abschließen" muß.

---

[19] *„14 Tage Cluburlaub machen aus einem häßlichen Entlein, einem Mauerblümchen, noch keinen strahlenden Schwan".* – Brigitte Scherer in ihrem Artikel: „Mehr als alles ist immer noch zuwenig"; FAZ Nr. 167, 21. Juli 1988

- Charakteristische Abendprogramme: Spectacles, Show, Ausstattungs-Revuen und Entertainment in großen, auch technisch erstklassig ausgestatteten Amphitheatern.
- Gutes Preis-Leistungsverhältnis, aber auf hohem Niveau.
- Relativ hohe Nebenkosten für Getränke, Clubkleidung und Ausflüge.

**Service**

- Der Club hat spezielle, hochentwickelte, hochorganisierte Serviceformen:
- Konsequent <u>reduzierter</u> Service (Buffets, viel Self-Service; Frühstück im Zimmer ist auch gegen Geld in normalen Clubs nicht zu bekommen).
- Nur Vollpension, gegessen wird am Achter-Tisch.
- Es gibt Perlengeld, Kreditkarten/Chipkarten oder Getränkebons (Wintersportclubs), meist also Zahlungssysteme, bei denen der Gast erst zahlt, bevor er verzehrt!
- Grundsätzlich Selbstbedienung oder am Achter-Tisch reduzierter „Platten-Service".
- Diese speziellen Serviceformen sind unumgänglich und auch unausweichlich, es gibt kaum Alternativen.
- Scheinbarer Überfluß an allem, aber in Wirklichkeit hart kalkuliert (ausladende Buffets und kostenloser Tischwein sind bei einer Vollpensionskalkulation wirtschaftlich tragbar).
- Die Clubs sind groß (400 bis 1000 Gäste), daher hochorganisiert, der Tagesablauf stark strukturiert (Programm, Sport, Essen).

**Schlußfolgerung**

Brigitte Scherer[20]: *„In knapp einem Jahrzehnt wurde [...] der Club zur Luxuskreuzfahrt an Land, bei der sich der ins Grau des Alltags verstrickte Mensch [...] den vermißten Glamour zuführt."*

Eine ganz spezifische Urlaubsform, auf keinen Fall für jeden Urlauber, aber ideal für die richtigen Gäste, für die richtige Urlaubsmentalität.

### *a) Die großen Club-Organisationen und ihre Eigenarten:*

**Club Méditerranée**

Die geistigen Wurzeln des Club Méditeranée liegen einerseits in der glorifizierenden und gleichzeitig idealisierenden Erinnerung an das Erlebnis der Sportgemein-

---

[20] Scherer, a.a.O., siehe Anmerkung 19

## 5. Club-Urlaub

schaft und Sportkameradschaft der 30er Jahre[21] und andererseits (bzw. gleichwertig und gleichzeitig) im Schock der jungen Generation angesichts der Katastrophe des Krieges und des Chaos der Nachkriegszeit und ihrer Sehnsucht nach Frieden, Freiheit und Brüderlichkeit, den klassischen Idealen der französischen Revolution.

Der Club Méditerranée ist der Geburtsort des Begriffes Cluburlaub und ist gleichzeitig das vielbewunderte und einmalige französische Feriensystem. Der Club Méditerranée ist in seiner Konstruktion und seiner Entwicklungsgeschichte, in seinem Charakter und seiner Realisation, eine einmalige, nämlich französische „Institution", vor allen Dingen aber eine unnachahmliche und nicht übertragbare, nicht reproduzierbare eigene Welt.

Erstes Merkmal ist die Club-Mitgliedschaft. Ein Urlauber in einer Anlage des Club Méditerranée fühlt sich nicht so sehr als Gast in einem Hotelbetrieb, sondern tatsächlich als ein Mitglied (als „Gentil Membre" oder „G.M.") in seinem Club, seinem Clubdorf. Und jeder andere der mit ihm anwesenden Gäste ist gleichzeitig Mitglied, man ist unter sich. Das Bewußtsein der Mitgliedschaft schafft zunächst einmal das Gefühl der Solidarität, der Zusammengehörigkeit und der geringeren sozialen Distanz.

Ein weiteres, wesentliches Charakteristikum des Club Méditerranée ist die Isolierung des Clubdorfes. Ein jedes Clubdorf ist sozusagen „exterritorial", perfekt isoliert gegen jeden fremden Einfluß, und zwar in doppelter Hinsicht, sowohl gegenüber der einheimischen Bevölkerung als auch gegenüber anderen Urlaubern, die im gleichen Gebiet Urlaub machen, aber nicht Mitglieder des Clubs sind. Dadurch wird das Clubdorf zu einem fest umrissenen, genau definierten Lebensraum und in seiner Begrenzung[22] auch vom Urlauber, vom Club-Mitglied, als solcher wohl auch gewünscht und akzeptiert.

Das dritte Charakteristikum des Club Méditerranée ist eine mehr oder minder exakt artikulierte Ideologie bzw. ideologische Vorstellung. Sie wurde vom französischen Soziologen Raymond als „konkrete Utopie" bezeichnet und stellt im Grunde den idealistischen Traum von der heilen Welt dar: Es geht darum, den Gesetzen des Alltags zu entfliehen und die natürlichen Beziehungen der Menschen untereinander und ihre Begegnung mit der Natur zu ermöglichen. Das Clubdorf[23] repräsentiert damit auch die Realisation eines ideologischen Systems: Eine menschliche Gruppe, beschränkt auf einen Bereich der Natur, die wiederum strikt auf die Entfaltung dieser menschlichen Gruppe zugeschnitten ist – wie der „Garten Eden" oder „die Inseln des Glücks":

---

[21] Die wenigsten wissen, daß der eigentliche „Gründervater" des Club Méditerranée, der Belgier (!) Gérard Blitz, vor dem Krieg belgischer Schwimmeister und ein bekanntes Sportidol (!) war.

[22] Die Animation im Sinne dieser Studie, wie sie von den Autoren in ihrem Inhalt und in ihrer Wirkung definiert und geschildert wird, soll eigentlich genau das Gegenteil dieser Gettobildung erreichen: Sie soll den Urlaubern eine Atmosphäre der Offenheit bieten, offen zu sein für neue Kontakte, für Umgebung und Umwelt.

[23] Raymond, Henri: „Recherches sur un village de vacances", in: Revue Française de Sociologie, Vol. I., No. 3, Paris 1960, Seite 323 ff

Die Idee der Insel, des Garten Eden – eines paradiesischen, in sich abgeschlossenen, privilegierten Raumes, der sämtliche Bedürfnisse befriedigt, der außerdem eine Reihe von idealen Qualitäten besitzt, auf den sich eine Gruppe von Menschen in ihren Ferien ganz bewußt beschränkt. Raymond sagt, dieser Raum sei „Objekt" und „Symbol" gleichzeitig:[24]

- <u>Objekt</u>, weil das Clubdorf das Maß aller Dinge ist, aller Aktivitäten, aller sozialen Beziehungen und aller Beziehungen mit der Außenwelt.
- <u>Symbol</u>, weil die Abgeschlossenheit des Feriendorfes, seine Gestaltung und seine Zweckbestimmung, dieses mit dem Traum von der Freiheit identifiziert.

Ein Clubdorf des Club Méditerranée bietet praktisch allumfassend sämtliche Ferien-, Urlaubs- und Freizeit-Gestaltungsmöglichkeiten, die denkbar sind.

Bereits in den 60er Jahren findet sich eine frühe Analyse in einer Beschreibung in einem Artikel von Jürgen Zimmer:[25]

*„Vom ersten Nachmittag an lernen sie alle, auf dem Instrumentarium der im Preis inbegriffenen Möglichkeiten zu spielen: Sie gehen segeln und trödeln mit dem Segellehrer über das Wasser. Sie fahren Wasserski, wenn auch nicht so gut wie der Moniteur [...] Sie spielen Ping-Pong, zwischendurch Volleyball oder Minigolf, treiben Gymnastik und Yoga, lesen Bücher und gehen auf Exkursionen, in Booten über das Meer oder auf Mauleseln in die Berge.*
*Abends von 6.00 – 7.00 Uhr konzertante und stereophone Musik zwischen brüchigen Mauern, Blick vom Riff aufs Meer."* [...]

*„Unterhalb des Palazzo liegt ein Swimmingpool, daneben die Bar, daneben die Tanzfläche, fünf Mann spielen Beat und Jazz. Die Animatrice sorgt dafür, daß Kontaktschwierigkeiten gar nicht erst bewußt werden, sondern die unschlüssigen Beobachter am Rande der Tanzpiste ihr Glas wegstellen und mitmachen, selbst wenn sie nicht verstehen, was das Mädchen ihnen erzählt."* [...]

Der Club Méditerranée besitzt ein ganz ausgeprägtes System der inneren <u>Kontakterleichterung</u> und der Intensivierung der Kommunikation. Wir zitieren weiter Jürgen Zimmer:

*„Vom vierten Tag an kennen viele viele. Cliquen gibt es kaum, denn zu jeder Mahlzeit sitzt man anders. Vom vierten Tag an bestätigt sich auch die gruppendynamische Regel, nach der mehr Kontakt zu mehr Sympathie führt, vom vierten Tag an wird klar, daß hier mehr Chancen bestehen als andernorts, den kleinen täglichen Terror eine Zeit lang zu lassen. In dieser halbwegs exotischen Situation werden Konventionen vergessen, die erst einmal aufgegeben, sich auch als überflüssig erweisen. Schließlich ist es egal, wie man angezogen ist. Es ist egal, ob man seinen Tischnachbarn mit Namen oder Vornamen anredet, niemand schert sich darum, wer wen und wer wen nicht liebt. [...] Die private Befreiung*

---

[24] Raymond, a.a.O., Seite 327
[25] „Die ZEIT", Nr. 40, 1968

## 5. Club-Urlaub

*ließe sich für ein paar Wochen leben, wenn nicht die fehlenden äußeren Zwänge durch die allemal noch bestehenden inneren wettgemacht würden."*

Es gehört ebenfalls zum Club Méditerranée, daß ein Teil des üblichen Hotelservice reduziert oder gar abgeschafft ist, Selbstbedienung am Buffet während der Mahlzeiten und daß die gesamte <u>Personalstruktur</u> der Dörfer anders aufgebaut ist: Der Chef de Village ist die universelle Kompetenz im Dorf, sucht zum größten Teil seine gesamten Mitarbeiter selbst aus und prägt damit deren persönlichen Stil und nicht zuletzt den spezifischen Stil des einzelnen Clubdorfes.

Das Selbstverständnis der gesamten Mitarbeiter beschränkt sich nicht auf ihre Dienstleistungsfunktion, z.B. als (Sport)-Moniteur oder „Gentil Organisateur" aus dem Bereich Empfang, Planung, Boutique, Bar, Buffet etc., sondern jeder der Mitarbeiter, der von seiner eigentlichen Aufgabe frei ist, mischt sich unter die Gäste und wird damit zum Träger der Animation.

Der Club wäre nicht der Club, wenn sich der Chef de Village, der Musiker, der Koch, die Kindergärtnerin lediglich und ausschließlich als Chef, Musiker, Koch und Kindergärtnerin fühlen würden. Jeder hat zwar seine genaue Arbeitsdefinition, darüber hinaus sind aber alle ein Teil der Animation des Clubs.

Die G.O.s sind im Grunde keine Animateure, sondern vielmehr reguläre Mitarbeiter im Club mit ihrer jeweiligen Funktion im Betriebsablauf. Die meisten G.O.s kommen aus Bereichen wie Empfang, Planung, Kasse, Boutique, Barmann, Collierverkäuferin, Spieleverleih, Buffetdekoration, Platzanweisung etc. Darüber hinaus gibt es die Sport-Moniteure für Reiten, Segeln, Schwimmen etc. aber: jeder G.O., der von seiner eigentlichen Aufgabe frei ist, mischt sich unter die Gäste und nimmt an organisierten und improvisierten Veranstaltungen teil. Im Vordergrund steht also seine Bereitschaft, der Schwerpunkt liegt auf dem permanenten Angebot. Im Vordergrund der personellen Aktivität im Club steht also die scheinbar unbegrenzte Teilnahmebereitschaft aller Clubmitglieder (G.M.s <u>und</u> G.O.s) und schafft damit ein permanentes, zahlenmäßig sehr hohes personelles Angebot.

Zuletzt gehört zur Philosophie des Clubs und zu seinen mehr oder minder geheiligten Prinzipien die Idee der Freiwilligkeit, der Freizügigkeit, der absoluten Freiheit für eine bestimmte Zeit, die allerdings in ihrer Realisation immer wieder kritisch betrachtet werden muß. Dazu wieder Jürgen Zimmer:

*„Die private Befreiung ließe ich für ein paar Wochen leben, wenn nicht die fehlenden äußeren Zwänge durch die allemal noch bestehenden inneren wettgemacht würden, denn auch das ist zu sehen: Daß die, die behaupten zu tun, was sie wollen, es von sich aus nicht können. Eine Woche nur und die Rollen sind verteilt wie zu Hause: Der Clown ist da, der Gehemmte, der Abwartende, der Überspieler. Ich sehe, daß die Pärchen einander bewachen und sich geben wie die Besitzer von Briefmarkensammlungen. Ich sehe jenen, der mir sagte, der Satz „ich warte auf Dich" auf der Tanzfläche gesprochen, würde das weitere schon regeln; ich sehe ihn über die Lektüre seiner Zeitung am Abend nicht hinauskommen. Die Versuche derer bleiben unbeholfen, die den Moniteuren ihr simples Leben neiden. Wer Mitglied des Clubs ist und sein Ziel akzeptiert, kann trotz alledem nicht unversehens spontan leben, wenn Eltern, Chef oder Ehefrauen spontane*

*Aktionen bisher durch eine Vielzahl von Auflagen oder Sanktionen gedämpft haben. Er kann nicht Gefühle preisgeben, wenn er bisher bei Versuchen, sich anderen zu öffnen, verletzt worden ist. Er kann nicht auf Täuschungen verzichten, wenn er mit Täuschungen Erfolg hatte." [...] Der Club, Teil einer profit- und leistungsorientierten Gesellschaft, der seine wirtschaftliche Existenz und seine Attraktion eben jenem System verdankt, welches er während der Ferien abzuschaffen gedenkt."*

Dieses Modell der Überlagerung der Arbeitsbereiche der G.O.s oder auch der Animateure ist wahrscheinlich (aus Gründen der unterschiedlichen Struktur von französischen Vorstellungen über Ferien und Urlaub und nicht zuletzt auch aus arbeitsrechtlichen Gründen) nicht auf andere Projekte oder Unternehmen übertragbar.

Aus diesem Grund arbeiten wir in dieser Studie mit einer weiteren Fassung des Begriffes Animation und der Vorstellung von der Funktion des Animateurs. Aus diesem Grund auch bezeichnen wir Animation als spezifisches Arbeitsfeld des Animateurs und sehen ihn nicht so sehr in der Doppelfunktion eines normalen Hotelangestellten, der sich in seiner arbeitsfreien Zeit in einen Animateur verwandelt.

Die gesellschaftliche Entwicklung der letzten 35 Jahre ist natürlich auch am Club Méditerranée nicht spurlos vorübergegangen. Auf eine kurze Formel gebracht, entwickelte sich die „französische Institution" zum weltweiten internationalen Urlaubskonzern.

Dabei waren zum Teil erhebliche Schwierigkeiten zu überwinden:

Die Zahl der Gäste des Club Méditerranée aus Deutschland stagnierte über viele Jahre bei ca. 55.000. Der Grund war in erster Linie die Sprachbarriere oder anders ausgedrückt: Die Zahl der frankophilen, frankophonen Deutschen, die vom Lebens- und Urlaubsstil und auch von ihrem Einkommen her sich den Club Méditerranée leisten konnten und wollten, ist offensichtlich begrenzt.

Ein spektakulärer Versuch, die Sprachbarriere zu beseitigen, wurde nach nicht sehr überzeugenden Erfolgen wieder abgebrochen. Man glaubte, die Formel: „*Le Clöb schpriischt döitsch*" gefunden zu haben. Mit der völligen Umstellung eines Club Méditerranée (z.B. in Gregolimano auf der griechischen Insel Euböa) auf die deutsche Sprache ging offensichtlich das spezifische Element, die attraktive und charakteristische Eigenart des „Club Med", verloren. Er wurde unattraktiv.

Die Impulse kamen interessanterweise aus dem US-amerikanischen Markt:

Die Amerikaner entdeckten ihre Liebe zum Club Méditerranée, verlangten aber keine totale Amerikanisierung (dann wäre der Reiz wieder verloren gewesen). Vielmehr bildete sich dort die Kernzelle dessen, was heute im Konzern in Paris als „Internationaler Club" bezeichnet wird, ein französischer Club mit starken internationalen Elementen, was sich in der Sprache (französisch, englisch, deutsch) und auch in der Zusammensetzung der G.O.'s ausdrückt:

Der Chef de Village ist im Regelfall ein Franzose. Seine Mannschaft setzt sich aus bis zu 15 verschiedenen Nationen zusammen und stellt damit sicher, daß Sprachkenntnisse und auch Mentalität einem internationalen Publikum in bunter Mischung adäquat gerecht werden. Die starke Expansion des Club Méditerranée in

## 5. Club-Urlaub

den USA, in der Karibik, in Mittel-und Südamerika aber auch in Asien (für den japanischen Markt!) führte dazu, daß alle Mitarbeiter, alle Träger dieser französischen Institution, gelernt haben, stärker auf andere einzugehen, nationale Eigenarten zu tolerieren und zu akzeptieren.

Das Klischee der nationalen Vorurteile besagt, Franzosen seien „National-Chauvinisten". Der Club Méditerranée beweist, daß auch eine große Organisation bis hinunter zum kleinsten Mitarbeiter in der Lage ist, nicht-französische, also andersartige Wünsche, Bedürfnisse und Urlaubsstile zu akzeptieren, zu tolerieren und zu integrieren und damit die Wünsche der internationalen Gäste, also z.B. der deutschen Gäste, der Italiener, der Amerikaner zu erfüllen.

Der Club Méditerranée ist heute an den italienischen Valtur-Clubs beteiligt, so daß er auch für diesen ganz besonderen, eigenen italienischen Markt ein adäquates Produkt anbieten kann.

Die neuen Trends sind beim Club Méditerranée deutlich zu erkennen:

Sie lassen sich mit zwei Begriffen beschreiben

a) Auffächerung der Gastronomie,

b) mehr Komfort.

Gastronomie:

Die Großrestaurants in den großen Clubs, die bei aller architektonischen Gestaltung dennoch Riesenspeisehallen waren; die G.M.s, die an ihren Achter-Tischen und mit der französisch-temperamentvollen Mentalität manchmal einen fast unerträglichen Lärm oder gar Chaos erzeugten, weichen einer anderen Konzeption. Nicht jeder Gast, vor allem nicht jeder Gast jeder Nationalität, will immer und stets am Achter-Tisch essen. Die Vielfalt der Auswahl an den Buffets macht inzwischen die Buffets so groß und so unübersichtlich, daß Ratlosigkeit, Unsicherheit und Hilflosigkeit bei den Gästen deutlich zu beobachten sind.

Die Antwort: Statt eines großen Achter-Tisch-Restraurants gibt es drei, vier oder fünf kleinere Restaurants, von denen eines selbstverständlich das klassische Club Med Achter-Tisch-Restaurant ist. Die anderen aber sind kleine Spezialitätenrestaurants mit kontrastierendem Speiseangebot und natürlich auch kontrastierender Inneneinrichtung, also z.B. ein italienisches Pasta-Restaurant, ein Restaurant mit asiatischer/chinesischer Küche, ein Restaurant mit lokalen oder regionalen Spezialitäten. Der Gast kann zu jeder Mahlzeit wählen, in welchem Restaurant er essen möchte, und hat damit nicht nur die Wahl zwischen unterschiedlichen Essensangeboten und unterschiedlichem Ambiente, sondern er hat auch Alternativen zum Achter-Tisch, wenn er einmal mit seinem Partner oder seiner Partnerin zu zweit einen gemütlichen Abend in einem Club-Restaurant verbringen möchte.

Komfort:

In den meisten der Clubs sind die Strohhütten abgeschafft, nur für die „letzten Romantiker der ersten Stunde" werden noch einige wenige reine Hüttendörfer betrieben (z.B. auf Corfu und auf Djerba); ansonsten herrscht zeitgemäßer Bungalow- oder Hotelkomfort, bis hin zur Klimaanlage und zum Zimmertelephon. Und die Türen sind schon längst abschließbar...

Neue, z.T. spektakuläre Club-Eröffnungen der Luxus-Klasse in Portugal und Südfrankreich („Opio" mit integriertem Konferenzangebot) bestätigen diesen Trend; und die Jungfernfahrt der größten Segelschiffe der Welt, der „Club Med I." und „Club Med II", war nur der nächste, konsequente Schritt in die gleiche Richtung.

In den 90er Jahren geriet das Unternehmen allerdings wirtschaftlich in eine beträchtliche Schieflage; die Vertreter der Gründerfamilie Trigano verließen die Zentrale, der neue Präsident Philippe Bourguignon erreichte mit massiven Sanierungs-Eingriffen seit dem Jahre 2000 einen Turn-around.

Der Club Méditerranée beweist damit trotz seiner Größe und weltweiten Orientierung, daß die Entwicklung niemals stehen bleibt, daß eine stetige Anpassung an die sich verändernden Bedürfnisse der Gäste notwendig ist. Auch französische Institutionen haben lernen müssen, in europäischem oder gar weltweitem Maßstab zu denken und zu handeln.

## b) Die deutschen Alternativ-Entwicklungen
### Club Aldiana und Robinson Club

Auf dem deutschen Urlaubsmarkt werden die Ferienclubs immer beliebter. In den letzten 10 Jahren weisen sie beständig zweistellige Zuwachsraten aus. Im Jahre 1999 bewirteten allein ALDIANA und ROBINSON zusammen etwa eine halbe Million Gäste. Damit sind auch die deutschen Clubs erfolgreicher als die meisten anderen Angebote der Ferienhotellerie.

Alle Clubs sind landschafts- und umweltbewußt geplant und sollen durch ihre dörfliche Atmosphäre die Kommunikation unter den Gästen erleichtern. Sie halten ein möglichst vielseitiges Sport- und Unterhaltungsprogramm bereit und repräsentieren durch ihren Stil das Gastland. Eine hervorragende Strandlage ist bei anspruchsvollen Kunden ebenso gefragt wie zunehmend die Möglichkeit, aus dem Club heraus Land und Leute kennenzulernen.

Die wesentlichen, auf der deutschen Mentalität und auf Marketingüberlegungen basierenden Unterschiede zum Club Méditerranée, sind, in Stichworten:
- Teurer Sport extra zu bezahlen,
- Unterkunft komfortabel,
- Zielgruppen: in erster Linie für den deutschsprachigen Markt (Bundesrepublik, Österreich, Schweiz) mit gewissem internationalen Anteil (Holland, Belgien, Skandinavien und lokale Märkte in Italien).

Als Zielgruppe im CLUB ALDIANA (und damit als Abgrenzung gegenüber ROBINSON) kristallisieren sich immer mehr die sportlich aktiven Gäste heraus: Sie wünschen vor allem erstklassiges Sportequipment und exzellente Trainingsmethoden. Die Animation – einst Schwerpunkt im Club-Alltag – sei heute nur noch der „Zuckerguß oben drauf", sagte Norbert Gratzel, der frühere Aldiana-Geschäftsführer; Gisela Sökeland, seine Nachfolgerin bis 2002, erklärte im September 1999 sogar, die Gäste seien der Animation überdrüssig.

## 5. Club-Urlaub

Zugleich, das zeigt ein Blick in die Reiseprospekte wie die bereits mehrfach erwähnten Programme von „Young & Sports" oder „1-2-Fly" mit ihren „Fun-Clubs", haben sich zahlreiche Ferienhotels in „Club" oder „Clubhotel" umbenannt.

Sie folgen einer neuen Tendenz oder sie möchten evtl. ihre Belegungsprobleme damit lösen. Es gibt allerdings auch eine Gegenbewegung: Clubs, die deutlich betonen, daß sie auf Animation verzichten, z.B. „Dr. Koch Club Natura Oliva".

Seit der Umstellung auf „Zeit für Gefühle" in den 90er Jahren wird auch bei „Robinson" die Philosophie eher mit Marketing-Texten als mit klar erkennbaren Beschreibungen im Prospekt vermittelt. Dazu wird der nach Meinung der Autoren noch immer fragwürdige Versuch unternommen, Animateure als „Robins" zu beschreiben, um die Begriffe „Animation" und „Animateur" möglichst schamhaft umgehen zu können. Der gesamte Prospekt enthält im Grunde keinen einzigen Hinweis auf die großen Animationsteams in jedem Club. Das führt zu einem sich stetig aufblähenden Umfang der Nomenklatur, wie „Roby", Robs", „Robs on stage", „Robin", „Robins" etc. Im Sommer 2002 ist das Angebot der Robinson-Clubs auf reine Listings neben den Illustrationen im Prospekt reduziert, bei einzelnen Clubs wird auch nur die Vielzahl der möglichen Aktivitäten aufgeführt, aber noch 2001 wurde „Club-Lyrik" vermittelt. Beispiele:

*Klasse*
*Mit renommierten Airlines in die Ferne.*
*Herzlich willkommen in den Nachbarländern*
*Österreich und Schweiz.*
*Gut ankommen, von Anfang an wohlfühlen,*
*wissen, es ist an alles gedacht.*
*Ihr Platz im Bergrestaurant? Ist reserviert.*
*Sonnenschirm, Liegestuhl am Strand?*
*Die ROBINS haben dran gedacht.*
*Die ROBINS, Ihre Gastgeber.*
*Bei aller Professionalität*
*die Freundlichkeit und der Charme*
*in Person.*

*Well*
*Nicht nur nach Herzenslust schlemmen,*
*sondern auch gesund genießen.*
*Sorgsam ausgewogene Ernährung als Basis*
*für Wellness und Fitness.*
*ROBINSON WellFit - das Wohlfühlprogramm*
*für Körper und Seele. In aller Frische:*
*In der ROBINSON Küche sind nur vollwertige*
*Zutaten in erstklassiger Qualität zugelassen.*
*Für höchsten Genuß:*
*Otto Koch, weltweit gerühmter Starkoch,*
*ist seit Anfang 1996 für ROBINSON*
*auf dem Weg*
*zu neuen Sternen.*

*Wert*
*Mehrwert-Gefühle:*
*Tagesfrische Top-Qualitäten*
*fürs genußvollere Essen und Trinken.*
*Neuestes Equipment von Markenfirmen*
*für Sport, Fitness und Wellness.*
*Neueste Trainingsmethoden*
*durch ständige Schulung der Profi-Sportlehrer.*
*Pädagogisch geschulte ROBINS,*
*kreative Erlebnisprogramme*
*für Kinder und Jugendliche.*
*Unterhaltungsprogramme im Zeitgeist.*
*Begeisterung für eine schöne Zeit.*
*Und was fällt Ihnen in Sachen*
*Preis-/Leistungsverhältnis ein? Preis wert?*
*Eben!*

*Preis*
*Ausgezeichnete Perspektiven:*
*Die Leistungen von ROBINSON sind*
*erste Preise wert. In groß angelegten,*
*jährlichen Umfragen setzen Gäste und*
*Touristikexperten, ROBINSON mit schöner*
*Regelmäßigkeit auf den Spitzenplatz.*
*Erster Platz für ein Urlaubsangebot,*
*in dem, alles enthalten ist:*
*das schöne Wohnen, das genußvolle Schlemmen.*
*der Sport, die Unterhaltung,*
*die Klassik-Konzerte, die Disco-Nächte.*
*die Kinder- und Jugendprogramme.*
*Die Zeit für Gefühle. Gute Gefühle.*

### Die Krise der Club-Animation

„Animation in der Sackgasse?" fragen sich kritische Beobachter der Clubszene bereits seit Jahren. Im Rahmen der Club-Animation hat sich eine ganze Reihe von Fehlentwicklungen herauskristallisiert, die unserer Vorstellung von Animation zuwiderlaufen. Wenn Johann F. Engel in einem Konzeptpapier zwar behauptet, *„... versucht keinen Wettbewerb mit dem Fernsehen oder Theater"*, so bleibt die deutlich zu beobachtende Tendenz, daß passiver „Medienkonsum" durch eine Überbetonung der Elemente Show und Entertainment nicht zu übersehen ist:

Ein fast zwanghafter Mechanismus von seiten der durch Entertainment verwöhnten Gäste, die „ihre" abendliche Show nicht missen möchten, über eitle Club-Chefs, die jedes Jahr bessere und größere Aufführungen verlangen, weil sie dem Zwang der vermeintlichen Eskalation (angeblich nach „immer mehr" und „immer besser als im Vorjahr")[26] ebenfalls unterliegen, bis hin zu Chef-Animateuren und ihren Teams, die sich süchtig gemacht haben, nach abendlicher „Selbstdarstellung" und Applaus, dieser Mechanismus bildet einen kaum mehr zu durchbrechenden Wirkungskreis.

Aus abendlichen, geselligen Animationsprogrammen ist eine „Kinovorstellung" geworden: Nach dem Abendessen strömt alles ins Amphitheater, nur um einen guten Platz zu ergattern; alles sitzt im abgedunkelten Rund des Theaters und wartet auf den Beginn, gesellige Kommunikation wird ersetzt durch ein wenig Small-talk mit dem Sitznachbarn; alles schaut auf die dunkle Bühne. Auf einer Tagung der Chef-Animateure wurde für diese Situation der Begriff „Testbildeffekt" geprägt.

Nach der Show, nach ausgiebigem Beifall für die Animateure und Akteure – zahlenmäßig am wenigsten mitwirkende Gäste – begibt sich das Gros der Gäste auf die Zimmer, wie nach einer Filmvorstellung: *„Das Kino ist aus, wir gehn nach Haus"*.

Die jahrelange Zusammenarbeit mit dem Musical-Unternehmen „Stella", die extern die Club-Shows produzierten, ließ zudem die Produktionskosten in Höhen klettern, die selbst einem Unternehmen wie Robinson nicht mehr finanzierbar erschienen. Die Rückbesinnung auf eigene Kräfte hat bereits begonnen: aus einem hochqualifizierten ‚Trainer-Pool' können die Clubs auf eigene Kosten Regisseure, Choreographen, Bühnen- oder Kostümbildner nach Bedarf abrufen. Die Entwicklung bleibt spannend.

Für die Animation hat der Zwang, die Gewöhnung, die süchtigmachende Lust an der Selbstdarstellung der Animateure, gravierende Konsequenzen:

☐ bei den Gästen verzerren sich die Maßstäbe, die Forderung nach immer mehr Perfektion in allen Bereichen, der Erwartungsdruck, steigt;

☐ die Idee der Integration, der Partizipation des Gastes an der Animation geht verloren; die Zahl der Gäste, die in den Abendshows mitwirken, sinkt; man

---

[26] „Mehr als alles ist immer noch zuwenig", kommentierte Brigitte Scherer in ihrer kritischen Bestandsaufnahme in der FAZ am 21. Juli 1988 (Siehe Anmerkung 19)

läßt sich von der Animation unterhalten; Animation wird nur noch für, aber nicht mehr <u>gemeinsam mit</u> dem Gast verwirklicht;

- die Verfügbarkeit der Animateure sinkt: mehr als die Hälfte eines großen Teams von Animateuren ist total absorbiert mit den z.T. unglaublich umfangreichen und arbeitsintensiven Show-Vorbereitungen, ist also für den Gast überhaupt nicht mehr verfügbar;
- die durchaus professionell aussehenden Abendshows verbrauchen mit ihrem z.T absurden Arbeitsaufwand einen großen Teil der Energie und Arbeitskraft der Animateure, so daß weder Zeit noch Kraft für die Kommunikation, für die Zuwendung zum Gast übrig bleibt.

Diese Entwicklung wird noch verschärft durch Entwicklungen im personellen Bereich der Club-Animation, genauer gesagt, durch das bei den Cluborganisationen vorherrschende Bild des Animateurs: der junge, „propere" Früh-Yuppie als der neuerdings offensichtlich vorbildhafte neue Typus des jungen Animateurs, sozusagen „hübsch und pflegeleicht". Ausführliche Gespräche mit erfahrenen Chefanimateuren der verschiedenen Organisationen zeigen folgende Symptome:

- menschliche Defizite, mangelnde Sozialisation:
  - Junge Animateure wollen und können gar nicht mehr kommunizieren; weder im Familienverbund noch in der Schule bzw. Ausbildung haben sie eine Chance gehabt, soziale Kompetenz zu erwerben; sie wenden zu wenig Zeit für den Gast auf – ihr Zeitmangel ist nicht so sehr Folge eines Dranges nach Perfektionierung ihrer Programme, denn das würde ja wirklich Zeit kosten – sondern eine „innere Unfähigkeit", sich dem Gast zu widmen. Es herrscht der Eindruck vor, als könnten sie nur noch untereinander gesellig sein; also nach der Show kein „Fest mit dem Gast" mehr, eigentlich überhaupt kein Fest mehr, nur noch „Feierabend".
- zu jung, mangelnde Lebenserfahrung:
  - Es werden im Rahmen der Anzeigenaktionen und bei der Personalauswahl zu junge Animateure eingestellt. Die sind angeblich leichter zu formen und zu führen, also „pflegeleichter". Dazu passen einige nachdenklich stimmende Beobachtungen:
    - Diese jungen Animateure wollen „von zu Hause" weg; und treffen im Club im Grunde genau wieder auf „ihre Eltern" als Gästetypus, dem sie doch eigentlich entfliehen wollten.
    - Diese jungen Animateure haben keine Geduld mit sich selbst; werfen bei jedem Problem sofort „das Handtuch".
    - Diese jungen Animateure sind nicht bereit, sich auf etwas Existentielles, auch auf Risiken, einzulassen, Neues zu erproben; also Lebenserfahrungen zu machen, zu sammeln. Sie sind im Grunde ihres Wesens spießig, konservativ und können gerade noch mit ihresgleichen umgehen. Das wird erkennbar an der Form „spießiger" Zweierbeziehungen in den Teams, die als Flucht bzw. Rückzug zu sehen sind – aber bitte doch nicht mit Gästen reden müssen oder sich gar mit ihnen abgeben....

- Die geregelte „Spießigkeit" als polemisches Bild unserer Gesellschaft spiegelt das Bild des Cluburlaubs und damit auch das Selbstverständnis des jungen Animateurs.
- Animationsteams, die diese jungen Animateure in hoher Zahl aufnehmen müssen, zeichnen sich durch einen auffallenden Mangel an eigener, kritischer Qualität aus – immer die gleichen, eingespielten Programme – den Gästen wird im Grunde nichts Ernsthaftes geboten, da die Gäste nicht mehr wirklich ernst genommen werden.

Eingebettet ist diese Entwicklung in einen äußeren Rahmen in vielen Clubs, der durch wachsende Größe und damit einhergehende, sich verstärkende Organisation und Reglementierung gekennzeichnet ist: die Anweisung an den Chefanimateur lautete, die Show dürfe nicht länger als 45 Minuten sein, wegen der Getränke-Umsätze...

Größe und Reglementierung erzeugen organisatorische Zwänge, die im Grunde das Gegenteil der versprochenen Freizügigkeit bewirken, und „Zeit für Gefühle" zur Fiktion werden lassen. Es regiert eine Art von ‚Dienstplan', die Animateure arbeiten meist „aus der Konserve" mit weitestgehend vorprogrammiertem Material, *„fast wie im normalen Leben"* sagte ein Animateur; das Ganze durchaus auf fachlich vorzüglichem Niveau, aber ohne die Freude, die Spaß-Kultur, die Phantasie, die den Cluburlaub seit den 70er Jahren so erfolgreich gemacht hatten.

Kritische Animationsfachleute beschreiben die Atmosphäre in vielen deutschen Clubs als „abgehoben", viel auf „fein" getrimmt, leicht unterkühlt. Die Qualitätsstandards sind zum Teil auf ein Niveau angehoben worden, das nur noch Gourmet-Verhalten und „edle Gastgeber" vorsieht, nicht aber die ursprünglich-herzliche Umgangsform: viele der neuen Führungskräfte sind inzwischen in ihrem Selbstverständnis (und auch Vorbildverhalten!) eher „Hoteliers" und für den Gast da, aber sehen ihre Arbeit nicht als Aufgabe gemeinsam mit dem Gast.

Dieses Niveau macht übrigens das Gesamt-Produkt außerordentlich reklamationsanfällig, die Gäste stellen Führungsmitarbeiter wegen jeder Belanglosigkeit zur Rede. Das wird bei ROBINSON durch den internen „Oskar" als permanente Form der Gäste-Befragung verstärkt, dessen wöchentliche Auswertungen oft zu eher entmutigten Reaktionen und Motivationsdefiziten bei den kritisierten Mitarbeitern führen.

Gespräche mit Chefanimateuren stimmen eher skeptisch: Da sich das „Ruder" nicht herumreißen läßt, muß die „Rückbesinnung" auf die Ursprünge der Animation im Clubbereich als langwieriger Umgewöhnungsprozeß – auch bei den Gästen – angesehen werden, vor allem in den Köpfen der Clubchefs und Chefanimateure. In seiner Promotions-Arbeit kommt Andreas Oltrogge zu einigen erstaunlichen Ergebnissen seiner Untersuchungen[27]: *„[...] scheint die Aussage zulässig,*

---

[27] Oltrogge, Andreas: „Der animationsgesteuerte Cluburlaub"; eine empirische Studie über Entstehung, Zusammenhang und Entwicklung einer modernen Urlaubsform, unveröffentlichte Dissertation an der Universität Zürich, 1990, Seite 134 – 139; die unserer Kenntnis nach erste systematisch-methodische wissenschaftliche Arbeit, die sich dieses Bereiches auf hohem Niveau annimmt (Archiv-Exemplar der Autoren).

*daß die Mehrzahl der Robinson-Gäste tatsächlich eine Integration vieler Gäste in den Abend-Programmen einer perfekt inszenierten Animations-Show vorziehen. [...] Zusammen mit dem ebenfalls mehrfach genannten Verbesserungsvorschlag ‚mehr Alternativen zum bestehenden Abendprogramm im Theater' (hier wiederum die Quote der sehr cluberfahrenen Gäste besonders hoch) scheint sich [...] zu bestätigen, wonach Gäste mit großer Cluberfahrung häufiger nach Alternativen zum abendlichen Showprogramm im Theater suchen."*

Nachdenkenswert sind diese Ergebnisse für die Cluborganisationen auf jeden Fall. Bescheidene Anläufe werden versucht, die Ergebnisse bleiben abzuwarten.

Wie schrieb schon in den 70er Jahren Johann F. Engel[28]: *„Unterhaltung? Ja! Sport? Ja! Kinderbetreuung? Ja! Animation? Ja – aber nur als echte, ehrliche Leistung!"*

Die Zukunft der deutschen Club-Unternehmen wird in vielen Presse-Veröffentlichungen mit Expansion und Diversifikation umschrieben:

Angebotsschwerpunkte sollen künftig den verschiedenen Interessen und individuellen Wünschen entgegenkommen. Nicht mehr ein Club wird alles anbieten, sondern jeder Club wird in einer spezifischen Offertenpalette eine bestimmte Klientel ansprechen: Die Rund-um-die-Uhr-Sportler und Kulturinteressierten, Familien mit Kindern oder Liebhaber turbulenter Animation. Immer mehr Cluburlauber wünschen ein internationales Club-Flair; für weniger Sprachgewandte ist dagegen das Attribut „deutsch" ein Grund zum Buchen – ein weiterer Grund für die Diversifizierung.

Immer stärker sind Sonderprogramme gefragt: Sie reichen bei Robinson von einem speziellen Lauf- und Fitnesstraining über Yoga und „Superlearning"-Sprachkurse bis zur Einführung in Astrologie und Esoterik. Es gibt in einem griechischen Club Kammermusikwochen und einige Clubs konzentrieren sich – neben den gängigen Sportangeboten – auf bestimmte besondere Sportarten, wie Tauchen oder Golf. Allein im Sommer 2002 werden 24 Events zu unterschiedlichsten Terminen in den verschiedensten Clubs angeboten, vom „WellFit Festival", „Fit for Fun Wochen" und „Wakeboarding" über „Dragon Boat" und „Inlineskate Academy" bis zu „Smart Marathon Camps", „Koch-Olympiade" und „Zeit für mich"-Wochen.

Cluburlaub als ursprüngliches Arbeitsfeld der Animation ist weiter auf dem Vormarsch. Die klassischen Angebote müssen sich stets den neuesten Trends anpassen, seien es neue Sportarten, Wellness- oder Fitness-Angebote, Workshops, Themenwochen und eine steigende Anzahl von Events. Die Zukunft liegt also in weiterer Produkt- und Servicediversifikation und einer noch stärkeren Aufspreizung der unterschiedlichen Preis- und Qualitäts-Strukturen.

---

[28] Einer der „Väter" und langjähriger Geschäftsführer der Robinson Clubs.

## 6. Einführung der Animation durch Reiseveranstalter

In den 70er Jahren haben Reiseveranstalter ganz bewußt Animationsprogramme im Rahmen ihrer Betreuungsarbeit für die eigenen Gäste in das Programm aufgenommen. Das diente in erster Linie der Produktprofilierung gegenüber den Mitbewerbern, sollte aber vor allem in den Feriengebieten die Angebotsdefizite von seiten der anderen Fremdenverkehrsträger (Hotellerie, Fremdenverkehrsgemeinden, etc.) abdecken, die zum damaligen Zeitpunkt mit eigenen Animationsprogrammen noch nicht so weit fortgeschritten waren.

Im Bereich der TUI erstreckte sich die Animation auf drei Bereiche:

1. Sportanimation für Hotelgäste an Stränden rund ums Mittelmeer
2. Altenbetreuung mit Animationsprogrammen für Langzeiturlauber, insbesondere auf Mallorca
3. Länderkundliche Animation, die im Berichtsband „Mehr Ferienqualität" vorzüglich dokumentiert ist.[29]

Verschiedene Entwicklungen im touristischen Bereich seitdem haben die Animationsangebote wesentlich verändert:

a. Die Angebote der Sportanimation von den Reiseveranstaltern sind von der Ferienhotellerie zu Recht als richtungweisende Anstöße und Impulse verstanden worden, die dazu geführt haben, daß vielerorts von Spanien bis zur Türkei die Ferienhotels eigene Programme aufgebaut, eigene Animateure eingestellt und das Angebot an Sport- und Spielanimation in zunehmendem Maße in eigene Hände genommen haben. Die Entwicklung einer unübersehbaren Zahl von Budget-Clubs mit Animation vor allem für Kinder und sportlichen Spielen für Erwachsene führte diese Entwicklung bis heute fort. Damit erübrigte sich nach und nach die Aktivität von seiten der Reiseveranstalter.

b. Seit etwa dem Jahre 2000 entwickeln allerdings die Veranstalter neue Produkte, wie z.B. „Eins-Zwei-Fly" oder „TUI-Family", wo die Unternehmen wieder einen Bedarf an eigenen Animateuren sehen, vor allem wohl, um die notwendige Produkt- und Service-Qualität sicherzustellen. Also werden Animationskurse für „Eins-Zwei-Fly" und „TUI-Family" durchgeführt: auf der Website www.tui-service.com kann man unter dem Menüpunkt „Jobs" genaue Beschreibungen („Scubi-Guides") und kure Anforderungsprofile finden. Dort ist auch sichtbar, dass der Begriff Animateur mit „Guide" ersetzt wird, wenngleich der Bereich durchaus als „Animation" bezeichnet wird.

c. Die länderkundliche Animation der TUI, die mit Vorbildcharakter in vielen Zielgebieten sehr engagiert und erfolgreich durchgeführt wurde, scheiterte immer mehr an der restriktiven Handhabung der Arbeitsmöglichkeiten durch ausländische Fachanimateure im Bereich der länderkundlichen Gästeführung: In den meisten Ländern erzwingen gesetzliche Regelungen die absolute

---

[29] „Mehr Ferienqualität", Dokumentation zum Wettbewerb des Bundesministers für Wirtschaft, zwei Bände, Studienkreis für Tourismus, Starnberg 1978

## 6. Einführung der Animation durch Reiseveranstalter

Bevorzugung einheimischer, qualifizierter Gästeführer, ohne Rücksicht auf die animativen oder gruppenpsychologischen Defizite. Durch die lokalen Gesetze wurden die länderkundlichen Animationsprogramme der TUI buchstäblich an den Rand gedrückt. Ein Ausweg: Man macht aus der Not eine Tugend und stellt ausländische Guides nach eigener Schulung durch die TUI im Rahmen der länderkundlichen Animation ein und beschäftigt sie in den jeweiligen Heimatländern.

d. Die Bereiche der Altenbetreuung und Animationsprogramme für Dauerurlauber haben sich bei der TUI im wesentlichen auf zwei Zielgebiete konzentriert, nämlich die Kanarischen Inseln mit Gran Canaria und Teneriffa und die Balearen, insbesondere Mallorca. Hier ist ein stabiles, sehr phantasievolles, breites Angebot aufgebaut worden.

Insgesamt bleibt festzuhalten, daß die außerordentlich verdienstvollen ersten Entwicklungsschritte der Reiseveranstalter als Impulse auf die Fremdenverkehrswirtschaft, die Ferienhotellerie in vielen Ländern sehr fruchtbare Auswirkungen gehabt haben und dazu geführt haben, daß heute animative Angebote von seiten der Fremdenverkehrsorte, Hotelgesellschaften und Ferienhotels in diesen Ländern selbständig und mit eigenen Mitarbeitern den Gästen angeboten und zur Verfügung gestellt werden. Hier hat also eine Animations-„Entwicklungshilfe" im Laufe der Jahre ihre Früchte getragen.

# Anhang

## Programm-Praxis

### *Vorbemerkung*

Dieses Buch wendet sich auch an Praktiker der Animation. Die Erfahrung der letzten Jahre zeigt, daß viele Hoteliers, Mitarbeiter von Tourismus-Verbänden, viele Freizeit- und Urlaubsbetreuer, Gästebetreuer und freie Animateure vielfach nur auf ihr selbsterarbeitetes Material zurückgreifen können, weil die oft weitverstreuten Arbeitsanleitungen nicht „greifbar" sind. Die Autoren können auch hier kein Arbeits-Handbuch mit praktischen Anleitungen für die unüberschaubar vielfältigen Animationsprogramme liefern, die sich in die letzten 30 Jahren entwickelt habe. Die Cluborganisationen hüten (verständlicherweise) ihr eigenes Know-how; andere Veröffentlichungen sind nicht in Sicht. Daher wurden einige Praxisbeispiele der früheren Auflage überarbeitet, um sie dem Leser und Praktiker als Arbeitsanleitung an die Hand zu geben.

Ein richtungsweisender Artikel, der für die meisten Leser nicht erreichbar ist, wird hier ebenfalls als Ergänzung der Materialsammlung abgedruckt.

Im Internet ist unter www.animation.de zusätzlich jeden Monat eine detaillierte Arbeitsanleitung für ein spezielles Animationsprogramm als Download verfügbar. Es ist sogar daran gedacht, das vorhandene Programm-Know-how in Form einer Lose-Blatt-Sammlung als Praxis-Handbuch zu veröffentlichen. Nähere Informationen bei den Autoren.

### Planungs-und Bewertungs-Checkliste für Animationsprogramme

Planungsunterlagen für Praktiker

Die Darstellung des folgenden Schemas verfolgt zwei Ziele:

1. Beschreibung einzelner Animationsprogramme mit allen Gesichtspunkten der Planung und Durchführung, als Anregung zur eigenen Realisierung.
2. Die Benutzung des Beschreibungsschemas, welches diesen Beispielen zugrunde liegt, soll gleichzeitig zeigen, in welcher Weise dieses Schema zur vollständigen Neuplanung oder Erweiterung eigener Programme nützlich und sinnvoll sein kann.

Der besseren Übersicht halber stellen wir das Schema hier nochmals in den Arbeitsmaterialien als Kopiervorlage dar; das gleiche Schema wird im Kapitel IV. „Bereiche der Animation" benutzt.

## Kopiervorlage: Checkliste

Diese Checkliste können Sie mit dem Faktor 120% auf einem Kopierer vergrößern und zur Vorbereitung von Animationsprogrammen nutzen.

| Planungsunterlagen für Praktiker | | © animation consult |
|---|---|---|
| Checkliste zur Planung und Beschreibung von einzelnen Animationsprogrammen | | |
| 1. Programm | Name: | |
| | Bereich: | |
| 2. Charakterisierung | „improvisiert" bzw. „organisiert": | |
| | Für wen, regelmäßig bzw. als „Höhepunkt": | |
| 3. Teilnehmer | Anzahl: | |
| | Alter: | |
| | Zusammensetzung: | |
| 4. Attraktion | Mitmachen bzw. Zuschauen: | |
| 5. Zeit | Zeitpunkt der Vorbereitung: | |
| | Zeitpunkt der Durchführung: | |
| | Dauer: | |
| 6. Ort | | |
| 7. Information | Wann ? Wie ? Wen ? | |
| 8. Vorbereitungen | Material (Geräte, Anlagen): | |
| | Ausrüstung (Kleidung usw.): | |
| | Personal: | |
| | Kosten: | |
| 9. Alternativen | Wetterabhängigkeit: | |
| | Teilnehmerzahl: | |
| 10. Ablauf | Gesichtspunkte der Gestaltung (Atmosphäre): | |
| 11. Wirkung | Was wird durch dieses Programm erreicht bzw. bezweckt? | |

## Beispiel: Programm-Checkliste

für ein Animationsprogramm, das z. B. in einem Hotel „Bonanza" als *„Bonanza-Spiele"* angekündigt werden würde.

**PROGRAMM-CHECK-LISTE**
**BEREICH: SPORT/SPIEL**

| | |
|---|---|
| Programm | „[Hotelname]-Spiele" Typ: „Spiel ohne Grenzen" |
| Charakterisierung | Team-Spiel, teilnehmeraktiv, zuschaueraktiv |
| Teilnehmer-Zahl | 2 Teams à 6 – 10 Personen |
| Umfang | 7 einzelne Team-Wettbewerbe mit sportlichem Spielcharakter |
| Zeit | ca. 2 Std. Dauer, 15.00 – 17.00 h, Wochenmitte |
| Ort | Swimming-Pool-Nähe, möglichst ein gut geeignetes Gelände für Land- und Wasser-Spiele (Volleyball-Feld) |
| Einrichtung | Lautsprecher-System (Public Adress System) für Ansagen, Tonbandgerät/ Cassettenrecorder, Mikrophon, Spielmaterial (s. Einzelspiele), Trillerpfeife, Stoppuhr; Anzeigetafeln, Kreide, Team-Hemden (oder Mützen, Badekappen, Armstreifen, o.ä.) |
| Personal | 1 – 2 Helfer zum Auf- und Abbau |
| Vorbereitung | Ankündigung als Sonder-Ereignis bei Info-Cocktail/ Wochenprogramm; Plakatierung am Tage vorher; Vorbereitung des Geländes (Säubern, Staubbinden); Materiallisten, auf Wetter und Wind achten; Teambesprechung; Siegespreise (z.B. Urkunden, Spezialitäten-Essen für Siegerteam); Gezielte persönliche Ansprache geeigneter Teilnehmer unter den Gästen (bei Spielbeginn kommen die Gäste nicht immer von selbst zur aktiven Teilnahme!); Zusammenstellung einer „neutralen" Gäste-Jury. |
| Eine Stunde vorher | Material ? Technik ? Regeln ? Änderungen ? |
| Ablauf | Beginn: Musik von Casette über Lautsprecher (wie Sportsendung im Radio). Ansage per Mikrofon: Begrüßung, Einladung an die Mitspieler, sich einzufinden; Teamaufstellung (gleiche Anzahl Damen in beiden Teams!), alle Spieler in Badebekleidung; Teamleiter wählen lassen. Gäste-Jury plazieren. WICHTIG: Spielcharakter betonen, KEIN Wettkampf, KEIN Leistungsdruck ! |

# Beispiel Wettspiele

| | |
|---|---|
| Wett-Spiele: | |
| Prinzip: | Kombination von Einzelübungen zu komplexen, lustigen Wettbewerben |
| Ablauf der Einzelwettbewerbe: mit lustigen Namen | „Wasser-Spring-Sack"[a] <br> „Boccia-Basket"[b] <br> „Wasser-Rodeo"[c] <br> „Ballon-Springen"[d] <br> „Fußball-Hindernislauf"[e] <br> „Kellner-Sänfte"[f] <br> „Baumstamm-Schwimmen"[g] |
| Durchführung: | Spielablauf genau erklären; Regeln vorher genau erklären; Punkte-Bewertung vor jedem Spiel bekannt geben. Während der einzelnen Spiele Beschreibung im Reporter-Stil mit Mikrophon für den Zuschauer. Punktestand nach jedem Spiel als Zwischenergebnis. Keine langen Umbaupausen zwischen den Spielen (Vorbereitung!). Gäste-Jury hilft bei strittigen Entscheidungen und bei evtl. Protesten der Teamleiter. |
| Ende | Direkt nach dem letzten Spiel offizielles Ende ansagen (Mitspieler sind müde). Siegerehrung entweder direkt nach Bekanntgabe des Endergebnisses oder: kein Endergebnis bekanntgeben und Ansage: wann und wo Siegerehrung. |
| Kurze Spiel-Erklärung (als typische, beliebig variierbare Beispiele): | a) Sackhüpfen mit wassergefüllten 1-Liter-Blechdosen, als Staffette, im Team; Ergebnis aus niedrigster Zeit in Sekunden und Punkten pro cm-Wassermenge im Ziel-Eimer entscheidet. <br> b) Zielwerfen mit Boccia-Kugeln in einen hohen, schmalen Weidenkorb (Vorsicht bei Kindern). <br> c) Im Pool eine halbaufgeblasene Luftmatratze oder LKW-Reifen mit darauf befestigtem schmalen Holzbrett: solange wie möglich darauf stehen bleiben. <br> d) Über dem Pool Ballons an einer Leine: um sie zu erreichen, muß man vom Rande aus hoch und weit ins Wasser springen; Team versucht, in vorgegebener Zeit, so viele Ballons wie möglich zum Platzen zu bringen. <br> e) Slalom-Strecke im Gelände (gegen die Zeit) mit Fußball so schnell wie möglich zu durchlaufen. <br> f) Drei Spieler eines Teams: zwei bilden mit Armen und Händen einen Sitz, der dritte Spieler transportiert ein Tablett mit Wasserbechern sitzend über eine bestimmte Strecke. <br> g) Ein oder zwei Baumstämme als Hindernisse in der Schwimmbahn im Pool, müssen beim Wettschwimmen überwunden werden. |

## Planungshilfe Tabelle „B"
zur Einführung der Animation[1] aus Kapitel VI., Seite 249

| | | | | | | | | | Animations-Programm | Animations-Mitarbeiter | Material | Kapazität (Gäste) | Personal Haupt- | Personal Hilfs- | Bemerkungen |
|---|---|---|---|---|---|---|---|---|---|---|---|---|---|---|---|
| | | | | | | | | | | | | | | | |
| | | | | | | | | | | | | | | | |
| | | | | | | | | | | | | | | | |
| | | | | | | | | | | | | | | | |
| | | | | | | | | | | | | | | | |
| | | | | | | | | | | | | | | | |

**Bereichs-Planung**

**Tabelle „B"** Kopiervorlage

---

[1] Zur besseren praktischen Nutzung dieser Planungsformulare empfehlen wir, sie auf die Größe DIN A-4 zu vergrößern: mit der Zoom-Einstellung auf 125 % bis zu 144%

## Aus- und Fortbildung von Animateuren

Es bestehen Möglichkeiten der Primärausbildung inzwischen an zahlreichen deutschen Universitäten, Berufsschulen und Fachhochschulen.
Dabei ist zu unterscheiden zwischen folgenden Ausbildungsebenen[2]:
- Universitäten, Kunsthochschulen, Pädagogische Hochschulen
- Fachhochschulen (z.B. Internationaler Studiengang „Angewandte Freizeitwissenschaft" der Hochschule Bremen URL: www.hs-bremen.de)
- Fachschule, Kollegschule, Abendschule u.ä.
- Sonstige Organisationen (z.B. Wohlfahrtsverbände, Fortbildungsinstitute, Vereine usw.)

**Inhaltliche Differenzierung:**
Zur Zeit lassen sich vier unterschiedliche <u>inhaltliche</u> Bereiche der Primärausbildung unterscheiden:
- a. Freizeit allgemein mit pädagogischer Ausrichtung (häufig als Erweiterung sozialpädagogischer Ausbildungsgänge einschl. der Diplompädagogik)
- b. Kultur und Kunst als inhaltliche Freizeitschwerpunkte in wissenschaftlichen oder künstlerischen Ausbildungsgängen
- c. Tourismus und Reisen (häufig mit betriebswirtschaftlicher Ausrichtung, aber auch mit pädagogischer Orientierung in Richtung Reiseleitung, Animation, Studienreiseleitung)
- d. Sport mit besonders ausgeprägter Orientierung am Freizeit-und Breitensport und am Gesundheitssport.

Im Bereich außerhalb der Hochschulen haben sich eine Reihe von Bildungsträgern etabliert, die seit Jahren kontinuierliche Aus- und Weiterbildungsangebote machen. (Siehe auch Kapitel V. Seite 191)
- agb-Seminare, Salzburg/Österreich – www.agb-seminare.at
- BSA-Akademie, Berufsakademie f. Freizeit & Fitness, Mandelbachtal/Berlin www.bsa-akademie.de bzw. www.bsa-touristik.de
- EPS Bonn – www.epsbonn.de
- **imm** Institut für Marketing&Management in Rostock www.imm-rostock.de
- IST-Studieninstitut für Sport, Freizeit und Touristik in Düsseldorf www.ist-web.de
- SSI Institut für Tourismus und Marketing, SSI am Alex – www.ssi-berlin.de bzw. www.ssi-institut.de

---

[2] In diesem Zusammenhang verweisen wir auf die Veröffentlichungen, die auf Seite 190 im Kapitel V. erwähnt sind.

## Lebensqualität[3]

Konstellation der objektiven Lebensbedingungen und des subjektiven Wohlbefindens von Individuen und Gruppen in einer Gesellschaft. Von der älteren Wohlfahrtsökonomik zu Beginn des 20. Jahrhunderts geprägt, bezeichnet Lebensqualität als sozialwissenschaftlicher Terminus heute einen mehrdimensionalen Wohlfahrtsbegriff, der vornehmlich auf den individuellen Bereich zielt.

Im Umfeld findet sich eine Reihe Termini mit ähnl. Bedeutung, die sich wie z. B. *Lebensbedingungen*, *Lebensverhältnisse* und *Lebenssituation* auf die sich langsam wandelnden Grundlagen der individuellen Lebensgestaltung oder, wie *Lebensstil*, auf die individuelle Gestaltung des Lebens im Rahmen familiärer und nichtfamiliärer Haushaltsformen beziehen. Die Begriffe *Lebenswelt* und *Lebenshaltung* stellen eine Verbindung zu anderen Wissenschaftsdisziplinen (Sozialphilosophie bzw. Wirtschaftswissenschaften) her, während der Begriff *Lebenslage* durch seine sozialpolit. Akzentuierung den Spielraum betont, den die äußeren Umstände einem Individuum zur Befriedigung seiner Bedürfnisse und Interessen gewähren.

### Die Merkmale der Lebensqualität

Eine Präzisierung erfuhr der Terminus Lebensqualität durch die Untersuchungen von W. Glatzer und W. Zapf[4], die drei charakteristische Merkmale hervorheben. Lebensqualität umfasst einen *mehrdimensionalen Sachverhalt* und steht somit in Kontrast zum eindimensionalen Begriff des Wirtschaftswachstums. Sie integriert versch. Lebensbereiche (z. B. Arbeitsbedingungen, Wohnverhältnisse, Gesundheit, Bildung, Sozialbeziehungen, natürliche Umwelt). [...]

1. Lebensqualität besitzt eine *objektive* und eine *subjektive Dimension,* die auseinander fallen können und deshalb beide zu messen sind. [...] In der sozialwiss. Diskussion hat sich weitgehend die Einsicht durchgesetzt, dass für Lebensqualität der Zusammenhang von objektiven Lebensbedingungen, ihrer subjektiven Bewertung und dem damit verbundenen subjektiven Wohlbefinden grundlegend ist. Je nach Kombination von guten bzw. schlechten objektiven Lebensbedingungen mit gutem bzw. schlechtem Wohlbefinden ergibt sich nach Zapf ein Schema mit vier Wohlfahrtskonstellationen. Die Konstellation gut-gut wird in Anlehnung an die Terminologie der OECD „Wellbeing" genannt, die Kombination schlecht-schlecht stellt die Situation der „Deprivation" dar. Bei den widersprüchlichen (inkonsistenten) Wohlfahrtskonstellationen „Adaption" und „Dissonanz" unterscheidet man das Unzufriedenheitsdilemma (Dissonanz) der unzufriedenen Bürger bei guten Lebensbedingungen und das Zufriedenheitsparadoxon (Adaption) der zufriedenen Bürger bei schlechten

---

[3] Quelle: Brockhaus - Die Enzyklopädie in 24 Bänden. Verlag F.A. Brockhaus GmbH, Leipzig - Mannheim 1996

[4] Glatzer, Wolfgang u. Zapf, Wolfgang (Hrsg.): Lebensqualität in der Bundesrepublik. Objektive Lebensbedingungen u. subjektives Wohlbefinden; Campus Verlag Frankfurt 1984

Lebensbedingungen. Der Zusammenhang zwischen objektiven Lebensbedingungen und subjektivem Wohlbefinden ist nicht sehr stark; dies zeigt an, dass die Wahrnehmung und Bewertung der „Wirklichkeit" durch soziale Vergleiche und Anpassungsprozesse vermittelt wird.

2. *Subjektives Wohlbefinden* stellt ein eigenständiges Untersuchungsproblem dar. Zu seiner Beschreibung werden die Begriffe Zufriedenheit und Glück sowohl umgangssprachlich als auch in sozialwiss. Studien vorrangig verwendet und auf spezif. Merkmale individueller Lebensbedingungen, auf das subjektive Wohlbefinden insgesamt, wie die Zufriedenheit mit dem eigenen Leben bezogen. Zufriedenheit hängt insbesondere von sozialen Vergleichen mit wichtigen Bezugsgruppen ab und davon, was jemand im Vergleich zu dem, was er erreicht hat, wünscht, erwartet, erhofft, anstrebt. [...]

3. In das Konzept der Lebensqualität wurden traditionelle *gesellschaftspolit. Zielvorstellungen* und kollektive Werte übernommen und aufrechterhalten. Lebensqualität ergibt sich nicht allein als Summe der Wohlfahrt von Individuen, sondern erfordert die Berücksichtigung übergreifender Werte und Ziele wie Freiheit und Sicherheit, Solidarität und polit. Beteiligung, Verteilungsgerechtigkeit und Vorsorge für zukünftige Generationen sowohl in innergesellschaftl. als auch in internat. Rahmen. [...]

**Moderne Ansätze und Bedeutung**

Der Begriff Lebensqualität[5] löste in der älteren Wohlfahrtsökonomie Wohlfahrtskonzepte ab, die in der direkt messbaren Gütermenge den „Wohlstand der Nationen" (Adam Smith) sahen. Der psychologische Wohlfahrtsbegriff der älteren Wohlfahrtsökonomie unterstellte die kardinale Messbarkeit der Ziele und Nutzen, intersubjektive Vergleichbarkeit und die Existenz eines sozialen Optimums. Im pragmatischen Ansatz der modernen Wohlfahrtsforschung werden diese Annahmen aufgegeben: Die Wohlfahrtsziele der modernen Gesellschaft werden empirisch rekonstruiert, die Zielerreichung wird in objektiven und subjektiven Dimen-

---

[5] Im öffentlichen und politischen Sprachgebrauch wurde der Begriff "Lebensqualität" erst in jüngerer Zeit eingeführt:
1. Bundeskanzler Willy Brandt benutzte am 18. Januar 1973 in seiner Regierungserklärung im Bundestag den Begriff "Qualität des Lebens".
2. In einer Fernsehsendung (Report München, Anfang September 1973) hat Bruno Friedrich, Vorsitzender der Bayerischen SPD des Bezirks Franken und Mitglied des SPD-Bundesvorstandes, behauptet, den deutschen Begriff "Qualität des Lebens" in das Parteiprogramm der SPD eingebunden zu haben.
3. Galtung, Johann: "Gedanken über die Zukunft" in: "Aufgabe Zukunft: Qualität des Lebens" Band 1, Beiträge zur 4. Internationalen Arbeitstagung der Industrie-Gewerkschaft Metall, 11.-14. April 1972 in Oberhausen, Hrsg. Industrie-Gewerkschaft Metall, Europäische Verlagsanstalt Stuttgart, 1973, Seite 227 ff: *Qualität des Lebens sollte definiert und verstanden werden als Selbstverwirklichung im weitesten Sinne. Selbstverwirklichung: Ein erfülltes Leben, das die Chance gibt, menschliche Fähigkeiten je nach Neigung zu entwickeln und zu benützen.*

sionen gemessen, das Aggregationsproblem wird mithilfe neuer Skalen überwunden. Gegenüber der stagnierenden Wohlfahrtsökonomie verspricht der neue Ansatz eine empirische Lösung der Problematik der gesellschaftlich relevanten Zieldimensionen, der angestrebten Zielwerte und der gesellschaftlichen Bestandsaufnahme (Sozialberichterstattung) im Hinblick auf diese Ziele. Die große gesellschaftspolitische Bedeutung, die der Begriff der Lebensqualität seit der Mitte der 60er-Jahre erhalten hat, ist eine Reaktion auf die Überbetonung des Wachstumsdenkens in den vorhergehenden Jahrzehnten. Es wurde zunehmend anerkannt, nicht zuletzt von der OECD, dass Wirtschaftswachstum kein Ziel für sich sein kann, sondern bessere Lebensverhältnisse schaffen soll. Im Begriff der Lebensqualität drücken sich Zielvorstellungen einer Gesellschaft aus, die historisch gesehen ein hohes Wohlstandsniveau erreicht hat („Wohlstandsgesellschaft") und an den „Grenzen des Wachstums" angekommen ist.

Lebensqualität beschreibt wie auch der Begriff des Lebensstandards einerseits eine tatsächliche Lebenssituation, andererseits aber ist Lebensqualität eine gesellschaftliche Ziel- und Wertvorstellung bei der Suche nach neuen Orientierungen und nach neuen Qualitäten einer künftigen Gesellschaftspolitik. Zwei Leitbilder sind bes. eng mit dem Begriff der Lebensqualität verbunden, nämlich qualitatives Wachstum und Umweltqualität. Qualitatives Wachstum ist eine Alternative zum Nullwachstum. Das Konzept des qualitativen Wachstums stellt darauf ab, die Richtung des Wachstums zu ändern (z. B. durch mehr Umweltschutzinvestitionen), während das Nullwachstumskonzept die Notwendigkeit des Wirtschaftswachstums relativiert und stattdessen eine andere Art der Bedürfnisbefriedigung vorschlägt. Die Forderung nach „Umweltqualität" begreift Umwelt als eine die soziale und physische Umwelt umfassende Ganzheit und zielt auf den Abbau psychischen und gesundheitlichen Beeinträchtigungen im täglichen Leben und im weiteren Rahmen auf eine Erhaltung der natürlichen Überlebensbedingungen der Menschen.

## Artikel der Fachpresse

Als einer der wenigen Artikel der Fachpresse zum Thema „Animation" erwiesen sich die Ausführungen von Roman Bleistein als weit vorausschauend in ihrer Analyse. Wegen ihrer Bedeutung drucken wir hier Auszüge nach, da dieses Material für den normalen Nutzer zwar sehr wertvoll, aber nicht mehr zugänglich oder nur schwer in Archiven aufzufinden ist.

## „Der Animateur als Unsicherheitsfaktor"

*Unklares Berufsbild erzeugt die hilflosen Helfer im Urlaub*
von Roman Bleistein SJ[6]

Der Autor Roman Bleistein SJ fordert ein staatlich anerkanntes Berufsbild für Reiseleiter, Animateur und Freizeithelfer. Der Animateur jetziger Prägung könne die Anforderungen, die der Urlauber an ihn stelle, nicht erfüllen.

*Immer lächeln, immer Heiterkeit ausstrahlen:*
*der „Glücksbringer" Animateur ist ein Trugbild*

Der Tourismus ist die Wachstumsbranche Nummer eins in der Welt. [...] Eine solche Positionierung signalisiert die ökonomische Bedeutung des Tourismus; sie läßt zugleich Schlüsse auf die große und wachsende Zahl der Mitarbeiter zu. Allein in der Bundesrepublik Deutschland waren 1982 in Hotellerie und Gastronomie, Verkehr und Reisevermittlung, Tagungs- und Bäderwesen über 650 000 Menschen beschäftigt.

Unter diesen sind für das Gelingen eines Urlaubs von besonderer Wichtigkeit (die vielen) Animateure, Reiseleiter und Freizeithelfer. Auf diese Berufe „im Schatten des Sonnenscheingeschäfts" treffen große Erwartungen; sie leiden unter spezifischen Risiken, und dies aus verschiedenen Gründen.

Ein erster Grund: Der Urlaub macht heute die andere Seite des menschlichen Lebens aus. Alle unerfüllten Wünsche nach Freiheit und Ruhe, Sonne und Geborgenheit, Abenteuer und Erholung werden diesen wenigen Wochen aufgeladen. Urlaub das ist in vieler Hinsicht eine Extremsituation, vor allem die des Glücks. Ob nun aber ein Urlaub „glückt", hängt von vielen Variablen ab, von Wetter und Unterkunft, Essen und Mitwelt und eben nicht zuletzt von den Berufen im Tourismus; denn diese haben die am Schalter vielleicht gedankenlos verkauften Reisen, lies: Verheißungen einzulösen. Wer eine Reise, einen Urlaub verkauft, verspricht Glück. Je weniger man sich dessen in der Tourismusindustrie (in Werbung, Prospekten, Slogans) bewußt ist, um so undifferenzierter wachsen mit den Erwartungen der einen die Überforderungen der anderen.

---

[6] Zitiert nach einer Veröffentlichung in „touristik aktuell" Nr. 24 vom 4. Dezember 1987

Das Glück im Urlaub zwingt die genannten Berufe in die Rolle von Glücksbringern, von Wundertätern, von Magiern. Was sollen sie nicht alles tun: Sie sollen immerfort gelassene Heiterkeit ausstrahlen, in allen zwischenmenschlichen Konflikten und organisatorischen Problemen weiterhelfen, alle kulturell, geographisch, ökonomisch, kulturgeschichtlich bedeutsamen Informationen zur Verfügung haben, Tag und Nacht ansprechbar und einsatzbereit sein. Einen solchen Anspruch hält man für angemessen und gerecht, da – wie es vorwurfsvoll heißt – die Reise teuer gewesen sei. Daß in einem solchen totalen Anspruch zwei Trugschlüsse enthalten sind, wird meist übersehen. Der eine Trugschluß heißt: Glück ist käuflich; der andere: Glück kann ohne personalen Einsatz gelingen. Welcher Tourist aber reflektiert schon zwischen Glückserwartungen und Rechtsansprüchen seine Inkonsequenzen?

Ein zweiter Grund für die Risiken am Arbeitsplatz Tourismus ergibt sich aus der Jugend dieses Arbeitsfelds. Es gibt kaum Berufsbilder – den Reiseverkehrskaufmann und ähnliches ausgenommen und deshalb auch keine durch schulische Abschlüsse gesicherte Qualifikationen. Gerade die drei genannten Berufe leiden unter diesen Mängeln. Das Defizit an beruflichem Profil fördert wiederum die Anspruchsmentalität anderer. Je weniger einer gelernt hat – glaubt man – um so mehr kann man ihm abverlangen.

Die Professionalisierung in der Tourismuswirtschaft geht zu langsam voran, als daß für alle Bereiche bereits Ausbildungsgänge, anerkannte Abschlüsse, tariflich geregelte Vereinbarungen (Sozialleistungen, Urlaub) vorhanden wären. Ein solcher Zustand fördert nicht die Berufszufriedenheit.

Er erzeugt eher Unsicherheit, Kompetenzstreit, Prestigebedürfnis, Aggression. Der Schluß, daß genau diese beruflich unklare Situation zu nichts weniger als zum Glücksbringer disponiert, ist nicht von der Hand zu weisen. Der Verunsicherte wird schnell zum Spielball unterschiedlicher Interessen. Am Ende ist er auf jeden Fall eher glücklos.

Es erhebt sich die Frage, was zwischen Traumberuf und Angsttraum zu raten sei: Einmal wäre zu prüfen, wieweit die Zeit reif ist, bereits heute für Reiseleiter, Animateure und Freizeithelfer staatlich anerkannte Berufsbilder und Ausbildungsgänge zu entwerfen. Ob es dabei sinnvoll ist, den Freizeitpädagogen, als Miniaturausgabe eines Sozialpädagogen, noch einmal auf pure Praxis zu verkleinern, sei heute schon bestritten. Denn es reicht für Berufe, die so hautnah mit Menschen arbeiten, nicht aus, ihnen einige Grundtechniken der Kommunikation und Kreativität und eine alles rechtfertigende Theorie zu vermitteln. Der aufreibende und alltägliche Dienst in der Urlaubswelt bedarf einer hohen Motivation. Wie in jedem sozialen Beruf hilft hier auch nur ein Idealismus weiter, der auf humanistischen und/oder christlichen Gründen ruht.

Die Inhaltlichkeit eines Ausbildungslehrgangs führt also unmittelbar zum Selbstverständnis eines Reiseleiters, Animateurs oder Freizeithelfers zurück. Wie versteht er sich und seinen Beruf?

Eigentlich gibt jeder, der im Urlaub anderen dient, Teile an seinem Wissen und Empfinden, an seiner Kreativität, damit andere in Natur, Kunst, Begegnung, Ausgelassenheit sich finden. Er setzt also frei. Wollte er um seines Arbeitsplatzes willen andere abhängig machen, verhindert er, was er vorgibt zu geben: Freuden und Freiheit. Dieser Widerspruch zerstört ein humanes Ethos, wie psychologisch geschult man im Umgang mit anderen auch sein mag.

Aber dieses letzte Problem integriert den Arbeitsplatz Tourismus wiederum in die Forderung, das ganze Leben des Menschen zu humanisieren. Gelänge dies, dann wäre es überflüssig, akzentuiert von einer Humanisierung der Arbeitswelt zu reden. Wäre diese menschenfreundlicher, verlöre der Anspruch auf das große Glück jenseits des alltäglichen Lebens schon an Höhe. Die nötigen und sinnvollen Helfer im Tourismus könnten auf Glanz und Schrecken eines Magiers verzichten.

# Literaturliste

## Wichtige Fachliteratur im Überblick

ADERHOLD, Peter u. LOHMANN, Martin: Die RA-Trendstudie 2000-2010. Langfristige Entwicklungen in der touristischen Nachfrage auf der Basis von 30 Jahren Reiseanalyse; F.U.R., Hamburg 2002

AGRICOLA, Sigurd: Freizeit, Grundlage für Planer und Manager, Oldenbourg Verlag, München 2001

ANIMATION, Berufspraxis und Wissenschaft; Fachzeitschrift Freizeit mit Sonderteil Spielraum; Schriftleitung Rolf von der Horst; Curt R. Vincentz Verlag, Hannover; inbes. die Jahrgänge 1982 - 1990

BECK, Ulrich: Risikogesellschaft. Auf dem Weg in eine andere Moderne, Edition Suhrkamp, Frankfurt/Main 1986

BECKMANN, Reinhold (ARD-Fernsehmoderator): Faul sein ist schön, in: DIE ZEIT Nr. 28, 4. Juli 2002

BETTE, Karl-Heinrich: „Körperspuren," Zur Semantik und Paradoxie moderner Körperlichkeit, Habilitationsschrift an der Deutschen Sporthochschule Köln, Verlag de Gruyter, Berlin 1989

BLEILE, Georg: Zukunftstrends der touristischen Nachfrage in der Bundesrepublik Deutschland; in: Revue de Tourisme, Heft 3/88, St. Gallen/ Schweiz 1988

BLEISTEIN, Roman: Animation - Hilfe oder Entmündigung?, in: Bildung zum Tourismus, Pastoral-Information 15, katholisches Auslandssekretariat, Bonn 1977

BLEISTEIN, Roman: Freizeit - wofür?, christliche Antwort auf eine Herausforderung der Zeit, Würzburg 1978

BLEISTEIN, Roman: Der Animateur als Unsicherheitsfaktor; aus: Stimmen der Zeit, zitiert nach: touristik report, Nr. 24, vom 4. Dezember 1987

BÖKT Bundesverband der österreichischen Kur- und Tourismusdirektoren, BÖKT-Reihe Nr. 32: Beziehungen im Tourismus. Team-Design – Mythos Urlaub – Moderne Animation, Artina Verlag, Ried im Innkreis 1993

BOTTON, Alain de: Schopenhauer auf Barbados, Essay in Focus Heft 14/2002

BRAUN, Otmar L.: Reisezufriedenheit, Reiseverhalten, Reiseentscheidung, Reisebedürfnisse. Theoriegeleitete Untersuchungen zur Psychologie des Touristen (unveröffentlicht); Bielefeld 1989

BRAUN, Otmar L.: Vom Alltagsstress zur Urlaubszufriedenheit, Quintessenz Verlag, München 1993

BREITENBACH, Dieter (Hrsg.): Kommunikationsbarrieren in der internationalen Jugendarbeit, Schriften des Instituts für Internationale Begegnungen e.V., Band 5, Verlag Breitenbach, Saarbrücken 1980

## Wichtige Fachliteratur im Überblick

BROCKHAUS Enzyklopädie in 24 Bänden, 20. Auflage, Verlag Brockhaus, Leipzig - Mannheim 1996

BROICH, Josef: Spiel-Bibliografie 2, Literaturnachweis 1995 bis 1998 zu Spiel, Bewegung, Animation, Maternus Verlag, Köln 1998

BUNDESMINISTERIUM für Familie, Senioren, Frauen und Jugend (Hrsg.): Kongress-Bericht zum Seniorensport-Kongress „Bewegung, Spiel und sport-sinnvolle Lebensperspektive im Alter", Köln 1994

DER BROCKHAUS in 15 Bänden, Leipzig - Mannheim 2001/2002

Der Große Duden, Band 1, Rechtschreibung der deutschen Sprache, 22. Aufl., Mannheim 2001

Der Große Duden, Band 5, Fremdwörterbuch, 7. Aufl., Mannheim 2001

Der Große Duden, Band 7, Etymologie-Duden, 3. Auflage, Mannheim 2001

Der Große Duden, Band 8, Synonym-Wörterbuch, Mannheim 1997

DEUTSCHE GESELLSCHAFT FÜR FREIZEIT (Hrsg.): Spielplatzbau und spielgerechte Wohnumwelt, Dokumentation einer Fachtagung (September 1979), Düsseldorf 1980, Heft 33

DEUTSCHE GESELLSCHAFT FÜR FREIZEIT (Hrsg.): Freizeit-Lexikon, Fink-Kümmerly + Frey, Ostfildern 1986

DEUTSCHE GESELLSCHAFT FÜR FREIZEIT (Hrsg.): Freizeit in Deutschland 1994/1995. Aktuelle Daten – Fakten – Aufsätze, Deutsche Gesellschaft für Freizeit, Erkrath 1995

DREYER, Axel: Kundenzufriedenheit im Tourismus. Entstehung, Messung und Sicherung mit Beispielen aus der Hotelbranche, Oldenbourg Verlag, München 1998

DTV-LEXIKON in 20 Bänden, Deutscher Taschenbuch Verlag, München 1999

DUDEN, Das große Wörterbuch der Deutschen Sprache in 10 Bänden, Bibliographisches Institut, 3. Aufl., Dudenverlag Mannheim 2001/2002

DUNDLER, Franz: Urlaubsreisen 1954 - 1988, 35 Jahre Erfassung des touristischen Verhaltens der Deutschen durch soziologische Stichprobenuntersuchungen, Studienkreis für Tourismus e.V., Starnberg 1989

ELGIN, Duane: Voluntary Simplicity, Verlag William Morrow, Quill Paperbacks, New York 1981

EMNID-Institut: Jugendtourismus 1987: Meinungen und Verhaltensweisen junger Leute. Repräsentativ-Befragung. Studienkreis für Tourismus, Starnberg 1988 (Kurzfassung)

F.U.R. Psychologische Leitstudie: Urlaubs-Motive, Institut Dr. Engelmann & Tanzer, Hamburg; F.U.R Forschungsgemeinschaft Urlaub und Reisen e.V., Hamburg 1998

FEILHUBER, S.: Urlaub auf Kreta (Club Aldiana); Materialien für Tourismusforschung, Hrsg. Studienkreis für Tourismus, Starnberg 1987

FERGUSON, Marilyn: Die sanfte Verschwörung, Knaur-Taschenbuch 4123, Knaur Verlag, München o.J.(1982)

FINGER, Klaus: Animation im Urlaub. Enzyklopädischer Beitrag in: Hahn/Kagelmann (Hrsg.): Tourismuspsychologie und Tourismus-Soziologie, Handbuch zur Tourismuswissenschaft, Quintessenz Verlag, München 1993

FINGER, Klaus: Ausbildung und Alltag von Animateuren in: Wilken/Neuerburg e.al.: Sport im Urlaub. Ökologische, gesundheitliche und soziale Perspektiven, ADH-Schriftenreihe des Hochschulsports, Band 14; Meyer & Meyer Verlag, Aachen 1993

FINGER, Klaus: Sportanimation zwischen Zustimmung und Widerspruch in: Wilken/Neuerburg e.al.: Sport im Urlaub. Ökologische, gesundheitliche und soziale Perspektiven, ADH-Schriftenreihe des Hochschulsports, Band 14, Meyer & Meyer Verlag, Aachen 1993

FINGER, Klaus: Beziehungen der Gäste zum Urlaubsort und zum Gastgeber. Die Entwicklung der Animation vom Club Med bis zum Partizipationsmodell in: Hahn, Robert: Beziehungen im Tourismus, BÖKT-Reihe Nr. 32, Artina Verlag, Ried im Innkreis 1993

FINGER, Klaus: Qualitätsmanagement in der Animation in: W. Pompl/ M.G. Lieb (Hrsg.): Qualitätsmangement im Tourismus. Die Übertragung der Ansätze des Qualitätsmanagements auf die Touristik, Oldenbourg Verlag, München 1997

FRANCO, Victor: La grande aventure du Club Méditerranée, Editions Robert Laffont, Paris 1970

FREYER, Walter: Ganzheitlicher Tourismus, FIT – Forschungsinstitut Tourismus, Dresden 2000

FREYER, Walter: Tourismus. Einführung in die Fremdenverkehrsökonomie, 5. Auflage 1995/ 7. Auflage 2001, Oldenbourg-Verlag, München 1995/2001

FREYTAG, Manuel: Ein Hoch auf die Muße, Frankfurter Rundschau vom 29. November1997

GAYLER, Brigitte: Animation ist heute kein Fremdwort mehr. Begriffstudien im Tourismus; in: FVW, Fremdenverkehrswirtschaft International, Heft 7, 14. März 1988

GAYLER, Brigitte: Familien-Ferien in Deutschland. Erkenntnisse aus dem Bundeswettbewerb 1986 für familienfreundliche Ferienangebote in der Bundesrepublik Deutschland; zusammengestellt im Auftrage des Bundesministeriums für Jugend, Familie, Frauen und Gesundheit, Studienkreis für Tourismus, Starnberg 1986

GAYLER, Brigitte: Familienferien in Deutschland. Erkenntnisse aus dem Bundeswettbewerb 1990 für familienfreundliche Ferienangebote in der Bundesrepublik, zusammengestellt im Auftrage des Bundesministeriums für Familie und Senioren, Studienkreis für Tourismus, Starnberg 1991

GAYLER, Brigitte; Probleme der Urlaubs-Animation oder: Animateure sind auch nur Menschen; in: Zeitschrift Animation, Heft März/April 1984

GERKEN, Gerd: Die fraktale Marke. Eine neue Intelligenz in der Werbung, Econ-Verlag, Düsseldorf 1994

GIESECKE, Hermann: Animation als pädagogische Handlungsform, in: Begegnungen, 1. Göttinger Symposion Neues Lernen für Spiel und Freizeit, Otto-Maier-Verlag, Ravensburg 1989

GIESEKE, Hermann u.a.: Pädagogik des Jugendreisens, Juventa Verlag, München 1967

GILLET, Jean-Cl.: Animation. Der Sinn der Aktion, GVA & Frieden, Bremen 1998

GLUCHOWSKI, Peter: Freizeit und Lebensstile. Plädoyer für eine integrierte Analyse von Freizeitverhalten, DGFF - Gesellschaft zur Förderung der Freizeitwissenschaften, Erkrath 1988

GOLDMANN LEXIKON in 24 Bänden, W. Goldmann Verlag, München/Bertelsmann Lexikon-Verlag, Gütersloh 1998

GRUPPE NEUES REISEN (Hrsg.): Massentourismus – ein reizendes Thema, Schriften zur Tourismuskritik, Band 23, o.O. 1994

HAGELBERG, Rüdiger: Auto-Rallyes für Jedermann, Falken Bücherei Nr. 457, Falken Verlag, Niedernhausen 1983

HAHN, Heinz/KAGELMANN, H. Jürgen (Hrsg.): Tourismuspsychologie und Tourismussoziologie. Handbuch zur Tourismuswissenschaft, Quintessenz Verlag, München 1993

HARLING, Jutta: Travel Coaching als zukunftsorientierte Service-Optimierung; Diplomarbeit der Fachhochschule München, Studiengang Tourismus, München 1999

HARTMANN, Klaus-Dieter: Psychologie des Reisens in: Hinske, Norbert (Hrsg.): Reisen und Tourismus, Trierer Beiträge Heft 3, Universität Trier 1979

HELLER, Waltraud: Arbeitsgestaltung, Ferdinand Enke Verlag, Stuttgart 1994

HENNECKE, Markus: Jugendreisen unter freizeitpädagogischen Aspekten. Möglichkeiten und Grenzen einer zielorientierten Animation, Diplomarbeit an der Universität der Bundeswehr, Hamburg 1999

HENNIG, Christoph: Das Außerhalb ist eine Form des Innerhalbs. Georg Simmel und der Weg ins Abenteuer, in: FAZ Reiseblatt, 12. Juli 2001

HENNIG, Christoph: Reiselust, Touristen, Tourismus und Urlaubskultur, Suhrkamp Taschenbuch Verlag, Frankfurt und Leipzig 1999

HERMELIN, Christian: Animation in einem Feriendorf, aus: Collection Vivre son temps, Editions Ouvrières, nachgedruckt in Bits Information, Heft Nr. 8; Brüssel, März 1966

HOCHSCHILD, Arlie Russell: Das gekaufte Herz, Campus Verlag, Frankfurt 1990;

HONGLER, Hans-Peter u.a.: Die Projektmethode in der sozio-kulturellen Animation, GVA & Frieden, Bremen 1998

HUBER, Hans-Rudi (Hrsg): Animation & Freizeitbetreuung in den Bergen, Kurzfassung der Referate zur Fachtagung für Gastronomie und Tourismus anläßlich der FAFGA, 22. - 24. April 1991 in Innsbruck, Verein zur Förderung der Animation in Österreich, Absam 1991 (URL: www.tirol-consult.at)

HUIZINGA, Johan: Homo Ludens. Vom Ursprung der Kultur im Spiel, Rowohlts Deutsche Enzyklopädie, Hamburg 1956

ISENBERG, Wolfgang: Zu Fuß in den fremden Alltag – Spurensuche im Urlaub; in: Jahrbuch für Jugendreisen und internationalen Jugendaustausch 1988, Hrsg. Studienkreis für Tourismus Starnberg, Jugendbuchverlag, Bonn 1988

KANNHEISER, Werner: „Arbeit und Emotion", Quintessenz Verlag, München 1992

KASPER, Claude: Veränderungen des Tourismus in den 80er Jahren; in: Editions AIEST, Band 24, St. Gallen 1983

KASPER, Claude: Herausforderung durch neue Entwicklungen im Fremdenverkehr; in: Touristik und Verkehr, Heft 2/88; Hrsg.: Heinz Klatt, Frankfurt; Verlag Gutenberg, Melsungen 1988

KASPRIK, Brigit: Wi-Wa-Wundertüte. Mit dem Rollreifen auf den Krabbelberg. Spielanimation und Bewegungsanimation für Kinder ab einem Jahr, 2. Auflage, Ökotopia Verlag, Münster 1997

KEITZ, Christine: Reisen als Leitbild, Die Entstehung des modernen Massentourismus in Deutschland, Deutscher Taschenbuch Verlag, München 1997

KENTLER, Helmut u.a.: Jugend im Urlaub, Bd. I und II, Verlag Julius Beltz, Weinheim 1969

KETTERINGHAM, John M./NAYAK, P. Ranganath (Hrsg.): Senkrechtstarter, große Produktideen und ihre Durchsetzung, ECON-Verlag, Düsseldorf 1987; daraus: O'HALLUIN, Michel (Kapitel 10): Club Méditerranée; Träumer, die rechnen können

KIEFL, Walter: Schlaraffenland, Bühne und Ventil, Ein Plädoyer für den ganz normalen Bade- und Pauschaltourismus, Profil Verlag, München 2002

KIRSCH, Daniela: Möglichkeiten und Grenzen der Animationsprogramme als Marktbearbeitungsinstrument im Tourismus, Hausarbeit im Fach Handelsbetriebslehre, Saarbrücken 1991 (unveröffentlicht)

KNORR, Christoph: Tourismus und (Sport)-Animation. Motive – Erwartungen – Verhalten Urlaubsreisender im Bedürfniskreis der modernen Zeitentwicklung, Dissertation Universität Gießen 1983 (unveröffentlicht)

KOCH, Manfred: Das Gleichgewicht. Eine Denkfigur bei der psychologischen Theorienbildung; in: Psychologische Rundschau, Band 25, 1974

KONZETT, H.A. u.a. (Hrsg): Oscar's Job-Guide 2000/2001, Top Verlagsanstalt, FL-Vaduz/Liechtenstein 2000

KÖSTERKE, Astrid: Urlaubsreisen und interkulturelle Begegnung, Studienkreis für Tourismus und Entwicklung, Ammerland 1999

KRIPPENDORF Jost (Hrsg.): Neue Entwicklungen in der Hotellerie. Referate der Studientagung 1970 des Gottlieb Duttweiler-Instituts, Zürich/ Schweiz, in:

Berner Studien zum Fremdenverkehr, Heft 10, Sonderband, Verlag Herbert Lang und Peter Lang, Bern/ Frankfurt 1972

KRIPPENDORF, Jost: Tourismus der nächsten 25 Jahre - einige Hypothesen zur quantitativen und qualitativen Entwicklung, Zeitschrift für Fremdenverkehr Nr. 1, 1979 a

KRIPPENDORF, Jost: Tourismus im Jahre 2010 - eine Delphi-Umfrage. Interpretation und Schlußfolgerung, Bern 1979 b

KRIPPENDORF, Jost: Die Ferienmenschen, Verlag Orell Füssli, Zürich 1984

KRIPPENDORF/KRAMER/KREBS: Arbeitsgesellschaft im Umbruch - Konsequenzen für Freizeit und Reisen, Herausgeber Forschungsinstitut für Fremdenverkehr der Universität Bern, Berner Studien zum Fremdenverkehr, Heft 20, Bern 1984

KRIPPENDORF/KRAMER/MÜLLER: Freizeit und Tourismus. Eine Einführung in Theorie und Politik, Herausgeber Forschungsinstitut für Fremdenverkehr der Universität Bern, Berner Studien zum Fremdenverkehr, Heft 22, Bern 1986

KURTH, Sylvia: Der Sportanimateur. Tätgkeitsfelder, Qualifikationsmerkmale und Besonderheiten der Berufspraxis, Magisterarbeit (unveröffentlicht), Freiburg 1992

LAESSER, Christian: Destinationsmarketing im Zeitalter des Internet, Haupt Verlag, Bern - Stuttgart - Wien 1998

LOCKENMEYER, Gudrun: Studie zu den Geschlechtsunterschieden bei Ferienanimateuren, Reihe „Eichstätter Materialien zur Tourismusforschung" bei: Lehrstuhl für Kulturgeographie, Kath. Universität Eichstätt 2001

LÜDTKE, Hartmut: Freizeit in der Industriegesellschaft, Veröffentlichung der Hochschule für Wirtschaft und Politik Hamburg, Leske Verlag, Opladen 1972

LUFT, Hartmut: Grundlegende Tourismusbetriebslehre, FBV Medien-Verlag, Limburgerhof 1996

LUTZ, Rüdiger: Die sanfte Wende, Ullstein Sachbuch 34392, Ullstein Verlag, Berlin 1987

MASLOW, Abraham H.: Motivation and Personality („Motivation und Persönlichkeit"), Rowohlt Taschenbuchverlag, Hamburg 1981,

MENDACK, Susanne: Berufsfeld Tourismus. Jobs in der Tourismusbranche, Walhalla Fachverlag, Regensburg 2001

MEYERS Großes Universal Lexikon, Band 1, Mannheim 1981

MICHELS, Harald: Animation im Freizeitsport. Rekonstruktion und Analyse freizeit- und sportwissenschaftlicher Theoriebildung, Band 5 der Edition Sport und Freizeit, Meyer & Meyer Verlag, Aachen 1996

MITCHELL, Arnold: The Nine American Lifestyles, Verlag Warner Books Inc., New York, 1984

MOSER, Heinz u.a.: Soziokulturelle Animation. Grundfragen, Grundlagen, Grundsätze, Lambertus Verlag, Freiburg 1999

MÜLLENMEISTER, Horst M./WASCHULEWSKY, Ernst: Animationsmodell Länderkunde, in: Mehr Ferienqualität, Band 2 der Dokumentation zum Modellwettbewerb des Bundesministers für Wirtschaft, herausgegeben vom Studienkreis für Tourismus, Starnberg 1978

MÜLLER, Hansruedi: Urlaub als Identitätsstifter, Forschungsinstitut für Freizeit und Tourismus, Bern; zitiert in: „chrismon", Evangelisches Magazin, Beilage der ZEIT, Süddeutscher Verlag München, Heft 6/2001

MÜLLER, Leo/WEICHLER, Kurt: Arbeitsfeld Freizeit. Der Schlüssel zu den animativen Berufen, rororo Sachbuch Nr. 8709, Rowohlt Taschenbuchverlag, Reinbek 1990

MURPHY, John A.: Dienstleistungsqualität in der Praxis, Hanser Verlag, München, Wien 1994

NAHRSTEDT, Wolfgang: Emanzipation oder Manipulation der Ferienmacher? in: Animation im Urlaub, Tagungsbericht des Studienkreises für Tourismus, Starnberg 1975

NAHRSTEDT, Wolfgang: Handlungskompetenz der Freizeitpädagogik in: Freizeit und Pädagogik, Aufsätze 1971 - 1982, Institut für Freizeitwissenschaft und Kulturarbeit, Bielefeld 1984.

NAHRSTEDT, Wolfgang: Die Wiederentdeckung der Muße. Freizeit und Bildung in der 35-Stunden-Gesellschaft, Pädagogischer Verlag Burgbücherei Schneider, Baltmannsweiler 1989

NAHRSTEDT, Wolfgang u.a: Tourismusberufe für Hochschulabsolventen, IFKA Institut für Freizeitwissenschaft und Kulturarbeit, Bielefeld 1994

OBRUSNIK, Hermann: Übertragung des Spiel-Musik-Tanz-Konzeptes auf den Animationsbereich in einem Ferienclub, Pilotprojekt im Robinson Club, Bereich Kinderanimation; Diplomarbeit an der Deutschen Sporthochschule Köln, Köln 1990 (unveröffentlicht)

OLTROGGE, Andreas: Der animationsgesteuerte Cluburlaub. Eine empirische Studie über Entstehung, Zusammenhang und Entwicklung einer modernen Urlaubsform; Dissertation (unveröffentlicht) an der Universität Zürich, Zürich 1990

OPASCHOWSKI, Horst W.: Im Brennpunkt: Der Freizeitberater, Walter Rau Verlag, Düsseldorf 1973

OPASCHOWSKI, Horst W.: Pädagogik der Freizeit. Grundlagen für Wissenschaft und Praxis, Verlag Julius Klinkhardt, Bad Heilbrunn 1976

OPASCHOWSKI, Horst W. (Hrsg.): Einführung in die freizeitkulturelle Breitenarbeit. Methoden und Modelle der Animation, Klinkhardt-Verlag, Bad Heilbrunn 1979

OPASCHOWSKI, Horst W. (Hrsg): Methoden der Animation, Praxisbeispiele, Klinkhardt Verlag, Bad Heilbrunn 1981

OPASCHOWSKI, Horst W.: Neue Urlaubsformen und Tourismus-Trends in: Entwicklungstrends der touristischen Nachfrage; Herausgeber: Editions AIEST, Band 26, St. Gallen 1985

OPASCHOWSKI, Horst W.: Sport in der Freizeit, Band 8 der Schriftenreihe der Freizeitforschung des B.A.T. Freizeitforschungsinstituts, Hamburg 1987

OPASCHOWSKI, Horst W.: Neue Trends im Freizeitsport, Studie des B.A.T. Freizeitforschungsinstitutes, Hamburg 1994

OPASCHOWSKI, Horst W.: Freizeitökonomie: Marketing von Erlebniswelten, 2. Auflage, Leske + Budrich, Opladen 1995

OPASCHOWSKI/BERGER/HAGENSTRÖM (Hrsg.): Qualifizierung der Animateure. Dokumentation, Deutsche Gesellschaft für Freizeit, Edition Freizeit, Düsseldorf 1979

OPASCHOWSKI, H./RADDATZ, G.: Freizeit im Wertewandel, Herausgeber: B.A.T. Freizeitforschungsinstitut; Schriftenreihe zur Freizeitforschung, Band 4, Hamburg 1982

PAGEL, Herrmann S.: Zeitgemäße Gästebetreuung im Hotel und Kurhaus. Animation – Sales Promotion Management, Gerber Verlag, München 1985

PANNENBECKER, Marion: Cluburlaub und Animation (Robinson Club Fuerteventura); Materialien für Tourismusforschung, Hrsg. Studienkreis für Tourismus, Starnberg 1985

POMPL/LIEB (Hrsg): Qualitätsmanagement im Tourismus, Oldenbourg Verlag, München 1997

RABENSTEIN, Reinhold u.a.: Großgruppen-Animation. Lernen und Spielen in großen Gruppen, 6. Aufl., Ökotopia Verlag, Münster 1993

RANFT, Ferdinand (Hrsg.): Abenteuerreisen, Safari-Trekking, Überlebenstraining und andere Arten von Alternativurlaub, Deutscher Taschenbuchverlag, München 1981

RAYMOND, Henry: Recherches sur un village de vacances, in: Revue Française de Sociologie, Paris 1960

REICHWEIN, Martina: Psychische und soziale Besonderheiten für Frauen in der Touristikbranche. Eine qualitative Untersuchung bei Beschäftigten in animativen Tätigkeitsfeldern; Diplomarbeit (unveröffentlicht), Deutsche Sporthochschule Köln 1985

RIEGER, Paul: Urlaub ist mehr als Nichtstun. Ein neuer Urlaubsgeschmack im Kommen? in: Der aktive Urlaub, Tagungsbericht einer Tagung in Inzell im Mai 1970, Studienkreis für Tourismus, Starnberg 1971

RIEGER, Paul: Urlaub in Gregolimano (Club Méditerranée), Materialien für Tourismusforschung, Hrsg. Studienkreis für Tourismus, Starnberg 1981

RIEGER, Paul: Evangelische Kirche und Tourismus in: Touristik und Verkehr, Heft 1/88, Hrsg. Heinz Klatt, Frankfurt, Verlag Gutenberg, Melsungen 1988

RIESMANN, David: Die einsame Masse, Luchterhand-Verlag, Darmstadt 1956

ROMEISS-STRACKE, Felizitas: Freizeitorientierte Wohnumfeldverbesserung und lokale Identität in: Handlungsfeld Freizeit; herausgegeben vom Institut für Landes- und Stadtentwicklungsforschung des Landes Nordrhein-Westfalen, Dortmund 1984

ROMEISS-STRACKE, Felizitas: Lebensunternehmer suchen nach neuen Erfahrungen in: FVW Fremdenverkehrswirtschaft International, Hamburg, Heft 14/97 vom 27. Juni 1997

ROMEISS-STRACKE, Felizitas: Vom Urlaubs-Traum zum Traum-Urlaub – Traum-Fabrik Tourismus. In: Der Tourismusmarkt von Morgen – zwischen Preispolitik und Kultkonsum, 5. Europäisches Wisssenschaftsforum auf der ITB Berlin 1996, Europäisches Tourismusinstitut GmbH, Trier 1996, ETI-Texte Heft 10

ROMEISS-STRACKE, Felizitas: Zukünftige Bedingungen von Freizeit und Tourismus, in: Für einen anderen Tourismus, Hrsg.: Krippendorf/Zimmer/Glauber, S. Fischer-Verlag, Frankfurt 1985

ROMEISS-STRACKE, Felizitas: Tourismus – gegen den Strich gebürstet. Essays, Profil Verlag, München/Wien 1998

RULFS, Carola: Methodik und Didaktik bei Gästeführungen. Eine empirische Untersuchung über Wünsche und Erwartungen von Schülern bei Stadtgängen, Diplomarbeit an der Fachhochschule Bremen, Fachbereich Sozialwissenschaften, Bremen 2000

SCHERER, Brigitte: Mehr als alles ist immer noch zu wenig, in: Reiseblatt der FAZ, 21. Juli 1988 (eine kritische Auseinandersetzung mit der Entwicklung des Cluburlaubs)

SCHEUCH, Erwin K.: Darf man im Urlaub denn nicht lachen?, Essay in: Die Welt, Nr. 48 vom 25. Februar 1989

SCHMEER-STURM, Marie-Louise: Gästeführung, 3. Aufl., Touristik Taschenbücher, Oldenbourg Verlag, München 1996

SCHMEER-STURM, Marie-Louise: Reiseleitung, Touristik Taschenbücher, Oldenbourg Verlag, München 1997

SCHOBER, Reinhard: Die Attraktion einer Urlaubsreise. Attraktionsmodell des Tourismus, unveröffentl. Manuskript des Studienkreis für Tourismus, Starnberg o.J. (1969)

SCHOBER, Reinhard: Urlaubserlebnis in: Hahn/Kagelmann (Hrsg.): Tourismuspsychologie und Tourismussoziologie, Handbuch zur Tourismuswissenschaft, Quintessenz-Verlag, München 1993

SCHRICKER, Otto u.a.: Mit Hirn, Charme und Methode, Handbuch für Jugendreiseleiter, Verlag Haus Altenberg, Düsseldorf 1968

SCHULZE, Gerhard: Die Erlebnisgesellschaft, Campus Verlag, Frankfurt/New York 1992/2000 (Studienausgabe)

SCHULZE, Gerhard: Kulissen des Glücks – Streifzüge durch die Eventkultur, Campus Verlag, Frankfurt/New York 1999

SCHUTZ, William C.: Freude, Rowohlt Verlag, Reinbek 1971

SCHWANINGER, M.: Freizeit und Tourismus im Zeithorizont 2000 bis 2010, in: Zeitschrift für Fremdenverkehr, St. Gallen, 38. Jahrgang Nr. 3, 1983

SEGHEZZI, Thomas: Welchen Beitrag kann die Animation zur Strategie der Hotellerie in den kommenden 20 Jahren leisten?, unveröffentlichte Diplomarbeit der Hochschule St. Gallen für Wirtschafts- und Sozialwissenschaften, St. Gallen 1986

STEINECKE, A. (Hrsg.): Lernen auf Reisen? Bildungs- und Lernchancen im Tourismus der 90er Jahre, Bielefelder Tourismus-Lektionen, Sommersemester 1989; IFKA Institut für Freizeitwissenschaft und Kulturarbeit, Bielefeld 1990

STUDIENKREIS FÜR TOURISMUS (Hrsg.): Der aktive Urlaub. Urlaubswünsche – Urlaubsangebote – Organisationsformen; Bericht über eine Tagung vom 26. - 28. Mai 1970 in Inzell, Studienkreis für Tourismus, Starnberg 1971

STUDIENKREIS FÜR TOURISMUS (Hrsg.): Animation im Urlaub – Anregung oder Verführung? Bericht über eine Tagung vom 7. - 9. Mai 1974 in Hofbieber, Studienkreis für Tourismus, Starnberg 1975

STUDIENKREIS FÜR TOURISMUS (Hrsg.): Methoden der Stadt- und Landerkundung. Dokumentation der Modellseminare, Studienkreis für Tourismus, Starnberg o.J. (1991)

THOMAS-MORUS-AKADEMIE (Hrsg.): Fernweh, Seelenheil, Erlebnislust. Von Reisemotiven und Freizeitfolgen (Dokumentation zweier Studienkonferenzen), Bensberg 1998

THOMAS-MORUS-AKADEMIE (Hrsg.): Frauen im Tourismus. Erweiterte Dokumentation der Beiträge vom 14. Kirchenforum der ITB Berlin 1991, Bensberg 1992

TOFLER, Alvin: Die Dritte Welle, Goldmann Sachbuch 11350, Goldmann Verlag, München 1983

Tourismus Journal, Zeitschrift für tourismuswissenschaftliche Forschung und Praxis, Heft 1, Band 2, Verlag Lucius & Lucius, Stuttgart 1998

TRANSFER e. V. (Hrsg.): Dokumentation der Modellseminare: Die Praxis der Animation, Köln o.J. (1994)

UTTITZ, Pavel: Freizeitverhalten im Wandel, Deutsche Gesellschaft für Freizeit, Heft 62, Erkrath 1985

VODDE, Thomas: Life-Service als innovatives Element zwischen Marketing und Gästebetreuung; Vortrag im ITB Wissenschaftszentrum 1998, Fakultät Pädagogik der Universität Bielefeld 1998

WAGENFÜR, Horst: Ökonomische und soziologische Aspekte des künftigen Fremdenverkehrs, abgedruckt in: Tourismus 1980, Fremdenverkehr zwischen Gestern und Morgen; Tagungsbericht einer Tagung in Loccum, Studienkreis für Tourismus, Starnberg 1968

WAGNER, Friedrich A.: Die Urlaubswelt von Morgen, Eugen Diederichs Verlag, Köln/Düsseldorf 1970

WAGNER, Friedrich A.: Ein Wort geht durch die Ferienwelt, Frankfurter Allgemeine Zeitung, 16. Mai 1974

WAGNER, Friedrich A.: Ferienarchitektur, Studienkreis für Tourismus, Starnberg 1984

WALLNER, Ernst M./POHLER-FUNKE, Margret (Hrsg.): Soziologie der Freizeit in: Soziologie der Gegenwart, Band 4, Verlag Quelle & Meyer, Heidelberg 1978

WEGENER-SPÖHRING, Gisela: Zur Professionalität des Freizeit-und Spielpädagogen in: Von der Horst, Rolf/Wegener-Spöhring, Gisela (Hrsg.): Begegnungen, Erstes Göttinger Symposion Neues Lernen für Spiel und Freizeit, Otto-Maier-Verlag, Ravensburg 1989

WIFI, Wirtschaftsförderungsinstitut der Bundeskammer der gewerblichen Wirtschaft, Wien: Aktive Gästebetreuung, Schriftenreihe Rationalisieren, Folge 98, Wien 1978

WIFI, Wirtschaftsförderungsinstitut der Bundeskammer der gewerblichen Wirtschaft, Wien: Kinder als Gäste, Schriftenreihe Rationalisieren, Folge 124, Wien, Mai 1981

WILKEN, Thomas u.a.: Sport im Urlaub. Ökologische, gesundheitliche und soziale Perspektiven, Meyer & Meyer Verlag, Aachen 1993

WILKEN, Thomas: Sportanimation in Hotels und Clubs - eine Hilfe auf dem Weg zum lebenslangen Sporttreiben? Vortrag bei der Fachtagung 'Sport im Urlaub' des Studienkreises für Tourismus, 9. März 1988 im Rahmen der Internationalen Tourismus-Börse Berlin 1988 (unveröffentlichtes Manuskript)

WOPP, Christian: Offenes Hochschul-Sportkonzept zur Entwicklung eines bedürfnisorientierten Sportangebots; in: Zeitschrift Hochschulsport Nr. 2/3, ADH, Allgemeiner Deutscher Hochschulsportverband, Dieburg 1987